Hans-Liudger Dienel / Barbara Schmucki (Hg.)

Mobilität für alle

VIERTELJAHRSCHRIFT FÜR
SOZIAL- UND WIRTSCHAFTSGESCHICHTE

BEIHEFTE

HERAUSGEGEBEN VON
HANS POHL,
RAINER GÖMMEL, FRIEDRICH-WILHELM HENNING,
KARL HEINRICH KAUFHOLD,
FRAUKE SCHÖNERT-RÖHLK, GÜNTHER SCHULZ

Nr. 129

FRANZ STEINER VERLAG STUTTGART
1997

Hans-Liudger Dienel / Barbara Schmucki (Hg.)

# MOBILITÄT FÜR ALLE

Geschichte des öffentlichen Personennahverkehrs
in der Stadt zwischen technischem Fortschritt
und sozialer Pflicht

Beiträge der Tagung
„Öffentlicher Nahverkehr"
in München, Dezember 1994

FRANZ STEINER VERLAG STUTTGART
1997

Die Deutsche Bibliothek - CIP-Einheitsaufnahme
**Mobilität für alle** : Geschichte des öffentlichen Personennahverkehrs
in der Stadt zwischen technischem Fortschritt und sozialer Pflicht ;
Beiträge der Tagung „Öffentlicher Nahverkehr" in München,
Dezember 1994. Hans-Liudger Dienel/Barbara Schmucki (Hg.). –
Stuttgart : Steiner, 1997
   (Vierteljahrschrift für Sozial- und Wirtschaftsgeschichte ; Nr. 129)
   ISBN 3-515-06892-9
Nr. 129. Mobilität für alle. – 1997

ISO 9706

Jede Verwertung des Werkes außerhalb der Grenzen des Urheberrechtsgesetzes ist
unzulässig und strafbar. Dies gilt insbesondere für Übersetzung, Nachdruck, Mikroverfilmung oder vergleichbare Verfahren sowie für die Speicherung in Datenverarbeitungsanlagen. Gedruckt auf säurefreiem, alterungsbeständigem Papier.
© 1997 by Franz Steiner Verlag Wiesbaden GmbH, Sitz Stuttgart.
Druck: Druckerei Peter Proff, Eurasburg.
Printed in Germany

# Inhalt

**Vorwort** ................................................................................................ 6

**1. Einleitung**
*Barbara Schmucki/Hans-Liudger Dienel:* Aufstieg und Fall des
öffentlichen Personennahverkehrs (ÖPNV) in Deutschland bis heute ..... 7

**2. Theoretische und methodische Überlegungen zum ÖPNV**
*Dietmar Klenke:* Nahverkehr im Automobilzeitalter: Fragen aus
der Sicht der Sozial- und Wirtschaftsgeschichte ....................................... 29

*Stefan Fisch:* Nahverkehr aus der Sicht der Stadtplanungsgeschichte.
Anmerkungen eines Verwaltungs- und Planungshistorikers ................... 51

*Barbara Schmucki:* Nahverkehrssysteme im Vergleich: Der öffentliche
Personenverkehr in München und Dresden 1945–1990 ........................... 63

**3. Fallstudien: Stadt und ÖPNV**
*Nikolaus Niederich:* Nahverkehrsbetriebe als Wirtschaftsunternehmen:
Die Stuttgarter Straßenbahnen und ihre Eigentümer von 1868 bis
1918 ........................................................................................................... 83

*Uwe Grandke:* Nahverkehrspolitik in Münster zwischen 1918 und
1939 ........................................................................................................... 109

*Burghard Ciesla:* Öffentlicher Nahverkehr in einer geteilten Stadt:
Grundzüge der Entwicklung in Berlin von 1945 bis 1990 ...................... 137

*Elfi Bendikat:* Öffentliche Verkehrssysteme im Spannungsfeld
kommunaler Intervention im Metropolenvergleich: Berlin und Paris
1890–1914 ................................................................................................. 149

*Stefan Bratzel:* Der verkehrspolitische Mißerfolgsfall Los Angeles.
Eine Pathogenese städtischer Mobilität ..................................................... 183

**4. Erweiterungen: Nahverkehr und Fernverkehr**
*Gert Zang:* Wie die Entwicklung großer Eisenbahntransversalen im
Bodenseeraum durch die Verbindung von Dampfschiff und
Eisenbahnverkehr behindert worden ist .................................................... 211

*Hans-Liudger Dienel:* Ins Grüne und ins Blaue: Freizeitverkehr im
West-Ost-Vergleich BRD und DDR 1949–1990 ..................................... 221

**5. Bibliographie** ..................................................................................... 251

**6. Register** .............................................................................................. 265

# Vorwort

Der öffentliche Verkehr in der Stadt gehört zu den besonders brisanten und vieldiskutierten Problemen unserer Städte. Er steht heute vor einem scheinbar unlösbaren Dilemma, denn die städtischen Umweltbelastungen erfordern, daß er einen höheren Anteil am Verkehrsgeschehen bekommt, gleichzeitig wird aber seine Finanzierbarkeit immer schwieriger. In dieser Situation lohnt sich der Blick zurück. Mit den vorliegenden Untersuchungen zur Geschichte des öffentlichen Verkehrs in der Stadt möchten wir Historikerinnen und Historiker ansprechen, um dem Thema, das bisher in der Geschichtswissenschaft wenig Beachtung gefunden hat, mehr Publizität und Diskussionsraum zu verschaffen. Wir hoffen aber, damit auch einen breiteren Kreis von Interessierten zu gewinnen wie Verkehrsfachleute, Stadtplaner und Stadtplanerinnen.

Der Band spiegelt den Ertrag einer Tagung, die im Dezember 1994 am Deutschen Museum in München durchgeführt worden ist. Eine Reihe von Tagungsteilnehmern, die nicht mit einem eigenen Beitrag im Sammelband vertreten sind, haben gleichwohl zu ihrem Erfolg beigetragen: Wir danken insbesondere den Herren Professoren G. Wolfgang Heinze, Karl Heinrich Kaufhold, Heinrich H. Kill, Horst Matzerath sowie dem Forschungsdirektor des Deutschen Museums Privatdozent Helmuth Trischler. Schließlich haben die Herausgeber der VSWG diese Publikation ermöglicht, allen voran Prof. Dr. Kaufhold, der mit fachlicher Kompetenz und Geduld diesen Band begleitet hat, wofür wir uns herzlich bedanken möchten. Ein ganz besonderer Dank gilt auch Frau Andrea Lucas vom Forschungsinstitut, die das Manuskript unermüdlich und kompetent lektorisch betreut hat. Ebenso danken wir Herrn Stefan Sippell für die zeitraubende Erstellung der Verzeichnisse.

Und schließlich ein Dankeschön an die Mitautoren und Mitautorinnen für die angenehme und anregende Zusammenarbeit. Wir können uns gut vorstellen, die hier erschlossenen Fragestellungen gemeinsam weiter auszubauen.

Barbara Schmucki und Hans-Liudger Dienel, München und Berlin im März 1997

*Barbara Schmucki und Hans-Liudger Dienel,*
*München und Berlin*

# Aufstieg und Fall des öffentlichen Personennahverkehrs (ÖPNV) in Deutschland bis heute

1. Fragen und Ziele des Sammelbandes

Der öffentliche Personenverkehr ist ein Stadtphänomen. Zwar findet auch im ländlichen Raum öffentlicher Nahverkehr statt, der von verkehrswissenschaftlicher und verkehrshistorischer Seite mehr Beachtung finden sollte, doch entstanden und wirkungsmächtig geworden ist der öffentliche Nahverkehr in der Stadt. Keine Stadt ist heute mehr denkbar ohne ein funktionstüchtiges Netz von Verkehrsmitteln, die für alle zugänglich sind. Und überall wird der öffentliche Verkehr wiederholt Thema diverser politischer Auseinandersetzungen, Teil von Lösungsstrategien anfallender Stadtprobleme.

Als Stadtphänomen ist sein Aufkommen und seine Entwicklung eng verbunden mit der Urbanisierung seit dem letzten Drittel des letzten Jahrhunderts, als Wirtschaft, Gesellschaft, Kultur und Politik eine radikale Umgestaltung erfuhren. Aus dieser Zeit stammen heute noch geltende Strukturen: Netze und Organisationsformen der Nahverkehrssysteme. Die industrielle Revolution und das enorme Bevölkerungswachstum verursachten einen Umschichtungsprozeß in Richtung Stadt und brachten neben einer quantitativen Zunahme der Bevölkerung städtische Netzwerke und neue Infrastrukturtechniken mit sich, die das städtische Erscheinungsbild veränderten und dazu beitrugen, daß sich eine industrielle, urbane Lebensweise etablieren konnte. Nach dem Zweiten Weltkrieg unterlagen die Städte weiteren Veränderungen, dehnten sich zunehmend in die Umgebung aus, und eine städtische, vorwiegend Wohnbedürfnisse befriedigende Agglomeration entstand. Eine ganz besondere Rolle spielte dabei die Individualmotorisierung, die sich als Massenmotorisierung Anfang der 1960er Jahren durchsetzte. Unter diesem Einfluß veränderten sich die Städte radikal. Sie erhielten unter dem Primat des Automobils ein neues Gesicht.

Im Dezember 1994 sind eine Reihe von Wirtschafts-, Sozial- und Technikhistorikerinnen und -historiker im Kerschensteiner Kolleg des Deutschen Museums in München zusammengekommen, mit dem Ziel, erstmals die historischen Forschungen zum Thema „Öffentlicher Nahverkehr" zu diskutieren, Forschungsschwerpunkte vorzustellen, Forschungslücken zu bezeichnen und vor allem eine Methodendiskussion in Gang zu setzen. Das politisch brisante und historisch vernachlässigte Thema sollte in vergleichender Perspektive analysiert werden, um auf diese Weise in der Geschichte des öffentlichen Personennahverkehrs Handlungsspielräume der Verkehrsunternehmen auf der einen Seite und der lokalen Verkehrspolitik auf der anderen Seite auszuloten.[1] Wie kam es zu dem beeindruckenden Aufstieg der öffentlichen Nahverkehrssysteme ab 1880, die zu Recht als die bisher größte Verkehrsrevolution in der Stadtgeschichte der Neuzeit bezeichnet worden sind, und wieso ließ sich der relative Niedergang der ÖPNV-Systeme spätestens seit 1945 nicht aufhalten? Technische Erklärungen für beide Wellen liegen auf der Hand, doch es ging nun um eine Historisierung und eine Gegenüberstellung mit weitergreifenden Erklärungsansätzen. Die Veranstaltung, deren Ergebnisse hier vorgelegt werden, ist auf reges Interesse gestoßen.

In den Wandlungsprozessen der Stadt seit der Urbanisierung und Industrialisierung hat der öffentliche Personenverkehr jeweils eine wesentliche Rolle gespielt. Er setzte mit der Entwicklung der Eisenbahnen seit den zwanziger Jahren des 19. Jahrhunderts ein. Parallel zu der auf weite Distanzen möglich gewordenen Beförderung von Personen wurden auch in den Städten Verkehrsmittel erprobt und eingesetzt, die für eine allgemeine städtische Öffentlichkeit zugänglich sein und Fahrgäste in größeren Mengen innerhalb der Städte auf kleinen Strecken transportieren sollten.

Wenn wir die Technologie der Verkehrssysteme in den Vordergrund stellen, lassen sich anhand des jeweils dominierenden Verkehrsmittels bis heute sechs verschiedene Perioden unterscheiden, die die Entwicklung des ÖPNV charakterisieren. Im folgenden skizzieren wir für jede einzelne Periode kurz die Realisierung, d.h. die konkrete Umsetzung von Verkehrsmitteln, die Organisation, die diese Umsetzung bewerkstelligt und gewährleistet und schließlich die Nutzung und Akzeptanz der Verkehrsmittel bei den Benutzerinnen und Benutzer. Natürlich existieren zu gewissen Zeiten jeweils verschiedene Formen des öffentlichen Verkehrs nebeneinander, gerade weil die Installation von Verkehrssystemen teuer war und die Amortisierungszeiten lang. So blieben Pferdebahnen bis ins 20. Jahrhundert neben anderen Transportarten in Betrieb.

---

1 Die Verkehrsgeschichte ist seit einigen Jahren ein Schwerpunkt des Forschungsinstituts für Technik- und Wissenschaftsgeschichte des Deutschen Museums. Neben der Tagung zum Nahverkehr fanden im Jahr 1995 ein Workshop zum Luftverkehr und eine Tagung zur Geschichte und Gegenwart von Verkehrsvisionen statt. Das Deutsche Museum hat die hier zusammengefaßte Tagung großzügig gefördert. Wir bedanken uns bei den Kollegen aus dem Haus und insbesondere bei dem Forschungsdirektor des Deutschen Museums, PD Dr. Helmuth Trischler, für Anregungen und Spielräume im Vorfeld und während der Veranstaltung. Die Verkehrsgeschichte bietet die Möglichkeit, die Relevanz historischer Analyse für das Verständnis und die Gestaltung der technischen Gegenwart zu erproben und damit Technikgeschichte für die Gegenwart fruchtbar zu machen: eine ureigene Aufgabe des Deutschen Museums.

## 1.1. Monopol der Pferdebahn (1860–1890)

Realisierung: Die Größe der Städte ließ sich noch zu Fuß bewältigen, allerdings nahm mit dem durch die Industrialisierung anwachsenden Verkehrsfluß der Verkehr auch innerhalb der Städte zu. Als erste öffentliche Verkehrsmittel wurden Pferdebusse zur Personenbeförderung eingesetzt. Diese blieben aber eine marginale Erscheinung. Erst die Pferdebahnen, die dank ihrer Schienen eine bessere Leistungsfähigkeit aufwiesen, setzten sich als öffentliche Verkehrsmittel durch, die den innerstädtischen Hauptverkehrsachsen folgten und ‚wichtige Orte' wie Bahnhöfe, Ausflugsziele und Villenviertel mit dem Zentrum verbanden. Ob hier bereits von einem Massenverkehrsmittel gesprochen werden darf, wie das die Forschung immer wieder betont[2], ist zu bezweifeln. Konkrete Zahlen zur Linienführung und Leistungsfähigkeit lassen darauf schließen, daß dies kaum der Fall sein konnte.

Organisation des Verkehrssystems: Von 1865–1891 lagen Eigentum und Betriebsführung der deutschen Straßenbahnen fast ausschließlich in der Hand privater Gesellschaften[3], die mit diesen Transportunternehmen Profite erwirtschaften oder aber als Terraingesellschaften[4] die Grundrente ihrer erschlosse-

---

[2] Beispielsweise: Jakob Kandler, Die wirtschaftliche Entwicklung von Verkehrsunternehmen (ab ca. 1850 bis zur Gegenwart), in: Hans Pohl (Hg.), Kommunale Unternehmen. Geschichte und Gegenwart, Stuttgart 1987 (Zeitschrift für Unternehmensgeschichte, Beiheft 42), S. 154–167, hier: S. 159; John P. McKay, Tramways and Trolleys. The Rise of Urban Mass Transport in Europe, Princeton 1976, S. 51; Wolfgang Hendlmeier, Handbuch der deutschen Straßenbahngeschichte, München 1979, S. 28; Karl Heinrich Kaufhold, Straßenbahnen im deutschen Reich vor 1914. Wachstum, Verkehrsleistungen, wirtschaftliche Verhältnisse, in: Dietrich Petzina/Jürgen Reulecke (Hg.), Bevölkerung, Wirtschaft, Gesellschaft seit der Industrialisierung. Festschrift für Wolfgang Köllmann zum 65. Geburtstag, Dortmund 1990, S. 219–238, hier: S. 220. Dagegen stehen Dieter Schott/Hanni Skroblies, Die ursprüngliche Vernetzung. Die Industrialisierung der Städte durch Infrastrukturtechnologien und ihre Auswirkungen auf Stadtentwicklung und Städtebau. Eine Forschungsskizze, in: Die alte Stadt 1 (1987), S. 72–99, hier: S. 91; Dieter Radicke, Öffentlicher Nahverkehr und Stadterweiterung, in: Gerhard Fehl/Juan Rodríguez-Lores (Hg.), Stadterweiterungen 1800–1875. Von den Anfängen des modernen Städtebaues in Deutschland, Hamburg 1983 (Stadt-Planungs-Geschichte 2), S. 343–357, hier: S. 356.

[3] Daniel Kinnair Clark, Die Straßenbahnen, deren Anlage und Betrieb. Einschließlich einer faßlichen Geschichte der bedeutendsten Systeme mit spezieller Bezugnahme auf die Straßenbahnen in Großbritannien, dt. Ausgabe durch Beifügung der neuesten Verbesserungen, sowie der wichtigsten Straßenbahnanlagen Deutschlands, erweitert und herausgegeben von W. H. Uhland, Leipzig 1879; Wilhelm von Lindheim, Straßenbahnen in Belgien, Deutschland, Großbritannien und Irland, Frankreich, Italien, Oesterreich-Ungarn, den Niederlanden, Niederländisch-Indien, der Schweiz und den verschiedenen Staaten von Amerika. Statistisches und Finanzielles unter besonderer Berücksichtigung der Wiener Verhältnisse, Wien 1888; Karl Hilse, Verstadtlichung der Straßenbahnen. Eine eisenbahnpolitische Untersuchung, Wiesbaden 1889.

[4] Radicke, Nahverkehr; Wolfgang Hardtwig, Soziale Räume und politische Herrschaft.

nen Gebiete erhöhen wollten. Da der öffentliche Grund betroffen war, ist der Einfluß der Gemeinden immer bemerkbar, denn diese setzten Vorschriften und Richtlinien fest und vergaben Konzessionen. Weder ist bis jetzt eine zuverlässige Gliederung der privaten Unternehmen vorgenommen[5], noch sind deren Vorstellungen von Personenverkehr im städtischen Umfeld systematisch erarbeitet worden.

Akzeptanz: Neben einer quantitativen Analyse der Fahrgäste ist die Frage zu beantworten, wer das Verkehrsangebot nutzte. Anhand von alten Linienplänen und neueren Studien zur schichtspezifischen Segregation innerhalb der Städte können Aussagen darüber gemacht werden, welche Bevölkerungsgruppen mit dem neuen Transportmittel angesprochen wurden.[6] Da von einer systematischen Verkehrskonzeption nicht ausgegangen werden kann, muß untersucht werden, inwieweit politische Zielvorgaben existierten und wie sie in die Praxis umgesetzt wurden. Anhand von Arbeiterbudgets und Haushaltsbüchern, die Angaben über die realen Ausgaben machen, wird noch zu zeigen sein, ob der öffentliche Verkehr erschwinglich war. Gerade für diese Zeit ist dies zu bezweifeln. Sicherheitsbestimmungen und Zeitungskommentare zeugen zudem von einer unterschiedlichen Sichtweise, wie Frauen und Männer die öffentlichen Verkehrsmittel benutzten. Inwieweit sich ihr Verhalten unterscheidet, müßte ebenfalls noch geprüft werden.

## 1.2. Hegemonie der elektrischen Straßenbahn (1890–1920)

Realisierung: Mit der Elektrifizierung der Straßenbahn wurde das Angebot kontinuierlich ausgeweitet, weitere Städte richteten Straßenbahnen ein. Trotzdem blieben auch Pferdestraßenbahnen in Betrieb. Ein Kennzeichen dieser Phase ist, daß verschiedene andere Antriebsarten gleichzeitig erprobt und in einigen Großstädten sogar vereinzelt Autobuslinien in Betrieb genommen wurden. Die Dominanz des elektrischen Antriebs mußte erst durchgesetzt werden. Aussagen über prozentuale Verteilung und Leistungsfähigkeit der verschiedenen Verkehrsmittel können Auskunft über zeitliche und räumliche Dimensionen der Betriebsfunktion und Diffusion geben.

Organisation des Verkehrssystems: Einhergehend mit der zunehmenden Elektrifizierung in den 1890er Jahren erfolgte ein grundlegender Wandel in

Leistungsverwaltung, Stadtentwicklung und Architektur in München 1870–1914, in: Wolfgang Hardtwig/Klaus Tenfelde (Hg.), Soziale Räume in der Urbanisierung. Studien zur Geschichte Münchens im Vergleich 1850 bis 1933, München 1990, S. 59–153; Herbert Conert, Die sächsischen Terraingesellschaften und ihr Einfluß auf die Stadtentwicklung, Leipzig 1911.
5  Kaufhold, Straßenbahnen, S. 232.
6  Dazu ansatzweise: Hardtwig, Räume; Wolfgang Ruppert (Hg.), Die Arbeiter. Lebensformen, Alltag und Kultur von der Frühindustrialisierung bis zum ‚Wirtschaftswunder', München 1986.

der Unternehmensstruktur. Die Elektrizitätsgesellschaften traten mit den privatwirtschaftlichen Unternehmen in Konkurrenz.[7] Zudem schaltete sich in dieser Zeit erstmals die Kommune als aktive Betreiberin von öffentlichen Transportmitteln ein.[8] Die öffentlichen Träger übernahmen allmählich die Verkehrsunternehmen in eigener Regie, immer noch dominierten aber private Gesellschaften. Organisationsstruktur und Öffentlichkeitsarbeit waren für die Durchsetzung der neuen Technologie ausschlaggebend. Es zeigt sich, daß die elektrische Straßenbahn hier ebenso Ausdruck einer sich neu etablierenden Organisationsform der städtischen Leistungsverwaltung sein konnte[9], gleichzeitig aber auch für den neuen wirtschaftlichen Leitsektor der elektrotechnischen Industrie[10] eine entscheidende Rolle spielte. Diese Zusammenhänge sind genauer zu prüfen.

Akzeptanz: Im Rahmen der Umstrukturierung der Städte in der Hochblüte der Urbanisierung scheint sich die Nachfrage nach öffentlichen Verkehrsmitteln anfangs insbesondere für den Freizeitverkehr zu verbreitern. Diskussionen um die Straßenbahn wurden nun sowohl im Zusammenhang mit der einsetzenden, gezielten Stadtplanung[11] und Sozialpolitik[12] von kommunal-

7   Die deutschen elektrischen Straßenbahnen, Klein- und Pferdebahnen, sowie die elektrotechnischen Fabriken, Elektrizitätswerke samt Hilfsgeschäften im Besitze von Aktiengesellschaften, Leipzig 1901/1902; Friedrich Fasolt, Die sieben größten deutschen Elektricitätsgesellschaften, ihre Entwicklung und Unternehmertätigkeit, Dresden 1904; Friedrich Hermes, Finanzierung und Rentabilität deutscher Straßenbahnen, Jena 1909; Ferdinand Schöningh, Die Geschichte und wirtschaftliche Bedeutung der Kleinbahnen im rheinisch-westfälischen Kohlerevier, Paderborn 1911; Friedrich Bodenstedt, Volkswirtschaftliche Bedeutung der Überland- und Städtebahnen unter besonderer Berücksichtigung der Entwicklung und Betriebsergebnisse der deutschen Kleinbahnen, Gießen 1907.
8   Paul Mombert, Die Gemeindebetriebe in Deutschland, in: Carl Fuchs (Hg.), Gemeindebetriebe, Leipzig 1908 (Schriften des Vereins für Socialpolitik 128), S. 1–77; Gerold Ambrosius, „Kommunalwirtschaft im Spannungsfeld von Autonomisierung/Privatisierung und Bindung/Regulierung (vom Ende des 19. Jahrhunderts bis zu den 1930er Jahren)", in: Ders. u.a., Kommunalisierung im Spannungsfeld von Regulierung und Deregulierung im 19. und 20. Jahrhundert, Berlin 1995, S. 141–163.
9   Wolfgang R. Krabbe, Kommunalpolitik und Industrialisierung. Die Entfaltung der städtischen Leistungsverwaltung im 19. und frühen 20. Jahrhundert. Fallstudien zu Dortmund und Münster, Stuttgart u.a. 1985 (Schriften des Deutschen Instituts für Urbanistik 74).
10  Josef Löwe, Die elektrotechnische Industrie, Leipzig 1903 (Schriften des Vereins für Socialpolitik 107).
11  X.B. Liebig, München, die werdende Millionenstadt, und seine Verkehrsverhältnisse, München 1896; Wilhelm Mattersdorf, Untersuchung der den städtischen Verkehr bestimmenden Einflüsse und Nutzenanwendung der Ergebnisse bei Verkehrsschätzungen, Berlin 1907 (Diss.); Otto Blum, Zur Verkehrspolitik der Großstädte, mit besonderer Berücksichtigung der Berliner Verhältnisse, in: ZVDI 52 (1908), S. 1083.
12  Clemens Heiss, Wohnungsreform und Lokalverkehr, Göttingen 1903; Heinz Seini, Wohnungsbau und Stadterweiterungen, München 1925; Hellmuth S. Seidenfus (Hg.), Verkehr zwischen wirtschaftlicher und sozialer Verantwortung, Göttingen 1984.

politischer als auch von industrieller und wissenschaftlicher Seite her geführt und sind Indizien für ein gesteigertes öffentliches Interesse an Personentransportmitteln. Zugleich setzte vehemente Kritik gegen die Elektrifizierung ein. Diese verschiedenen Interessen blieben nicht ohne Wirkung. Die Akzeptanz neuer Verkehrsmittel hing immer stärker von wissenschaftlich fundierten Expertenaussagen ab, die der politischen Meinungsbildung vorangingen. In Fachzeitschriften wurden einschlägige Studien veröffentlicht, an Universitäten technisches Wissen vermittelt, und führende Ingenieure waren als Gutachter tätig.[13]

## 1.3. Vielfalt öffentlicher Verkehrssysteme (1920–1950)

Realisierung: Der öffentliche Verkehr setzte sich in Deutschland in der Zwischenkriegszeit endgültig als Massentransportmittel durch. Netze wurden ausgebaut und nach planmäßigen Kriterien vervollständigt. Es zeigt sich eine Verkehrsmittelvielfalt, denn das Automobil setzte sich sowohl im öffentlichen wie im privaten Gebrauch nun nachhaltig durch. Ebenso galt nun für Metropolen die U-Bahn als das leistungsfähigste Verkehrsmittel. Die faktische Monopolstellung der Straßenbahn wurde erstmals in Frage gestellt.

Organisation des Verkehrssystems: Mit der Zunahme des Verkehrsaufkommens ging der Trend in Richtung großer Verkehrsunternehmen und Übernahme durch die Stadt, wobei in solchen Fällen neben wirtschaftlichen besonders sozialpolitische Motive an Gewicht gewannen.[14] Gerade für die Zwischenkriegszeit scheinen sich die beiden Zielsetzungen bei den Verkehrsunternehmen die Waage gehalten zu haben. Ebenfalls wird in dieser Zeit eine Mischform von privatwirtschaftlicher und öffentlicher Organisation diskutiert und in einzelnen Fällen auch praktiziert.[15] Neue Gesellschaften treten mit dem verstärkten Auftreten des Autobusses in Erscheinung.[16] Interessanterweise gehört der öffentliche Verkehr als Dienstleistung für die Öffentlichkeit und städtische Infrastrukturtechnologie zu denjenigen Aufgaben, die die Kom-

---

13  Karl Hilse, Handbuch der Straßenbahnkunde zugleich als Unterlage für seine Vorlesungen an der königlichen Technischen Hochschule zu Berlin, 2 Bde., München, Leipzig 1893; Verkehr und Wissen. Eine Sammlung zeitgenössischer Schriften, o. O. 1930.

14  Handbuch der deutschen Straßenbahnen, Kleinbahnen und Privateisenbahnen sowie der angeschlossenen Kraftfahrbetriebe, Berlin 1928; Handbuch der öffentlichen Wirtschaft, Berlin 1930; Heinz Marschner, Öffentliche Hand und Nahverkehr, Leipzig 1933.

15  Erwin V. Beckerath, Die Verkehrsmittel als Objekte der Gemeinwirtschaft, Berlin 1921; Otto Blum/Hans Baumann (Hg.), Verkehrsbetriebe und ihre Organisation, Berlin 1924; Richard Passow, Die gemischt privaten und öffentlichen Unternehmungen auf dem Gebiete der Elektrizitäts- und Gasversorgung und des Straßenbahnwesens, Jena 1923.

16  Erich Giese, Betrachtungen über die Wirtschaftlichkeit und die Fahrpreise großstädtischer Verkehrsunternehmungen, Berlin 1928; Hermann Roelig, Über die Rentabilität der Autobus- und Straßenbahnlinien, München 1926 (Diss.).

munen erst sehr spät konsequent übernommen haben. Welche Motive die Entscheide bestimmten, wieweit die einzelnen Gruppen sozial verflochten waren, welche Organisationsform sich durchsetzte, ja überhaupt wie Technologie die Organisationsstruktur prägte, sind die zentralen von der Forschung bisher nicht beantworteten Fragen.

Akzeptanz: Öffentlicher Personenverkehr hatte sich so weit verändert, daß nicht nur eine neue Abnehmerschaft, sondern auch ein neuer Zweig der Wissenschaft entstanden war, der sich der Planung des Verkehrs annahm.[17] Inwieweit sich diese Vorstellungen auf die Umsetzung durchgeschlagen haben und wie sich technische Rahmenbedingungen veränderten[18], wird zu prüfen sein. Hinsichtlich der großen Akzeptanz, die auch heute noch das Auto genießt, sind in dieser Zeit entscheidende Weichen gestellt worden. Längerfristig mußten Änderungen in der Technik, die spürbare Zunahme des Straßenverkehrs und die höhere Geschwindigkeit der Verkehrsmittel bei den Benutzern ein anderes Verkehrsverhalten bewirken, zu Anpassungseffekten führen und neue Gewohnheiten etablieren. Auf- und Abspringen während der Fahrt der Straßenbahn war seit der Elektrifizierung ständiger Diskussionsgegenstand als Ursache für Unfälle.[19] An diesem Beispiel läßt sich die beschleunigende und gleichzeitig disziplinierende Wirkung des städtischen Verkehrs zeigen.[20]

### 1.4. Der Bus holt auf (1950–1970)

Realisierung: Nach dem zweiten Weltkrieg änderten sich die Verhältnisse dann grundsätzlich. Kleinere Städte stiegen zuerst auf Busbetrieb um, Straßenbahnen wurden aber auch in Großstädten zunehmend verdrängt. In den USA erfolgte diese Umstellung bereits 20 Jahre früher. Das Auto begann Maßstäbe festzulegen, die nicht nur den individuellen Transport forcierten,

---

17 Ernst Esch, Verkehrswissenschaft als besonderer Zweig der Wirtschaftswissenschaften, in: Zeitschrift für Verkehrswissenschaft 2 (1923), S. 3–35; Hans Ludwig Sierks, Wirtschaftlicher Städtebau und angewandte kommunale Verkehrswissenschaft, Dresden 1926; Harald Kegler, Stadtplanung. Zur Genese einer wissenschaftlichen Disziplin, in: NTM-Schriftenreihe zur Geschichte der Naturwissenschaften, Technik, Medizin 27 (1990), S. 65–73.
18 Otto Blum u.a., Straßenbahnen und Omnibusse im Stadtinnern, Jena 1942 (Schriftenreihe des Verkehrswissenschaftlichen Forschungsrats beim Reichsverkehrsministerium 13).
19 Diese langanhaltende Debatte von den Anfängen der Pferdestraßenbahnen bis in die 30er Jahre ist im Quellenbestand des Staatsarchivs und des Stadtarchivs München dokumentiert.
20 Richard Hennig, Verkehrsgeschwindigkeit in ihrer Entwicklung bis zur Gegenwart, Stuttgart 1936; Karl August Tramm, Verkehrsordnung und Straßenunfall, Berlin 1925.

sondern auch dem öffentlichen das Primat der Motorisierung aufdrückten.[21] Sowohl auf das Angebot wie auf die Rentabilität des öffentlichen Personenverkehrs hatte dies zwangsläufig seine Auswirkung. Mit technischen Verbesserungen wie Großraumwagen, größeren Bussen und Rationalisierungen konnte jedoch gleichzeitig auch die Leistungsfähigkeit gesteigert werden.

Organisation des Verkehrssystems: In der Folgezeit der stürmischen Motorisierung veränderte sich die Organisationsstruktur erneut, die privaten Nahverkehrsbetriebe verschwanden nahezu, die gemeinwirtschaftliche Zielsetzung setzte sich damit überall durch. Im Jahre 1957 waren 76% aller Nahverkehrsbetriebe vollständig in kommunaler Hand, 18% waren gemischtwirtschaftlich und nur noch 6% privat.[22] Die nationale und internationale Vernetzung, die mit der Gründung des Verbandes öffentlicher Verkehrsbetriebe (VÖV) 1949 begonnen hatte, wurde intensiviert.[23] Gemeinwirtschaftliche Verpflichtung brachte zwar eine Verschlechterung der Ertragslage mit sich, Verluste konnten jedoch weitgehend vermieden werden. Es wird zu fragen sein, wie sich die städtische Monopolstellung durchsetzte und welche Folgen sie für die Entwicklung der Organisationsstruktur hatte. Besonderen Einfluß muß dem VÖV, der neuen zentralen Institution, zuzuschreiben sein, die den öffentlichen Verkehr auf einheitliche Grundlagen stellte. Zu prüfen ist auch die Auswirkung des Primats der gemeinwirtschaftlichen Verpflichtungen auf Ertragslage und Konzeption des Nahverkehrs.

Akzeptanz: Im Zuge der privaten Motorisierung veränderte sich das städtische Gefüge. Die Stadt dehnte sich mehr und mehr in ihre Umgebung aus. Verkehrspolitik und Verkehrsplanung lösten sich zunehmend vom nur die kommunalen Grenzen erfassenden Begriff der Stadt und erweiterten den zu kontrollierenden Verkehrsraum auf die Region. Damit wurde auch die Aufgabe des öffentlichen Verkehrs neu definiert, um den neuen Anforderungen, die nun durch Pendlerströme erwuchsen, gerecht zu werden. Inwieweit individuelle Mobilität auf Nachfrage und Akzeptanz wirkte, wird einiges darüber aussagen, wie sich die Autogesellschaft herausbilden und den Schienenverkehr als vorherrschende Transportform verdrängen konnte.

---

21 Glenn Yago, The Decline of Transit. Urban Transportation in German and US Cities. 1900–1970, Cambridge u.a. 1984; Dietmar Klenke, Bundesdeutsche Verkehrspolitik und Motorisierung. Konflikträchtige Weichenstellungen in den Jahren des Wiederaufstiegs, Stuttgart 1993 (Zeitschrift für Unternehmensgeschichte, Beiheft 79); Winfried Wolf, Eisenbahn und Autowahn. Personen- und Gütertransport auf Schiene und Straße. Geschichte, Bilanz, Perspektiven, Hamburg, Zürich 1986.
22 Kandler, Entwicklung.
23 Auf internationaler Ebene: UITP (Internationaler Verband für öffentliches Verkehrswesen in Brüssel); Fritz Pampel, Zur Entwicklung des öffentlichen Personenverkehrs, in: Friedrich Lehner Festschrift. Zur Erinnerung an Friedrich Lehner und seine Arbeit für den öffentlichen Nahverkehr, Hannover 1982, S. 15–21.

## 1.5. Die teure Lösung: U- und S-Bahn (1960–1980)

Realisierung: Mit dem Ausbau von U- und S-Bahn durch die Kommunen seit Anfang der 1970er Jahre wurden die Straßenbahnen in den Großstädten systematisch dezimiert oder abgeschafft. Es zeichnet sich ab, daß mit dieser Schwerpunktverlagerung keineswegs eine Verbesserung der Leistung verbunden war.

Organisation: Man begann dem öffentlichen Verkehr neue Aufgaben zuzuordnen, nämlich solche im Rahmen von Energieeinsparung und Umweltschutz.[24] Gleichzeitig entstanden erstmals Defizite in nennenswertem Umfang, wobei neben der neuen Konkurrenz durch das Auto auch betriebliche Umstrukturierungen, der technische Fortschritt und die Neubewertung der Verpflichtungen des Verkehrsunternehmens für diese Diskrepanz zwischen Einnahmen und Ausgaben mitverantwortlich waren. Trotz der prekären finanziellen Lage wurden und werden ‚Gemeinwohlverpflichtungen' stark betont, und es kam zu organisatorischen Veränderungen wie z.B. der Einführung der Verkehrsverbünde und zu Förderungen und Finanzhilfen durch den Bund.

Akzeptanz: Trotz Umweltbemühungen und auferlegten Gemeinwohlverpflichtungen wiesen die öffentlichen Verkehrsbetriebe rückläufige Fahrgastzahlen auf. Die Gewohnheiten der Benutzerinnen und Benutzer veränderten sich unter der Wirkung der Massenmotorisierung. Aufgrund welcher Gewohnheiten hat sich die Herrschaft des Individualverkehrs vollständig durchgesetzt und damit den öffentlichen Personenverkehr zurücktreten lassen? Und wie prägen neue, seit der Massenmotorisierung einsetzende Krankheitssymptome, die besonders in Großstädten als Umweltbe- und Verkehrsüberlastung wahrnehmbar sind, Vorstellungen und Umgang?

## 1.6. Renaissance der Straßenbahn (seit 1980)

Realisierung: Seit Anfang der 1980er Jahre klang die Euphorie des U-Bahnbaus merklich ab. Unter dem Eindruck unvorhergesehener Entwicklungstendenzen in der Bevölkerungsstruktur der Ballungsräume, von Wirtschaftswachstum, Energie- und Finanzierungskrise und Umweltbewußtsein wurde in verschiedenen Städten erneut die Straßenbahn als ökonomischere Alternative gesehen. Eine Renaissance der Straßenbahn setzte ein und ließ dieses Verkehrsmittel unter veränderten technischen Bedingungen als Stadtbahn auferstehen.

Organisation: Schließlich muß auch nach Veränderungen gefragt werden, welche sich seit Ende der 1980er Jahre abzeichnen. In dieser Zeit wird

---

24 Rainer Willeke/Reinhardt W. Heinemann, Die Stadt und das Auto – Entwicklung und Lösung eines Problems, Frankfurt a. M. 1989.

vermehrt nach Konzepten gesucht, welche Finanzierung nicht mehr allein auf gemeinwirtschaftliche Grundlagen stellen, sondern um der Wirtschaftlichkeit willen gemischt- oder privatwirtschaftlich getragen werden. Große Bedeutung für die Entwicklung neuer Techniken und Projektierung des öffentlichen Verkehrs wird dabei der Kooperation mit anderen Ländern beigemessen.[25]

Akzeptanz: Verstärkte Bemühungen um die Fahrgäste im öffentlichen Verkehr machten die Benutzerinnen und Benutzer von öffentlichen Verkehrsleistungen zu Kundinnen und Kunden. Inwiefern die leicht ansteigenden Fahrgastzahlen auf ein gewandeltes Umweltbewußtsein, verbesserte Verkehrsbedingungen oder ein neues Image der öffentlichen Verkehrsmittel und nicht nur auf eingegliederte Regionalstrecken in die Stadtnetze zurückzuführen sind, wird noch zu zeigen sein.

## 2. Erklärungsansätze für die Konjunkturen des ÖPNV

Die Geschichte des öffentlichen Personenverkehrs in der Stadt ist also eine Geschichte des Auf und Ab. Es ist offensichtlich, daß der öffentliche Personenverkehr in Abhängigkeit von verschiedenen Faktoren steht, bestimmt wird und seinerseits bestimmend wirkt. Als technisches System ist er Teil anderer Systeme, wird aber auch durch andere – technische und soziale – Systeme geprägt; verschiedene Organisationen und Akteure beeinflussen sowohl seine Entstehung wie auch seine Verbreitung und Ausdehnung. Zudem ist der öffentliche Verkehr einem speziellem Spannungsfeld unterworfen. Das vom System produzierte Artefakt ‚Personentransportmittel' ist im Entwicklungsprozeß verschiedenen grundlegenden Veränderungen unterworfen. Neuerfindungen und Innovationen entwickeln alternative Techniken, die durch ihre gleichzeitige Existenz unweigerlich eine verschärfte Konkurrenzsituation schaffen, da sie neue Gruppen von bis dahin unbeteiligten Interessenten ins Spiel bringen. So können Interessengruppen ihre Vormachtstellung und ihren Einfluß auf den öffentlichen Verkehr und damit ihren Gewinn verlieren, während andere zu dieser Position aufsteigen.

Darf man die Einflußfaktoren überhaupt idealtypisch auftrennen? Wir meinen ja. Nehmen wir ein Beispiel: Die leidigen Batterieprobleme etwa haben sicherlich nicht nur das Elektroauto, sondern auch den elektrischen Busverkehr „nachhaltig" verhindert. Elektrofans spekulieren heute darüber, wie die Entwicklung der Elektromobile verlaufen wäre, wenn in den 1950er Jahren statt der Atom-U-Boote das Elektro-U-Boot gekommen und damit

---

25 Walter Petze, Öffentlicher Personennahverkehr, Köln 1988; Alexander Ring, Öffentlicher Personenverkehr in städtischen Regionen – eine theoretische und empirische Analyse alternativer Finanzierungsformen, Nürnberg 1993 (Forum für Finanzwissenschaft 3); Internationales Symposium ‚Forschung und neue Technologien im Verkehr', Bd.3, Öffentlicher Personennahverkehr, Köln 1988.

viele Entwicklungsmilliarden in die Batterieentwicklung geflossen wären. Leichter und leistungsfähiger als heute wären die Batterien allemal. Andererseits sind Batterien ein 200 Jahre altes technisches System, und es ist unklar, wieviel nicht ausgeschöpftes Potential tatsächlich für den Elektrobus noch besteht. Mit diesem kleinen Beispiel wollen wir das Problem der Faktorenanalyse andeuten. Wir sehen in der konkreten historischen Situation weiterhin konkrete technische Vor- und Nachteile eines Systems in Konkurrenz zu anderen. Im folgenden stellen wir vier verschiedene Erklärungsansätze für die Geschichte des Nahverkehrs vor, die implizit vier unterschiedliche Thesen für seinen Aufstieg und Niedergang enthalten. Demgegenüber wird in der Literatur oft recht monokausal auf nur einen Erklärungsansatz rekurriert, wenn die Konjunkturen im Nahverkehr plausibel gemacht werden sollen.

## 2.1. Technik

Die Verkehrsmittel im öffentlichen Personennahverkehr haben sich in den letzten 150 Jahren stark gewandelt. Man kann argumentieren, daß die Schiene dem Pferdebus einen im wahrsten Sinne des Wortes kaum einholbaren Vorsprung im Stadtverkehr gab, deutlich gesteigert noch durch die Elektrifizierung der Schienenstrecken. Innovationen im Bereich des städtischen Verkehrs waren in einem ersten Schritt die Pferdeomnibusse, die in verschiedenen Städten eingerichtet wurden (Nantes 1826, Dresden 1838). Sie wurden schon bald durch die überlegene Form der Pferdebahnen überholt (New York 1852, Berlin 1865). Durch die Verminderung der Reibung (Schienen) war ein bequemerer, schnellerer und effizienterer Transport gewährleistet. Weiterhin wurde nach Alternativen gesucht, um die tierische Kraft durch einen mechanischen Antrieb ersetzen zu können. Die dritte Innovations-Stufe der Geschichte des öffentlichen Verkehrswesens war mit der Entwicklung solcher mechanischer Antriebe erreicht.

Die Frage nach der adäquaten Technik war allerdings nicht gelöst und wurde weiterverfolgt. Auf der Angebotsseite finden wir den Dampfbetrieb (Paris 1876, Kassel 1877), die kabelbetriebenen Straßenbahnen und schließlich die elektrischen (Versuchsstrecke Berlin 1881, Bremen 1890). Und wenn zugunsten der Elektrizität entschieden wurde, war da eine unterirdisch geführte Leitung, eine Oberleitung oder gar ein Akkumulatorbetrieb die richtige Lösung? Oder war der Verbrennungsmotor und damit wiederum der Bus das Richtige (Daimlers Entwicklung 1885, Berlin 1905)?

Schließlich hatte sich besonders in den Weltstädten Ende des Jahrhunderts mit dem Schnellverkehr der Hoch- und Untergrundbahnen eine neue Form zur Personenbeförderung etabliert (Berlin 1902).

Zwar gibt es nach unserer Ansicht keine absoluten technischen Vor- oder Nachteile, wohl aber wichtige relative Unterschiede. Maßstab sind dabei die Leistungsfähigkeit konkurrierender Verkehrstechniken und die zeitgenössischen technischen Präferenzen, ja Moden. Geschwindigkeit, Preis, Lautstärke, Gefährlichkeit, Bequemlichkeit, Komfort und viele andere „technische" Faktoren wurden und werden chronologisch, aber auch regional ganz unterschiedlich gewichtet. Erst der diachronische und räumliche Vergleich bringt die Unterschiedlichkeit der Kundenperspektiven zum Vorschein. Gleiches gilt für die Perspektive der Anbieter von Verkehrssystemen. So waren das Interesse und die Einflußmöglichkeiten der großen Elektrokonzerne an einer Steigerung der Nachfrage nach Strom unterschiedlich gelagert. Internalistische Technikgeschichten der Fahrzeuge des öffentlichen Nahverkehrs gibt es in großer Zahl. In diesem Band werden dagegen die Wechselwirkungen zwischen den technischen Möglichkeiten und der relativen Bedeutung des öffentlichen Verkehrs gegenüber individuellen Verkehrssystemen analysiert.

## 2.2. *Organisation und Akteure*

In der Erklärung des Niederganges der öffentlichen Verkehrssysteme wird immer wieder auf die behördenmäßige bzw. gemeinwirtschaftliche Unternehmensform der Verkehrsbetriebe hingewiesen. Die Welle der Kommunalisierung der Verkehrsbetriebe seit der Jahrhundertwende habe langfristig diesen Anbieter gegenüber den privaten Individualverkehr ins Hintertreffen gebracht. Nun ist das Verkehrsunternehmen der zentrale Akteur im Nahverkehr und damit der Wechsel der Besitzverhältnisse ein fruchtbarer und packender Ansatz. Die Betriebsform hat die Konjunkturen des öffentlichen Verkehrs mitgeprägt. Ganz allgemein kann man sagen, daß eine erste Phase privatwirtschaftlicher Aktivitäten seit der Jahrhundertwende von einer Kommunalisierungswelle überrollt wurde. Erst in der allerjüngsten Vergangenheit deutet sich ein Rollback hin zu privaten Unternehmensformen an. Im Einzelfall freilich sind diese beiden Gezeiten ganz unterschiedlich und zeitversetzt verlaufen. Während etwa in Lissabon die Lisbon Tramway Ltd. (mit Sitz in London) erst in den 1980er Jahren kommunalisiert worden ist (und dort deshalb Straßenbahnen aus dem letzten Jahrhundert noch ihren Dienst tun), sind einzelne Verkehrsbetriebe bereits vor der Jahrhundertwende kommunalisiert und andere in den 1970er Jahren privatisiert worden. Weitere Akteure neben den Verkehrsunternehmen sind die lokalen und nationalen Verkehrsverwaltungen und die Parlamente. Eine dritte Gruppe sind die Anbieter von Verkehrssystemen. Die verschieden gelagerten Kräftekonstellationen und lokalen Interessen eröffneten dabei unterschiedliche Handlungsspielräume für die beteiligten Akteure. In diesem Sammelband geht es dabei in erster Linie um die Spielräume der Verkehrsunternehmen selbst. Doch darüber hinaus werden die weiteren Akteure in die Analyse einbezogen. Mit Verkehrsbetrieben und lokaler Verkehrsverwaltung ist ja das Feld der beteiligten Akteure noch keineswegs definiert. Die konkurrierenden Akteure des individuellen Verkehrs, die Hersteller von Verkehrsmitteln, die nationale Verkehrsverwaltung, die Verkehrswissenschaft und viele weitere Akteure müssen in die Untersuchung einbezogen werden.

### 2.3. Raum

Der öffentlichen Nahverkehr benötigt Raum. Gerade eine Stadttechnik, die sich mehrheitlich auf der Oberfläche abspielte, hatte gravierenden Einfluß auf die Gestaltung des Straßen-, Stadt- und Lebensraums. Nicht nur als Oberflächenverkehrsmittel, sondern auch unterirdisch prägt sie die Stadt durch ihre typische Ausgestaltung. Hier sind es denn vor allem auch Vorstellungen von Planern, die sich langzeitlich auf die Veränderungen der Stadtbildes auswirken. Der ÖPNV läßt sich historisch auch von der Warte des Raumes, etwa von der Stadtplanungsgeschichte her analysieren. Der ÖPNV konkurriert in den verdichteten urbanen Zonen um das knappe Gut öffentlichen Raumes mit anderen Verkehrssystemen und anderen Nutzungen. Der Einfluß der gegenseitigen Verdrängung von Verkehrssystemen auf die räumliche Gestalt der Stadt muß von den Verkehrshistorikern und -historikerinnen viel stärker in die Analyse des Auf- und Abstiegs der öffentlichen Verkehrssysteme einbezogen werden.

### 2.4. Verkehrsmittelbenutzerinnen und -benutzer

Der Stadtverkehr ist insgesamt viel zu lang und zu oft ausschließlich von der Angebotsseite her analysiert worden, von den Verkehrsplanungen und -visionen, der Verkehrspolitik, der Herstellenden und Betreibenden von Verkehrssystemen. Die Analyse des Verkehrs aus der Perspektive der Nutzerinnen und Nutzer erschließt ganz neue Aspekte der Verkehrsgeschichte. Hier geht es um den Umgang und die Aneignung von Stadttechnik durch die Menschen. Dabei spielt die Wahrnehmung der Städte, der menschlichen Lebenswelt und Raumgestaltung eine ebenso große Rolle, wie auch der Gebrauch und die Benutzung von technischen Artefakten im Alltag. Bislang fehlen konkrete historische Daten über diese Benutzung wie beispielsweise Alter, Geschlecht, Reiseziele und Entscheidungskriterien der Passagiere für die Verkehrsmittelwahl. Rohes Datenmaterial aber ist durchaus vorhanden, wie einzelne der folgenden Beiträge beweisen. Die Verkehrsunternehmen, aber auch die Städte haben erst seit den 1970er Jahren empirische Untersuchungen und Vermutungen über die Fahrgäste öffentlicher Verkehrssysteme dokumentiert.

## 3. Literatur

Blicken wir auf die jüngere Literatur seit den 1970er Jahren zur Geschichte des öffentlichen Personenverkehrs. Obwohl das Thema bestens geeignet wäre, Sozial-, Wirtschafts-, Politik- und Technikgeschichte zu verknüpfen, angebots- und nachfrageorientierte Ansätze gegenüberzustellen, nach Verkehrskulturen zu fragen und bei unterschiedlicher nationaler Entwicklung der historische Vergleich auf der Hand läge, das Thema zudem durch seine politische Brisanz auch Appeal hätte, haben sich ihm Historikerinnen und Historiker kaum angenommen. Das Feld wird weiterhin ganz überwiegend Firmenfestschriften und Hobbyhistorikern überlassen. Hier ist die Zahl der Publikationen Legion, die Darstellungen gleichen sich allerdings, und die interessanten historischen Fragen werden gerade nicht gestellt.

Im Zentrum des Interesses der vorliegenden Publikation steht ohne Frage die Straßenbahn. Sie hat die größte Nähe zur Geschichte der Eisenbahnen, welche die Geschichtsschreibung der Straßenbahnen geprägt hat. Straßenbahnen und S-Bahnen haben die stärkste Aura aller öffentlichen Nahverkehrssysteme entwickelt, abgesehen von lokalen Besonderheiten, wie der Wuppertaler Schwebebahn, dem alten Hamburger Elbtunnel oder dem Lissabonner Fahrstuhl. Dutzende von Straßenbahnmuseen überziehen inzwischen die Bundesrepublik. Hier entstehen die Publikationen mit Liebe zum Detail und Wehmut gegenüber besseren Zeiten für die Straßenbahn. Genauestens werden in einzelnen Städten die technische Entwicklung verfolgt, technische Daten aufgelistet, Wagenparks ausgezählt und Einführungszeitpunkte bestimmt. Quellenangaben werden meist nicht vermerkt, dafür die Publikationen mit Bildmaterial, Plänen, Tabellen und Statistiken geschmückt.[26] Der Autobus, der in der Nachkriegszeit insgesamt wichtiger ist als die Straßenbahn, hat demgegenüber viel weniger Aufmerksamkeit erhalten.[27]

Systemvergleiche zwischen dem west- und dem ostdeutschen Personenverkehr fehlen bisher völlig.

Die meisten historischen Arbeiten zur westdeutschen Verkehrsgeschichte der Nachkriegszeit befassen sich mit dem motorisierten Individualverkehr. Der Nahbereich der Stadt wird oft nur gestreift, der öffentliche Verkehr in diesem Zusammenhang vernachlässigt. So untersucht Klenke in seiner kürzlich erschienenen Studie hauptsächlich den Fernverkehr, d.h. die Konkurrenz zwischen Schiene und Straße auf der Ebene der Artikulation verkehrspoliti-

---

26 Hendlmeier, Handbuch, ist dabei die umfassendste Zusammenstellung umfangreicher Daten zur Straßenbahngeschichte aus der Feder eines Ingenieurs. Dieser ist sich allerdings des Quellenproblems bewußt und bemüht, sowohl Quellen wie auch Literaturangaben zu machen. Ansonsten existieren zahlreiche Jubiläumspublikationen zu einzelnen Städten und Gebieten, meist von Verkehrsunternehmen herausgegeben und von Laienhistorikern verfaßt. Eine Aufstellung nähme hier zuviel Platz ein.
27 Wolfgang Huss/Wolf Schenk, Omnibus-Geschichte, 2 Bde., München 1982.

scher Forderungen verschiedener Interessengruppen für die fünfziger Jahre.[28] Auch in den kürzlich erschienenen Arbeiten von Südbeck, Blanc und Brunhold[29] steht die Entwicklung der Motorisierung und die Verkehrspolitik im Mittelpunkt. Südbeck wählt den gleichen Zeitraum wie Klenke, integriert aber neben der nationalen Debatte auch die regionale Perspektive am Beispiel der Verkehrsentwicklung in Hamburg und dem Emsland. Blanc liefert eine Studie für die fünfziger und sechziger Jahre, allerdings für Zürich. Hier rücken viel stärker Leitbilder in der Verkehrspolitik und ihre Umsetzung in den Vordergrund. Diese werden durch Leitbilder aus der Verkehrsplanung ergänzt. Auch Brunhold fokussiert die Verkehrsplanung. Seine Studie über Stuttgart dehnt er zeitlich vom 19. Jahrhundert bis hinein in die Gegenwart. Diese verdienstvollen Arbeiten verzichten aber auf technikgeschichtliche Analysen für die Erklärung der Motorisierung der Nachkriegsgesellschaft sowie auch auf die Untersuchung der Entwicklung des Verkehrssystems in der Stadt, das nicht allein durch Verkehrspolitik geprägt worden ist. Verkehrsunternehmen werden dabei ebenfalls vernachlässigt. Auch Verkehrsverhalten und Akzeptanz der öffentlichen Verkehrsmittel wird keine Beachtung geschenkt.

Für die Untersuchung der städtischen Verkehrsentwicklung haben Birkefeld/Jung erstmals einen neuen Zugang gewählt, denn sie untersuchen die Veränderungen des städtischen Lebensraums und der Umwelt, die im Zuge der Industrialisierung und damit Mechanisierung eintraten. Sie stellen in ihrer Untersuchung sowohl öffentliche Verkehrsmittel wie auch individuelle in den Vordergrund. Insbesondere die Elektrizität und die neue Raum- und Zeitbeherrschung durch die Motorisierung (zuerst in Gestalt der Schienenbahnen, dann in Gestalt des Automobils) definieren sie als diejenigen Modernisierungsschübe, die die Wahrnehmung der Menschen am eindringlichsten und nachhaltigsten veränderten. Die neue Qualität der Geschwindigkeit und des öffentlichen Lärmes etwa durch Hufgeklapper, Klingeln der Straßenbahnen, Knallen bei Spannungsentladungen der Stromleitungen und Dröhnen der Motoren veränderte das Erleben des Straßenraums.[30]

---

28 Dietmar Klenke, Bundesdeutsche Verkehrspolitik und Motorisierung. Konfliktträchtige Weichenstellungen in den Jahren des Wiederaufstiegs, Stuttgart 1993 (Zeitschrift für Unternehmensgeschichte, Beiheft 79).

29 Jean-Daniel Blanc, Die Stadt – ein Verkehrshindernis? Leitbilder städtischer Verkehrsplanung und Verkehrspolitik in Zürich 1945–1975, Zürich 1993; Andreas Brunold, Verkehrsplanung und Stadtentwicklung. Die städtebauliche Entwicklung des Stuttgarter Bahnhofgeländes. Eine Fallstudie, Stuttgart, 1992; Thomas Südbeck, Motorisierung, Verkehrsentwicklung und Verkehrspolitik in der Bundesrepublik Deutschland der 1950er Jahre. Zwei Beispiele: Hamburg und das Emsland, Stuttgart 1994 (VSWG, Beiheft 113).

30 Richard Birkefeld/Martina Jung, Die Stadt, der Lärm und das Licht. Die Veränderung des öffentlichen Raumes durch Motorisierung und Elektrifizierung, Seelze 1994.

Auch die Arbeit von Schmid/Lindenbaum/Staudacher[31], die das Ergebnis eines Forschungsprojektes zur Eisenbahnentwicklung in Österreich von 1918–1938 ist, behandelt den Stadtverkehr. Die Studie analysiert die Entwicklung des Verkehrswesens anhand der Eisenbahn, des Automobils und der Straßenbahn entlang der Komponenten „Bewegung" und „Beharrung", worunter sowohl die technisch-innovative wie auch die politische Entwicklung subsumiert wird. Grundlegend wird der Begriff des Transportsystems definiert als „der strukturale Zusammenhang von Elementen (sozio- und kulturpolitisches Umfeld, Grad der Innovativität, technische Parameter, soziale Benützung gegebener Einrichtungen) in komplexer Kohärenz resultierend, das Mehrwert durch Zusammenarbeit aller Elemente erbringt." Für den Stadtverkehr gelingt es der Studie, technische Entwicklung in ihrem Ineinandergreifen mit ideologischen und politischen Komponenten zu analysieren. Dabei kommen neben technologischer Entwicklung der Straßenbahn immer auch ihre soziale Benutzung zur Sprache, ebenso die Wechselwirkungen mit anderen Verkehrssystemen.

Fachhistorische Arbeiten zum Nahverkehr fehlen in Deutschland also noch fast völlig. Wir sind, wie in so vielen Bereichen der modernen Wirtschafts- und Technikgeschichte, fürs erste verwiesen auf die Literatur im angelsächsischen Raum.[32] Aus der Vielzahl der erschienenen Arbeiten seien hier nur die zwei wichtigsten vergleichenden Studien erwähnt, die auch die deutsche Entwicklung mit einbeziehen. Die in ihrer Fragestellung bisher überzeugendste vergleichende Studie zur Genese des öffentlichen Nahverkehrs stammt von dem Amerikaner John McKay 1976.[33] McKay stellt die Entwicklung und Diffusion der Nahverkehrssysteme in den Zusammenhang der kommunalen Siedlungs- und Verkehrspolitik einerseits, andererseits der institutionellen Eigeninteressen der Nahverkehrsbetriebe und drittens der

---

31  Georg Schmid u.a., Bewegung und Beharrung. Eisenbahn, Automobil, Tramway: 1918–1938, Wien u.a. 1994.
32  So gibt Glen E. Holt, Urban Mass Transit History: Where We Have Been and Where We Are Going, in: Finster, Jerome (Hg.), The National Archives and Urban Research, Athens 1974, S. 81–105 für Amerika und den Zeitraum bis 1974 eine ausführliche Übersicht über die vorliegenden Untersuchungen und Quellensammlungen. Vgl. auch: Brian J. Cudahy, Cash, Tokens, and Transfers. A History of Urban Mass Transit in North America, New York 1990; Theo Baker/Michael Robbins, Moving Millions. A History of London Transport, London 1993; Glen E. Holt, The Main Line and Side Tracks. Urban Transportation History, in: Journal of Urban History 5 (1979), S. 397–400; George M. Smerk, The Federal Role in Urban Mass Transportation, Bloomington/Indianapolis 1991; Joel Tarr /Gabriel Dupuy (Hg.), Technology and the Rise of Networked City in Europe and America, Philadelphia 1988; Charles L. Wright, Fast Wheels Slow Traffic. Urban Transport Choices, Philadelphia 1992.
33  John P. McKay, Tramways and Trolleys. The Rise of Urban Mass Transport in Europe, Princeton 1976; Ders., Comparative Perspectives on Transit in Europe and the United States. 1850–1914, in: Joel Tarr/Gabriel Dupuy (Hg.), Technology and the Rise of the Networked City in Europe and America, Philadelphia 1988, S. 3–21.

urbanen Bedürfnisse. Dabei steht die Entwicklung der elektrischen Straßenbahn als Repräsentantin des Massenverkehrs im Zentrum. Dem neuen, elektrischen Antrieb mißt McKay eine geradezu revolutionäre Bedeutung zu, weil der neue Fahrkomfort die innerstädtische Beförderungsstruktur und Umwelt nachhaltig prägte. Besonders verdienstvoll an der Studie ist der Vergleich der USA mit Deutschland, England und Frankreich. McKay analysiert die Gründe für den amerikanischen Vorsprung bei der Einführung der elektrisch betriebenen Verkehrsmittel, beschreibt den Adaptionsprozeß und seine Auswirkungen in Europa.

Leider berührt McKay den Diskurs über die technische und ästhetische Gestaltung der Straßenbahn kaum, abgesehen von der Kritik an den Oberleitungen. So bleibt das Werk im Bereich der Elektrifizierung notwendigerweise skizzenhaft. Zudem werden die auf der Hand liegenden innereuropäischen Unterschiede in der Adaptions- und Diffusionsphase aus der amerikanischen Perspektive nicht beachtet.

Die zweite amerikanische Studie, die sich ebenfalls der deutschen Entwicklung des Nahverkehrs annimmt, stammt aus der Feder des Historikers Glenn Yago. Sie schließt in gewisser Weise chronologisch an McKay an und konzentriert sich auf den Niedergang des öffentlichen Verkehrs, den er statistisch gut dokumentiert. Seine Erklärungsansätze betreffen aber mehr den Aufschwung des Automobils als den Niedergang des öffentlichen Verkehrs.

Sein Ansatz zur Erklärung der deutschen Nachkriegsnahverkehrsgeschichte ist zum Teil organisationshistorisch. Yago schildert die Organisation der Verkehrsbetriebe als nachgeordnete Behörden bzw. als gemeinwirtschaftliches oder privatwirtschaftliches Unternehmen. Dieser fruchtbare und vielversprechende Ansatz könnte auch für die Frage nach der Einwirkung von Behörden und privaten Unternehmen auf die Verkehrspolitik im Rahmen der Stadtentwicklung genutzt werden. Stadtplanungs- und -entwicklungsfragen fallen in der Studie leider unter den Tisch. Yago definiert strukturelle Faktoren – etwa ökologische Faktoren, die Position der Stadt im nationalen Vergleich, sowie ökonomische. Er befaßt sich mit Struktur und Rolle der Körperschaften nur im Hinblick auf den Erfolg des Nahverkehrs. Nicht belegt und zweifelhaft bleibt etwa die Aussage, daß Strukturen der Urbanisierung die Entwicklung des Verkehrs und seiner Industrie weder gefördert noch behindert hätten. Yago schildert die Anbieter öffentlicher Verkehrssysteme in Deutschland zu Recht als staatsnahe Betriebe. Dieses Verhalten war durchaus rational, denn die Kommunen und der Staat waren die entscheidenden Abnehmer. In der Frühphase förderten die Hersteller den öffentlichen städtischen Verkehr, später profitierten sie von diesem sicheren Abnehmer ihrer Produkte. Wer letztlich die Verkehrspolitik bestimmt, bleibt bei Yago leider dunkel. Seine These eines besonders großen Einflusses der lokalen Politik, konkret der Oberbürgermeister deutscher Großstädte, ist nicht ganz überzeugend und steht im Widerspruch zu seinen Aussagen, daß die Unternehmen die staatliche Verkehrspolitik in der Hand gehabt hätten.

Die beiden Arbeiten wurden hier so ausführlich gewürdigt, um anzudeuten, welches Potential die Nahverkehrsgeschichte enthält. Doch mit der vorliegenden Publikation und den kürzlich erschienenen oder angekündigten Monographien wird sich das historiographische Niveau deutlich verändern.

Wir möchten diesen Literaturüberblick deshalb erweitern und auf benachbarte historische Untersuchungsfelder und Nachbardisziplinen schauen und nach den für die Nahverkehrsgeschichte relevanten Titeln fragen.

Nahverkehrsgeschichte wurde und wird auch als Teilgebiet der Eisenbahngeschichte geschrieben. Wechselwirkungen zwischen Fern- und Nahverkehr untersuchte etwa Bruno Fritzsche.[34] Eisenbahnen waren, so Fritzsche, ein bestimmender Faktor für das Wachstum der Städte. Als innerstädtisches Verkehrsmittel spielten sie freilich kaum eine Rolle, denn es gab im Stadtgebiet meist keine oder nur sehr wenig Zusteigemöglichkeiten, und die Bahnhöfe selbst lagen selten im Zentrum der Stadt.[35] Technikhistorisch interessant ist der Zusammenhang von Elektrifizierung und der Durchsetzung der elektrischen Straßenbahn. Diese Wechselwirkung harrt noch der historiographischen Aufarbeitung, auch wenn McKay einige Thesen zum Thema macht.[36] Der Berliner Technikhistoriker Wolfgang König verweist auf die Straßenbahn als einen der wichtigsten Starkstromanwender, widmet diesem Thema im Rahmen seines Vergleichs der deutschen und britischen Elektroindustrie aber nur einen ganz kurzen Abschnitt.[37] Die von Wolfram Fischer herausgegebene Geschichte der Starkstromtechnik in Deutschland widmet je ein Kapitel den elektrischen Verkehrsmitteln. Leider kommen die Kapitel der ansonsten sehr verdienstvollen Bände kaum über den Stand einer hagiographischen Technikgeschichte hinaus.[38]

---

34 Bruno Fritzsche, Eisenbahnbau und Stadtentwicklung in der Schweiz, in: Hans-Jürgen Teuteberg (Hg.), Stadtwachstum, Industrialisierung, Sozialer Wandel. Beiträge zur Erforschung der Urbanisierung im 19. und 20. Jahrhundert, Berlin 1986 (Schriften des Vereins für Socialpolitik, N.F. 156), S. 175–194; Arnulf Grübler, The Rise and Fall of Infrastructure. Dynamics of Evolution and Technological Change in Transport, Heidelberg 1990; Elfriede Rehbein, Zu Wasser und zu Land. Die Geschichte des Verkehrswesens von den Anfängen bis Ende des 19. Jahrhunderts, München 1984; Simon P. Ville, Transport and the Development of the European Economy. 1750–1918, New York 1990.

35 Hartmut H. Knittel, Zur Entwicklung konkurrierender Antriebssysteme schienengebundener Fahrzeuge in Deutschland, in: Ferrum 62 (1990), S. 78–88.

36 McKay, Tramways. Mit ähnlicher Gewichtung und zugleich nur kurzer Erwähnung: Wolfgang König, Massenproduktion und Technikkonsum, in: Wolfgang König/Wolfhard Weber, Netzwerke Stahl und Strom. 1840–1914, Berlin 1990 (Propyläen Technikgeschichte 4), S. 141–201; Thomas P. Hughes, Networks of Power. Electrification in Western Society. 1880–1930, Baltimore, London 1983, S. 183–188.

37 Wolfgang König, Die technische und wirtschaftliche Stellung der deutschen und britischen Elektroindustrie zwischen 1880 und 1900, in: Technikgeschichte 53 (1987), S. 221–229, hier: S. 224; so auch Joachim Radkau, Technik in Deutschland. Vom 18. Jahrhundert bis zur Gegenwart, Frankfurt a. M. 1989, S. 145.

38 Wolfram Fischer (Hg.), Die Geschichte der Stromversorgung, Frankfurt a. M. 1992, S.

Auf dem Gebiet der Städteforschung, die in den letzten Jahren zunehmend zum Gegenstand der Geschichtswissenschaft geworden ist, finden sich zahlreiche Aufsätze und Hinweise zur Entwicklung des Personenverkehrs im Zusammenhang mit der Urbanisierung und Stadtentwicklung. Die Entwicklung des Massentransportwesens wird im Rahmen der städtischen Netzwerkbildung in Aufsätzen zentral bearbeitet (allerdings nicht für den deutschen Bereich), aber auch neben anderen Elementen dieser städtischen Vernetzung, der Ausbildung der Stadttechnik, der Leistungsverwaltung und der Stadterweiterung erwähnt.[39] Zusätzlich wird eine Verknüpfung im Bereich der sich Ende des 19. Jahrhunderts ausbildenden wissenschaftlich-theoretischen Stadtplanung gesehen, wo Architekten und Ingenieure den Personenverkehr in bezug auf seine räumliche Anordnung und Strukturierung untersuchten. Angeführt wird auch, daß für an der sozialen Frage interessierte Politiker der Personennahverkehr zum Mittel der Dezentralisierung der Städte und damit zum billigen und demokratischen Transportmittel schlechthin wurde.[40]

Last but not least existieren einzelne methodisch moderne unternehmensgeschichtliche Untersuchungen, welche die Verkehrsunternehmen selbst ins Zentrum stellen und gleichzeitig deren wirtschaftliche, politische und soziale Verknüpfung herausstreichen.[41] Schön wäre es, wenn die Verkehrsunternehmen mehr Studien dieser Art initiieren würden. Bisher liegen mehr skizzenhafte Untersuchungen und Projekte vor, die forschungsstrategische Richtungen anzudeuten vermögen, als fertige Fallstudien.

Wesentlich besser sieht die Literaturlage bei den verkehrswissenschaftlichen und neuerdings den soziologischen Studien aus. Befruchtend für die Technikgeschichte waren die soziologischen Analysen großtechnischer Systeme. Der ÖPNV ist zweifellos ein großtechnisches System, findet aber leider in der theoretischen Diskussion bisher kaum Aufmerksamkeit, die über eine bloße Erwähnung hinaus ginge. Ganz anders fand die Entwicklung der Eisenbahn als großtechnisches System in diesem Rahmen durchaus Beachtung.[42] In neuester Zeit wird auch das Automobil als Automobilverkehrssy-

---

127 und 131; Georg Dettmar, Die Entwicklung der Starkstromtechnik in Deutschland, Teil 1: Die Anfänge bis etwa 1880, Berlin, Offenbach 1989 (reprint von 1940); Kurt Jäger (Hg.) Die Entwicklung der Starkstromtechnik in Deutschland, Teil 2: Von 1890 bis 1920, Berlin, Offenbach 1991 (Geschichte der Elektrotechnik 9).
39  Als Bsp. Bill Luckin, Sites, Cities, and Technologies, in: Journal of Urban History 17 (1991), S. 426–433; Hardtwig/Tenfelde, Räume.
40  Als Bsp. Thomas Rönnebeck, Stadterweiterung und Verkehr im 19. Jahrhundert, Stuttgart, Bern 1971; Schott/Skroblies, Vernetzung.
41  Als Bsp. Kandler, Entwicklung.
42  Wolfgang Heinze/Heinrich H. Kill, The Development of the German Railroad System, in: Renate Mayntz/Thomas Hughes (Hg.), The Development of Large Technical Systems, Frankfurt a. M. 1988, S. 105–134; Stephen Salsbury, The Emergence of an Early Large-Scale Technical System: The American Railroad Network, in: ebd., S. 37–68.

stem thematisiert. Studien in dieser Richtung werden vor allem am Wissenschaftszentrum Berlin für Sozialforschung betrieben und instrumentalisieren die historische Analyse mehr für zeitgenössische und zukünftige Perspektiven.[43]

### 4. Ergebnisse der einzelnen Studien

Der Sammelband versteht sich als ein Aufriß eines Forschungsfeldes. Neue Fragestellungen, theoretische und methodische Erwägungen haben deshalb hohe Priorität und stehen am Anfang. Der Verkehrshistoriker Dietmar Klenke stellt Fragen und Herangehensweisen aus der Sicht der Sozial- und Umweltgeschichte vor. Der Verwaltungshistoriker Stefan Fisch benennt von der Stadtplanungsgeschichte die drängenden Fragen an die Geschichte des öffentlichen Nahverkehrs. Barbara Schmucki fokussiert in ihrem Beitrag die Konkurrenz innerhalb des städtischen Verkehrssystems als methodische Analysekategorie für die historische Entwicklung des öffentlichen Verkehrs. Sie definiert dabei „endogene Kokurrenz" als diejenige, die die innere Struktur des öffentlichen Verkehrs bestimmt und die „exogene Konkurrenz", in welcher der öffentliche Verkehr mit anderen Verkehrsmitteln im Wettbewerb um den städtischen Raum und beförderte Personen steht.

In einem zweiten Teil folgen eine Reihe von Fallstudien zu einzelnen Städten. Nikolaus Niederich hat den langen Prozeß der Kommunalisierung der Stuttgarter Straßenbahn bis zum Vorabend des Zweiten Weltkriegs untersucht und dabei den Fokus auf die Verkehrsunternehmen gerichtet. Uwe Grandke blickt dagegen für das Beispiel Münster in der Zwischenkriegszeit vor allem auf die städtische Verkehrspolitik und schätzt ihre Handlungsspielräume angesichts eines engen finanziellen Rahmens und der technologischen „trajectories" ab. Burghard Ciesla dokumentiert in seiner Geschichte des Berliner Nahverkehrs die gemeinsamen und die politischen Systeme übergreifenden technischen Ideale in Ost und West. Ciesla kann außerdem überzeugend die „Schaufensterfunktion" von Nahverkehrssystemen in Metropolen nachweisen. Nicht nur die Moskauer U-Bahn, sondern eben auch die Ost-Berliner Straßenbahn und die West-Berliner U-Bahn waren Prestigeobjekte auf dem Präsentierteller des politischen Systemvergleichs im Kalten Krieg. Erst diese Vergleiche zwischen verschiedenen Städten zeigen, daß die Handlungsspielräume der städtischen Verkehrspolitik eben doch erheblich waren. Der Beitrag von Elfi Bendikat blickt auch auf die Steuerungsmöglichkeiten des Verkehrssystems durch die Stadtverwaltungen am Beispiel des Vergleiches von Berlin und Paris. Sie kann nachweisen, daß in Berlin die Kommuna-

---

43 Reiner Grundmann, Car Traffic at the Crossroads. New Technologies for Cars, Traffic Systems and their Interlocking, Berlin 1992 (WZB Papers FSII 92 –506).

lisierung viel weiter getrieben wurde als zeitgleich in Paris, wo sich die Behörde auf die lockere Steuerung und Kontrolle der konkurrierenden öffentlichen Verkehrssysteme beschränkte. Noch deutlicher werden diese Spielräume im Beitrag von Stefan Bratzel über den Nahverkehr von Los Angeles. Bratzel argumentiert, daß der Megatrend von Desurbanisierung und Individualisierung des Verkehrs in Los Angeles nur scheinbar unausweichlich war, sondern vielmehr durch die Nahverkehrspolitik der ÖPNV-Protagonisten erst eingeleitet wurde.

Völlig unterschätzt wird meist die Anbindung des Teilsystems Nahverkehr an den übergeordneten nationalen und weltweiten Fernverkehr. Gerade für dessen Attraktivität spielt es nämlich ein wichtige Rolle. Ein Flughafen und eine U-Bahn können, wenn sie zusammenwirken, sich gegenseitig enorm verstärken. Im dritten Teil wird diese erweiterte Perspektive aufgegriffen. Die Studie von Hans-Peter Zang zum Verkehr über den Bodensee verknüpft Stadt-, Regional- und Fernverkehr im 19. Jahrhundert und wird von uns als ein methodischer Beitrag in diese Richtung verstanden. Auch der Beitrag von Hans-Liudger Dienel richtet seine Aufmerksamkeit auf den Zusammenhang von Nah- und Fernverkehr. Sein methodisches Anliegen ist aber die Analyse der Verkehrsgeschichte von der Warte der Konsumgeschichte her. Anhand des Freizeitverhaltens wird die Entwicklung des Freizeitverkehrs dargestellt, der seit den 1960er Jahren den überwiegenden Teil des Gesamtverkehrs darstellt. Gleichzeitig greift Dienel die Frage nach der historischen Möglichkeit und den Handlungsspielräumen staatlicher Verkehrspolitik in erweiterter Perpektive auf.

Der Ost-West-Vergleich wie der internationale Vergleich, der verschiedenen Beiträgen zugrunde liegt, zeigt die Palette der historischen Möglichkeiten und damit der Handlungsspielräume auf.

*Dietmar Klenke*

# Nahverkehr im Automobilzeitalter: Fragen aus der Sicht der Sozial- und Wirtschaftsgeschichte

1. Einleitung

Die Probleme, die die Konkurrenz von öffentlichem Personenverkehr und motorisiertem Individualverkehr aufwirft, haben sich seit geraumer Zeit zu einem verkehrs- und umweltpolitischen Reizthema erster Ordnung entwikkelt.[1] Daß dies im Zeitalter des Automobils nicht immer so war, lädt zu vergleichenden Betrachtungen ein. An erster Stelle weckt das Frageinteresse, daß sich die Konkurrenz dieser Verkehrsarten zu keiner Zeit allein auf Basis nüchterner transporttechnischer und verkehrsinfrastruktureller Kostenrationalität entwickelt hat, sondern auch von einem Verkehrs- und Mobilitätsverhalten abhängig war, dem Einflußgrößen gesellschaftspolitischer, sozialer, kultureller und psychologischer Art zugrundelagen, die mit verkehrstechnischem Zweckmäßigkeitsdenken nichts oder doch nur bedingt etwas zu tun hatten. Fortbewegung läßt sich in vielen Fällen nicht vorrangig als Transportvorgang charakterisieren. Häufig sind Funktionen im Spiel, die weit darüber hinausweisen. Ein Automobil fortzubewegen, kann durchaus gewichtige Selbstzweckanteile haben, wobei das Bedürfnis nach Eigentätigkeit und die Nutzung des Fahrzeugs als persönliches Ausdrucksmittel herausragende Motive sind. Zugespitzt ausgedrückt böte sich hier die Formel an: „Sage mir, wie Du Dich fortbewegst, und ich sage Dir, wer Du bist." Daß sich nicht selten zwischen Transportrationalität und symbolischer Kommunikation eine tiefe Kluft auftut, beschäftigt die Verkehrsplaner, seit es den motorisierten Individualverkehr als ernstzunehmende Alternative zu Massenverkehrsmitteln gibt.

Auch unter kostenwirtschaftlichem Aspekt hat die Konkurrenz zwischen öffentlichem und Individualverkehr immer wieder Probleme aufgeworfen. Hier wäre vor allem zweierlei zu fragen: Inwieweit hat eine unzureichende

---

1   Vgl. als anregenden Problemaufriß: Kurt Leibbrand, Stadt und Verkehr. Theorie und Praxis der städtischen Verkehrsplanung, Basel 1980; Hans Paul Bahrdt, Über die Notwendigkeit der Zähmung des Automobils, in: Archiv für Kommunalwissenschaften II/1986, S. 185–199; Jakob Kandler, Wechselbeziehungen zwischen Verkehrsplanung und Stadtentwicklung, in: Archiv für Kommunalwissenschaften II/1987, S. 190–205; Heiner Monheim/Rita Monheim-Dandorfer, Straßen für alle. Analysen und Konzepte zum Stadtverkehr der Zukunft, Hamburg 1990; Tom Koenigs/Roland Schaeffer (Hg.), Fortschritt vom Auto? Umwelt und Verkehr in den 90er Jahren, München 1991; Gerd Albers, Stadtplanung. Eine praxisorientierte Einführung, Darmstadt 1992; Dietmar Klenke, „Freier Stau für freie Bürger". Die Geschichte der bundesdeutschen Verkehrspolitik 1949–1994, Darmstadt 1995.

Effizienz- und Marktorientierung die Konkurrenzfähigkeit der öffentlichen Verkehrsunternehmen gegenüber dem Individualverkehr geschwächt und welchen Einfluß haben Trends wie die städtebauliche Entflechtung, Auflokkerung und Zersiedelung auf die Verbesserung der Marktposition des Individualverkehrs gehabt. Vor allem in ländlichen, weniger dicht besiedelten Regionen kam der PKW den wachsenden Mobilitätsbedürfnissen in Beruf und Freizeit erheblich besser entgegen als der öffentliche Massenverkehr. Er hatte eine dramatische Ausweitung des räumlichen Aktionsradius im Gefolge.

Erwähnung verdient der seit den achtziger Jahren anhaltende Trend, daß die Leistungsfähigkeit des Kraftverkehrs in den Ballungszentren mehr und mehr an Grenzen stößt. Daß seither die Massenverkehrsmittel wieder im Aufwind sind, hat die Verkehrsplaner beflügelt, Individual- und Kollektivfahrzeuge zu einem integrierten System zusammenzuführen, das den Verkehr effizienter macht. Die traditionelle Dichotomie starrer Konkurrenzverhältnisse soll überwunden werden; Kooperation und Verkehrsteilung sollen allein dem transporttechnischen Effizienzgebot gehorchen. Der Grundgedanke ist einfach: Man will die systemischen Stärken der Verkehrsträger optimal zusammenführen. Überflüssiger Verkehr soll vermieden werden und umweltökonomische Rationalität zum Zuge kommen. Was kann in diesem verkehrsplanerischen Geschäft die Verkehrsgeschichte leisten? Es hat sich gezeigt, daß verkehrsplanerische Rationalität mittlerweile zwar zu ausgefeilten Konzepten geführt hat, aber diese vermögen kaum den grundlegenden Widerstreit zwischen Planungsrationalität und gewachsenen Strukturen zu überspielen. Eine historisch geläuterte Planungsrationalität wird immer das Traditionsgewicht des Gewachsenen als ‚irrationales' Hemmnis mitbedenken müssen. Vor allem historische Analysen vermögen all die irrationalen Beharrungskräfte abzuschätzen, die der praktischen Umsetzung verkehrsplanerischer Einsichten im Wege stehen.

Von großem aktuellen Interesse ist das Problem der sog. externen Kosten des Kraftverkehrs. Das Faktum, daß sich der motorisierte Individualverkehr weitgehend durchsetzen konnte, sollte immer auch die Frage einschließen, über welche gesellschaftlichen Mechanismen die Nutznießer des Individualverkehrs einen beachtlichen Teil der von ihnen verursachten Kosten auf die Allgemeinheit abwälzen konnten. Hier verdienen zwei gewichtige umwelthistorische Untersuchungsaspekte Beachtung: zum ersten die herrschaftssoziologischen und politischen Voraussetzungen, die eine ‚Externalisierung' der Kosten gestatteten, und zum zweiten das sozialpsychologisch wie kulturell tief verwurzelte Phänomen der verzerrten Kostenwahrnehmung. Bei letzterem geht es um eine subtile Analyse von Wahrnehmungs- und Bewußtseinsprozessen.

All diese Problemkomplexe bedürfen der näheren Erläuterung. Von zentraler Bedeutung ist bei all diesen Fragen, welches Gewicht verkehrstechnischer Rationalität zukommt. Demzufolge wäre zu untersuchen, in welchem

Maße das motorisierte Individualfahrzeug als Haus-zu-Haus-Verkehrsmittel den öffentlichen Verkehr im Hinblick auf Zeit, Kostenersparnis und Komfort überbieten konnte. Hier sind Mikrostudien erforderlich, die bis auf Stadtteilebene heruntergehen.[2] Vielleicht noch spannender und methodisch schwieriger wird es, wenn man all die Faktoren in den Blick nimmt, die die Wahl des Verkehrsmittels unabhängig von nüchterner verkehrstechnischer Kostenrationalität beeinflußt haben. Hier verdienen zunächst gesellschafts- und interessenpolitische Faktoren Erwähnung.

## 2. Gesellschafts- und interessenpolitische Faktoren

Zum ersten hatten städtebaupolitische Leitziele für die Verkehrsteilung zwischen ÖPNV und Individualverkehr Folgen.[3] Hier sind u. a. von Bedeutung die Leitziele der Auflockerung, Entballung und Zersiedelung, deren praktische Umsetzung den Verkehrsbedarf erhöhte und die kostengünstige Bündelung von Verkehrsnachfrage im öffentlichen Verkehr erschwerte. Des weiteren wird das Augenmerk auf baurechtliche Vorschriften zu richten sein, z. B. im Hinblick auf Erschließungsgebühren und Kfz-Einstellplätze. Dies hatte insofern Bedeutung, als die Motorisierung in den städtischen Verdichtungszonen beträchtlichen Raumbedarf für den sog. ruhenden Verkehr anmeldete. Daß der zur Verfügung stehende Parkraum auf die Entwicklung der Motorisierung beträchtlichen Einfluß haben würde, war eine Einsicht, die den Deutschen Städtetag bereits in den frühen fünfziger Jahren initiativ werden ließ.[4] Er ermunterte die Kommunen, die aus der NS-Zeit stammende Reichsgaragenordnung konsequent anzuwenden, um die Bauherren beim Bau neuer Wohnhäuser und Gewerbegebäude anzuhalten, für Kfz-Einstellplätze zu sorgen. Inwieweit das PKW-Berufspendlertum durch das Angebot an betrieblichen Einstellplätzen Auftrieb erhielt, verlangt ebenfalls Beachtung.

Zum zweiten sind die Bemessungsgrundlagen für den kommunalen Finanzausgleich auf ihre verkehrspolitischen Effekte hin zu betrachten. Zum Teil waren auf Länderebene die Kfz-Zulassungszahlen und die Straßenlänge ein wichtiges Bemessungskriterium für den kommunalen Finanzausgleich und damit wichtiger Eckwert für die kommunale Finanz- und Verkehrspolitik. Hier ist die Politikgeschichte gefordert, die politischen Rahmenbedingungen des Motorisierungsprozesses kenntlich zu machen.

2  Eine erste Untersuchung am Beispiel des Emslandes und des Großraums Hamburg liegt vor. Vgl. Thomas Südbeck, Motorisierung, Verkehrsentwicklung und Verkehrspolitik in der Bundesrepublik Deutschland der 1950er Jahre, Stuttgart 1994.
3  Heiner Monheim, Auto und Urbanität. Analyse einer Fehlentwicklung, in: Koenigs/ Schaeffer, S. 75–87.
4  Vgl. zu den zwanzig verkehrspolitischen Leitsätzen des Präsidiums des Deutschen Städtetages vom 19./20. März 1954: J. W. Hollatz, Die Verbesserung des Straßenverkehrs in den Städten, in: Der Städtetag 7 (1954), S. 421–426.

Zum dritten hat auch die Bundespolitik von Beginn an auf die Verkehrsteilung zwischen Individual- und öffentlichem Verkehr eingewirkt.[5] Es gab beides: steuerpolitische Privilegierung *und* Benachteiligung. Die Arbeitnehmer-Kilometerpauschale für Fahrten zwischen Wohnung und Arbeitsstätte gab dem PKW-Berufspendlerverkehr starken Auftrieb. Diesen Effekt konnte die steuerliche Entlastung, die dem öffentlichen Personennahverkehr (ÖPNV) zugestanden wurde, bei weitem nicht ausgleichen. Von Beginn an stieß die Forderung, Berufspendler, die Massenverkehrsmittel benutzten, steuerpolitisch den PKW-Berufspendlern gleichzustellen, bei den verantwortlichen Bundespolitikern auf Granit. Hellsichtige Kritiker, die den PKW-Pendlerverkehr angesichts des knapp werdenden Straßenraums als schwerwiegenden Mißstand betrachteten, sprachen bereits in den frühen sechziger Jahren von „verschwenderischen Fahrten von der Wohnung zur Arbeitsstätte" und bemängelten, daß der Bund „für solchen Luxus sogar noch steuerliche Erleichterungen" gewährte.[6]

Sehr wenig wissen wir bislang darüber, wie die Mittelzuweisungen des Bundes und der Länder an die Kommunen auf die örtliche Verkehrsteilung gewirkt haben. Erst seit den frühen sechziger Jahren engagierte sich der Bund – beginnend mit dem „Gemeindepfennig" des Straßenbaufinanzierungsgesetzes von 1960 – für den Verkehrsausbau der Gemeinden. Damit kam er erstmals den finanzpolitischen Forderungen entgegen, die der Deutsche Städtetag in der Frage der Kraftverkehrsabgaben seit Mitte der fünfziger Jahre erhoben hatte.[7] Es ging dabei um die Beseitigung des Mißverhältnisses zwischen den Kraftverkehrsabgaben und den Aufwendungen für den Straßenbau. Von den Abgaben profitierte an erster Stelle der Bund, während die Gemeinden, die zu mehr als 50% die Straßenbaulast zu tragen hatten, vom Ertrag dieser Abgaben (Mineralöl- und Kfz-Steuer) ausgeschlossen waren. Dieser finanzpolitische Mißstand hemmte aus der Sicht der Kommunen die erforderliche Anpassung der innerörtlichen Straßennetze an die Motorisierung bis weit in die sechziger Jahre beträchtlich. Die Behauptung hingegen, der schnelle Fortschritt der Massenmotorisierung habe alle Erwartungen übertroffen und die mangelnde Vorhersehbarkeit sei die Hauptursache dafür gewesen, daß der kommunale Straßenbau nicht nachkam, wird durch das zeitgenössische Schrifttum nicht bestätigt. Bereits 1953 sahen namhafte Verkehrsexperten auf Deutschland eine der US-amerikanischen Entwicklung vergleichbare Motori-

---

5 Dietmar Klenke, Bundesdeutsche Verkehrspolitik und Umwelt. Von der Motorisierungseuphorie zur ökologischen Katerstimmung, in: Werner Abelshauser (Hg.), Umweltgeschichte. Umweltverträgliches Wirtschaften in historischer Perspektive, Göttingen 1994, S. 163–190.

6 Die ZEIT vom 1.3.1963, zit. nach: Presseschau zur Verkehrsdenkschrift des Deutschen Städtetages vom 22.2.1963, in: Der Städtetag 16 (1963), S. 196.

7 Die Arbeitsergebnisse der 8. Hauptversammlung des Deutschen Städtetages, in: Der Städtetag 8 (1955), S. 305.

sierungswelle zukommen.⁸ In den frühen sechziger Jahren kamen Prognosen für die achtziger Jahre sogar recht nah an die tatsächlichen Zuwachsraten des motorisierten Individualverkehrs heran.⁹ Demnach kann nicht die Rede davon sein, daß die Entwicklung der innerstädtischen Verkehrsverhältnisse, vor allem die drangvolle Enge, für die Verkehrsplaner total überraschend gewesen sei. Manche Städte haben sogar sehr früh in vorauseilendem Ehrgeiz das Straßennetz an den zu erwartenden Aufschwung des Kraftverkehrs anzupassen versucht. Dortmund ist hierfür ein Paradebeispiel.¹⁰ Entscheidend für den Rückstand der kommunalen Verkehrsinvestitionen dürfte bis in die späten sechziger Jahre zweierlei gewesen sein: erstens die bereits erwähnte finanzpolitische Benachteiligung der Kommunen, die die bundesdeutsche Finanzverfassung mit sich brachte, und zum zweiten die zurückhaltende Ausgabenpolitik des Bundes in den fünfziger und frühen sechziger Jahren, die an erster Stelle mit der außenpolitisch motivierten Reservebildung für die Wiederaufrüstung zusammenhing.¹¹ Diese Überschüsse des Bundeshaushaltes, im zeitgenössischen Jargon „Juliusturm" genannt, standen bis Anfang der sechziger Jahre für andere Ausgabenzwecke, etwa für Investitionsbeihilfen an die Gemeinden, nicht zur Verfügung. An dieser finanzpolitischen Prioritätensetzung vermochte auch die Forderung nach der Zweckbindung der Mineralölsteuer nicht zu rütteln, eine Forderung, von deren Durchsetzung sich die Kommunen einen Geldsegen für ihre Straßenbauvorhaben versprachen.

Im Laufe der sechziger Jahre sorgten die wachsenden Mittelzuweisungen von Bund und Ländern an die Gemeinden für eine rasante Umgestaltung der Stadtlandschaften in Richtung autogerechter Stadt. Beginnend mit den zwanzig Leitsätzen des Deutschen Städtetages von 1954 orientierte sich die kommunale Verkehrspolitik bis in die späten sechziger Jahre mehr und mehr am motorisierten Individualverkehr. Einen Höhepunkt der Werbekampagnen für die ‚autogerechte Stadt' markierte die „Erste Fliegende Pressekonferenz" des Deutschen Städtetages im Jahre 1961.¹² Diese medienwirksame Kampagne ließ in der Frage der kommunalen Verkehrsinvestitionen deutlich eine Vorrangstellung des Straßenbaus gegenüber dem öffentlichen Verkehr erkennen. Zwar forderten die Kommunen auch für den öffentlichen Massenverkehr Finanzbeihilfen vom Bund und verwiesen immer wieder auf den Umstand, daß aus Gründen der Raumknappheit in den Ausbau des öffentlichen Verkehrs investiert werden müsse, aber das Herz schlug doch eher auf der Seite

---

8  Harry Arns, Der Straßenverkehr in den Städten, in: Der Städtetag 6 (1953), S. 391–393.
9  Ohne Bundeshilfe kein Ende der Verkehrsnot. Zur Denkschrift des Deutschen Städtetages über „Die Verkehrsprobleme der Städte", in: Der Städtetag 16 (1963), S. 122.
10 Robert Kläsener, Stadtstraßen und Stadtstraßen – Planung in Dortmund, in: Der Städtetag 13 (1960), S. 505–508.
11 Dietmar Klenke, Bundesdeutsche Verkehrspolitik und Motorisierung. Konflikttächtige Weichenstellungen in den Jahren des Wiederaufstiegs, Stuttgart 1993, S. 292–309, 320.
12 Der Verkehr ist ein Mittel – kein Selbstzweck, in: Der Städtetag 14 (1961), S. 173–175.

der Straßenbauinvestitionen, erkennbar daran, daß die programmatischen Forderungen der Städte das Schwergewicht auf den Straßenbau legten und das Presseecho auf die ‚Fliegende Pressskonferenz' sich eher von Straßenbau- und Motorisierungsvisionen beflügeln ließ als vom Ausbau des öffentlichen Verkehrsnetzes.[13] In aller Krassheit trat dort der Widerstreit zwischen der automobilistischen Bedürfniswelt und der innerstädtischen Raumknappheit zutage. Der mißliche Umstand, daß sich der Verkehrsraum nicht beliebig vermehren ließ, legte zwar einen verstärkten Ausbau des öffentlichen Verkehrssystems nahe, aber die Kommunalpolitiker gingen zumeist andere Wege. Erst seit den späten sechziger Jahren begann der Deutsche Städtetag in seinen programmatischen Verlautbarungen die Rangfolge zugunsten des öffentlichen Verkehrs zu korrigieren. Einen Wendepunkt markierte die Jahreshauptversammlung von 1971.[14] Daß sich die verkehrspolitischen Prioritäten verschoben, hatte damit zu tun, daß seit Mitte der sechziger Jahre die Kritik an der bis dahin weitgehend ungesteuerten Massenmotorisierung zunahm. Mitunter fielen die Angriffe auf das Automobil recht harsch aus, aber nur selten verbarg sich dahinter grundsätzliche Kritik an der Massenmotorisierung. Ins Visier geriet der Wildwuchs der Motorisierung, nicht die Motorisierung selber. Der Staat sollte diesen Prozeß durch verkehrslenkende Maßnahmen abfedern.

Länger als den Kommunen recht war, setzte der Bund bei seinen Mittelzuweisungen den Akzent auf den Straßenbau. Nach Maßgabe des Gemeindeverkehrsfinanzierungsgesetzes von 1971 verteilten sich die Förderungsmaßnahmen des Bundes im Verhältnis von 55:45 auf Straßenbau und ÖPNV. Wenn dasselbe Gesetz schienengebundene Fahrzeuge des öffentlichen Verkehrs nur auf „besonderen Bahnkörpern" förderte, dann waren auch dort im Hinblick auf die Verkehrsteilung die Weichen keineswegs vorrangig in Richtung Massenverkehrsmittel gestellt, vielmehr waren die Wirkungen ambivalent.[15] Zum einen zielte diese Förderungsmaßnahme auf eine Erhöhung der Reisegeschwindigkeit im öffentlichen Linienverkehr, zum anderen aber sollten die Straßenbahnen zugunsten des motorisierten Individualverkehrs in die ‚zweite Ebene' abgedrängt werden, ein Motiv, das beträchtliches Gewicht hatte. Wie sehr gerade die automobilistischen Zukunftsvisionen die Verkehrspolitik bestimmten, kam darin zum Ausdruck, daß sich im Zuge der Massenmotorisierung eine die Straßenbahnen begünstigende Vorfahrtsregelung nicht

---

13 Presseecho zur „Ersten Fliegenden Pressekonferenz", in: Der Städtetag 14 (1961), S. 207–210.
14 Bruno Weinberger, Der Aufschrei der Städte, in: Der Städtetag 24 (1971), S. 365; Ewald Müller, Bericht über die 16. ordentliche Hauptversammlung des Deutschen Städtetages, ebd., S. 366–372.
15 Eckehard Frenz, Die Straßenbahnstillegungen in der Bundesrepublik Deutschland – eine historische Analyse, in: Reinhart Köstlin/Hellmut Wollmann (Hg.), Renaissance der Straßenbahn, Basel 1987, S. 57ff.

durchsetzen ließ. In diesem Zusammenhang wäre eine Gesamtschau der Verkehrsinfrastrukturinvestitionen der öffentlichen Hand von Interesse, um die Wirkungen besser abschätzen zu können, die von Verkehrsinvestitionen auf den ‚model split' von Individual- und Massenverkehrsmitteln ausgehen. Da aber bei der Wahl des Verkehrsmittels nicht selten eine Vielzahl verkehrsfremder Motive mitspielt, handelt es sich dabei um ein analytisch schwieriges Unterfangen.

Sehr wenig wissen wir bislang über die politischen Beweggründe, die in einer unübersehbaren Vielzahl von Kommunen hinter den verkehrsinfrastrukturellen Ausbauplänen standen. Hier bietet sich der Vergleich als heuristisches Prinzip an. Z. B. sollte einmal vergleichend untersucht werden, welches Gewicht Prestigedenken und Gigantomanie beim Bau der U-Bahnen hatten und worin die unterschiedlichen Antworten auf das Problem der Unterpflasterbahnen (U-Bahn oder U-Straßenbahn) begründet lagen.

Zum vierten sind in die Verkehrsplanung immer auch gesellschaftspolitische Prinzipien eingeflossen. Beispielhaft zeigen dies die ordnungspolitischen Konnotationen, mit denen in der Nachkriegszeit der öffentliche Massenverkehr und der Individualverkehr konfrontiert wurden. Hier spielte lange Jahre die scharfe ideologische Frontstellung von Kollektivismus und Individualismus hinein, für deren sinnliche Vergegenwärtigung Massenverkehrsmittel und Automobile herhalten mußten.[16] Die symbolische Befrachtung erwuchs aus den Katastrophenerfahrungen der NS-Vergangenheit und der Konfrontation im Kalten Krieg, die sich auf die Antinomie von westlicher Freiheit und östlicher Staatsdespotie zuspitzte. Auch auf die städtebaupolitischen Prinzipien der Entballung, Auflockerung und Funktionsteilung dürfte die Angst vor den kollektivistischen Leidenschaften der Vergangenheit eingewirkt haben, was aber noch eingehend zu untersuchen wäre. Zusammenballungen von Menschen standen mitunter im Verdacht, Brutstätten totalitärer Entgleisungen zu sein, wie der Vizepräsident des ADAC, Hans Bretz, 1955 auf dem 1. Deutschen Straßentag verlauten ließ.[17] Aus dieser Warte betrachtet, erschien die Kombination von Individualverkehr und zersiedelten Stadtlandschaften auch aus Gründen der Vorbeugung gegen kollektivistische Übersteigerungen zweckmäßig und nicht allein aus verkehrsfunktionalen Gründen, die selbstverständlich ebensosehr mitgespielt haben dürften. Der verkehrsfunktionale Zusammenhang bestand darin, daß mit abnehmender Siedlungsdichte die Fähigkeit des öffentlichen Personennahverkehrs abnahm, die Verkehrsnachfrage zu bündeln, es sei denn, die Verkehrsteilnehmer hätten

---

16 Dietmar Klenke, Die deutsche Katastrophe und das Automobil. Zur ‚Heils'geschichte eines nationalen Kultobjekts in den Jahren des Wiederaufstiegs, in: Michael Salewski/ Ilona Stölken-Fitschen (Hg.), Moderne Zeiten. Technik und Zeitgeist im 19. und 20. Jahrhundert, Stuttgart 1994, S. 157–173; vgl. auch: ders., Verkehrspolitik, S. 83–102, 111–123, 167–172.
17 Klenke, Die deutsche Katastrophe, S. 162f.

große Umwege in Kauf nehmen wollen, um die Haltestellen des Linienverkehrs zu erreichen. Ohne Bündelung aber ließen sich Massenverkehrsmittel nicht wirtschaftlich betreiben. Infolgedessen wich die öffentliche Verkehrsbedienung vor dem PKW als Haus-zu-Haus-Verkehrsmittel zurück. Die Folgen sind bekannt: Eine nachhaltige Entlastung der innerstädtischen Straßen vom raumgreifenden Individualverkehr traf auf immer größere Schwierigkeiten. Daß Bund, Länder und Kommunen der Abwanderung von den raumsparenden Massenverkehrsmitteln nicht durch energische verkehrslenkende Maßnahmen Einhalt boten, führte in den fünfziger Jahren ein sachkundiger Beobachter u. a. auf die „skrupulöse Aversion gegen frühere Planwirtschaft und Polizeistaatlichkeit" zurück, eine Aversion, die in der Führungsriege des ADAC ein lautstarkes Sprachrohr fand.[18] Die Automobil-Clubs schafften es, sehr bald zu Meinungsführern der rasch anwachsenden ‚Gemeinde' der PKW-Halter zu werden.

Gesellschaftspolitische Motive, die mit der Ablehnung von Vermassungserscheinungen aller Art zu tun hatten, gingen Hand in Hand mit älteren städtebaupolitischen Vorstellungen, die seit dem frühen 20. Jahrhundert auf siedlungsmäßige Auflockerung und Entflechtung setzten, um in den Städten ‚gesunde Lebensverhältnisse' zu schaffen. Wohnviertel sollten entzerrt und von Arbeitsstätten und Geschäftsvierteln getrennt werden, letzteres, um sie vor dem wachsenden gewerblichen Verkehr und anderen Umweltbeeinträchtigungen zu schützen. In dem Moment aber, wo der Individualverkehr im Zuge der Massenmotorisierung selbst in entlegene Wohnreservate vordrang, erwies sich das Konzept der Auflockerung und Entflechtung teilweise als Bumerang, weil es selber zur Erhöhung des Verkehrsaufwandes und damit des Belästigungspotentials beitrug. Bereits in den sechziger Jahren rief das städtebauliche Konzept der Entflechtung und Funktionsentmischung auf Grund seiner verkehrsproduzierenden Folgen Kritik und Gegenreaktionen hervor. Infolgedessen erlebte das Leitbild der ‚polyzentrischen Stadt' seinen Aufstieg: Nunmehr sollte auf kleinem Raum eine neue Funktionsvielfalt geschaffen werden, um auf diesem Wege Verkehr zu vermeiden.[19] Wohnen, Arbeiten, Einkaufen und Freizeitaktivitäten auf engem Raum, dieses Konzept zielte darauf, die verkehrsproduzierenden Quellen in den Ballungszentren teilweise zum Versiegen zu bringen. Interessant wäre zu prüfen, inwieweit der allgemeine Diskurs über solche Fragen auf die konkrete Planung der unteren staatlichen Ebenen durchgeschlagen hat.

Zum fünften sollte die Analyse der Verkehrsplanung auch Anregungen der politikwissenschaftlichen Implementationsforschung aufnehmen, die sich

---

18 Reg.-Rat a.D. Deselaers, Neuverteilung der Rechte von Kraftverkehr, Fußgänger und Straßenanlieger. Eine verkehrssoziologische Großstadtbetrachtung, in: Der Städtetag 8 (1955), S. 509.
19 Hans Heuer/Rudolf Schäfer, Stadtflucht. Instrumente zur Erhaltung der städtischen Wohnfunktion und zur Steuerung von Stadt-Umland-Wanderungen, Stuttgart 1978, S. 85ff.

u. a. dem Phänomen zuwendet, daß Verwaltungsstäbe und gebietskörperschaftliche Institutionen eine gewisse Neigung zeigen, sich gegenüber politischen Rahmensetzungen zu verselbständigen und kontraproduktive Eigeninteressen zu entwickeln, z. B. im Hinblick auf das Interesse am Erhalt des eigenen Zuständigkeitsbereichs.[20] Dies kann für die Straßenbauplanung ebensosehr gelten wie für U-Bahn-Planungsstäbe oder öffentliche Verkehrsunternehmen, die nicht selten einer kundenfreundlichen Vernetzung zu Verkehrsverbünden Steine in den Weg legten.

Zum sechsten wird dem Einflußgewicht kommunaler und regionaler Gewerbepolitik nachzugehen sein, vor allem in Hinblick auf verkehrsinfrastrukturelle Standortgesichtspunkte bei der Verkehrsplanung.[21] Hier erwies sich immer wieder als konfliktträchtige Streitfrage, inwieweit sich die Geschäftsinteressen der sog. City mit einer Politik der Straßen- und Parkraumverknappung und anderen Verkehrsbeschränkungen vereinbaren lassen. Auch andere Egoismen, die bei der kommunalen Gewerbeförderung mitspielten, wirkten auf die Verkehrsströme zurück, z. B. die mangelnde Bereitschaft mancher Großstädte, in ihren Flächennutzungsplänen neue Wohngebiete in einem ausgewogenen Verhältnis zur Neuansiedlung von Gewerbebetrieben auszuweisen.[22] Die unzureichende Bereitstellung von Wohngebieten provozierte eine Zunahme des Pendlerverkehrs aus den Umlandgemeinden mit häufig ungünstigen Folgen für die Verkehrsteilung zwischen öffentlichem und Individualverkehr auf Grund der häufig schlechten Bündelungsfähigkeit des zusätzlichen Verkehrsaufkommens.

Zum siebten ist das Augenmerk auf grundlegende herrschaftssoziologische Zusammenhänge zu richten. Beispielsweise würde es sich lohnen, die provokative These zu prüfen, daß die Verkehrsplanung vor allem deshalb automobilfixiert gewesen sei, weil dabei die sog. Windschutzscheiben-Perspektive der männlichen Leistungs- und Machtträger mittleren Alters eine herausragende Rolle gespielt habe.[23]

Zum achten haben marktordnungspolitische Gesichtspunkte für den sog. modal split zwischen öffentlichem und individuellem Personenverkehr Bedeutung.[24] Gerade in den letzten Jahren hat dieses Problem an Aktualität gewonnen, wobei sich das Problem der Privatisierung als der brisanteste Streitpunkt herauskristallisiert hat. Hier wäre einmal nachzuzeichnen, nach

20 Reinhart Köstlin/Lutz Joachim Bartsch, Die Renaissance der Straßenbahn, in: Köstlin/Wollmann, S. 21.
21 Hartmut H. Topp versus Horst-Hubert Moritz, Die Reduzierung des Autoverkehrs und die Entwicklung von Handel und Gewerbe, in: Koenigs/Schaeffer 1991, S. 184–214.
22 Andreas Brunold, Verkehrsplanung und Stadtentwicklung. Die städtebauliche Entwicklung des Stuttgarter Bahnhofsgeländes – eine Fallstudie, Stuttgart 1992, S. 185.
23 Werner Brög, Verhalten beginnt im Kopf. Public awareness des öffentlichen Personennahverkehrs, in: Koenigs/Schaeffer 1991, S. 291–306.
24 Günter Fromm, Deregulierung im ÖPNV?, in: Zeitschrift für Verkehrswissenschaft 1992, S. 251–261.

welchen Mustern sich das sog. Outsourcing (outside resource using) seit den sechziger Jahren ausgebreitet hat, d.h. die Vergabe einzelner Linien an private Subunternehmer. Dahinter verbirgt sich die Frage, inwieweit verkehrswirtschaftliche Kosteneffizenz und öffentliches Verkehrsangebot zu vereinbaren sind und inwieweit zum Zwecke von Kostensenkungen Abstriche beim gemeinwirtschaftlichen Grundsatz der verkehrsinfrastrukturellen Grundversorgung gemacht werden sollen. Es geht dabei um mehrere sich verschränkende Probleme, die ihren Ausgangspunkt in der gemeinwirtschaftlich motivierten Subventionierung und im geminderten Marktrisiko des öffentlichen Verkehrssektors haben. Als Folge dieser Rahmenbedingungen wurde immer wieder beklagt, daß sich zu viel betriebswirtschaftliche Ineffizienz zeige, zu wenig Anreiz für kundenfreundliches Geschäftsgebaren geboten werde und eine Tendenz zu überhöhten Personalkosten bestehe. Daß all dies möglicherweise Folgen für das Preis-Leistungs-Verhältnis des öffentlichen Verkehrs und damit für seine Wettbewerbsfähigkeit gegenüber dem Individualverkehr gehabt hat, ist der verkehrshistorischen Überprüfung wert.

Zum neunten: Seit einigen Jahren finden verkehrsplanerische Konzepte Verbreitung, die nicht die Konkurrenz der Verkehrsträger als das Schlüsselproblem der künftigen Verkehrsentwicklung betrachten, sondern die intermodale Vernetzung zu einem neuen effektiveren Verkehrssystem. Multimodalität soll die Schwächen des Gesamtsystems mindern, indem sie die systemischen Stärken der Einzelkomponenten optimal zusammenführt. Es geht im Kern darum, die Vorzüge des motorisierten Individualfahrzeugs, flexibles Haus-zu-Haus-Verkehrsmittel zu sein, mit den Stärken der billigeren und raumsparenden Massenverkehrsmittel zu einem historisch neuartigen Verkehrsverbund zu kombinieren. Die bislang recht starre Arbeitsteilung zwischen individuellen und Massenverkehrsmitteln wird in Kreisen der Verkehrsplaner mehr und mehr als obsolet empfunden. Die Grenzen zwischen Individual- und Kollektivfahrzeug sollen um der Verkehrsvermeidung willen fließend werden. Man denke etwa an Sammeltaxis als eine zeitgemäße Form des ÖPNV.[25] Die Akzeptanz solcher Verkehrsarten hängt entscheidend davon ab, daß eine nutzerorientierte Handhabung des Automobils die bislang vorherrschende besitzorientierte Perspektive ablöst. Unser heutiges Problembewußtsein provoziert die Frage, warum nicht schon vor Jahren solch vielversprechende Konzepte entwickelt worden sind, die sowohl zur Verkehrsvermeidung wie zur Effektivierung des Verkehrs hätten beitragen können. Die Hemmnisse dürften vielfältiger Art gewesen sein: der Betriebs- bzw. der Besitzer-Egoismus der Verkehrsträger, die gering entwickelte Bereitschaft der Ingenieure und Verkehrsplaner, den Individualverkehr stärker in ein Gesamtsystem einzubinden, und vieles mehr. Der Weg, nicht den Individualverkehr an den öffentlichen Massenverkehr heranzuführen, sondern umgekehrt den öffentlichen Verkehr zu individualisieren, war in den siebziger

---

25 Monheim/Monheim-Dandorfer, S. 463–468.

Jahren Gegenstand von futuristischen Verkehrskonzepten. Aber all diesen Systemen, angefangen von über der Straße schwebenden Kabinentaxis bis hin zu Fahrsteigsystemen, haftete das schwerwiegende Manko an, kein Haus-zu-Haus-Verkehrsmittel zu sein.[26] Insofern hätten diese Systeme dem Individualfahrzeug kaum das Feld streitig machen können, falls es zur praktischen Umsetzung gekommen wäre. Sich mit gescheiterten Entwürfen dieser Art zu befassen, ist durchaus sinnvoll. In diesem Falle lehrt die historische Erfahrung, daß der umgekehrte Weg, Individualfahrzeuge in den öffentlichen Verkehr zu integrieren, eher erfolgversprechend ist, da sich in diesem Falle die Vorzüge des Haus-zu-Haus-Verkehrsmittels mit der effizienzsteigernden Bündelung von Verkehrsnachfrage kombinieren lassen, auch wenn sich die Bündelung, wie etwa im Falle des Sammeltaxis, auf niedrigem Niveau bewegt.

Zum zehnten: Läßt man das jahrzehntelange Straßenbahn-Sterben Revue passieren, so stellt sich die rückblickende Frage, wieso das moderne Konzept der ‚Stadtbahn', das Elemente der Straßen-, U- und S-Bahn zu einem integrierten und damit kundenfreundlicheren Netz verbindet, erst seit den achtziger Jahren wieder verstärkt Beachtung gefunden hat. Für die verkehrshistorische Forschung dürfte von Interesse sein, all die Hemmnisse zu untersuchen, die lange Jahre der Ausschöpfung dieses Modernisierungspotentials im Wege gestanden haben.

3. Wechselbezüge zwischen Stadtplanung und Individualverkehr

Um ein analytisch schwieriges Feld handelt es sich bei der Untersuchung der Wechselbezüge zwischen Verkehrsplanung, Stadtentwicklung und Individualverkehr. Soweit es dabei um die Verkehrsteilung von öffentlichem und Individualverkehr geht, ist mehreres von Bedeutung: die Bevölkerungsdichte einer Stadt, die räumliche Verdichtung und Attraktivität der ‚City', die Siedlungsentwicklung zwischen Orientierung an traditionellen, auf ein Zentrum hin ausgerichteten Schienenachsen und breitflächiger Streuung, das Streben nach dem Eigenheim ‚im Grünen', sodann die stadtplanerischen Vorgaben im Hinblick auf Wohndichte und Verkehrsversorgung, schließlich das Maß an Begünstigung, das dem öffentlichen bzw. dem Individualverkehr im Straßenraum zuteil wird und zu guter Letzt das Zurückbleiben öffentlicher Verkehrsmittel hinter der Siedlungsentwicklung. Auch in zersiedelten Stadtlandschaften, nicht allein in ländlichen Regionen, dürfte ‚erzwungene Mobilität' anzutreffen sein.[27]

26  Barbara Schmucki, Individualisierte kollektive Verkehrssysteme, Vortrag auf dem Internationalen Kolloquium des Deutschen Museums in München über die „Geschichte der Zukunft des Verkehrs. Entwürfe und Visionen zur Verkehrsgestaltung von 1800 bis zur Gegenwart" am 7.7.1995.
27  Kandler, S. 190–205. Vgl. obendrein die zahlreichen Lokalstudien, die 1991 im Rahmen

Gewachsene Stadtstrukturen, städtebauliche Leitbilder und gewerbepolitische Interessen wirkten seit dem Zeitalter des Individualverkehrs je nach den örtlichen Bedingungen in unterschiedlicher Weise zusammen. Dabei traf das Leitbild der ‚autogerechten Stadt' auf unterschiedliche Resonanz.[28] Ernsthaft wurde dieses Modell vor allem in den fünfziger und frühen sechziger Jahren diskutiert, aber es fand in die stadtplanerische Praxis nur gebrochen Eingang. Gleichwohl scheint der verkehrsplanerische Akzent eindeutig auf den Straßenbau und auf die Schaffung von zusätzlichem Straßenraum für den Kraftverkehr gesetzt worden zu sein. Jedenfalls drängt sich dieser Eindruck bei der Lektüre der Verlautbarungen des Deutschen Städtetages auf. Parkhochhäuser, kreuzungsfreie Schnellstraßen und die Verlagerung der Massenverkehrsmittel in die zweite Ebene, all dies beflügelte die Phantasie der Verkehrsplaner vor allem deshalb, weil sie Raum für die Mobilitätsansprüche des rasch anwachsenden Individualverkehrs schaffen wollten.[29] Es gab einige Städte, die sich in der Wiederaufbauzeit schon recht früh bewußt von der überkommenen Struktur ihrer innerstädtischen Straßennetze abkehrten. Beispielhaft dafür steht der Beschluß des Rates der Stadt Dortmund vom Juni 1950, die mittelalterliche Wallanlage, die die Innenstadt umgab, in eine mehrspurige Ringstraße umzuwandeln, eine folgenreiche Maßnahme, die erheblich dazu beitrug, die Dortmunder ‚City' auf den Individualverkehr auszurichten.[30] Auch wenn nicht alle Kommunen so konsequent wie Dortmund auf die ‚autogerechte Stadt' zusteuerten, so fand doch fast überall im Rahmen der begrenzten finanziellen Möglichkeiten eine mehr oder minder starke Anpassung an die wachsende Motorisierung statt. Allein dann, wenn es der Automobilismus mit den Beharrungskräften traditionsbewußter Residenzstädte zu tun bekam, wie etwa in Karlsruhe oder Münster, konnte das überkommene innerstädtische Straßennetz die Wiederaufbauphase fast unberührt überdauern. In dieser Frage könnte vergleichende Städteforschung noch manch interessantes Detail über die politischen Durchsetzungschancen des Automobilismus in den Kommunen zutage fördern.

Gegenstimmen von Gewicht, die gegen die starke Ausrichtung der Städte auf den motorisierten Individualverkehr Bedenken erhoben, artikulierten sich

---

des Schülerwettbewerbs Deutsche Geschichte das „Massensterben" von Straßen- und Kleinbahnen nach dem Zweiten Weltkrieg thematisiert haben. Damit wurde auf breiter Front die regionale und lokale Verkehrsplanung ins Blickfeld der Verkehrsgeschichte gerückt. Vgl. Schülerwettbewerb Deutsche Geschichte um den Preis des Bundespräsidenten (Hg.), „Tempo, Tempo ... Mensch und Verkehr in der Geschichte", Katalog der preisgekrönten Arbeiten, Bd. 9, Wettbewerb 1990/91, Körber-Stiftung, Hamburg 1994.

28 Otto Peter Görl, Die Unmöglichkeit der autogerechten Stadt, in: Hermann Glaser (Hg.), Urbanistik. Neue Aspekte der Stadtentwicklung, München 1974, S. 142–155.

29 Seinen Höhepunkt erreichte die einseitige Ausrichtung der Kommunen auf den Straßenbau in den frühen sechziger Jahren; vgl. Ohne Bundeshilfe kein Ende der Verkehrsnot, in: Der Städtetag 16 (1963), S. 121f; Vergißt der Bund den kommunalen Straßenbau?, in: Der Städtetag 16 (1963), S. 373ff.

30 Kläsener, S. 505.

erstmals 1964, als eine von der Bundesregierung eingesetzte hochrangige Sachverständigenkommission ihr umfängliches Gutachten über die gemeindlichen Verkehrsverhältnisse vorlegte. In die Schußlinie der Kritik geriet dort der ungesteuerte Wildwuchs des Individualverkehrs, der die Qualität der städtischen Lebenswelt radikal zu beeinträchtigen drohte.[31] Es sollten aber noch einige Jahre vergehen, bis die in diesem Gutachtergremium anklingende grundsätzliche Kritik an der autogerechten Stadt bei den Kommunen ein breites Echo auslöste. Dies war in den frühen siebziger Jahren der Fall, als man vom Leitbild der „ökonomischen Stadt" zugunsten der „menschlichen Stadt" abzurücken begann.[32]

Daß Raumordnung, Siedlungsentwicklung und Stadtplanung beträchtlichen Einfluß auf die Entwicklung der Verkehrsteilung zwischen öffentlichem und Individualverkehr hatten, darüber besteht Einigkeit.[33] Die Meinungen gehen aber auseinander, wenn es um die Gewichtung einzelner Faktoren geht. Borscheid rückt die Mobilitätsvorzüge des Automobils in den Vordergrund und erblickt hinter der Entwicklung der Massenmotorisierung eine dynamische Wechselbeziehung zwischen Zersiedelung und Suburbanisierung auf der einen, und dem Trend zum Individualverkehr auf der anderen Seite.[34] Demnach orientierten sich im Zeitalter der Massenmotorisierung die Siedlungsverhältnisse an den erweiterten räumlichen Aktionsmöglichkeiten, und umgekehrt zwangen größere Entfernungen zwischen Wohnung und Arbeitsstätte sehr häufig zur Wahl des PKWs, um den Zeitaufwand auf ein erträgliches Maß zu reduzieren. Geringere zeitliche Distanzen wiederum führten zur Erhöhung der räumlichen Distanzen der Pendler-Mobilität. Borscheids Modell unterstellt verkehrsrationales Handeln in Abhängigkeit von den Wohnbedürfnissen. Aus der Sicht anderer Autoren ist keineswegs ausgemacht, daß der Wunsch nach möglichst geringem Aufwand für den Weg zur Arbeit zwangsläufig zur Dominanz des motorisierten Individualverkehrs habe führen müssen. Eine Lokalstudie zu Hamburg zeigt, daß die Zersiedelung und der zunehmende Pendlerverkehr aus dem Umland die Verkehrsbehörden

---

31 Bericht der Sachverständigenkommission nach dem Gesetz über eine Untersuchung von Maßnahmen zur Verbesserung der Verkehrsverhältnisse in den Gemeinden vom 29.10.1964, Bundestags-Drucksache Nr. 4/2661.
32 Hans-Georg Lange, Zur Diskussion um die „nachökonomische" Stadt, in: Der Städtetag 26 (1973), S. 192–194.
33 Soweit es um die Zusammenhänge von Raumordnungs- und Siedlungspolitik, Stadtentwicklung und Verkehrsteilung geht, sollte die Verkehrsgeschichte auch die Anregungen der Verkehrsgeographie nutzen. Vgl. den Überblick von Jörg Maier/Heinz D. Atzkern, Verkehrsgeographie, Verkehrsstrukturen, Verkehrspolitik, Verkehrsplanung, Stuttgart 1992. Vgl. auch: Gerd Albers/Alexander Papageorgiou-Venetas, Stadtplanung. Entwicklungslinien 1945–1980, Tübingen 1984.
34 Peter Borscheid, Auto und Massenmobilität, in: Hans Pohl/Beate Brüninghaus (Hg.), Die Einflüsse der Motorisierung auf das Verkehrswesen von 1886–1986, Beiheft 52 der Zeitschrift für Unternehmensgeschichte, Stuttgart 1988, S. 117–141.

nicht veranlaßte, den Individualverkehr einseitig zu begünstigen.[35] Vielmehr ließ sich die Verkehrsplanung von dem Grundsatz leiten, die Berufspendler dem öffentlichen Personennahverkehr zuzuführen und den knappen Straßenraum der Innenstadt dem Wirtschaftsverkehr vorzubehalten.

Großen Einfluß auf die Verkehrsteilung hatte das stadtplanerische Leitbild der aufgelockerten und funktionsentmischten Stadt. Bereits nach dem Ersten Weltkrieg wies es in Richtung Zersiedelung und Suburbanisierung.[36] Verstärkt machte sich diese Tendenz erst nach dem Zweiten Weltkrieg bemerkbar, als sich mit dem Leitbild der aufgelockerten Stadt die aufgestaute Sehnsucht nach Freiheit verband. In diese Vorstellungswelt fügte sich der motorisierte Individualverkehr bestens ein.[37] Allerdings begann sich bereits in den frühen sechziger Jahren Kritik zu regen. Gefordert wurde die „polyzentrische Stadt" oder „Dörferstadt" und eine neue „Urbanität durch Dichte". All dies sollte der wachsenden Verödung der funktionsentmischten Stadtlandschaften und dem dadurch gesteigerten Verkehrsbedarf entgegenwirken.[38] Mehr denn je haben Stadt- und Raumplaner seither im Blick, daß verkehrsplanerische Bemühungen auf tönernen Füßen stehen, wenn sie nicht das gesamte Universum der verkehrsproduzierenden Bedürfnissen und Alltagsgewohnheiten in ihre Überlegungen einbeziehen.

### 4. Einflußgrößen sozialer, kultureller und psychologischer Art

Kommen wir zu Einflußgrößen sozialer, kultureller und psychologischer Art, die die Verkehrsteilung im Personenverkehrssektor vermutlich ebenso nachhaltig beeinflußt haben wie verkehrsrationale Gesichtspunkte. Zunächst einmal haben wir es bei der Entscheidung für individuelle oder öffentliche Verkehrsmittel auch mit symbolischen Zuschreibungen der unterschiedlichsten Art zu tun. Der PKW hat sich seit seinen Anfängen auf Grund seines Charakters, ein Selbstfahrer-Vehikel zu sein, stets als individuelles Ausdrucksmittel angeboten. Es handelt sich dabei u. a. um symbolisch-kommunikative Funktionen, bei denen Massenverkehrsmittel selbst dann mit Individualfahrzeugen nicht ganz mithalten können, wenn sie ein hochdifferenziertes System von Wagenklassen und Serviceleistungen anbieten. Beim Automobil hat eine breite Palette von Ausdrucksbedürfnissen Bedeutung, von der Status-

---

35 Südbeck, S. 159ff.
36 Werner Durth, Kontraste und Parallelen: Architektur und Städtebau in West- und Ostdeutschland, in: Axel Schildt/Arnold Sywottek (Hg.), Modernisierung im Wiederaufbau. Die westdeutsche Gesellschaft der 50er Jahre, Bonn 1993, S. 610f.
37 Günter Bayerl u.a., Arbeitswege – Facetten und Perspektiven eines vernachlässigten Themas, in: Andreas Kuntz (Hg.), Lokale und biographische Erfahrungen. Studien zur Volkskunde, Münster 1995, S. 70ff.
38 Maier/Atzkern, S. 144ff.

symbolik angefangen bis hin zur Freiheitssymbolik der Tempolimit-Gegner. Teils liegen der symbolischen Befrachtung soziale Distinktionsbedürfnisse zugrunde, für die das PKW-Automobil als herausragendes Medium der öffentlichen Kommunikation eine große Anfälligkeit zeigt. Auf der Gegenseite haben wir es mit den imagebeeinträchtigenden vier A's des ÖPNV (Ausländer, Arme, Azubis und Alte) zu tun. Teils spielen bei der automobilen Symbolik historische Spezifika der kollektiven Identitätsbildung und Selbstvergewisserung hinein. Paradebeispiele sind der VW-Käfer als Nationalsymbol der westdeutschen Wiederaufstiegsgesellschaft und das westdeutsche Nachkriegs-Politikum des Tempolimit-Streits als Erscheinungsform der deutschen Vergangenheitsbewältigung. Teils haben wir es mit Konnotationen und Bedürfnissen zu tun, die nationenübergreifend mit der technischen Natur von öffentlichem Massenverkehr und Individualverkehr zusammenhängen. Als Beispiel sei das Bedürfnis nach Eigentätigkeit genannt, ein Bedürfnis, das PKW, Motorrad und Fahrrad als Selbstfahrer-Vehikel zu befriedigen vermögen, nicht aber Massenbeförderungsmittel, es sei denn, daß der Beförderungsvorgang für Tätigkeiten wie Lesen, Unterhalten, Spielen etc. genutzt wird.

Auf jeden Fall sollte eine kulturgeschichtliche Analyse der Konnotationen, mit denen es die Verkehrsmittel des Personenverkehrs zu tun haben, der Theorie des Symbolverschleißes Beachtung schenken, eine Theorie, die Wolfgang Sachs, angeregt durch die US-amerikanische Debatte, in seinem vielzitierten Buch „Die Liebe zum Automobil" auf die deutschen Verhältnisse übertragen hat.[39] Demnach wird eine nüchterne, auch Umweltrationalität einschließende Betrachtung des Automobils erst in dem Moment möglich, wenn zum ersten gemäß der Theorie der Bedürfnishierarchie die Grundbedürfnisse befriedigt sind und zum zweiten Automobile als Konsumgüter des gehobenen Bedarfs auch für breite Schichten so selbstverständlich geworden sind, daß sie des visionären Glanzes der ‚fernen Geliebten' verlustig gehen. Im Vergleich mit den USA scheint Westdeutschland diese Schwelle zehn bis fünfzehn Jahre später, d.h. im Laufe der siebziger Jahre überschritten zu haben. Wenn wir einem der führenden amerikanischen Verkehrshistoriker Glauben schenken dürfen, begann dort die sog. Ehe mit den „Dinosauriern der Straße" seit den sechziger Jahren starke symbolische Abnutzungserscheinungen zu zeigen.[40] Als entscheidende sozialpsychologische Ursache wird genannt, daß zu dieser Zeit der Straßenkreuzer als Nationalsymbol der US-Bürger in die Krise geriet: Die mobilitäts- und migrationsromantische ‚Bedeutungshaut' des Autos, die auf dem US-amerikanischen Mythos der nach Westen offenen Grenze gründete, begann unter dem Eindruck seiner massen-

---

39 James J. Flink, The Car Culture, Cambridge (Mass.) 1975; ders., The Automobile Age, Cambridge (Mass.) 1992; Wolfgang Sachs, Die Liebe zum Automobil. Ein Rückblick in die Geschichte unserer Wünsche, Reinbek 1984.
40 Flink 1975, S. 191ff.

haften Verbreitung und seiner massiven Umweltfolgen zu verblassen.[41] In Deutschland nahm der visionäre Zug des Automobilismus zeitverschoben ähnlich übersteigerte Formen an, hier schwangen aber historisch bedingt andere Konnotationen mit: u. a. eine ‚Freiheits'symbolik, die einen auffällig antibehördlichen Akzent aufwies und in den spezifisch deutschen Nachkriegsverhältnissen mit ihrem antitotalitären Absetzungsbedürfnis gründete. Obendrein schwang ein enormer Nachholbedarf mit, der sich an dem bis in die zwanziger Jahre zurückreichenden Vorbild der nordamerikanischen Wohlstandslebensweise orientierte, die im katastrophengezeichneten Deutschland zur westlichen Wohlstandsmoderne überhöht wurde. Trifft es zu, daß der PKW zu einem Schlüsselsymbol des kollektiven Wiederaufstiegs wurde, dann können verkehrshistorische Untersuchungen kaum umhin, die verkehrsstrukturellen Folgen solcher Zuschreibungsvorgänge auch auf der Mikroebene der regionalen und örtlichen Verkehrsströme zu verfolgen. Schwierigkeiten dürfte allerdings bereiten, Konnotationen und Beweggründe dieser Art von nüchternen verkehrstechnischen Sachverhalten und Motiven analytisch trennscharf zu unterscheiden, vor allem dann, wenn mit der Verbreitung des PKWs als Verkehrsmittel ein großer Mobilitätszuwachs einherging. Den letztgenannten Aspekt hat die regionalgeschichtlich angelegte Studie von Thomas Südbeck in den Vordergrund gerückt.[42]

Auch Beweggründe für die Wahl eines individuellen Verkehrsmittels, die sich in psychopathologischem Mißbrauch äußern, sollten bei der Analyse der Konkurrenzverhältnisse der Verkehrsträger eine Rolle spielen.[43] Zu denken wäre z. B. an den psychologischen Mechanismus der soziofunktionalen Einpassung seelischer Störungen in gesellschaftliche Nischen und Refugien. Demnach hat jeder Mensch das Bestreben, für krankhafte Verhaltenseigenarten Betätigungsfelder auszumachen, in denen er Bedürfnisse dieser Art unauffällig ausleben kann. Dazu bietet sich der motorisierte Straßenverkehr als Sphäre relativ wenig reglementierter Eigentätigkeit geradezu an. Freilich ist dieser Faktor empirisch nicht leicht greifbar. Quellenbestände wie die Daten der Meßstellen der Bundesanstalt für Straßenwesen, die das Verkehrsverhalten auf den Autobahnen systematisch erfassen, stellen in dieser Frage bereits das Optimum dar.[44]

---

41 Dietmar Klenke, Das automobile Zeitalter. Die umwelthistorische Problematik des Individualverkehrs im deutsch-amerikanischen Vergleich, in: Günter Bayerl (Hg.), Umweltgeschichte. Methoden – Themen – Potentiale, Münster 1996, S. 267–281.
42 Südbeck, Motorisierung.
43 Dietmar Klenke, Pathologie des Straßenverkehrs, in: Universitas 49 (1994), S. 521–532.
44 Peter Sturm/Georg Willmes, Das ungelöste Problem einer freien Geschwindigkeitswahl – Überlegungen aus verkehrstechnischer und soziologischer Sicht, in: Erhöhung der Sicherheit im Straßenverkehr durch Geschwindigkeitsdämpfung, Bergisch-Gladbach 1989 (Schriftenreihe der Deutschen Verkehrswissenschaftlichen Gesellschaft, Reihe B, Nr.114), S. 10–44.

Eine nicht unwichtige Rolle spielen auch Faktoren der Verkehrskultur, z. B. ästhetisch-sinnliche und kommunikative Dimensionen.[45] Dem Faktum, daß der ÖPNV lange Jahre ästhetisch vernachlässigt worden ist, kommt ebensosehr Bedeutung zu wie dem Automobil-Styling. So wirken etwa ästhetisch vernachlässigte Haltestellen, U-Bahnschächte und Wagenparks auf die potentielle Kundschaft nicht gerade einladend. Auch die Angst vor kriminellen Übergriffen spielt mit hinein, ein Grund, weshalb insbesondere Frauen öffentliche Verkehrsmittel abends und nachts meiden und stattdessen auf den PKW zurückgreifen. Beachtung verdient auch die der Rennsport-Ästhetik entlehnte Trassierung zahlloser Großstadtstraßen, die der klassischen Perspektive einer Fußgänger- und Radfahrer-Urbanität diametral entgegensteht. Hier wiederum ist ein Blick auf das Faktum des Temporausches zu werfen, ein säkularer Trend seit dem späten 19. Jahrhundert, der sich allerdings mit zeittypischen Konnotationen gemischt hat.

## 5. Das Sonderproblem Fahrradverkehr

Mit einem Sonderproblem haben wir es beim Fahrradverkehr zu tun. Diese Fortbewegungsart, die bis in die fünfziger Jahre im Personennahverkehr eine große Rolle gespielt hat, war in den automobilistischen Aufbruchsjahren keiner verkehrspolitischen Erörterung mehr wert. Bis vor wenigen Jahren noch konnten sich selbst ‚seriöse' verkehrswissenschaftliche Expertisen erlauben, das Fahrrad bei Erörterungen über das Thema: „Automobil – öffentlicher Nahverkehr" schlichtweg zu übersehen, obwohl es als flexibles, individuelles Verkehrsmittel mehr noch als das Automobil ein Haus-zu-Haus-Verkehrsmittel ist, obendrein einen unschlagbar günstigen energetischen Wirkungsgrad aufweist, auf Grund seines geringen Raumbedarfs zur Entlastung des innerstädtischen Verkehrsraums beitragen kann, keine Umweltbelastung darstellt und im Nahbereich städtischer Verdichtungszonen relativ geringe Zeit- und Streßkosten verursacht, sofern die kommunale Verkehrspolitik für fahrradfreundliche Verkehrsverhältnisse sorgt.[46] Befremdlich mutet an, daß es bis in die jüngste Zeit verkehrswissenschaftliche Analysen gegeben hat, die Zufußgehen und Radfahren zu einer einzigen Rubrik zusammengefaßt haben, obwohl sich diese beiden Fortbewegungsarten im Hinblick auf Geschwindigkeit, Reichweite und Transportkapazität beträchtlich voneinander unterscheiden.[47] Damit geht einher, daß der Begriff ‚Individualfahrzeug' über Jahre eine definitorische Verengung auf nicht-muskelgetriebene Fahrzeuge erfahren hat.

---

45 Monheim/Monheim-Dandorfer, S. 482ff.
46 Ebd., S. 264ff.; Peter Pez, Radverkehrsförderung als Strategie zur Entlastung des Stadtverkehrs, in: Archiv für Kommunalwissenschaften I/1992, S. 103–116.
47 Vgl. beispielhaft für diese verengte Sichtweise: G. Wolfgang Heinze/Heinrich H. Kill, Verkehrsevolution als dynamische Systementwicklung. Tendenzen im Fern- und Nah-

Ohne eine Geschichte der Fahrradbenutzung ist die Geschichte des Verhältnisses von öffentlichem Personennahverkehr und Individualverkehr nicht überzeugend zu schreiben. Man denke nur an die in der Vergangenheit nicht genutzten Chancen des kombinierten Fahrrad-Straßenbahn-Verkehrs, der dem Benutzer öffentlicher Verkehrsmittel einen großen Flexibilitätszugewinn hätte verschaffen können. Bemerkenswerterweise trifft eine Vielzahl überdenkenswerter verkehrstechnischer Argumente, die von PKW-Benutzern gegen den öffentlichen Nahverkehr vorgebracht werden, gerade auf das Fahrrad als Haus-zu-Haus-Verkehrsmittel nicht zu. Daß das Rad erst in den letzten Jahren eine Wiedergeburt erlebt, hat historische Ursachen, die eine Vielzahl sozialer und kultureller Konnotationen ins Blickfeld rücken, angefangen vom Arme-Leute-Image des Fahrrades über die Stigmatisierung des Fahrradfahrers als Hinterwäldler bis hin zur Diffamierung ökologisch verantwortungsvollen Verkehrsverhaltens als moralisch verkniffenes Öko-Asketentum.

## 6. Das Einflußgewicht der externen Kosten

Als Symbol für umweltschonendes Verkehrsverhalten inspiriert das Fahrrad, zum Problem der ‚externen' Kosten des Personenverkehrs, insbesondere des motorisierten Individualverkehrs überzuleiten, d. h. zu denjenigen Kosten, die nicht von den Verursachern getragen, sondern auf andere abgewälzt werden.[48] Eine Vielzahl von Kosten dieser Art hat die Verkehrsgeschichte bislang begleitet:
1. Beeinträchtigung des Straßenraumes als Erlebnisraum, als Ort der Kommunikation infolge der Überantwortung an den Kraftverkehr,
2. erhöhter Betreuungsaufwand für Kinder und Mobilitätseinschränkungen für all diejenigen, die sich an die Verkehrssicherheitsanforderungen des motorisierten Straßenverkehrs nicht anzupassen vermögen,
3. Schädigung der Straßen- und Bahntrassenanlieger durch Lärm- und Abgasbelastung, erhöhte Gesundheitsrisiken und Vermögensentwertung,
4. Gebäudeschäden,
5. Verkehrsunfallfolgen und
6. Beeinträchtigung des menschlichen Lebensraumes durch Luftverunreinigungen und Lärmbelastung.

Bei diesen Kostenelementen handelt es sich um Probleme, die bereits vor dem Zeitalter der Massenmotorisierung bekannt waren. Seither sind noch weitere Kostenelemente ins öffentliche Bewußtsein gerückt:

---

verkehr Westeuropas, in: Ernst Dürr/Hugo Sieber (Hg.), Weltwirtschaft im Wandel. Festschrift für Egon Tuchtfeldt zum 65. Geburtstag, Bern 1988, S. 395.
48  Klenke, Umwelt, S. 163–190; ders., Stau, S. 122ff.

1. weiträumige Vegetationsschäden, u. a. Landwirtschafts- und Waldschäden,
2. Folgen der Bodenversiegelung,
3. Bodenverseuchung,
4. ökologische Zerschneidungseffekte der Verkehrswege einschließlich des Massensterbens von Kleintieren,
5. erzwungene Mobilität infolge des verkehrsinfrastrukturellen Wandels, die zu einem Anwachsen umweltbeeinträchtigenden Verkehrsverhaltens führt, z. B. infolge der Unterversorgung mit öffentlichen Verkehrsangeboten oder infolge der Zerschneidungs- und Raumeffekte von Schnellstraßen und schließlich
6. der sog. Treibhauseffekt.

Zu allererst sollte untersucht werden, wieso sich trotz einer beachtlichen Palette von Umwelt- und Gesundheitsbeeinträchtigungen, die der Kraftverkehr mit sich gebracht hat, solch gewaltige Verschiebungen im Verhältnis von öffentlichem und individuellem Personenverkehr ergeben konnten. Wogen die verkehrstechnischen Vorteile des motorisierten Individualverkehrs die indirekten gesellschaftlichen Folgekosten tatsächlich so weit auf, daß wir den revolutionären Wandel auf dem Personenverkehrssektor vorzugsweise in verkehrstechnisch-ökonomischen Kategorien beschreiben sollten? Aus meiner Sicht kommen wir nicht umhin, noch weitere Gesichtspunkte für eine umfassende Erklärung dieser Phänomene zu bemühen. Zum ersten sollte die interessenpolitische Durchsetzungskraft der PKW-Halter und -Produzenten auch unter herrschaftssoziologischem Aspekt betrachtet werden. Zu fragen ist nach den Gewinnern und Verlierern der automobilistischen Umgestaltung der Verkehrsinfrastruktur, vor allem nach den Mechanismen der Interessendurchsetzung und nach den Trägergruppen. Soweit es um die Zeiträume vor der Massenmotorisierung geht, sollte man die verkehrspolitische Interpretationsmacht des Kraftverkehrssektors nicht in erster Linie auf die wirtschaftliche Bedeutung dieses Sektors zurückführen, sondern den Blick zunächst einmal auf die zeitgenössischen Zukunftsentwürfe und Technikvisionen werfen. Auch bei der Gegentendenz der siebziger und achtziger Jahre, der umweltpolitisch motivierten ‚Verkehrsberuhigung' in den städtischen Verdichtungszonen, haben wir es nicht in erster Linie mit ökonomischen, sondern vielmehr mit kulturellen Wandlungsprozessen zu tun, die auch in Verkehrsfragen zu machtpolitischen Gewichtsverschiebungen geführt haben. Reizvoll wäre, vor allem auf der lokalen Mikroebene die politische Definitionsmacht der Verkehrsinteressenten zu untersuchen.

Eine weitere bedeutsame Vorbedingung für das erstaunliche Durchsetzungsvermögen der Massenmotorisierung haben wir in dem eigentümlichen Phänomen der verzerrten Kostenwahrnehmung zu erblicken. Die Wurzeln dürften in einer Vielzahl positiver sozialer Zuschreibungen zu suchen sein, von denen PKW und Motorrad lange Jahre profitiert haben. Das hat nicht wenig zur Beschönigung der Kosten-Nutzen-Bilanz des motorisierten Individualverkehrs beigetragen und brachte im Gegenzug den öffentlichen Verkehr ins Hintertreffen. Beispiele für alltagskulturell tief verwurzelte Wahrnehmungsverzerrungen und -barrieren ließen sich zur Genüge finden. Man denke nur an die Gesamtkosten der PKW-Haltung, die im Alltagsbewußtsein zahlloser PKW-Halter bis auf den heutigen Tag kaum präsent sind, wenn es um Preisvergleiche zwischen PKW und öffentlichem Verkehr geht. Gewiß hängt dies auch damit zusammen, daß das Automobil seit den sechziger Jahren für viele ein so selbstverständlicher Gebrauchsgegenstand geworden ist, daß die Fixkosten inklusive der Abschreibungen bei Preisvergleichen nicht mehr bilanziert werden, also in die persönliche Kosten-Nutzen-Abwägung des Autohalters nicht eingehen.

Nach dem Zweiten Weltkrieg nahmen die Wahrnehmungsbarrieren auch im Hinblick auf die externen Kosten des PKW-Verkehrs eindrucksvolle Größenordnungen an. An der Schwelle zum Zeitalter der Massenmotorisierung, etwa gegen Ende der fünfziger Jahre, gab es nur noch wenige, die sich wie der Mülheimer Fuhrunternehmer und CDU-Bundestagsabgeordnete Max Vehar einen wachen Blick für das Ausmaß der externen Kosten bewahrten und folgerichtig zu bedenken gaben, daß „der motorisierte Verkehr praktisch den Lebensraum aller Menschen, die nicht von ihm profitieren, einengt und gefährdet." Vehar konkretisierte seinen Hinweis auf die externen Kosten mit einer zuspitzenden Äußerung, die auf den verkehrsbedingt erhöhten Betreuungsaufwand in der Kindererziehung anspielte: „Wenn Sie z.B. das Städteproblem nehmen ...: Was kostet uns heute, Spielplätze anzulegen ! Wo ist es jemals früher notwendig gewesen ! Es ist heute nur notwendig, weil die Kinder nicht auf die Straße gehen können, weil der Autofahrer für sich in Anspruch nimmt, die Straße gehöre ihm."[49] Vehar wollte damit einer überzogenen Interessenpolitik der Kraftfahrt einen Dämpfer aufsetzen; aber zu dieser Zeit war die bundesdeutsche Öffentlichkeit zu sehr von der Vision der hochmobilen Wohlstandsmoderne beseelt, als daß die externen Kosten des Automobils schonungslos hätten wahrgenommen werden können. Wie sehr die Wahrnehmung der Umweltfolgen von subtilen symbolischen Zuschreibungsvorgängen abhängig ist, demonstriert beispielhaft der Wandel, dem die Wahrnehmung des Straßenlärms in Deutschland unterworfen war. Brandmarkten Publizisten die städtische Lärmpest vor dem Ersten Weltkrieg noch sehr häufig, so avancierte der Lärm des motorisierten Großstadtverkehrs in den zwanziger Jahren zum Ausweis für Modernität, prosperierendes Geschäftsleben und technischen Fortschritt in Anlehnung an Nordamerika.[50] Kraftwagen und Lärm erlebten eine Umdeutung: Sie wurden zum Inbegriff

---

49 Protokoll des Verkehrsausschusses des Deutschen Bundestages vom 4.11.1959, S. 25, in: Archiv des Deutschen Bundestages, Bonn.
50 Richard Birkefeld/Martina Jung, Die Stadt, der Lärm und das Licht. Die Veränderung des öffentlichen Raumes durch Motorisierung und Elektrifizierung, Seelze 1994, S. 110ff.

technikbegeisterter Zukunftsvisionen. Nach dem Zweiten Weltkrieg steigerte sich die Bedeutungsbefrachtung zu noch imposanteren Größenordnungen mit all den bekannten negativen Folgen, die dies für die Wahrnehmung der externen Kosten hatte. Seinen Niederschlag fand dies auch in der Umweltgesetzgebung des Bundes: Von dieser Seite erfuhr der Kraftverkehr bis weit in die achtziger Jahre mehr Schonung als die Industrie.[51] Erst infolge des Schocks, den das sog. Waldsterben auslöste, wurden die Umwelteinwirkungen des Kraftverkehrs zum Politikum.

Historische Untersuchungen zum Problem öffentlicher Verkehr – Individualverkehr kommen meines Erachtens nicht umhin, sich auch mit der breitgefächerten Symbolwelt der Verkehrsmittel auseinanderzusetzen, wenn sie das Phänomen der externen Kosten erklären wollen. Nur dann, wenn wir den Personenverkehr als komplexes soziales, technisches, wirtschaftliches und kulturelles Phänomen begreifen, werden wir die historische Entwicklung der Verkehrsteilung angemessen beschreiben und erklären können.

---

51 Klenke, Stau, S. 104.

*Stefan Fisch*

# Nahverkehr aus der Sicht der Stadtplanungsgeschichte.
## Anmerkungen eines Verwaltungs- und Planungshistorikers

1. Die Entstehung umfassender Stadtplanung um 1890 anstelle von Teilplanungen für ‚Stadt-Erweiterungen'

Wenn auch die moderne administrative Stadt- und Bauplanung seit 1870 in den deutschen Stadtverwaltungen eingeübt worden ist, so verstand sie sich doch zunächst allein als Planung für neu anzulegende Stadtteile außerhalb der Innenstädte. Sie war damals noch keineswegs eine Planung des gesamten Gebiets einer Stadt nach funktionalen Gesichtspunkten, sondern sie entstand aus den – begrenzten – Ingenieursaufgaben bei der Anlage von Straßennetzen und anderen kommunalen Infrastruktursystemen wie Wasserleitung und Kanalisation.

Als die deutschen Architekten- und Ingenieurvereine auf ihrer Tagung 1874 die Aufgabe, solche ‚Stadterweiterungen' zu projektieren, als die „Feststellung der Grundzüge aller Verkehrsmittel" definierten, meinte man damit vor allem die Struktur des Straßennetzes. Der Karlsruher Ingenieur-Professor Reinhard Baumeister verfaßte im Jahre 1876 auf der Grundlage dieser maßgeblich von ihm selbst angeregten Beschlüsse[1] das erste moderne Lehrbuch der Stadtplanung, die er aber noch als ‚Stadterweiterung' bezeichnete. Der Anfangssatz nahm das Programm der Tagung von 1874 explizit auf: „Zwei Aufgaben liegen bei einer Stadterweiterung vor: neue Wohnungen zu schaffen und den Verkehr zu erleichtern."[2]

1889 erschien dann erstmals das andere grundlegende Werk zur modernen Stadtplanung, das der Österreicher Camillo Sitte zur Förderung eines künstlerisch gestaltenden, nicht nur ingenieurmäßig betriebenen ‚Städtebaus' verfaßt hatte[3] und dessen Ideen in Deutschland vor allem durch den Aachener Architektur-Professor Carl Henrici[4] und den Münchener Stadtplaner Theodor

---

1 Reinhard Baumeister, Grundzüge für Stadterweiterungen nach technischen, wirtschaftlichen und polizeilichen Beziehungen, in: Deutsche Bauzeitung 8 (1874), S. 337–339 und 345–346, hier Punkt 1.
2 Ders., Stadt-Erweiterungen in technischer, baupolizeilicher und wirtschaftlicher Beziehung, Berlin 1876, S. 1.
3 Camillo Sitte, Der Städtebau nach seinen künstlerischen Grundsätzen. Ein Beitrag zur Lösung moderner Fragen der Architektur und monumentalen Plastik unter besonderer Beziehung auf Wien, 4. Aufl., Wien 1909.
4 Gerhard Curdes/Renate Oehmichen (Hg.), Künstlerischer Städtebau um die Jahrhundertwende. Der Beitrag von Karl Henrici, Köln 1981.

Fischer[5] verbreitet wurden. Seitdem war auch ein ästhetisches Bedürfnis nach bewußter Gestaltung der wachsenden Stadt und nach ihrer Einbindung in die bestehende Altstadt spürbar.

In den Blick der entstehenden Disziplin Stadtplanung rückte damit allmählich das Ganze der Stadt; doch blieben die Handlungsmöglichkeiten der Stadtplaner begrenzt. Stadtplanung konnte weder über den Zuschnitt und die Ausgestaltung der einzelnen Wohnungen entscheiden, noch konnte sie die Verkehrsströme der Zukunft wirklich lenken. Das eine blieb als Eingriff in die als Grundrecht garantierte Sphäre des Privateigentums rechtlich unmöglich, das andere scheiterte schon daran, daß die planerische Unterscheidung zwischen breiten Verkehrsstraßen und schmaleren Wohnstraßen zwar früh getroffen wurde, aber auf den Individualverkehr konzentriert blieb.[6]

Daraus ergeben sich zunächst einige verwaltungsgeschichtliche Fragestellungen zum Zusammenwirken von Stadtplanung und Verkehrsmittelplanung im Zeitraum von etwa 1890 bis 1914/18 und zum Wissen dieser Zeit über Verkehrsabläufe überhaupt, bevor dann mit Fragen zur Wahrnehmung von ‚Raum' und ‚Zeit' grundlegende Kategorien dieser Planungen erörtert werden sollen.

## 2. Verwaltungsgeschichtliche Fragestellungen zur Bedeutung des Nahverkehrs in dieser Entstehungsphase der Stadtplanung

### 2.1 Die Frage nach dem Bewußtwerden der verkehrsplanerischen Dimension von Stadtplanung

Zur Klärung der Frage, wann und wie die verkehrsplanerische Dimension in die Praxis der Stadtplanung Eingang fand, gibt es mehrere Zugänge. Mit einer Durchsicht der Fachliteratur und -publizistik ließe sich überprüfen, ob die Forderung nach Beteiligung einer ‚Verkehrskommission' an städtebaulichen Generalplänen, die zu Fragen des öffentlichen Nahverkehrs Stellung nehmen sollte, schon vor dem frühesten mir bekannten Fall im Jahre 1903 erhoben worden ist.[7]

Als Fallstudie zu konkreten Planungsabläufen ließe sich z.B. in München das verwaltungsinterne Entstehen des Generallinienplans für Trambahnen verfolgen. Den Auftrag zur Anfertigung einer ersten Fassung erhielt im April 1897 das Stadterweiterungsbureau, das seit 1893 mit Theodor Fischer besetzte, erste hauptamtlich geleitete Stadtplanungsamt der Welt. Sein Entwurf

---

5   Stefan Fisch, Stadtplanung im 19. Jahrhundert. Das Beispiel München bis zur Ära Theodor Fischer, München 1988.
6   Ebd., S. 211, 240–242, 257.
7   Clemens Heiss, Wohnungsreform und Lokalverkehr, Göttingen 1903 (Die Wohnungsfrage und das Reich 7).

eines Generallinienplans wurde noch im selben Jahr 1897 (!) fertiggestellt und der städtischen Trambahndirektion übergeben, aber dort wegen der unklaren halb privaten, halb städtischen Eigentumsstrukturen verschleppt. Erst als das endgültige Auslaufen der Konzession an die private „Münchener Trambahn-A.G." zum Jahre 1907 näherrückte und die Stadt München eine Tarifreform hatte durchsetzen können, konnte im Dezember 1904 der Generallinienplan zum Ausbau des Liniennetzes in veränderter Fassung verabschiedet werden.[8]

Als Vergleichsfall wäre z.B. Dresden heranzuziehen, wo schon 1889 ein Generalplan für die Straßenbahn fertiggestellt worden ist;[9] ähnliche Vorgänge dürften in anderen bedeutenden Großstädten zu verfolgen sein. Für unseren Zusammenhang besonders wichtig wäre dabei die Frage, wann genau der Verkehr, besonders der öffentliche Nahverkehr, für die Stadtplanung relevant wurde. Daran schließt sich als zweite wichtige Frage die nach der Interdisziplinarität in der Planungspraxis an, nach der institutionellen und verfahrensmäßigen Verklammerung zweier so unterschiedlicher Planungsgebiete wie der von Architekten bestimmten Stadtplanung und der von Ingenieuren bestimmten Verkehrslinienplanung.

*2.2 Die Frage nach Wechselwirkungen und Umfeldvariablen als weitere Dimensionen des Vergleichs*

Solche Einzelstudien führen zu einem umfassenderen Bild, wenn sie vergleichend angelegt werden, und wenn sie nicht allein Verwaltungsstrukturen und Ereignisabläufe betrachten, sondern den Blick auch auf Wechselwirkungen und ‚Umfeldvariablen' richten. Mit Blick auf die Weiterentwicklung des stadtplanerischen Konzepts der Trennung von Verkehrs- und Wohnstraßen zu einer umfassenden Gesamtverkehrsplanung ist daher nach frühen Beispielen dafür zu suchen, daß Stadtplaner neue Stadtviertel auch durch neue Straßenbahnlinien in entsprechend breit angelegten Straßen an das Zentrum angebunden haben. Dabei wäre auch darauf zu achten, von wem dieser neue Aspekt der Verkehrsplanung in die Stadtplanung eingeführt wurde: Übernahmen privat betriebene Straßenbahnen gleichermaßen wie kommunale Verkehrsbetriebe eine ‚Anbindungspflicht'? War die Neigung dazu größer bei ‚besseren' Wohnvierteln oder bei Arbeiterwohngebieten? Wurden private Terraingesellschaften durch Kompensationsangebote auf dem Gebiet der Baubeschränkungen dazu ‚gezwungen', zur Erschließung ihres beträchtlichen Baulandbesitzes

---

[8] Direktion der Städtischen Straßenbahnen München (Hg.), 50 Jahre Münchner Straßenbahn 1876 – 1926, München 1926, S. 46–47 (mit Abb.).

[9] Werner Pampel, Die städtebauliche Entwicklung Dresdens von 1830 bis zur Ortsbauordnung von 1905. Ein Beitrag zur Geschichte der Stadtgestaltung des 19. Jahrhunderts in Deutschland, Dresden 1964, S. 87 (Masch. Diss. TU Dresden).

die Anlage und den Betrieb von kommunalen Straßenbahnlinien zu subventionieren – gab es also eine Indienstnahme des etwas älteren Instrumentariums der Stadtplanung für Zwecke kommunaler Verkehrslinienplanung?

In diesem Zusammenhang wäre dann auch genauer zu untersuchen, wie die öffentlichen Verkehrsmittel, vor allem die Straßenbahnen, jeweils organisiert waren. Handelte es sich um private oder um kommunale (oder kommunalisierte) Unternehmen oder um eine gemischtwirtschaftliche Zwischenform zwischen beiden Prinzipien? Es geht dann darum, das Ausmaß und die Wege kommunaler Mitbestimmungsmöglichkeiten bei der Festlegung des Leistungsangebots im öffentlichen Nahverkehr zu klären. Konkret wäre vor allem eine Typologie der gemeindlichen Vorgaben in den Konzessionsbestimmungen zu erarbeiten, die den Wandel im Zeitablauf und das Vordringen von verkehrsplanerischen Überlegungen verdeutlichen könnte.

Wenig bemerkt, verband sich die neue Verkehrslinienplanung mit einem bis heute nachwirkenden Wandel in der Struktur des öffentlichen Nahverkehrs. ‚Linien‘ mit geregeltem ‚Fahrplan‘ traten an die Stelle der flächendeckenden und individuell-ungeregelten frühneuzeitlichen Systeme öffentlichen Nahverkehrs, die in München noch 1880 in Sessel- oder Sänftenträgern überlebt hatten, bevor diese endgültig durch Pferdedroschken und diese ihrerseits durch Taxis abgelöst wurden.

Mit dem Übergang zu einem festgelegten und regelmäßig bedienten Liniennetz öffentlicher Verkehrsmittel verbindet sich das Vordringen des Massenverkehrs. Zu klären wäre allerdings, ob der Anstieg der Befördertenzahlen wirklich sofort einsetzte und alle gesellschaftlichen Gruppen betraf, oder ob sich der moderne massenhafte Nahverkehr über verschiedene Zwischenformen herausgebildet hat. Diese Frage stellt sich besonders im Blick auf das stadtplanerische Konzept einer ‚Gartenstadt im Grünen‘, das aus lebensreformerischen Ideen entstanden war. Private Immobilien- und Bauunternehmer haben sich dann die Gartenstadt-Idee als Werbeargument für ihre Projekte angeeignet; so warb der Münchener Bauunternehmer August Exter für seine ab 1894 errichtete Villensiedlung für Reiche im Münchener Vorort Pasing auch mit der Nähe zum Bahnhof der schon vorhandenen Staatsbahnlinie von Augsburg nach München, die eine gute Anbindung an die Innenstadt sicherte.[10]

Zu einer Neuplanung von Straßenbahnlinien aus den Vororten in die Innenstadt führten jedoch erst die genossenschaftlich ausgerichteten und von den Stadtverwaltungen geförderten umfangreicheren Gartenstadtprojekte nach der Jahrhundertwende.[11] Das läßt sich am Beispiel einer der größten derarti-

---

10 August Exter, Villencolonie Pasing-München, München 1894; vgl. auch Fisch, Stadtplanung, S. 68–69.
11 Einen auf das Architektonische konzentrierten Überblick gibt Axel Schollmeier, Gartenstädte in Deutschland. Ihre Geschichte, städtebauliche Entwicklung und Architektur zu Beginn des 20. Jahrhunderts, Münster 1990 (Kunstgeschichte. Form und Interesse 28).

gen Siedlungen in der Zeit des Kaiserreichs, der Gartenstadt Stockfeld im Süden von Straßburg, veranschaulichen. Sie wurde im Zusammenhang mit einer umfangreichen Altstadtsanierung geplant und sollte mehr als 2.500 Menschen aufnehmen; deshalb wurde sie von Anfang an mit einer neu zu bauenden Straßenbahnverbindung in die fast 5 km entfernte Innenstadt konzipiert. Gerade aus der Wohnlage im Grünen und der damit verbundenen Entfernung vom Stadtzentrum ergaben sich jedoch nach der Fertigstellung der Anlage praktische Probleme, von den fehlenden Arbeitsplätzen für Frauen bis zur notwendig gewordenen Einrichtung eines Sonderkurses der Straßenbahn am Mittag, damit die Kinder ihren arbeitenden Vätern das Mittagessen in die Fabrik bringen konnten.[12]

Alle diese Beispiele, die vergleichend weiter zu entfalten wären, deuten darauf hin, daß der moderne öffentliche Personennahverkehr in seiner Entstehungsphase offenbar noch nicht das Verkehrsmittel für die Massen darstellte; vielmehr hat er teuer und entsprechend ‚elitär' begonnen.

### 3. Wege zu einer Rekonstruktion des Wissensstandes der Zeit über Verkehrsstrukturen

Die Einbeziehung von Verkehrsplanung in die Stadtplanung führt zu der Frage, was man damals überhaupt über den Verkehr in der Stadt wußte. In welchen Kategorien suchte man den Verkehr zu erfassen, und auf welcher Wissensgrundlage stellten die städtischen Verwaltungen und die anderen Beteiligten ihre Verkehrsplanungen an? Immerhin gab es punktuelle und gelegentliche Zählungen des Verkehrs[13] an bestimmten hoch belasteten Engpaßstellen in den entstehenden innerstädtischen Verdichtungsgebieten schon recht früh. Das Polizeipräsidium Berlin zählte 1867 in der Kommandantenstraße bis zu 6.000 Fußgänger je Stunde, in der Friedrichstraße bis zu 620 Wagen je Stunde und an der belebtesten Innenstadtkreuzung, zwischen Friedrichstraße und Unter den Linden, zwischen 14 und 15 Uhr einen Spitzenwert von 1.032 Wagen.[14] 1888 wurden in Stuttgart 3.190 Zugtiere täglich in der Ludwigsburger Straße und 2.750 in der Königstraße gezählt.[15] In Paris wur-

---

12 Stefan Fisch, Kontinuität und Brüche in Architektur, Städtebau und Verwaltungspraxis zwischen deutscher und französischer Zeit. Der Straßburger „Große Durchbruch" von 1907 bis 1957, in: Christoph Cornelißen u.a.: Grenzstadt Straßburg. Stadtplanung, kommunale Wohnungspolitik und Öffentlichkeit 1870–1940, St. Ingbert 1997 [im Druck].
13 Emil Tretau, Übrige Verkehrsstatistik, in: Friedrich Zahn (Hg.): Die Statistik in Deutschland nach ihrem heutigen Stande [Ehrengabe für Georg von Mayr], 2 Bde. München 1911, Bd. 2, S. 350–400.
14 Baumeister, Stadt-Erweiterungen, S. 43–44.
15 Deutsche Bauzeitung 22 (1888) S. 612.

den sogar schon 1852 auf dem Boulevard des Italiens 10.750 Gespanne täglich erfaßt und auf dem Boulevard Saint-Denis 9.609.[16] 1881 wurde dort zum ersten Mal die Nutzung der Straßen differenzierter nach den verschiedenen Arten von Fuhrwerken erfaßt; es ging darum, erste Anhaltspunkte für die unterschiedliche Abnutzung des Straßenpflasters und für ein entsprechendes Projekt zur Umgestaltung der Steuersätze zu erhalten.[17] Insgesamt war aber das verstreut gesammelte Material der amtlichen Statistik inkohärent und für die ersten Stadtplaner wenig brauchbar. Joseph Stübben in Köln zählte deshalb selbst, um sich ein vergleichendes Bild der Verkehrsbelastung an bestimmten Knotenpunkten in London, Berlin und Köln machen zu können.[18]

Der Statistik des öffentlichen Personennahverkehrs fehlte es noch lange an Erfassungsmethoden, die nicht nur an der Belastung an zentralen Knotenpunkten, sondern am gesamten Gewebe des Verkehrsnetzes orientiert waren. Die Entwicklung der statistischen Fragestellungen ist aufschlußreich für das Bedürfnis der verkehrsplanenden Stellen nach exakter Information und seiner Befriedigung. Zunächst war die Nahverkehrsstatistik an der Zahl der Nutzer ausgerichtet und verdeutlichte deren schnelle Zunahme. So wuchs die Zahl der Straßenbahnfahrten je Einwohner und Jahr in Kopenhagen im Zeitraum zwischen 1890 und 1911 von 62 auf 198[19] und in Stuttgart in derselben Zeit von 35 auf 130.[20] Erste die Fläche einbeziehende statistische Fragen wurden im Jahr 1888 in London gestellt; sie ergaben, daß die Stadtbahn 53% ihrer Haltestellen innerhalb des Gebietes mit dichter Bebauung hatte. Das Londoner Netz war somit viel mehr auf die Kernstadt ausgerichtet als das der Berliner Stadtbahn, bei der damals nur 37% der Haltestellen in dicht bebautem Stadtgebiet lagen.[21] Ferner erscheint ein Blick auf die Zeitdichte des Fahrplans notwendig. Das erste, bald gescheiterte Omnibusunternehmen in München betrieb von 1861 bis 1863 seine Linien im 2-Stunden-Takt, während das erfolgreichere zweite Unternehmen 1869 sofort mit einem 20-Minuten-Takt einsetzte – und mit halb so hohen Fahrpreisen.[22]

Gerade die Feststellung, daß öffentliche Nahverkehrssysteme historisch für eine zunächst nur schmale Zielgruppe wohlhabender Benutzer entstanden, wie Linienführung, Verkehrsdichte und Kapazitäten verdeutlichen, läßt schließ-

---

16 Edmond Texier, Tableau de Paris, 2 Bde., Paris 1853.
17 Deutsche Bauzeitung 15 (1881), S. 503.
18 Joseph Stübben, Der Städtebau, 1. Aufl., Darmstadt 1890 (Handbuch der Architektur. IV. Teil: Entwerfen, Anlage und Einrichtung der Gebäude, 9. Halb-Band), S. 36, Anm. 18 sowie 2. Aufl., Stuttgart 1907, S. 46, Anm. 17.
19 Ole Hyldtoft, From Fortified Town to Modern Metropolis. Copenhagen 1840–1914, in: Staffan Helmfrid u.a. (Hg.): Growth and Transformation of the Modern City, Stockholm 1979, S. 49–58, hier S. 56–57.
20 Vgl. den Beitrag von Nikolaus Niederich in diesem Band.
21 Deutsche Bauzeitung 22 (1888), S. 162–164.
22 Direktion der Städtischen Straßenbahnen München (Hg.), 50 Jahre, S. 10.

lich die Tarife als wichtige Indikatoren für den Wandel in den Zielgruppen der öffentlichen Nahverkehrsmittel erscheinen. Die 1890 noch privat betriebene „Münchener Trambahn-A.G." war damals überhaupt nicht als Massenverkehrsmittel anzusehen.[23] Erst bei der teilweisen Übernahme des Unternehmens durch die Stadt tat die neue Direktion einen ersten Schritt zur Ausdehnung des Nutzerkreises und führte einen Einheitstarif von 10 Pfennig ein.[24] Während in England schon 1883 der *Cheap Trains Act* die Ausgabe von verbilligten Arbeiterfahrkarten zu einer Pflicht aller privaten Bahngesellschaften gemacht hatte, bot die Münchener Trambahn erst einige Zeit später, als sie schon halb städtisch geworden war, die ersten Arbeiterwochenkarten an. Wichtig für die Frage nach den Verschiebungen in der sozialen Gliederung der Nutzer des öffentlichen Nahverkehrs ist schließlich auch, daß es in München Schülerfahrkarten – für ein primär bürgerliches Publikum – schon ab 1882 gegeben hat.[25]

Die bayerischen Staatseisenbahnen richteten 1894 einen ersten subventionierten „Vorortverkehr" ein, nicht in der Hauptstadt München freilich, sondern in der bayerischen Industriemetropole Nürnberg. Regelmäßige Fahrten in Richtung Erlangen, Schwabach und Stein wurden nun – nur in der 3. Klasse übrigens – erheblich verbilligt. Nach den guten Erfahrungen mit diesem Tarifmodell wurde ab 1895 zwischen München Hauptbahnhof und den Vorortbahnhöfen Laim und Pasing der Kilometerpreis von 3,4 auf 2 Pfennig gesenkt.[26]

Näher zu untersuchen wäre, ob die Motive der staatlichen Bahnverwaltung rein betriebswirtschaftlich an einer Steigerung des Umsatzes ausgerichtet waren oder ob dabei Lobbyisten eine Rolle gespielt haben – zu denken wäre an den schon genannten Architekten Exter, der für seine damals entstehende Villenkolonie für Beamte, Professoren und Künstler in Pasing die Halbierung des Fahrpreises nach München (von 30 auf 15 Pfennig) verlangt hatte.[27] Vergleichsfälle scheint es in Paris auf dem ‚bourgeoisen' rechten Seine-Ufer gegeben zu haben.[28] Immerhin fällt am Münchener Beispiel auf,

---

23  Bericht über den Stand der Gemeindeangelegenheiten der k. Haupt- und Residenzstadt München, München 1890, S. 139.
24  Bericht über den Stand der Gemeindeangelegenheiten der k. Haupt- und Residenzstadt München, Teil: Verwaltungsbericht, München 1897, S. 155.
25  Eine dafür auszuwertende Quelle wären die Berichte des in sozialen Fragen sehr aufgeschlossenen Fabrikinspektors bei der Regierung von Oberbayern, Karl Pöllath, an seine Behörde und an das Innenministerium.
26  Joseph Ritter von Renauld, Beiträge zur Entwicklung der Grundrente und Wohnungsfrage in München, Leipzig 1904, S. 54–55.
27  Die Akten des bayerischen Verkehrsministeriums sind bei der Auflösung der alten, als Behörde organisierten Deutschen Bundesbahn weitgehend aus deren Verkehrsarchiv in Nürnberg an das Bayerische Hauptstaatsarchiv München zurückgegeben worden.
28  Vgl. den Beitrag von Elfi Bendikat in diesem Band.

daß die Staatseisenbahn den Begriff „Arbeiterfahrkarten" vermied und stattdessen sozial neutral vom „Vorortverkehr" gesprochen wurde.

Zu fragen ist in diesem Kontext schließlich, ob und seit wann der entstehende Sozialstaat seine grundsätzliche Verpflichtung zur Subventionierung des öffentlichen Nahverkehrs anerkannt hat. Das lenkt den Blick weiter zu grundsätzlichen vergleichenden Überlegungen, wann eigentlich Systeme des öffentlichen Nahverkehrs betriebswirtschaftlich unrentabel wurden und ob ein Zusammenhang mit dem Übergang zu ihrer massenweisen Nutzung besteht.

Wieviel konkretes Material über den seinerzeit ziemlich bedeutsamen anderen Zweig des öffentlichen innerstädtischen Verkehrs, den Güterverkehr, vorliegt, ist schwer zu sagen. Hingewiesen sei auf das Netz von Güterstraßenbahnen etwa in Chemnitz oder in Leipzig und das Ausgreifen eines auch für den Warentransport bestimmten Straßenbahnnetzes auf ein weiteres Umland im Fall der Straßburger Überlandlinien. Die Stadtutopie von Theodor Fritsch, der als glühender Antisemit bekannt ist, aus dem Jahre 1896 sah in der Bündelung des innerstädtischen Güterverkehrs eine stadtplanerische Chance; Fritsch dachte an eine schmalspurige U-Bahn für die Müllabfuhr und eine separate ‚U-Straße' für den Güterverkehr.[29]

## 4. Die Übernahme stadtplanerischer Verkehrsplanung in die entstehende Raumplanung

Aus den Handlungsmöglichkeiten der Stadtplanung im Umfeld der Großstädte erwuchs schließlich schrittweise die umfassender angelegte Raumplanung. Der ‚Straßenbahn-Imperialismus' großer Städte oder ihre frühen (im Falle Münchens von Anfang an bestehenden) Planungsrechte im Gebiet ihrer später erst eingemeindeten Umlandgemeinden lassen die Frage stellen, ob darin Ursachen oder wenigstens Vorläufer des späteren Verschmelzungsprozesses zu sehen sind. Zu denken ist dabei an das Ausgreifen von Straßenbahnnetzen in das Umland von Düsseldorf, Leipzig, Mannheim, Straßburg und anderen Städten. Über den deutschen Rahmen hinaus wäre dann der ‚Sonderfall' Belgien zu betrachten. Dort führte das seinerzeit dichteste Eisenbahn- und Vorortstraßenbahnnetz der Welt dazu, daß Industriearbeiter weiterhin in einem ländlichen Umfeld wohnen bleiben konnten, was die Vereinheitlichung zu einer überall ein Stück weit urbanisierten Siedlungsstruktur vorantrieb.[30] Bei der Analyse dieser Vorgänge wäre vor allem auf die Entscheidungsstrukturen zu achten, in denen solche weiträumiger ausgreifenden Netze geschaffen wurden und auf die Tragweite der Fernwirkungen, die derartige zunächst allein am Verkehr orientierten Planungen entfalteten.

29 Theodor Fritsch, Die Stadt der Zukunft, Leipzig 1896, S. 19–20 (Abb.).
30 Ulysse Lamalle, Histoire des chemins de fer belges, 3. Aufl., Bruxelles 1953, S. 67–68.

Die erste deutsche Institution, die explizit über die Einzelgemeinde hinaus Raumnutzungen planen sollte, entstand in Preußen, als ein Gesetz vom 5.5.1920 den „Siedlungsverband Ruhrkohlenbezirk" als selbstverwalteten Verband ins Leben rief. Als seine wichtigste planerische Kompetenz erwies sich schon bald seine „Fluchtlinienhoheit". Im „Verbandsplan" übte nunmehr anstelle der sonst zuständigen Bürgermeister der Siedlungsverband das Recht zur Baulinienfestsetzung aus, soweit es darum ging, die Bebauung entlang von Durchgangsstraßen und überhaupt entlang aller Straßenverbindungen, die über den Bezirk einer Gemeinde hinausreichten, zu regeln.[31] Unter seinem ersten Leiter Robert Schmidt hielt der Siedlungsverband Ruhrkohlenbezirk grundsätzlich breite sogenannte „Verkehrsbänder" entlang der Hauptstraßen von jeder Bebauung frei und schuf damit die Voraussetzungen für die spätere Querung des gesamten Ruhrgebiets durch die Verkehrsachse der heutigen B 288.[32]

Für den Übergang von der begrenzten Stadt- zur weiter angelegten Raumplanung scheint also die Verkehrsplanung eine entscheidende Rolle gespielt zu haben. In einer genaueren Untersuchung wäre jedoch noch die relative Bedeutung von individuellem Privatverkehr und kollektivem öffentlichen Personen- und auch Güternahverkehr gegeneinander abzuwägen.

## 5. Zur Sozialgeschichte des neuen städtischen Zeitempfindens

Die allmähliche Ausweitung des Publikums, das die öffentlichen Nahverkehrsmittel nutzte, hatte aber nicht nur etwas mit teureren oder billigeren Fahrpreisen und mit lockerer oder dichter geknüpften Verkehrsnetzen zu tun, sondern auch mit dem sozial geprägten und sozial prägenden Verhältnis verschiedener Gruppen der Gesellschaft zur Zeit.

Das zeigt sich augenfällig schon an den im Vergleich zu heute völlig anders gelegenen ‚Spitzenzeiten' des öffentlichen Nahverkehrs. Im Tageslauf gab es damals noch vier solche Spitzen, weil die besser gestellten bürgerlichen Kreise auch noch zum Mittagessen nach Hause fuhren; so ist auch die schon erwähnte Höchstbelastung im Berliner Wagenverkehr zur Zeit des frühen Nachmittags zu erklären. Ähnlich erwies sich im Wochenverlauf nicht einer der Werktage als Tag mit der stärksten Nutzung öffentlicher Verkehrsmittel, sondern der Sonntag, obwohl an diesem Tag vielfach die Preise der Straßenbahnfahrkarten um die Hälfte erhöht waren. In München zog besonders die Dampftrambahn zum Nymphenburger „Volksgarten" einen frühen ‚Freizeitverkehr' an; vergleichbar wäre die Nutzung der Stuttgarter Straßenbahn als ‚Bäderbahn'.[33]

---

31 Robert Schmidt, Siedlungsverband Ruhrkohlenbezirk, in: Gerhard Albrecht u.a. (Hg.): Handwörterbuch des Wohnungswesens, Jena 1930, S. 640–642.
32 Gerhard Steinhauer, Robert Schmidt. Lebensbild eines großen Ordners, Köln 1967.
33 Diskussionsbeitrag von Nikolaus Niederich beim Workshop im Deutschen Museum.

In diesem Zusammenhang lohnt noch einmal ein Blick auf die Fahrpläne, und zwar auf die Zeit des Betriebsbeginns. Bei der ersten privaten Münchener Trambahn lag er 1876 bei 7.30 Uhr und im Winter bei 8.00 Uhr; erst bei den ersten kommunal betriebenen Tramlinien wurde ab 1892 der Betriebsbeginn auf 5.30 Uhr vorverlegt.[34] Dadurch erst kam die Straßenbahn überhaupt für Arbeiter als Verkehrsmittel für die Strecke zwischen Wohnung und Fabrik in Frage, und jetzt erst stellte sich konkret die Frage der Einführung von Arbeiter-Wochenkarten und Arbeiter-Monatskarten. Um die Jahrhundertwende begann in Deutschland schließlich eine intensive Diskussion um die „englische Arbeitszeit". Darunter verstand man eine Neuregelung der Arbeitszeit, die zu einem zusammenhängenden Arbeitstag ohne die lange Unterbrechung durch die mittägliche Heimfahrt zum Essen im Familienkreis führen sollte. Die ersten Versuche zur Umsetzung dieses Plans hatten natürlich ihre Auswirkungen auf Spitzenzeiten und Struktur des öffentlichen Nahverkehrs und verdienen deshalb eine genauere Untersuchung. Alle diese Aspekte einer Sozialgeschichte der Zeitverwendung wären vergleichend in ihrer Bedeutung für die Veränderungen in der Angebotsstruktur des öffentlichen Nahverkehrs darzustellen.

Zur Geschichte der Zeitnutzung und Zeitwahrnehmung gehört auch die alltägliche Erfahrung einer ‚Beschleunigung', die ja vielfach als konstitutiv für die Zeiterfahrung der Moderne angesehen wird. Während anfangs Wettrennen zwischen Fußgängern und Pferdebahn in Stuttgart noch regelmäßig von den Fußgängern gewonnen wurden,[35] wurde im Zuge des technischen Fortschritts recht bald die Beschleunigung der Fortbewegung im alltäglichen Leben in Begriffsbildungen wie „Schnellstraßenbahn"[36] erkennbar. Zur selben Zeit entstanden aber auch erste gegen diese Veränderung des Zeiterlebens gerichtete Vorstellungen. So verlangte der Architektur-Professor und Kunstschriftsteller Cornelius Gurlitt erstmals 1898 die Einrichtung von Freiräumen für Fußgänger in der Dresdener Altstadt – eine Art Fußgängerzone also.[37] In diesem Feld bahnten sich erste neue Konflikte an, wenn etwa in München die Polizeidirektion 1907 die Theatinerstraße als „Bummelstraße" ohne Trambahn erhalten sehen wollte und die Industrie- und Handelskammer dagegen intervenierte mit dem Argument, in München werde ohnehin schon zu viel gebummelt.[38]

---

34 Direktion der Städtischen Straßenbahnen München (Hg.), 50 Jahre, S. 85–88.
35 Diskussionsbeitrag von Nikolaus Niederich beim Workshop im Deutschen Museum.
36 Erich Giese, Schnellstraßenbahnen. Eine Untersuchung über Anlage, Haltestellenabstände, Haltestellenaufenthalte, Höchst- und Reisegeschwindigkeiten, Berlin 1917.
37 Pampel, S. 102.
38 Arthur Cohen/Edmund Simon, Geschichte der Handelskammer München seit ihrer Gründung 1869. Beiträge zur Wirtschaftsgeschichte der letzten Jahrzehnte, München 1926, S. 243–244.

## 6. Der Widerstreit von administrativen und lebensweltlichen Raum- und Zeitstrukturen als grundlegendes Quellen- und Wahrnehmungsproblem

In der Wahrnehmung des Stadtraums ergab sich schließlich als Folge der Entwicklung von Systemen des öffentlichen Nahverkehrs eine grundsätzliche Verschiebung der Perspektive. Für sie steht paradigmatisch der Ansatz des Wiener Geographen Hugo Hassinger. Er definierte 1910 den räumlichen Einzugsbereich einer Großstadt als Funktion der Zeitstrukturen in ihrem Verkehrsnetz. Er verband erstmals die räumliche mit der zeitlichen Dimension, indem er für Wien die „Stundenisochrone im Nahverkehr" bestimmte. Darunter verstand er die Verbindungslinie all derjenigen Orte, die vom Stephansplatz aus mit öffentlichen Verkehrsmitteln durchschnittlich innerhalb von 60 Minuten erreichbar waren.[39] Für den Stadtraum von Wien ergab sich, daß diese Stundenisochrone einer durchschnittlichen Entfernung von 7,5 km vom Stadtzentrum entsprach. Dieses neue Konzept Hassingers leitete die Ablösung von älteren Modellen ein. Die neue Sicht von der Stadt als Zentrum eines Nahverkehrsnetzes und die zunehmende Mobilität ihrer Einwohner ließen Vorstellungen von einer reinen Fußgängerstadt veraltet erscheinen. Sie war in ihrem Wachstum noch grundsätzlich begrenzt, weil sie bei einem höchsten Radius von etwa 2 km auf ihren 12,5 km$^2$ nicht mehr als etwa 300.000 (bei Einfamilienhausbebauung) bis 800.000 Menschen (bei dichter Wohnbebauung) aufnehmen konnte. Hassinger aber hatte klar gemacht, daß nun für jede größere Stadt das ‚Hinausschieben' ihrer Stundenisochrone ein Kernstück ihrer Stadtentwicklungspolitik werden würde. ‚Mobilität für alle' als Ziel städtischer Nahverkehrspolitik und die stetige Ausdehnung des funktional für Arbeitsstätten und Wohnungen nutzbaren städtischen Raumes waren durch Hassingers Konzept nun auch theoretisch miteinander verknüpft.

Während eine funktionale Sicht der Stadt in der Planungspraxis und dann seit Hassingers theoretischem Ansatz auch im Planungsdenken schon recht früh Einzug hielt, blieb politisches Gestalten – und in seinem Gefolge vielfach auch historisches Arbeiten – zunächst noch an die alten Territorialstrukturen der vormodernen Gemeindegrenzen gebunden. Zu einer ersten Erweiterung dieser Perspektive kam es mit der Entwicklung der Raumplanung. Wegen der hier dargestellten Fernwirkungen in der Verbindung zwischen der Planung von Bebauungsstrukturen und der Entwicklung von Verkehrssystemen sollten künftige historische Arbeiten sich besonders bemühen, von Anfang an ebenso die administrativen Gemeindegrenzen zu überschreiten wie die Raum- und Zeitwahrnehmungen der Epoche zu analysieren.

---

39 Hugo Hassinger, Beiträge zur Siedlungs- und Verkehrsgeographie von Wien, in: Mitteilungen der K.K. Geographischen Gesellschaft in Wien 53 (1910), S. 5–88, hier S. 35.

*Barbara Schmucki, München*

# Nahverkehrssysteme im Vergleich – Der öffentliche Personenverkehr in München und Dresden 1945–1990

## 1. Einleitung

### 1.1 System

Im allgemeinen wird, wenn von Verkehr die Rede ist, immer auch seine Ausgestaltung als Verkehrssystem mitgemeint. Bezeichnet ein ganzheitlicher Zusammenhang von Teilen allgemein ein „System", so ist ein Personenverkehrssystem das Zusammenwirken der technischen und organisatorischen Einrichtungen, die zur Raumüberwindung von Personen dienen. Charakteristisch für jedes Verkehrssystem ist somit, daß es sich durch technische Grundlagen, netzwerkartige Strukturen, die sich in einem bestimmten Raum ausdehnen, und ausführende Organisationen auszeichnet.

Der öffentliche Personennahverkehr weist im Gegensatz zu anderen Verkehrssystemen eine spezielle Charakteristik auf. Er wird nicht von einem einzigen Verkehrsmittel getragen, sondern verschiedene Verkehrstechniken existieren nebeneinander. Speziell nach dem Zweiten Weltkrieg ist dies im Bereich des Nahverkehrs der Fall. Da in der Verkehrstechnik alle Basisinnovationen (Straßenbahn, Obus, Bus und U-Bahn) bereits vor dem Zweiten Weltkrieg getätigt worden sind, ist es zulässig, von einheitlichen technischen Voraussetzungen auszugehen und zu fragen, wie sich unter diesen Voraussetzungen die Ausgestaltung des Systems in verschiedenen Städten entwickelt hat.

Der vergleichende Ansatz bietet die Möglichkeit, diese Entwicklung in einen größeren Zusammenhang zu stellen. Der Vergleich erlaubt, neue Probleme und Fragen zu identifizieren und zwingt zur genauen Klärung, in bezug worauf zwei oder mehrere Befunde verglichen werden sollen. Schließlich leistet er einen wichtigen Beitrag zur Erklärung von historischen Sachverhalten.[1]

Als günstig für einen Vergleich erweisen sich Dresden und München, weil beide Städte bis zum Zweiten Weltkrieg eine relativ ähnliche Stadt- und Verkehrsstruktur entwickelt haben. Beide Städte sind süddeutsche Verwaltungsstädte mit ähnlicher Bevölkerung[2], die bis 1918 Residenz eines Königs,

---

1 Vgl. dazu auch: Heinz-Gerhard Haupt/Jürgen Kocka, Historischer Vergleich: Methoden, Aufgaben, Probleme. Eine Einleitung, in: Dies. (Hg.), Geschichte und Vergleich. Ansätze und Ergebnisse internationaler vergleichbarer Geschichtsschreibung, Frankfurt a. M. 1996, S. 9–45.
2 München hatte 1939 835.000 Einwohner, Dresden 630.000.

danach Landeshauptstädte waren. In beiden Städten war bis dahin die Straßenbahn das wichtigste (mechanische) Transportmittel. Somit stellt sich die Frage, wie im Prinzip ähnliche wirtschaftlich-technische Probleme basierend auf einer gemeinsamen Ausgangsposition in zwei verschiedenen Gesellschafts- und Politiksystemen entstanden, definiert, bewertet und gelöst wurden.

### *1.2 Konkurrenz*

Im Stadtbereich kommt es somit innerhalb des Verkehrssystems „Öffentlicher Verkehr" zu einer Wettbewerbssituation, indem verschiedene kollektive Verkehrsmittel zur Verfügung stehen, die miteinander um einen Marktanteil der öffentlichen Verkehrsleistung konkurrieren.

Damit kann eine „endogene Konkurrenz" definiert werden, die den öffentlichen Verkehr als Ganzes charakterisiert und seine innere Struktur bestimmt. Diese endogene Konkurrenz kann anhand der Verkehrsleistung als quantitative Größe analysiert werden.

Gleichzeitig kommt es aber auch zwischen den verschiedenen Systemen öffentlicher (Straßenbahn, Bus, etc.) und individueller (Auto, Motorrad, etc.), motorisierter und nichtmotorisierter Verkehr (Fahrradverkehr und Fußgänger) zu einer Konkurrenzsituation.

Mit der „exogenen Konkurrenz" ist somit diejenige Situation charakterisiert, in welcher der öffentliche Nahverkehr mit anderen Verkehrssystemen konkurriert. Hier jedoch wird nicht mehr in einer einheitlichen Verkehrsleistung zu messen sein, da sehr ungleichartig gestaltete Wettbewerbsbeziehungen existieren. Die Auseinandersetzungen werden primär um den öffentlichen Raum geführt, der damit als einheitlicher Bezugsrahmen definiert werden kann.

### *1.3 Fragestellung*

Im folgenden wird es darum gehen, die Gestalt des Nahverkehrs zu untersuchen und Wege ihrer Analyse aufzuzeigen. Wenn hier also die Struktur zum zentralen Gegenstand gemacht wird, ist damit zwangsläufig die technische Komponente des Systems angesprochen.

Mittels der Analyse der endogenen Konkurrenz soll im ersten Teil des Beitrags die Ausgestaltung und Entwicklung des Verkehrssystems „Öffentlicher Verkehr" in München anhand geeigneter Kennziffern dargestellt und die Ergebnisse sodann mit Dresden verglichen werden.

Im zweiten Teil wird die exogene Konkurrenz wieder am Beispiel München erläutert. Das Interesse gilt der Konkurrenz im Raum, die aus schriftlichen Quellen kaum zu erschließen ist. Deshalb werden hier Fotografien als bildliche Dokumente herangezogen, die es erlauben, die Ausgestaltung der

Umgebung, den *Einfluß* des Verkehrssystems auf seine Umwelt und die *Wirkung* der Konkurrenz im Raum zu untersuchen.

## 2. Gestalt des Systems

### 2.1 München

Die Struktur des öffentlichen Verkehrssystems hängt von der Zusammensetzung, d.h. der Konkurrenz von verschiedenen Verkehrsmitteln innerhalb dieses Systems ab. Damit steht die endogene Konkurrenz im Vordergrund. Es geht um die zentrale Frage, zu welcher Zeit welche *Verkehrsmittel* zum Einsatz gekommen sind und welcher technischen Entwicklung sie unterworfen waren. Damit hängt eng die *Verkehrsleistung*, das Produkt, das von Verkehr erbracht wird, zusammen. Diese möchte ich anhand der Kennziffern Betriebsleistung und der Beförderungsleistung verdeutlichen.

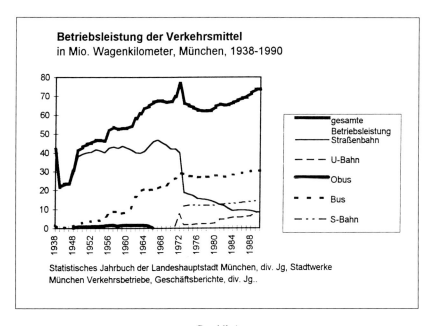

Graphik 1

Die Betriebsleistung ist die von Fahrzeugen erbrachte Leistung. Die Größe „Wagenkilometer" macht sowohl Aussagen über gefahrene Distanzen als auch über die eingesetzten Wagen. Damit läßt sich das Angebot im städtischen Nahverkehr umreißen.

Die Beförderungsleistung wird in Beförderungsfällen gemessen und verdeutlicht die im Personenverkehr in Anspruch genommene Leistung, sagt somit etwas über die Nachfrage nach den Verkehrsmitteln aus.[3]

In München kamen alle zur Verfügung stehenden Verkehrsmittel zum Einsatz. Die Straßenbahn als primäres Verkehrsmittel vor dem Krieg wurde ab 1947 zügig aufgebaut und erreichte 1951 wieder das Vorkriegsniveau. Dann allerdings stagnierte die Zahl der geleisteten Wagenkilometer, ab 1959 ist sogar ein leichter Rückgang zu verzeichnen. Im Gegensatz zur stagnierenden Betriebsleistung erfuhr die Beförderungsleistung im selben Zeitraum einen Aufschwung. Ab 1950 stieg die Zahl der beförderten Personen von 197,8 Mio. kontinuierlich auf einen Höchststand von 261,5 Mio. 1960. Die in den fünfziger Jahren zunehmenden Fahrten sind auf die Modernisierung der Straßenbahn zurückzuführen. Die Verkehrsbetriebe konnten in den fünfziger Jahren aufgrund von Investitionsprogrammen für Neuanschaffungen von Straßenbahngroßraumwagen vorerst den Wagenpark systematisch erneuern.[4] Bis 1955 waren neun Linien auf Großraumwagen umgestellt, 77 veraltete Triebwagen von 1898–1908 verschrottet und 30 modernisiert worden. München besaß zu diesem Zeitpunkt mit 113 Trieb- und 91 Beiwagen nach Hamburg die zweitgrößte Anzahl Großraumwagen in der BRD.[5] Die Angebotserweiterung erfolgte in dieser Zeit aber vor allem zugunsten des Busses, der massive Zunahmen zu verzeichnen hatte und des Obusses, der als neues Verkehrsmittel 1948 eingerichtet worden war.

Anfang der sechziger Jahre wurden Einschränkungen im Fahrbetrieb und Linienverkürzungen bei der Straßenbahn vorgenommen, gleichzeitig die erste Straßenbahnlinie auf Bus umgestellt. Die verminderte Betriebsleistung, so lautete auch die Begründung der Stadtwerke, war die Folge der rasanten Motorisierung in München. Der öffentliche Verkehr, insbesondere die Straßenbahn, wurde in der Diskussion um die Verkehrsnot für die Behinderung

---

3   Diese Größe ist für die Stadt zulässig. Allgemein wird die Beförderungsleistung in Personenkilometer angegeben, weil damit auch die Reiselänge einbezogen werden kann. Gerade für einen Vergleich von Fern- und Nahverkehr ist das von enormer Bedeutung. So beförderten z.B. 1955 die Verkehrsbetriebe, die im Verband öffentlicher Verkehrsbetriebe (VÖV) organisiert waren, 2,8 mal so viele Personen wie die Deutsche Bundesbahn, die mittlere Reiselänge war aber für die öffentlichen Verkehrsbetriebe 4,7 für die DB 25,6 km. Curt Risch/ Friedrich Lademann, Der öffentliche Personennahverkehr, Berlin u.a. 1957, S. 45.
    In diesem Fall geht es aber nur um die Verkehrsmittel im Stadtbereich, für die eine geringe mittlere Reiselänge anfällt, die die Verkehrsleistung nicht erkennen läßt und somit diese vernachlässigt werden kann.
4   Stadtratsbeschluß 10.11.1953, Stadtarchiv München, Verkehrsbetriebe 37.
5   Betriebskennzahlen und kurzer Leistungsbericht für die Zeit seit April 1952, Stadtarchiv München, Verkehrsbetriebe 50, S. 3; Stadtwerke München Verkehrsbetriebe, Geschäftsbericht 1953, S. 1; Stadtwerke München Verkehrsbetriebe, Geschäftsbericht 1958, S. 69.

des individuellen Straßenverkehrs verantwortlich gemacht.[6] Die starke Steigerung der Leistung des Busses geht auf die Entstehung neuer Siedlungsgebiete am Stadtrand, Fürstenried im Süden und das Hasenbergl im Norden, zurück, die durch dieses Verkehrsmittel 1962 erschlossen wurden.

Das neuerliche Anwachsen der Betriebsleistung der Straßenbahn 1964–66 ist auf die Umstellung der Obuslinien (Ratzingerplatz-Fürstenried), Verlängerung des Liniennetzes in die neuen Wohngebiete Hasenbergl und Milbertshofen und insbesondere auch auf Beschleunigungsmaßnahmen[7] zurückzuführen, die versuchten, die Straßenbahn der zunehmenden Behinderung durch den Individualverkehr zu entreißen und soweit wie möglich den Verkehr in der Oberfläche zu trennen.[8] Das Straßenbahnliniennetz erreichte 1964 mit 134,6 km seine größte Ausdehnungen. Im Gegensatz zum Bus wies die Straßenbahn aber gleichzeitig eine rückläufige Beförderungsleistung auf, der Ende der sechziger Jahre auch die Betriebsleistung folgte. Gravierenden Einfluß auf die Struktur hatte ein Entscheid des Stadtrates 1964. Damit wurde die endogene Konkurrenzsituation maßgeblich von politischer Seite beeinflußt. Anstelle der geplanten unterirdischen Straßenbahn sollte eine U-Bahn treten. Diese Weichenstellung, die sehr stark mit der auszubauenden S-Bahn und der damit verbundenen Finanzierung von seiten des Bundes, die auch der Stadt zugute kommen sollte, zusammenhing, hatte einschneidende Folgen für die Ausgestaltung des Liniennetzes.[9] Zum einen wurden Linien im Hinblick auf die U-Bahn systematisch abgebaut (wie die Einstellung der Linie 3 1968), zum anderen führte der offene U-Bahnbau, der 1965 begonnen wurde, und die Umgestaltung diverser Verkehrsknotenpunkte zu massiven Behinderungen. Selbst die Bemühungen um die Abtrennung der Straßenbahnspur und verkehrsordnende Maßnahmen wirkten sich nicht positiv auf die Leistung aus.[10]

Trotz steigendem Gesamtangebot im öffentlichen Verkehr sanken in diesen Jahren die Beförderungszahlen von 317,8 Mio. 1960 auf einen Tief-

---

6  Stadtwerke München Verkehrsbetriebe, Geschäftsbericht 1961, S. 23. Aber auch der Bus weist in dieser Zeit niedrigere Zuwachsraten auf, auch er mußte Behinderungen in Kauf nehmen. Zusätzlich führte der akute Personalmangel zu einem verminderten Wageneinsatz.
7  Beschleunigungsprogramme und Fahrplanverdichtungen wurden ab 1961 vorgenommen. Stadtwerke München Verkehrsbetriebe, Geschäftsbericht 1972, S. 24.
8  Stadtwerke München Verkehrsbetriebe, Geschäftsbericht 1964, S. 21. Stadtwerke München Verkehrsbetriebe, Geschäftsbericht 1967, S. 21.
9  Ratssitzungsprotokolle 1963, Stadtarchiv München 736/17. Denkschrift über die Verkehrslage Münchens unter besonderer Berücksichtigung des Straßenbahnverkehrs, München 1964. Vgl. Burghard Ciesla/Barbara Schmucki, Stadttechnik und Nahverkehrspolitik. Entscheidungen um die Straßenbahn in Berlin (West/Ost), Dresden und München, in: Johannes Bähr/Dietmar Petzina (Hg.), Innovationsverhalten und Entscheidungsstrukturen. Vergleichende Studien zur wirtschaftlichen Entwicklung im geteilten Deutschland, Berlin 1996 (Schriften zur Wirtschafts- und Sozialgeschichte 48), S. 373–405.
10 Stadtwerke München Verkehrsbetriebe, Geschäftsbericht 1969, S. 22 und 24.

stand von 264,1 Mio. 1969, obwohl zur gleichen Zeit die Bevölkerung rapide anwuchs.[11] Eine Erklärung dafür liefern die Pkw-Zahlen, die in dieser Zeit die höchsten Zuwachsraten zu verzeichnen hatten. Der Motorisierungsgrad verdoppelte sich von 1960 mit 128 Pkw/1.000 Einwohner auf 249 Pkw/1.000 Einwohner 1969. Erstmals in der Geschichte des öffentlichen Nahverkehrs wanderten Fahrgäste spürbar zum individuellen Verkehrsmittel ab. Sozialer Wandel hatte stattgefunden, der sich auch in veränderten Lebensgewohnheiten äußerte, die sich negativ auf das Fahrgastaufkommen im öffentlichen Verkehr auswirkten. Einerseits hatten sich die Siedlungsstrukturen in die Fläche ausgedehnt, eine Entwicklung, die die individuelle Motorisierung begünstigte, andererseits führten z.b. die Einführung der 5-Tage-Woche und die Zunahme der Fernseher in den Haushalten zu einem anderen Mobilitätsverhalten.

Unter dem Eindruck des allgemeinen Wandels durch Wirtschaftsaufschwung und Motorisierung in den fünfziger Jahren hatten sich auch die Leitbilder in der Verkehrsplanung verändert und erhielten allmählich politische Durchschlagskraft. Die Verkehrsplanung erfolgte zunehmend nach neuen Maßstäben des Leitbilds der „Trennung der Verkehrsarten", womit in erster Linie Autoverkehr und Schienenverkehr gemeint waren. Auf dem Hintergrund der Verwirklichung einer „autogerechten Stadt", die in der Nachkriegszeit einen bedeutenden Stellenwert in der Verkehrsplanung eingenommen hatte, wurde dem Straßenverkehr vorrangiges Interesse entgegengebracht. Auf der Straße, so die Vorstellungen, galt es, einen möglichst störungsfreien Verkehrsfluß zu garantieren. In diesem Zusammenhang steht auch die Herausnahme der Straßenbahn aus der Fahrbahn und ihre Verlegung als U-Bahn in den Untergrund.[12]

Die markante Zäsur stellt das Jahr 1972 dar. Die Olympischen Spiele verursachten eine Spitze in der Verkehrsleistung, die vor allem auf die neuen Verkehrsmittel U- und S-Bahn zurückzuführen ist.[13]

Im Zuge der U-Bahneröffnungen wurden die Straßenbahnen großflächig aufgehoben; im Schnitt drei Straßenbahnlinien für eine U-Bahnlinie. Ihr Anteil am Verkehrsangebot halbierte sich 1968 bis 1976. Seit 1969 waren keine neuen Straßenbahnwagen mehr angeschafft, Investitionen ausschließlich in U-Bahnwaggons und Busse getätigt, Straßenbahnen nicht modernisiert und nach Ablauf ihrer Betriebszeit zur Verschrottung gebracht worden. Noch 1982 verlauteten die Verkehrsbetriebe in ihrem Geschäftsbericht: „Die heute

---

11  1957 erreichte München die Millionengrenze, 1961 verzeichnete die Stadt das höchste Bevölkerungswachstum. Von 1,07 Mio. Einwohnern (1960) stieg die Zahl auf 1,28 Mio. (1969), um 1972 den Höchststand mit 1,34 Mio. zu erreichen. Statistisches Jahrbuch der Landeshauptstand München, div. Jg..
12  Ciesla/Schmucki, Stadttechnik.
13  Peter Engelbrecht, Die öffentlichen Verkehrsmittel bei den Spielen der XX. Olympiade in München 1972, in: Verkehr und Technik 3 (1973), S. 98–104.

noch vorhandenen Straßenbahnwagen erreichen in den nächsten etwa zehn Jahren stufenweise das Ende ihrer technischen und wirtschaftlichen Nutzdauer."[14]

Allerdings regte sich Widerstand. Die größte geplante Stillegung in der Geschichte der Straßenbahn bei der Inbetriebnahme der Linie U 8 (Olympiazentrum-Neuperlach Süd) 1978 evozierte erstmals massive Proteste in der Öffentlichkeit, die zugunsten der Straßenbahn Druck auf die Verkehrspolitik ausübten. Aufgrund dieser Proteste und einer Unterschriftensammlung konnte die Einstellung der Straßenbahn hinausgezögert werden[15], so lange bis sich neue Leitbilder durchgesetzt hatten. 1985 fällte der Stadtrat den Trambahnbeschluß, der für 1988 Straßenbahn-Neuanschaffungen in Form von drei Prototypen einer neuen Generation von Fahrzeugen in Niederflurbauweise und Drehstromantriebstechnik möglich machte. Für 1991 wurden 20 neue Wagen bestellt, deren Einsatz aber außerhalb des Untersuchungszeitraums liegt.[16]

## 2.2 Dresden als Vergleich

Bei einem Vergleich der Ausgestaltung des Münchner Nahverkehrssystems mit demjenigen von Dresden geht es darum, die gemeinsame deutsche Ausgangslage um 1945 in den Blick zu nehmen und danach zu fragen, wie die weitere Entwicklung sich darstellt, inwieweit sie Parallelen und Unterschiede aufweist.

Straßenbahn, Omnibus und Obus sind in beiden Städten anzutreffen. Erfolgte ihr Einsatz für die Zwischenkriegszeit und die fünfziger Jahre noch synchron, so zeichnet sich für die sechziger Jahre eine Verschiebung ab. In München wird der Obus bereits Mitte der sechziger Jahre abgeschafft, während ihm in Dresden erst zehn Jahre später die Stunde schlägt. Der Obus konnte von 1947 bis 1975 als echtes drittes Verkehrsmittel im Nahverkehrssystem bestehen. Anfängliche technische Schwierigkeiten wurden behoben, so daß es noch 1965 Pläne zur weiteren Ausdehnung des Obusbetriebes gab. Im Rahmen des RGW wurde aber auch dieser Produktionszweig – wie die Straßenbahn – eingestellt und 1967 nach Plzň verlegt. Ab 1970 wurden weder neue Fahrzeuge noch Ersatzteile mehr eingeführt, was zur Stillegung der meisten Obusse führte.[17] In diese Zeit fällt denn auch der zunehmende Einsatz von Omnibussen, die aus ungarischer Produktion stammten.

Hier wird deutlich, daß die Entwicklung des öffentlichen Verkehrs in beiden Städten durchaus Parallelen aufweist, auch wenn sie zeitlich verschoben sind. Obwohl durch unterschiedliche politische Voraussetzungen ge-

---

14  Stadtwerke München Verkehrsbetriebe, Geschäftsbericht 1982, S. 27.
15  Münchner Forum, 25 Jahre Münchner Forum, München 1993, S. 76–80.
16  Stadtwerke München Verkehrsbetriebe, Geschäftsbericht 1988, S. 21.
17  Peter Dönges, Der Obusbetrieb in Dresden, in: Strassenbahnmagazin 93 (1994), S. 238–257.

prägt, erfolgte der Wiederaufbau nach dem gleichen Muster in der Verkehrsmittelzusammensetzung und mit ähnlicher Intensität. In beiden Städten wurde der Straßenbahn als modernisiertes Verkehrsmittel eine Zukunft bescheinigt, der Obus als Alternative eingesetzt, aber nicht durchgesetzt, und in beiden Städten erfolgte ein Rückgang der Straßenbahn zugunsten des Busses.

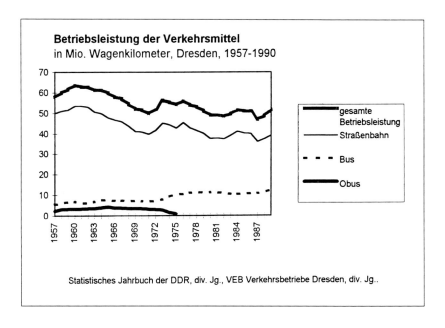

Graphik 2

Unterschiede manifestieren sich besonders im quantitativen Anteil der einzelnen Verkehrsmittel am ÖPNV:

**Anteil der einzelnen Verkehrsmittel an der Betriebsleistung (Wagenkilometer)**

| | München | | | | | Dresden | | | |
|---|---|---|---|---|---|---|---|---|---|
| | Straßenbahn | Bus | Obus | U-Bahn | S-Bahn | Straßenbahn | Bus | Obus | S-Bahn |
| 1949 | 94% | 5% | 1% | | | | | | |
| 1959 | 82% | 15% | 3% | | | 84% | 11% | 5% | |
| 1969 | 66% | 34% | | | | 79% | 14% | 7% | |
| 1975 | 30% | 46% | | 3% | 21% | 79% | 19% | 2% | |
| 1989 | 14% | 50% | | 13% | 23% | 73% | 24% | | 3% |

Tabelle 1

**Anteil der einzelnen Verkehrsmittel an der Beförderungsleistung (Beförderungsfälle)**

|      | München |     |      |       |       | Dresden |     |      |       |
|------|---------|-----|------|-------|-------|---------|-----|------|-------|
|      | Straßenbahn | Bus | Obus | U-Bahn | S-Bahn | Straßenbahn | Bus | Obus | S-Bahn |
| 1949 | 94% | 5% | 1% | | | | | | |
| 1959 | 84% | 14% | 2% | | | 84% | 11% | 5% | |
| 1969 | 73% | 27% | | | | 81% | 13% | 6% | |
| 1975 | 35% | 22% | | 14% | 29% | 80% | 19% | 1% | |
| 1989 | 13% | 26% | | 32% | 29% | 65% | 31% | | 4% |

Tabelle 2

Berechnungen nach: Statistisches Jahrbuch der Landeshauptstadt München, div. Jg.; Statistisches Jahrbuch der DDR, div. Jg.; Stadtwerke München Verkehrsbetriebe, Geschäftsberichte, div. Jg.; VEB Verkehrsbetriebe Dresden, Jahresberichte, div. Jg..

In Dresden zeigt sich die andere Prioritätensetzung im Verkehrsmitteleinsatz. Von einem gleichgelagerten Trend ausgehend, behielt die Straßenbahn ihre dominante Rolle bis 1989. Bis 1960 vergrößerte sich ihr Angebot stetig durch partielle Neuanschaffungen, vor allem aber durch die Rekonstruktion von alten Wagen und Ausweitung des Liniennetzes. 1951 wurden die ersten vier Triebwagen und zehn Beiwagen aus der DDR-Produktion in Betrieb genommen. Von 1951–1961 wurden insgesamt 82 Triebwagen und 136 Beiwagen geliefert. Umfassende Modernisierungen sowohl des Wagenparks wie der Betriebsanlagen waren aufgrund fehlender Investitionsmittel und produktionstechnischer Schwierigkeiten nicht zu verwirklichen.[18] Das führte zu Problemen mit Fahrzeugpark und Gleiszustand und hatte gravierende Ausfälle und Reduktionen des Verkehrsangebots in den sechziger Jahren zur Folge, wie die abnehmende Zahl der Wagenkilometer eindrucksvoll zeigt. (vgl. Graphik 2)

Obwohl der Ausbau der Straßenbahnen durch das Tatraprogramm ab 1967 forciert worden war, welches die Straßenbahn durch den vorrangigen Einsatz von Tatra-Straßenbahnwagen (T4D) und die Trennung vom übrigen Verkehr intensivieren wollte[19], wirkten sich die Neuanschaffungen[20] nicht

---

18  Erläuterungen zum Perspektivplan 3.6.1959, Archiv der Verkehrsbetriebe Dresden, Planung 1364. Ergebnisse zum Programm „Dresden eine sozialistische Großstadt", 14.4.1962, Archiv der Verkehrsbetriebe Dresden, Technischer Vorstand 1675/5.

19  Die Produktion des Straßenbahnfahrzeugbaus wurde im Rahmen der Arbeitsteilung des Rates für Gegenseitige Wirtschaftshilfe 1967 an die ČSSR übertragen, der erste planmäßige Einsatz von Tatra-Triebwagen erfolgte 1967.

20  In den 1960er Jahren wurden 70 neue Wagen geliefert und eine Typenbereinigung des Fahrzeugparkes vorgenommen. Die Konzeption des Ministeriums für Verkehrswesen von 1969 sah vor, T4-62 und B4-61 nach Berlin zu geben, um andere Städte, so auch Dresden, vorwiegend mit Tatrawagen auszustatten.

aus, denn nicht nur die Betriebs-, sondern auch die Beförderungsleistung war in dieser Zeit rückläufig. Die Fahrgastzahlen sanken genauso wie in München im gesamten öffentlichen Verkehr von einem Höchststand 1960 von 417 Mio. auf 355 Mio. 1969, wobei die Straßenbahn für sich genommen diesen Trend reproduzierte. Trotz proklamierter Modernisierungsphase im Straßenbahnbereich sank deren Anteil an den Verkehrsmitteln sogar leicht, um dann bis 1989 auf einen Anteil von 65% zu schrumpfen (vgl. Tabelle 2). Zunehmend spielte in Dresden der Bus eine wichtigere Rolle. Von 1975–1989 verdoppelte er seinen Anteil von 13% auf 31%.

Interessant ist wieder die Parallele zu München. Auch dort verdoppelte sich der Anteil des Busses bei den beförderten Personen, allerdings zeitlich verschoben. Für München zeigt sich eine Buszuwachsphase bis 1969, für Dresden ab den siebziger Jahren. Obwohl das Primat des öffentlichen Verkehrs in der sozialistischen Verkehrsplanung festgeschrieben worden war und rhetorisch auch immer wieder bekundet wurde, hatte sich auch in Dresden – wie in der DDR ganz allgemein – das Leitbild der „Trennung der Verkehrsarten" ausgeprägt, das in der Praxis straßentechnische Maßnahmen umsetzte.[21] Damit wurde auch in Ostdeutschland der individuelle und motorisierte Verkehr auf die Länge bevorzugt und gefördert.

In Dresden bewirkten die von 1971 bis 1975 gelieferten 267 T4D und 170 B4D, welche den Anteil der Tatrawagen am Gesamtwagenpark auf 75% erhöhten, eine kurzfristige Verbesserung der Verkehrsleistung. Längerfristig traten aber große Schwierigkeiten auf, insbesondere die Erschließung der Neubaugebiete ab 1977 konnte aufgrund „unzureichender Kennziffernbereitstellung und Bilanzierung von Baumaßnahmen" nicht abgedeckt werden. Hier zeigt sich ein weiterer Planungsmechanismus als hinderlich. Die Stadtplanung, die für die Standortwahl der neuen Wohnsiedlungen verantwortlich war, ignorierte die Voraussetzungen von Linienführung und Bedingungen für den Ausbau des Verkehrssystems „Straßenbahn" und stellte die Verkehrsbetriebe damit vor große Probleme. Material- und Ersatzteile fehlten zunehmend, sowohl im Fahrzeug, wie im Gleisbaubereich, zudem wurde in den achtziger Jahren infolge von Mittelknappheit die Zuführung von notwendigen neuen Wagen eingeschränkt.[22]

Für einen besseren Vergleich der beiden Städte lassen sich auch eine Reihe von Relationen ableiten, die Einblicke in die Gesamtentwicklung des ÖPNV geben.[23]

---

21 Verkehrsbetriebe der Stadt Dresden, Stellungnahme zum Generalverkehrsplan (GVP) der Stadt Dresden, 5.9.1967, Archiv der Verkehrsbetriebe Dresden, Technischer Vorstand 1714/2.
22 VEB Verkehrsbetriebe Dresden, Jahresberichte 1978–1989; Ministerium für Verkehrswesen, Abt. Investitionen und Grundfonds, Grundfondswirtschaftliche Untersuchung zur Reproduktionssituation von Straßenbahn-Fahrzeugen in ausgewählten Städten der DDR, 31.8.1982, Archiv der Verkehrsbetriebe Dresden, Technischer Vorstand 463/3.
23 Karl Heinrich Kaufhold, Straßenbahnen im deutschen Reich vor 1914. Wachstum,

## Nahverkehrssysteme im Vergleich

**Angebot**
Wagenkilometer pro Einwohner

**Nachfrage**
Beförderungsfälle pro Einwohner

| | München | Index, München 1950=100 | Index, Dresden 1950=100 | Dresden | | München | Index, München 1956=100 | Index, Dresden 1956=100 | Dresden |
|---|---|---|---|---|---|---|---|---|---|
| 1950 | 51 | 100 | 100 | 68 | 1950 | 260 | 90 | | |
| 1956 | 53 | 104 | 159 | 108 | 1956 | 290 | 100 | 100 | 540 |
| 1962 | 51 | 100 | 175 | 119 | 1962 | 260 | 90 | 156 | 840 |
| 1967 | 56 | 110 | 147 | 100 | 1967 | 230 | 79 | 139 | 750 |
| 1973 | 50 | 98 | 168 | 114 | 1973 | 250 | 86 | 122 | 660 |
| 1979 | 48 | 94 | 153 | 104 | 1979 | 350 | 121 | 124 | 670 |
| 1981 | 51 | 100 | 143 | 97 | 1981 | 360 | 124 | 133 | 720 |
| 1985 | 53 | 104 | | | 1985 | 380 | 131 | 133 | 720 |
| 1990 | 58 | 114 | | | 1990 | 400 | 138 | 133 | 720 |

Nach Statistischem Jb. Landeshauptstadt München und DDR, div. Jg.

Bezieht man die Wagenkilometer auf die Einwohnerzahl, erhält man ein weiteres gutes Maß für das Angebot. Hier zeigt sich zum einen, daß in Dresden das Angebot viel größer ausfällt als in München, eine keineswegs erstaunlichen Tatsache, wenn in Erinnerung gerufen wird, daß der Motorisierungsgrad im Osten weit geringer war als im Westen, die Priorität im Verkehr damit auf kollektiven Verkehrsmitteln lag.[24]

Viel interessanter ist aber der Umstand, daß Dresden sein Angebot massiv bis in die sechziger Jahre ausbaut, München dagegen auf dem gleichen Niveau verharrt. Erst seit Mitte der achtziger Jahre kann hier ein Anstieg verzeichnet werden; auffälligerweise – wie das vielleicht zu erwarten wäre – nicht mit der Einführung der U-Bahn 1971.

Als Indikator für die Nachfrage können die Beförderungszahlen auf die Einwohner bezogen werden. Hier bestätigt es sich, daß in München von einer wirklichen Stagnation zu sprechen ist. Auch die Beförderungszahlen pro Einwohner weisen keine nennenswerten Steigerungen in den sechziger Jahren auf, auch nicht mit der Einführung der U-Bahn und S-Bahn.

Weisen die öffentlichen Verkehrssysteme der beiden Städte identische Leistungsspitzen in ihrer absoluten Leistung auf, verschieben sich diese in ihrer relativen Bezogenheit; für Dresden ist im Untersuchungszeitraum ein Spitzenwert 1962 zu verzeichnen, München erreicht einen vorläufigen bereits Mitte der fünfziger Jahre. Setzen beide Städte in den achtziger Jahren zu einem neuen Aufschwung an, so kann sich dieser in München kontinuierlich durchsetzen, in Dresden hingegen bricht seine Durchschlagskraft.

## 3. Raumgestaltung

Im zweiten Teil geht es darum, welchen Einfluß das Verkehrssystem „Nahverkehr" auf den Raum und dessen Gestaltung nimmt. Dabei steht die exogene Konkurrenz, die Konkurrenz mit anderen Verkehrsmitteln im Stadtraum, im Zentrum.

Gestaltung wird sinnlich wahrgenommen, einerseits durch die räumliche Erfahrung beim Bewegen im Raum, andererseits durch den Anblick, die ästhetische Wirkung. Deshalb ist es hier unumgänglich, auf eine für Historikerinnen und Historiker eher ungewöhnliche Quelle zurückzugreifen: auf

---

Verkehrsleistungen, wirtschaftliche Verhältnisse, in: Dietmar Petzina/Jürgen Reulecke (Hg.), Bevölkerung, Wirtschaft, Gesellschaft seit der Industrialisierung. Festschrift für Wolfgang Köllmann zum 65. Geburtstag, Dortmund 1990, S. 219–238, hier: S. 226.

24 Der Motorisierungsgrad stieg im Stadt- und Landkreis Dresden von 56 Pkw/1000 Einwohner 1958 auf 103 Pkw/1000 Einwohner 1963; in München von 95 Pkw/1000 Einwohner 1958 über 178 Pkw/1000 Einwohner 1963 auf 412/1989. Prognose zum Perspektivplan der Stadt Dresden bis 1970, 8.9.1964, Verkehrsbetriebe Dresden, Technischer Vorstand 1714/2. Statistisches Jahrbuch der Landeshauptstadt München 1989.

Fotografien. Diese als Quelle zu verwenden bedeutet, sich außerhalb einer langjährigen Tradition von historischer Arbeitstechnik zu bewegen. Bilder bedürfen aber derselben sorgfältigen Quellenkritik, wie das herkömmliche schriftliche Quellen verlangen, allerdings muß hier eine modifizierte Methodik in Betracht gezogen werden.

In diesem Fall erschließen sich die Bilder nicht über ihre historische Gebrauchsweise[25], sondern werden aus ihrem ursprünglichen Kontext herausgenommen und neu in eine chronologische, adäquate Vergleichsreihe gestellt. Durch eine einheitliche Wahl des Ausschnittes und der Tageszeit, ergänzt durch eine Gegenüberstellung mit diversen anderen Fotografien vom selben Ort, konnten die Bilder soweit standardisiert werden, daß ein Vergleich möglich wurde. Damit erhielten sie dokumentarischen Wert und ermöglichen, die Einflüsse der Verkehrssysteme auf ihre Umwelt zu analysieren.

Die Analyse des Karlsplatzes in München zeigt beispielhaft die Verkehrsausgestaltung, die real umgesetzt worden ist.

Der Karlsplatz, nach einem früheren Gasthaus „Zum Heiligen Eustachius" kurz Stachus genannt, galt in den fünfziger und sechziger Jahren als einer der verkehrsreichsten Plätze Europas und wurde deshalb als besonders problematisch empfunden.[26]

Das Bild 1 von 1913 zeigt eine Zeit, in der sich mechanische Verkehrsmittel als eigenständiges Transportsystem mit eigener Technik etabliert hatten.[27] Wichtig dabei ist, daß mechanische Verkehrsmittel dem öffentlichen Personenverkehr vorbehalten waren, der private mit Pferdemietdroschken und -fuhrwerken vonstatten ging. Fußgänger und Fußgängerinnen beherrschen das Straßenbild, Fahrrad und Schubkarren sind gleichzeitig gleichberechtigt im Straßenraum. Für alle ist der Raum in gleichem Maße zugänglich. Allerdings verweisen die abgesteckten Fahrbahnen und die Haltestelleninseln, die die Einstiegplätze markieren, auf eine spezialisierte Zuweisung einzelner Verkehrsteilnehmender auf Teilräume.

---

25 vgl. Judith Bucher/Barbara Schmucki, Die Fotografie als Quelle für die Geschichtswissenschaft. Die Frauenbefreiungsbewegung (FBB) Zürich in Aktion, in: Soziographie 5 (1992), S. 41–50.
26 1964 wurden an einem Tag 96.500 Kraftfahrzeuge, 21.000 Rad- und Mopedfahrer, 3.400 Straßenbahnzüge und 90.000 Fußgänger gezählt. Peter Engelbrecht, Die neuen Gleisanlagen der Straßenbahn auf dem Münchener Karlsplatz, in: UITP 2 (1968), S. 233.
27 Bis 1910 waren gegen 100% aller Straßenbahnen elektrifiziert. Die fußläufige Stadt dehnte sich zur Straßenbahnstadt aus. Die neue Verkehrstechnologie prägte die Stadt damit sowohl in ihrer physischen, aber auch in ihrer sozialen Gestaltung in einer entscheidenden Phase der Urbanisierung.

76  Barbara Schmucki

Bild 1[28]

Bild 2

28  Bild 1: Siegfried Bufe, Trambahn in München. 300 ausgewählte Fotos, München 1977, S. 39; Bild 2: Postkarte; Bild 3: Siegfried Bufe, Trambahn in München, S. 73; Bild 4: Ebd., S. 98; Bild 5: Richard Bauer/Eva Graf, Stadtvergleich. München, S. 42 u. 43.

Knapp zwanzig Jahre später (gegen 1930, Bild 2) hat sich das Bild bereits verändert. Pferdefuhrwerke und Handwagen sind verschwunden, dafür hat sich das Automobil etabliert. Es bringt eine neue Dimension von Geschwindigkeit in die Städte und nimmt sich seinen Platz sowohl auf den Straßen im fließenden Verkehr wie auch als ruhender Verkehr auf freien Plätzen. Die Straßenbahn hat sich zu einem leistungsfähigen Massenverkehrsmittel modernisiert. Die Linie 9 besteht bereits aus solchen neuen Wagen, die mit automatischen Türen versehen sind. Allerdings wird in dieser Zeit bereits vereinzelt der Omnibus eingesetzt, was aber auf dem Bild nicht zu sehen ist.

Eine Konkurrenz, die sich hauptsächlich auf die motorisierten Verkehrsmittel konzentriert, bahnt sich an. Fußgängerinnen und Fußgänger beginnen, sich auf ihnen zugewiesenen Territorien zu bewegen und konzentrieren sich an ganz bestimmten Stellen.

Bild 3

Weitere gut zwanzig Jahre später (1952, Bild 3) sieht der Karlsplatz zur Hauptverkehrszeit noch einmal anders aus. Vorherrschendes öffentliches Verkehrsmittel ist immer noch die Straßenbahn. Die einsetzende Massenmotorisierung ist es nun aber, die der Stadt ihren Stempel aufdrückt und zur Konkurrenz der Straßenbahn wird. Die Abwanderung zum eigenen Auto wird je länger je mehr zum Problem. Ein Pkw braucht bei voller Besetzung im Vergleich zu einem Straßenbahngroßraumwagen mehr als das zehnfache an Platz. Neu stellt sich das Problem des ruhenden Verkehrs, wie auf dem Bild deutlich wird. Freie Flächen werden nun nur noch als Parkplätze genutzt. Autos werden vor Zufußgehenden durch Absperrungen geschützt; der Raum, den Automobile brauchen, geht auf Kosten der Nichtmotorisierten. Trotzdem überqueren Menschen noch immer nach Belieben die Straßen, beginnen sich aber an vorgesehenen Übergängen zu drängen. Autos werden nun in Spuren verwiesen; die Reglementierung und Disziplinierung nimmt zu.

Bild 4

Sehr kraß wird diese Proportionenverschiebung in den sechziger Jahren. Nach dem Umbau (1963, Bild 4) sind die Fußgängerüberführungen geregelt worden. Eine Haltestelle des öffentlichen Verkehrs ist zugunsten weiterer Fahrspuren für Autos aufgelöst worden, ebenso müssen die Fußgängerinnen und Fußgänger Weg freigeben. Die Ost-Westachse durch das Karlstor hat sich ebenfalls um zwei Autospuren erweitert. Zusätzliche Absperrungen trennen die einzelnen Verkehrswege. Obwohl seit Anfang der sechziger Jahre die Fahrgastzahlen der Straßenbahn im Sinken begriffen sind, ist sie immer noch das dominierende Verkehrsmittel in München. Der Umbau des Karlsplatzes zeigt deutlich, wie konsequent das Konzept der Verkehrstrennung verwirklicht worden ist.

Bild 5

Ganz anders präsentiert sich der Karlsplatz 1985 (Bild 5); ein Bild, das heute noch gilt. Die Ost-Westachse der Straßenbahn ist verschwunden und durch die S-Bahn ersetzt worden.[29] Die Verkehrsarten sind nun strikt getrennt. Der Altstadtkern ist zur autofreien Einkaufszone geworden, der Individualverkehr wird auf mehrspurigen Straßen um diesen Kern herumgeleitet,

---

29 Umbauphase November 1966–1971.
Peter Engelbrecht, Die neuen Gleisanlagen der Straßenbahn auf dem Münchener Karlsplatz, in: UITP 2 (1968), S. 233–226. (Wiedergabe von Verkehr und Technik 12 (1967))

Straßenbahnen verkehren ebenfalls noch auf dieser Umfahrung. U- und S-Bahn verlaufen nun unter dem Karlsplatz, ein Umstand, der für die Fahrgäste des öffentlichen Verkehrs neue Voraussetzungen der Nutzung schafft. Sie werden unter die Erde verbannt und haben längere Wege bis zum Bahnsteig zurückzulegen, die gerade zu Tageszeiten mit geringer Frequenz zum Sicherheitsproblem werden können. Ebenso können Fußgängerinnen und Fußgänger, aber auch Radfahrende den Platz nicht mehr an der Oberfläche überqueren.

## 4. Schluß

### 4.1 Endogene Konkurrenz

Es hat sich gezeigt, daß die verschiedenen technischen Möglichkeiten, die im untersuchten Zeitraum verfügbar waren, auch genutzt und eingesetzt worden sind. Allerdings standen diese Verkehrsmittel, die zusammen den ÖPNV bilden, in Konkurrenz, die sich nicht in einer Gleichgewichtssituation niederschlug, sondern einem Wandel unterworfen war. Mittels quantitativer Analyse konnte ausgeführt werden, wie in München die Straßenbahn ihre Funktion als primäres öffentliches Verkehrsmittel verlor. Der Obus hatte kaum eine Chance, sich zu etablieren, Bus und U-Bahn entwickelten sich zu den dominierenden Verkehrsmitteln. Verantwortlich dafür ist sowohl die massive Individualmotorisierung, aber auch das damit einhergehende, in der Verkehrsplanung entwickelte Konzept der „Trennung der Verkehrsarten", das umgesetzt worden ist.

Die neusten Entwicklungen belegen, daß sich dieses Leitbild in der Verkehrsplanung und -politik geändert hat: die Straßenbahn als Teil des Nahverkehrssystems gewinnt in letzter Zeit wieder an Bedeutung.

Die quantitative Untersuchung macht es möglich, die endogene Konkurrenz der Verkehrsmittel im Nahverkehr in verschiedenen Städten mittels einheitlicher Kriterien zu vergleichen. Dabei hat es sich gezeigt, daß in Dresden trotz anderer Prioritätensetzung durchaus auch parallele Muster zu finden sind, wie die Entwicklung des Busanteils am gesamten öffentlichen Verkehr bewiesen hat. Erst der U-Bahnbau in München veränderte die Struktur grundlegend.

### 4.2 Exogene Konkurrenz

Verkehrssysteme haben durch ihre spezifische Eigenart eine enorme Wirkung auf die Raumgestaltung der Umgebung, in der sie verlaufen. Bis jetzt ist diese Wirkung für den Stadtbereich kaum untersucht worden[30]. Es ist wichtig, hier

---

30   Eine wichtige Studie analysiert die Wahrnehmung und Reaktionen auf die Umwelt, die

neue Quellen zu erschließen, die es vermögen, die ästhetische und materielle Komponente dieser Raumwirkung wiederzugeben.

Die Analyse von Bildern des Münchner Karlsplatzes hat gezeigt, daß die einzelnen Verkehrssysteme um den innerstädtischen Raum konkurrieren. Stand anfänglich allen Teilnehmer noch derselbe Raum zur Verfügung, so gewann der individuelle motorisierte Verkehr die Oberhand; er konnte und kann am meisten Raum für sich beanspruchen. Gleichzeitig ist die strikte Trennung der Verkehrsarten und die Art und Weise, wie diese stattgefunden hat, nachweisbar. Die Verkehrsteilnehmenden wurden zunehmend auf ihnen zugewiesene Transporträume verbannt.

Die quantitative Analyse verweist auf die enge Verbindung der Struktur der Verkehrssysteme mit Verkehrsplanung und politischem Prozeß. Gerade der U-Bahnbau legt es nahe, nicht in der Analyse von Verkehrstechnik stehen zu bleiben, denn Verkehrstechnik vermag sich nicht aufgrund eines linearen evolutionären Prozesses durchzusetzen, sondern soziale Gruppen, die die organisatorische Komponente des Verkehrssystems ausmachen, beeinflussen durch ihre Vorstellungen von Verkehr den Einsatz der Technik maßgeblich. Durch den Vergleich Münchens mit Dresden wird dies bestätigt. Es zeigt sich, daß trotz der verschiedenen gesellschaftspolitischen Bedingungen in den beiden Städten, neben eklatanten Unterschieden, sich durchaus auch Parallelen abzeichnen.

Mittels der Analyse von Bildern als historische Quellen kann der Einfluß von Technik auf die Raumgestaltung, städtische Lebenswelt und somit auch auf den Menschen als Nutzer untersucht werden. Keine andere Quelle als die Fotografie kann das in diesem Ausmaß leisten.

sich mit der Motorisierung veränderten am Beispiel Hannover von 1880–1930. Richard Birkefeld/Martina Jung, Die Stadt, der Lärm und das Licht. Die Veränderung des öffentlichen Raumes durch Motorisierung und Elektrifizierung, Seelze 1994.

*Nikolaus Niederich*

# Nahverkehrsbetriebe als Wirtschaftsunternehmen: Die Stuttgarter Straßenbahnen und ihre Eigentümer von 1868 bis 1918

## 1. Einleitung

Straßenbahnen als die einst wichtigsten kommunalen und häufig auch regionalen Verkehrsträger sind von der historischen Forschung der letzten Jahre weitgehend vernachlässigt und allenfalls in einigen summarischen Darstellungen, meist in Sammelbänden, behandelt worden.[1] Ansonsten ist das Thema – wie wohl sattsam bekannt – ganz überwiegend durch „Fan"-Literatur bestimmt.[2]

Anstelle einer zwangsläufig ebenfalls nur oberflächlichen Darstellung der Stuttgarter Straßenbahngeschichte von 1868 bis zum Ende des Ersten Weltkriegs soll im folgenden die Entwicklung der Eigentumsverhältnisse näher beleuchtet werden. Diese Thematik ist einerseits von der aktuellen Literatur nur unzureichend abgedeckt, andererseits aber vor dem Hintergrund der Debatte um den sogenannten Munizipalsozialismus im Untersuchungszeitraum selbst ebenso ausführlich wie kontrovers diskutiert worden.[3] Dieser politische Kampfbegriff hat seinen Ausgangspunkt im Aufgabenwandel der kommunalen Verwaltungsstrukturen im Zuge der Industrialisierung. Er ist ein Ergebnis der damals entstandenen Leistungs- und Lenkungsverwaltung. In dieser seit den 1880er Jahren geführten Debatte wurde eine staatliche Fürsorgepflicht innerhalb einer ansonsten privatwirtschaftlich-kapitalistischen Wirtschaftsordnung und als Äquivalent für diese gefordert, die in Form vermehr-

---

1 Vgl. z. B.: Jakob Kandler, Die wirtschaftliche Entwicklung von Verkehrsunternehmen (ab ca. 1850 bis zur Gegenwart), in: Hans Pohl (Hg.), Kommunale Unternehmen, Stuttgart 1987, S. 154–167; Karl Heinrich Kaufhold, Strassenbahnen im Deutschen Reich vor 1914. Wachstum, Verkehrsleistungen, wirtschaftliche Verhältnisse, in: Dietmar Petzina/ Jürgen Reulecke (Hg.), Bevölkerung, Wirtschaft, Gesellschaft seit der Industrialisierung. Festschrift für Wolfgang Köllmann zum 65. Geburtstag, Dortmund 1990, S. 219–238.
2 Speziell für Stuttgart vgl.: Paul Loercher, 60 Jahre Stuttgarter Straßenbahnen 1868–1928, Stuttgart 1928; Stuttgarter Straßenbahnen AG (SSB) (Hg.), 100 Jahre Stuttgarter Straßenbahnen (Sonderausgabe der Betriebszeitschrift „Über Berg und Tal" zum 28. Juli 1968), Stuttgart o. J. [1968]; Gottfried Bauer u. a., Stuttgarter Straßenbahnen, Villigen (CH) 1976.
3 Vgl. z. B. Karl Hilse, Verstadtlichung der Straßenbahnen. Eine eisenbahn-politische Untersuchung, Wiesbaden 1889; Lothar Weiß, Die Tarife der deutschen Straßenbahnen ihre Technik und wirtschaftliche Bedeutung, Karlsruhe 1904.

ter kommunaler Investitionen umgesetzt werden sollte und auch wurde. Auf diese Weise entstanden zur Daseinsvorsorge Schulen, Krankenhäuser und Altenheime, aber auch Wasserwerke und städtische Schlachthöfe. Neben diesen traditionellen, nun lediglich als originär kommunale Aufgaben verstandenen Einrichtungen kamen im Zuge der Industrialisierung und Technisierung neue hinzu. Dabei handelt es sich um die Gasanstalten, die Elektrizitätswerke und – meist mit letzteren im Zusammenhang stehend – die Straßenbahnbetriebe, die in dieser Abhandlung auch unter dem Gesichtspunkt des Munizipalsozialismus betrachtet werden sollen.[4]

Obwohl an anderer Stelle noch einmal auf diese Aspekte, soweit sie die Straßenbahnen betreffen, näher eingegangen wird, sei bereits hier darauf hingewiesen, daß die Positionen zu dieser Frage durchaus kontrovers und die Konsequenzen für die einzelnen Betriebe sehr unterschiedlich waren.

Daher ist eine Darstellung und Analyse der Eigentumsverhältnisse nur auf der Basis von Einzeluntersuchungen sinnvoll, da die Beschränkung auf die Darstellung allgemeiner Entwicklungen – was immer dies sein mag – auch bei diesem Problemfeld die Gefahr der Verflachung in sich trägt. Trotzdem soll auf eine Einordnung des gewählten Stuttgarter Beispiels in größere Zusammenhänge nicht verzichtet werden bzw. sollen soweit wie möglich andere Beispiele herangezogen werden, um so eine allzu kurzsichtige Nabelschau zu vermeiden.

Eine unzulässige Vereinfachung bestände z. B. darin, einen einseitigen Konflikt zwischen privaten, rein ökonomischen und öffentlichen, am Gemeinwohl orientierten Interessen als allein bestimmend herauszuarbeiten.

Die Betrachtung der Stuttgarter Straßenbahnen wird – ohne das Ergebnis vorwegnehmen zu wollen – ein wesentlich differenzierteres Bild ergeben.

Neben einer ausführlicheren Darstellung der Eigentümer und sonstiger Akteure bzw. deren Interessenlagen bietet ein über längere Zeit untersuchtes Einzelbeispiel auch die Möglichkeit, Vorgehensweisen zur Erreichung der divergierenden Zielsetzungen offenzulegen und damit einem eindimensionalen Geschichtsverständnis im Sinne eines „es-mußte-so-kommen" entgegenzuwirken.

---

4   Zum Munizipalsozialismus bzw. zur Leistungs- und Lenkungsverwaltung vgl. ausführlich: Hans Heinrich Blotevogel (Hg.), Kommunale Leistungsverwaltung und Stadtentwicklung vom Vormärz bis zur Weimarer Republik, Köln, Wien 1990; Hendrik Gröttrup, Die kommunale Leistungsverwaltung, Stuttgart u.a. 1973; Wolfgang R. Krabbe, Die Lenkungsverwaltung. Eine Sonderform der Leistungsverwaltung, in: Hans Heinrich Blotevogel (Hg.), S. 159–167.

## 2. Die Entwicklung der Stuttgarter Straßenbahnen von 1868 bis 1918

Vor der eigentlichen Untersuchung soll zunächst, dem besseren Verständnis zuliebe, ein kurzer geschichtlicher Abriß des Stuttgarter Straßenbahnwesens vorangestellt werden. Dabei wird der Einfachheit halber auf die einschlägigen Jubiläumsschriften der Stuttgarter Straßenbahnen AG (SSB) zurückgegriffen.

Im Jahre 1862 bemühte sich der aus dem Stuttgarter „Bohnenviertel" stammende Georg Schöttle beim württembergischen Innenministerium um eine Konzession zum Bau und Betrieb einer Pferdebahn vom Archiv zum Badevorort Berg am Neckar.[5] Schöttle war zu dieser Zeit bereits ein stadtbekannter Bauunternehmer und besaß jahrelange Erfahrungen als Subunternehmer beim Bau von Eisenbahnen.[6]

Der Konzessionierung vom 14. Juli 1862 folgten lange Verhandlungen mit der Stadt um die Benutzung der kommunalen Straßen, die erst am 17./19. Februar 1868 zu einem Abschluß führten. Daraufhin gründete Schöttle die Stuttgarter Pferde-Eisenbahn Gesellschaft (SPE). Am 29. Juli 1868 nahm die Strecke vom Archiv nach Berg ihren Betrieb auf, bis März 1868 folgte als zweite Linie die sogenannte Rundbahn durch die Innenstadt.[7] Damit war Stuttgart nach Berlin (1865) und Hamburg (1866) die dritte deutsche Stadt mit einer solchen Einrichtung.[8] Ergänzt wurden diese Strecken lediglich durch einige Pferdeomnibuslinien.[9] Nach wirtschaftlichen Erfolgen in den ersten Jahren nach der Gründung war die Ertragslage der SPE seit 1876 stark rückläufig.[10]

Eine maßgebliche Veränderung des Stuttgarter Straßenbahnwesens trat 1884 ein, als Ernst Lipken und Heinrich Mayer sich um die Konzession einer sogenannten „Nord-West-Tram" vom Stuttgarter Westen über die Innenstadt zum Pragfriedhof bemühten. Besonders wichtig war dabei die geplante Ausführung in Meterspur im Gegensatz zur regelspurigen SPE. Der Konzessionsvertrag mit der nunmehr als Neue Stuttgarter Straßenbahn Lipken & Cie. (NSS) bezeichneten Bahn wurde im Juli 1886 geschlossen, und schon am 24. August 1886 war die Linie fertig. Anders als die SPE baute die NSS ihre Strecken aus, so daß sich auch die bisherige Pferdebahn zu solchen Schritten veranlaßt sah, was insbesondere zur Verlängerung der SPE-Linie bis Heslach und zum Bau einer Talquerlinie führte.

Unter dem massiven Einfluß der Stadt, für die die Streitigkeiten zwischen SPE und NSS zunehmend lästig wurden, kam es zu Fusionsverhandlungen. In

---

5   Loercher, S. 10f..
6   Zur Person Schöttles vgl. ausführlich: Eugen Dolmetsch, Aus eigener Kraft. Ein Lebensbild aus dem alten Stuttgart, in: Stuttgarter Merkur v. 14.7.1928, o. S..
7   Loercher, S. 11–14.
8   Vgl. dazu: SSB, S. 11.
9   Vgl. ebd., S. 12f..
10  Loercher, S. 17.

diese wurde auch Hermann Bachstein einbezogen, der 1888 eine Betriebserlaubnis für eine Dampfbahn von Stuttgart nach Wangen beantragt hatte. Am 27. Dezember 1888 kam es schließlich zu einem Vereinigungsvertrag, dem am 31. März 1890 die Umbenennung des Unternehmens in Stuttgarter Straßenbahnen AG (SSB) folgte.

Eine der Folgen des Zusammenschlusses war der Umbau des gesamten Netzes in die von Lipken eingeführte Schmalspur.[11] Die zahlenmäßige Entwicklung der wichtigsten Betriebsparameter zeigt die nachfolgende Übersicht.

Tab. 1: Die Betriebsmittel der SSB von 1889–1918[12]

| Jahr | Betr.Länge[13] | Pferde | Triebwagen | Beiwagen |
|---|---|---|---|---|
| 1889 | 17 (100) | 256 | – | 84 |
| 1890 | 16,74 (98) | 257 | – | 95 |
| 1891 | 16,74 (98) | 247 | – | 95 |
| 1892 | 16,74 (98) | 247 | – | 95 |
| 1893 | 16,34 (96) | 248 | – | 95 |
| 1894 | 16,34 (96) | 251 | – | 95 |
| 1895 | 10,04 [E-Betr] 18,13 (107) | 236 | 29 | 95 |
| 1896 | 19,23 (113) | 97 | 65 | 71 |
| 1897 | 19,50 (115) | 1.1.: 15, 31.12: 3 | 65 | 71 |
| 1898 | 21,00 (124) | 1.1.: 3, 31.12.: 2 | 65 | 62 |
| 1899 | 21,30 (125) | – | 65 | 62 |
| 1900 | 23,60 (139) | – | 87 | 78 |
| 1901 | 26,20 (154) | – | 97 | 78 |
| 1902 | 36,05 (215) | – | 112 | 83 |
| 1903 | 36,95 (217) | – | 118 | 83 |
| 1904 | 40,55 (239) | – | 126 | 90 |
| 1905 | 42,28 (249) | – | 133 | 93 |
| 1906 | 43,21 (254) | – | 133 | 93 |
| 1907 | 43,21 (254) | – | 133 | 93 |
| 1908 | 43,21 (254) | – | 133 | 93 |
| 1909 | 66,50 (391) [dav.Vorort: 23,39] | – | 157 [13] | 92 |

11 SSB, S. 13f..
12 Betriebslänge und Pferde: Geschäftsberichte der SSB (GB-SSB) 1889–1918; Triebwagen und Beiwagen: Loercher, S. 109.
13 Als Betriebslänge sind alle Gleise zu verstehen, die im regulären Verkehr befahren werden, wobei doppelgleisige Linien entsprechend doppelt gezählt werden müssen. Als einzige durchgängig in den Geschäftsberichten geführte Streckenangabe wurde diese Größe gewählt, obwohl Streckenlängen oder Linienlängen aussagekräftiger wären. Die Angabe in Klammern für 1895 betrifft den Anteil der elektrifizierten Strecken, die übrigen Klammern beziehen sich auf die Stuttgarter Vorortstraßenbahnen. Ob in den Angaben auch die CSB enthalten ist, war den Geschäftsberichten nicht zu entnehmen.

| | | | | |
|---|---|---|---|---|
| 1910 | 92,81 (546) [45,29] | – | 190 [30] | 117 [15] |
| 1911 | 100,14 (589) [41,32] | – | 193 [34] | 117 [17] |
| 1912 | 106,82 (628) [41,63] | – | 236 [34] | 129 [17] |
| 1913 | 111,85 (658) [52,07] | – | 267 [45] | 171 [26] |
| 1914 | 129,60 (762) [56,28] | – | 275 [45] | 188 [26] |
| 1915 | 129,21 (760) [55,84] | – | 275 [45] | 188 [26] |
| 1916 | 129,21 (760) [55,84] | – | 275 [45] | 188 [26] |
| 1917 | 129,21 (760) [55,84] | – | 274 [45] | 188 [26] |
| 1918 | 129,21 (760) [55,84] | – | 274 [45] | 188 [26] |

Die weiteren Meilensteine der Unternehmensentwicklung bis 1914 sollen nur noch in einigen Stichworten genannt werden.

Nach längeren Experimenten mit verschiedenen Antriebsquellen[14] erfolgte vom 24. August bis zum 30. November 1892 ein elektrischer Probebetrieb mit Anlagen der AEG, der 1895 zur Elektrifizierung des gesamten Betriebs führte.

Im August 1898 erfolgte mit der Gründung der Cannstatter Straßenbahnen GmbH als 100%ige Tochter der SSB die erste Ausdehnung des Unternehmens über die Stuttgarter Grenzen hinaus.[15]

Fast genau zehn Jahre später wurde die Konzession für den Bau mehrerer Vorortlinien erteilt, u. a. nach Feuerbach und Zuffenhausen sowie in die Neckarvororte. 1909 wurden die ersten dieser Strecken fertiggestellt, bis 1914 war der Bau der Vorortbahnen zum großen Teil abgeschlossen.[16]

### 3. Die Gründer der Stuttgarter Pferde-Eisenbahn Gesellschaft

Das Gründungskapital der Stuttgarter Pferde-Eisenbahn Gesellschaft (SPE) in Höhe von anfänglich 250.000 fl kam nur zum Teil vom Unternehmensgründer Schöttle selbst. „Es wurde hauptsächlich von Stuttgarter Bürgern aufgebracht," wie Loercher lapidar und ohne jede weitere Erläuterung feststellt.[17] Auch in der offiziellen Festschrift der SSB von 1968 ist nur von den Problemen der Kapitalbeschaffung die Rede, nicht von den tatsächlichen Anlegern selbst.[18]

Daher lassen sich auch über die genaue Verteilung der Aktien keine Angaben machen, allerdings läßt die Zusammenstellung des Aufsichtsrates Rückschlüsse auf die Eigentümer zu. So finden sich dort neben dem Ehrenpräsidenten Prinz Hermann zu Sachsen-Weimar, einem Schwiegersohn des

---

14 Vgl. ausführlicher: Loercher, S. 40f..
15 SSB, S. 85.
16 Vgl. Loercher, S. 61–63.
17 Vgl. ebd., S. 144.
18 Vgl. SSB, S. 11.

Bild 1: 1868–1893, Zur 25-jährigen Jubelfeier der Stuttgarter Strassenbahnen
aus: SSB, S. 15.

# Stuttgarter Pferde-Eisenbahn.

## Einladung zur Subscription.

**Anlage- und Betriebskapital: fl. 350,000. —**
eingetheilt in 2500 St. Aktien . . . . . . . . . . . à fl. 100. = fl. 250,000. —
und „ 1000 „ 6% Prioritäts-Obligationen à fl. 100. = fl. 100,000. —

fl. 350.000. —

Die Pferde-Eisenbahn ist durch die Königl. Staatsregierung auf 30 Jahre concessionirt, von der Stadtgemeinde Stuttgart ohne Entgelt gestattet worden, und wird im Laufe des Monats Juli d. J. dem Verkehr übergeben werden können.
Von obigen fl. 350,000 hat das Comité fl. 125,000 Aktien und fl. 25,000 Prioritäts-Obligationen bereits gezeichnet, so dass

fl. 125,000 Aktien in 1250 Stück à fl. 100 und
fl. 75,000 Prioritäts-Obligationen in 750 Stück à fl. 100

der öffentlichen Betheiligung überlassen werden.
Die Prioritäts-Obligationen werden in halbjährigen Terminen mit 6 % verzinst.
Die näheren Bestimmungen über Amortisation der Obligationen und der Aktien enthält der ausgegebene Prospect.
Zeichnungen nehmen entgegen:

Die Königl. Württ. Hofbank.
„ Württ. Hypothekenbank.
Die Herren Gebr. Benedict.
„ „ Dörtenbach & Cie.
„ „ G. H. Keller's Söhne.
„ „ Pflaum & Cie.
„ „ Stahl & Federer.

Sobald der Betrag gezeichnet ist, wird die Zeichnung geschlossen. Bei stattfindender Ueberzeichnung werden die letzten Zeichnungen zurückgegeben.
Die Einzahlungen erfolgen durch öffentlichen Aufruf: die ersten 10 % alsbald nach erfolgter Constituirung der Gesellschaft, die weiteren 90 % in 6 monatlichen Raten.
Auf Verlangen verabfolgen die Zeichnungsstellen die ausführlichen Prospecte.
Stuttgart, 13. Februar 1868.

**Das provisorische Comité.**

Bild 2: Stuttgarter Pferde-Eisenbahn – Einladung zur Subscription
aus: SSB, S. 75.

württembergischen Königs, und Georg Schöttle auch die Namen Eduard Hallberger, Georg Doertenbach und Rudolph Knosp. Bei diesen drei handelte es sich um bekannte württembergische Industriepioniere, deren Biographien im Zusammenhang mit deren Engagement bei der SPE aufschlußreich sind. Eduard Hallberger entstammte einer seit der Mitte des 18. Jahrhunderts in dieser Branche tätigen Buchhändlerfamilie. Neben dem Verlegen von Wilhelm Raabe und Theodoor Fontane gehörten die Zeitschriften „Über Land und Meer" und „Gartenlaube" zu den herausragenden Publikationen des Hallberger Verlags. Doch war der 1822 geborene Verleger ebenso wie sein wohl bekanntester württembergischer Berufskollege Cotta keineswegs nur verlegerisch aktiv. Er spielte auch eine bedeutende Rolle bei der Gründung der „Gemeinnützigen Baugesellschaft" und der „Württembergischen Notenbank". Neben der „Stuttgarter Zuckerfabrik" besaß er noch mehrere Papierfabriken, Anteile an schlesischen Kohlengruben und Eisenhütten, an der „Württembergischen Vereinsbank" und vielen anderen Unternehmen, so auch an der SPE. Von dieser Beteiligung profitierte Hallberger auch dadurch, daß der Verlag seit 1870/71 am Neckartor seinen Sitz hatte, also unmittelbar an der Hauptstrecke der SPE vom Charlottenplatz nach Berg. Nach dem Tod Eduard Hallbergers 1881 erhielt sein Verlag den auf seinen Wunsch hin noch heute gültigen Namen „Deutsche Verlagsanstalt".[19]

Der Bankier Georg Doertenbach entstammte einem der einflußreichsten württembergischen Kreditinstitute, das vor allem um die Jahrhundertwende stark expandierte und maßgeblich die Gründung der wichtigen „Württembergischen Landesbank" vorantrieb.[20]

Rudolph (von) Knosp schließlich zählt zu den Pionieren der deutschen chemischen Industrie und war einer der Mitbegründer der BASF, deren Aufsichtsratsvorsitzender er von 1873 bis zu seinem Tod 1897 war. Auch er besaß darüber hinaus vielfache Beteiligungen an einheimischen Firmen, insbesondere an der „Württembergischen Hypothekenbank" und der „Württembergischen Notenbank". Neben zwei Textilbetrieben war er auch Teilhaber des „Stuttgarter Immobilien- und Baugeschäfts", was in Hinblick auf die SPE-Beteiligung sicher nicht ohne Belang ist.[21]

Borst hat in seiner Stadtgeschichte Stuttgarts sicher mit Recht auf die Bedeutung der Unternehmerschaft insgesamt auch für die Entwicklung der Verkehrseinrichtungen hingewiesen und zugleich eingeschränkt, daß in allem politischem und gesellschaftlichem Engagement „viel Selbsthilfe und viel Eigensinn" gelegen habe.[22]

---

19  Otto Borst, Stuttgart – Die Geschichte der Stadt, 3. Aufl., Aalen 1980, S. 281f.; Paul Sauer, Das Werden einer Großstadt. Stuttgart zwischen Reichsgründung und Erstem Weltkrieg 1871 bis 1914, 3.Aufl., Stuttgart 1988, S. 296.
20  Vgl. Sauer, S. 163.
21  Vgl. ebd., S. 177–179.
22  Borst, S. 298.

Dem ist in diesem Zusammenhang hinzuzufügen, daß die Beteiligung an der SPE im Vergleich mit deren übrigen Geschäftsinteressen vollkommen unbedeutend gewesen ist. Gleichwohl hatten alle aufgeführten Personen ein nachhaltiges Interesse am wirtschaftlichen Aufschwung der Stadt, die im Zentrum ihrer geschäftlichen Aktivitäten lag.

### 4. Die Gründer der Neuen Stuttgarter Straßenbahn Lipken & Cie.

Die Eigentumsverhältnisse der lediglich von 1886 bis 1889 bestehenden NSS sind in wenigen Worten zusammengefaßt. Sie beruhten laut Bilanz vom 30. September 1887 auf dem Privatvermögen der beiden Eigentümer Heinrich Mayer und dem Ingenieur und Direktor der NSS, Ernst Lipken. Im Zusammenhang mit der NSS bzw. der Stuttgarter Straßenbahngeschichte steht Mayer stets im Schatten seines Kompagnons, des späteren SSB-Direktors Ernst Lipken. Dabei kann Mayer ohne Übertreibung als einer der interessantesten Gründungsväter der Stuttgarter Straßenbahnen angesehen werden.

Als Kaufmann betrieb er vielfältige Geschäfte, die neben der Beteiligung an der SSB auch den Betrieb einer Lampenfabrik und einer Kiesbaggerei in Altbach bei Esslingen sowie einer Müllverbrennungsanlage in Budapest umfaßten. Seine Bedeutung für die württembergische Wirtschaftsgeschichte besteht aber darin, daß er, ausgehend von einem 1899 begonnenen Wasserkraftwerk in Altbach, der Begründer der Neckarwerke wurde, die im Sommer 1901 unter der Firma „Neckarwerke Altbach – Deizisau Heinrich Mayer" ins Handelsregister eingetragen wurden.[23]

Abgesehen von der von Mayer und Lipken aufgebrachten Summe von 380.000,– M, kam zur Finanzierung der NSS ein Darlehen des Bankhauses Hummel & Co. in Höhe von 150.000,– M sowie schließlich eine von der Rentenanstalt gestellte Hypothek von 77.000,– M.[24] Bemerkenswert ist trotz der spärlichen Informationen allerdings dennoch, daß bei der NSS erstmals ein Investor von „außerhalb" – Ernst Lipken – auftrat und daß die Banken in diesem Unternehmen gut ein Drittel des Kapitals durch Kredite aufbrachten und auf diese Weise ihren Einfluß sicherten, während dies bei der SPE durch direkte Beteiligung geschah.

---

23 Wolfgang Leiner, Geschichte der Elektrizitätswirtschaft in Württemberg, Bd. 2,1: Die Zeit der Vollabdeckung (1896–1915), Stuttgart 1985, S. 57–60.
24 Loercher S. 147.

## 5. Die Entstehung der Stuttgarter Straßenbahnen AG

Die erste entscheidende Veränderung der Eigentumsstruktur des Stuttgarter Straßenbahnwesens kam mit der Fusion der SPE und der NSS zur später so bezeichneten Stuttgarter Straßenbahnen AG (SSB). Bei der Übernahme der NSS durch die SPE setzte sich die Kapitalerhöhung des Unternehmens in der Weise zusammen, daß Lipken & Co. Aktien im Wert von 300.000,- M von der SPE erhielten und die übrigen 500.000,- M der Kaufsumme für die NSS von einem Konsortium übernommen wurden. Dieses bestand aus der „Württembergischen Bankanstalt", dem Bankhaus Doertenbach & Co., der „Bank für Handel und Industrie" in Darmstadt sowie der Firma Hermann Bachstein in Berlin.[25]

Berücksichtigt man, daß bereits das bestehende Stammkapital der „alten" SPE in Höhe von 817.000,- M zumindest teilweise in den Händen der beiden württembergischen Banken lag, so nahm deren Einfluß in der „neuen" SPE, später zur SSB umfirmierten Straßenbahngesellschaft, eher noch zu. Sehr viel wichtiger scheint aber die Beteiligung zweier fremder, nicht in Stuttgart bzw. in Württemberg ansässigen Großinvestoren. Dabei wird nun auch der ebenso wichtige wie unüberschaubare Bereich der Beteiligungs- und Finanzierungsgesellschaften angesprochen, der hier nur insoweit thematisiert werden kann, als die SSB davon unmittelbar betroffen ist.

Nach dem Vorbild des ein Jahr zuvor in Paris gegründeten „Credit mobilier" wurde unter Federführung der Bankiers Oppenheim und Mevissen Anfang April 1853 die „Bank für Handel und Industrie", häufig nach ihrem Sitz Darmstädter Bank genannt, ins Leben gerufen. Wie der französische Vorläufer sollte auch sie neben der Finanzierung von Eisenbahnen öffentliche Kredite übernehmen, wobei das Emissionsgeschäft, also der spekulative Handel mit Aktien, eine Schlüsselrolle einnahm.[26] Daneben betrieb sie industrielle Aktivitäten aller möglichen Art.[27]

Für den Zusammenhang des gestellten Themas ist hierbei die gegen Ende des neunzehnten Jahrhunderts erfolgte Zusammenarbeit der Darmstädter Bank mit der Firma Bachstein zu nennen. Diese Kooperation von Baufirmen und Banken war zu dieser Zeit durchaus üblich. Zunächst handelte es sich laut Liefmann nur um die Aufnahme von Krediten, die Verbindung vertiefte sich, als man von seiten der Bank daran ging, eigene Bahnen zu errichten, bei denen die sonstigen Beteiligten nur einen Teil der Kosten übernahmen. In diesen Fällen wurden meist eigene Gesellschaften gegründet, da noch andere

---

25 Ebd., S. 148 u. SSB, S. 77.
26 Manfred Pohl, Einführung in die Deutsche Bankgeschichte, Frankfurt/ M. 1976, S. 20f..
27 Vgl. dazu ausführlich: Robert Liefmann, Beteiligungs- und Finanzierungsgesellschaften. Eine Studie über den modernen Effektenkapitalismus in Deutschland, den Vereinigten Staaten, der Schweiz, England, Frankreich und Belgien, 4. Aufl., Jena 1923.

Gesellschafter vorhanden waren und außerdem auf diese Weise die Möglichkeit zur Aktienemission gegeben war.

Die SSB ist insofern ein Sonderfall, als es sich hier aus der Perspektive der Darmstädter Bank und Bachstein um den Einkauf in einen bestehenden Betrieb handelte. Der Vollständigkeit halber sei erwähnt, daß im Zuge des beschleunigten Baus neuer Klein- und Straßenbahnen der Umfang dieser Aktivitäten ein solches Maß erreichte, daß Bachstein und die Darmstädter Bank für diesen Geschäftsbereich 1895 ein eigenes gemeinsames Tochterunternehmen gründeten, die „Süddeutsche Eisenbahngesellschaft" (SEG). Diese Firma war, anders als vergleichbare andere Unternehmen, nicht dazu gegründet worden, die Bahnanteile zu veräußern, sondern war direkte Eigentümerin der ihr gehörenden Bahnunternehmen.[28] Die SEG verfügte von ihrer Gründung an über eine Reihe von Nebenbahnen, zu denen u. a. die Darmstädter Dampfstraßenbahn, die Pferdebahn Wiesbaden und die Essener elektrischen Straßenbahnen gehörten.[29] Bei der SSB trat die SEG allerdings nie als eigenständiges Unternehmen in Erscheinung, vielmehr blieb es hier bei der Trennung in die Firmen Bachstein und die Bank für Handel und Industrie, also der Darmstädter Bank, daher wurde das Stuttgarter Unternehmen auch nicht unter den SEG-Bahnen geführt.

Innerhalb der SEG dominierte jedoch, wie in allen diesen Gemeinschaftsgründungen, die große Bank. Die – ebenfalls durchaus respektable – Baufirma, in diesem Fall Hermann Bachstein, trat dagegen etwas in den Hintergrund.[30] Welche Bedeutung diese Beteiligung der beiden Unternehmen für die SSB hatte bzw. hätte bekommen können, macht ein Vergleich des Kapitals von SEG und SSB deutlich. Die SEG verfügte über ein Gründungskapital von 6.500.000,– M, das in den Jahren 1897 bis 1899 um 7,9 bzw. 7,2 Millionen M aufgestockt wurde. Diesen 21,6 Millionen stand ein Kapitalstock der SSB von knapp 2,2 Millionen M 1895 gegenüber, der bis 1899 auf 6 Millionen erhöht wurde, also in jedem Fall vergleichsweise bescheiden war.[31]

Daß es bei der Gründung der späteren SSB 1889 gelungen ist, derartig potente Unternehmen einzubinden, ohne von ihnen dominiert zu werden, darf wohl auch ohne entsprechende Quellenbelege einer der wichtigsten Gründe für die nicht nur formale Selbständigkeit der Stuttgarter Straßenbahnen gewesen sein. Die in diesem Kontext bereits genannte Abneigung von Regierung und Stadt gegen einen „Straßenbahnmulti" ist gewiß auch dadurch erklärbar, daß damit die lokalen und regionalen Belange gegenüber den ausschließlich kommerziellen Interessen von Bachstein und der Darmstädter Bank stärker in den Hintergrund getreten wären als dies bei der tatsächlichen Eigentums-

---

28  Ebd., S. 330f..
29  Gerd Kleinewefers, Pioniere des Verkehrs. Deutsche Eisenbahn-Straßenbahn-AG 1835–1985, Ausstellungskatalog, 2 Bde., Frankfurt/ M. o. J., Bd. 2, S. 795f..
30  Vgl. Liefmann, S. 330f..
31  Zahlen für SEG: Kleinewefers, Bd. 2, S. 799; für die SSB: vgl. GB-SSB 1895–1899.

struktur der SSB der Fall war.[32] Ohnehin war die SSB des Jahres 1889 insbesondere durch diese Beteiligung nicht mehr die „Bürgerbahn", wie dies die SPE zwei Jahrzehnte zuvor gewesen war.

## 6. Die Gesellschaft für elektrische Unternehmungen übernimmt die Aktienmehrheit der SSB

Die eben beschriebene Konstellation aus lokalen und überregionalen Anlegern hatte bis 1906 Bestand. In diesem Jahr erwarb die in Berlin ansässige „Gesellschaft für elektrische Unternehmungen", kurz Gesfürel, 4.592 Aktien der SSB, was einem Anteil von rund 70% entsprach. Über den Kaufpreis ist in den Quellen ebensowenig zu finden wie in der Literatur.[33] Doch kann im Vorgriff auf das folgende Kapitel schon an dieser Stelle auf die überaus günstige Ertragslage bzw. Dividendenausschüttung der SSB verwiesen werden, die seit der Jahrhundertwende stets bei 10% und mehr lag, wie der Blick auf die nachstehende Übersicht zeigt.

Tab 2: Die Dividenden der SSB 1889–1918 in %[34]

| Jahr | Div in % | Jahr | Div in % | Jahr | Div in % | Jahr | Div in % | Jahr | Div in % | Jahr | Div in % |
|---|---|---|---|---|---|---|---|---|---|---|---|
| 1889 | 0 | 1894 | 5 | 1899 | 10 | 1904 | 10 | 1909 | 11 | 1914 | 6 |
| 1890 | 0 | 1895 | 5 | 1900 | 11 | 1905 | 10 | 1910 | 11 | 1915 | 6 |
| 1891 | 3,5 | 1896 | 7,5 | 1901 | 12 | 1906 | 8 | 1911 | 12 | 1916 | 9 |
| 1892 | 4,5 | 1897 | 8,5 | 1902 | 10 | 1907 | 10 | 1912 | 12 | 1917 | 10 |
| 1893 | 4,5 | 1898 | 8,5 | 1903 | 10 | 1908 | 11 | 1913 | 9 | 1918 | 9 |

Allein unter diesem Gesichtspunkt versprachen die SSB-Aktien eine lukrative, wenn auch gewiß nicht eben billige Kapitalanlage.

Mit der Gesfürel trat eine Eigentümerin auf den Plan, deren finanzielle Verflechtungen womöglich noch komplizierter und umfassender sind als dies bei den eben behandelten Unternehmen der Fall war. Dennoch soll in einigen wenigen Bemerkungen versucht werden, diese Zusammenhänge zu erhellen. Die Gesfürel wurde Ende 1894 durch die Ludwig Löwe & Co., den Bankier Bleichröder, Born & Buße, der Decker Gesellschaft sowie der Dresdner und der Darmstädter Bank für Handel und Industrie gegründet. Das Gründungskapital von 15 Millionen M wurde bereits im folgenden Jahr verdoppelt. Ursprünglich als reine Finanzierungsgesellschaft gedacht, wurde sie schon bald zu einem Finanzierungsunternehmen für die „Union-Elektrizitäts Gesell-

---

32 Vgl. auch zu den Aktivitäten der Darmstädter Bank die diesbezüglichen Passagen bei Liefmann.
33 Vgl. z. B. Loercher, S. 77.
34 Ebd., S. 149 u. 151.

schaft", die ihrerseits nur eine Patentverwertungsfirma der amerikanischen „Thomson-Houston International Electric Company" war. Fortan diente die Gesfürel der UEG als Finanzierungsgesellschaft insbesondere bei der Übernahme und Elektrifizierung von Pferdebahnen, nachdem dies zur Hauptspezialität der UEG geworden war. Schon 1893, also vor der offiziellen Gründung der Gesfürel, hatte die UEG die Erfurter Pferdebahn aufgekauft und in einen elektrischen Betrieb umgewandelt, dem weitere Unternehmen unter der Ägide der Gesfürel folgten. Das bedeutendste Objekt war wohl die „Große Berliner Straßenbahn", deren Erwerb die beiden großen Konkurrenten AEG und Siemens bereits sicher geglaubt hatten. Dieser Wettbewerb um die Umrüstung bestehender Bahnen führte in einigen Fällen auch zu einem massiven Anstieg von Aktienkursen, auch bei solchen Betrieben, deren Erträge vergleichsweise gering waren.[35] Was, nebenbei bemerkt, auch ein erneuter Beleg dafür ist, daß allein der Bau der umfangreichen elektrischen Einrichtungen für die Elektrokonzerne von erheblichem Interesse war.

Ebenfalls schon Mitte der 90er Jahre unternahm die AEG erste Versuche, die vor allem im Bereich des Bahnbaus tätige UEG zu einem Konsortial-Vertrag zu bewegen. Bei der entsprechenden Verhandlung im Dezember 1896 waren auch Vertreter der Gesfürel und ihrer Mutterunternehmen anwesend. Diese Unterhandlungen führten Ende 1902 zur Gründung einer Interessengemeinschaft, die schon gut ein Jahr später, am 27. Februar 1904, zu einer Fusion beider Elektrokonzerne führte.[36]

Für die SSB bedeutete dies, daß mit der Übernahme des 70%igen Aktienpakets durch die Gesfürel, die Liefmann zu den AEG-Töchtern zählt[37], das Stuttgarter Unternehmen unter die Kontrolle des Berliner Elektrokonzerns geraten war.

Damit war eingetreten, was im Zusammenhang mit der Elektrifizierung der SSB noch vermieden werden sollte. Als Ausgleich für die Stadt zur Unterstützung dieser privaten Kapitalinteressen gewährte man ihr einerseits die im Zusatzvertrag von 1906 zugestandenen drei Aufsichtsratsposten,[38] andererseits auch die dort ebenfalls fixierte Monopolstellung des städtischen Kraftwerkes bei der Stromlieferung.

## 7. Straßenbahnen als kommunale Aufgabe

Etwa gleichzeitig mit der Entstehung großer Finanzierungs- und Beteiligungsgesellschaften zum Bau und Betrieb von Straßenbahnen im Gefolge der Elektrifizierung und meist beherrscht von den großen Elektrokonzernen,[39]

---

35 Liefmann, S. 385 u. S. 430f..
36 Pohl, § 140, S. 165–167 u. S. 252.
37 Liefmann, S. 290.
38 Vertrag zwischen SSB und Stadt Stuttgart v. 12. Juni 1906, § 8.
39 Vgl. Liefmann, S. 338ff..

kamen auch die ersten Forderungen nach einer „Verstadtlichung" – Kommunalisierung – von solchen Verkehrseinrichtungen auf. In Anbetracht der Intensität, mit der diese Frage in der interessierten Öffentlichkeit debattiert wurde, aber auch in Hinblick auf die im folgenden Unterkapitel behandelte „Stuttgarter Variante" soll dieser Themenkomplex hier gesondert dargestellt und erörtert werden. Dies gilt umso mehr, als diese Diskussionen heute – 1995 – unter entgegengesetzten Vorzeichen erneut geführt werden.

Der Betrieb städtischer Straßenbahnen ist hierbei im größeren Zusammenhang der kommunalen Unternehmen insgesamt zu sehen. Sie umfaßten eine Vielzahl von Aktivitäten, die von der Herstellung und Verteilung von Wasser und Energie, der Bereitstellung von Schlachthäusern und Entsorgungseinrichtungen bis zum Verkauf von Särgen reichten. Bei den kommunalen Tätigkeitsfeldern wiederum sind die gewerblichen Unternehmen für die Kommunalisierungsfrage von entscheidender Wichtigkeit.[40]

Wiedtfeldt führt diese Traditionen bis in die Stadtgeschichte des Mittelalters zurück, wo „privatrechtliche Fürsorge" zur Sicherung der „bürgerlichen Nahrung" bereits in umfangreichem Maße vorhanden war. Ein Umstand, der erst im 19. Jahrhundert durch die Einführung der Gewerbefreiheit auf rudimentäre Reste, etwa im Bereich der Armenfürsorge, zusammengeschmolzen war. Als Ersatz für diese untergegangene Tradition hätten sich ebenfalls im Laufe des 19. Jahrhunderts kommunale Betriebe zur Befriedigung fundamentaler Lebensbedürfnisse der Bürgerschaft allmählich entwickelt. Zu den „wesentlichen Bedürfnissen" rechnet Wiedtfeldt explizit gesundes Trinkwasser, Licht, Verkehrsmittel und Kraft.[41]

Zugleich räumt er ein, daß „der Munizipalsozialismus, wenn dies Wort hierfür gestattet sein soll, noch keinen völligen Sieg errungen [hat] ... Bei manchen Betrieben sind überhaupt erst einige Städte als Unternehmer aufgetreten, z. B. bei Straßenbahnen [...]."[42]

Tatsächlich war der Anteil städtischer Straßenbahnen um die Jahrhundertwende noch verhältnismäßig gering. Ende 1900 waren von insgesamt 180 Betrieben im Deutschen Reich nur 26 in städtischem Eigentum, was einem Anteil von 15% entspricht. Dieser Anteil nahm in den Folgejahren aber ständig zu und hatte sich fünf Jahre darauf etwa verdoppelt: Von 229 deutschen Straßenbahnunternehmen waren 66, oder 29%, in den Händen von Kommunen. Bei 268 Betrieben im Reich stieg dieser Prozentsatz bis 1910 auf 45. Dabei sind deutliche regionale Unterschiede feststellbar. So waren in der Provinz Westfalen etwa 75% aller Straßenbahnen in den Händen von Städten, während dies in Württemberg nur für den Ulmer Betrieb zutraf.[43]

---

40 Vgl.: Willi A. Boelcke, Rechtsformen und Organisationsstrukturen kommunaler Unternehmen (ab 1850 bis zur Gegenwart), in: Pohl (Hg.), S. 63.
41 Vgl.: Wiedfeldt, Städtische Betriebe, in: Rober Wuttke (Hg.), Die deutschen Städte, 1. Bd., Leipzig 1904, S. 181.
42 Ebd., S. 183.
43 Vgl. Artur Günther, Die kommunalen Strassenbahnen Deutschlands, Jena 1913, S. 11–31.

Die Gründe für diese erst relativ spät einsetzende „Verstadtlichung" der Straßenbahnen sieht Kwak darin, daß diese erst zu erfolgreichen Betrieben mit hohen Dividenden werden mußten, um für einen solchen Schritt attraktiv genug zu sein, womit zugleich das Erwerbsstreben als städtisches Motiv besonders hervorgehoben wird.[44] Hier sei allerdings auf einen Widerspruch in der Argumentation Kwaks hingewiesen, da er wenig später bei der Darstellung der Kommunalisierungsdebatte den Gegensatz von unternehmerischen Gewinnmaximierungsinteressen und Gemeinwohlorientierung der Städte betont.[45] Dazu stellt Damaschke heraus, daß es ein „sozialpolitischer Widersinn" sei, „wenn Privat-Aktionäre in unserer Zeit", 1901, „zwölf und mehr Prozent Dividende allein dem Umstand verdanken, daß in einer Straße eben nur eine Straßenbahn fahren kann, und daß grade ihre Aktien-Gesellschaft das Monopol dieser Linie erhalten hat."[46] Auch für Boelcke ist der fiskalische Grund ein zentraler Gesichtspunkt in dieser Frage[47]; ebenso gilt dies für Karl Hilse, einem heftigen Gegner der Kommunalisierung. Er wirft den Kommunen zugleich vor – ganz im Sinne Kwaks –, daß sie bei Gründung der ersten Straßenbahnen das Risiko gescheut hätten und statt dessen „Straßenbahnen durch Privatpersonen ausführen ließen, statt ihre Herstellung aus Gemeindemitteln zu bewirken [...]."[48] Wie sehr sich bei der Rentabilität die Zeiten inzwischen geändert hatten, zeigt die mäßige Ertragslage in den 1880er Jahren, wie sie Hilse beschreibt.[49]

Die wesentlichsten Argumente der Auseinandersetzung hat Weiß 1904 zusammengefaßt, nachdem er allerdings „zu dem Resultat gekommen [ist], daß für Straßenbahnen der kommunale Betrieb im allgemeinen dem privaten vorzuziehen ist." Kurz zusammengefaßt liegen für ihn die Vorteile der Kommunalisierung darin, daß die Städte unmittelbar auf die mit dem Straßenbahnbetrieb zu erreichenden Ziele einwirken könnten. Weiß nennt hierzu fünf „Hauptbedingungen", die durch den Kommunalbetrieb schneller oder besser umgesetzt werden können:

„ a) planmäßige Durchführung des Verkehrs,
   b) Sicherung gleicher Verkehrsbedingungen für jedermann,
   c) Vermeidung unwirtschaftlichen Mehraufwandes,
   d) einheitliche Betriebsorganisation,
   e) Tarifwesen."

---

44 Tae-Yel Kwak, Die Entwicklung von Kommunalunternehmen in Deutschland im 19. und frühen 20. Jahrhundert – unter besonderer Berücksichtigung finanz- und sozialpolitischer Aspekte, Münster 1990, S. 92.
45 Vgl. ebd., S. 92f..
46 Adolf Damaschke, Aufgaben der Gemeindepolitik („Vom Gemeinde-Sozialismus"), 4. Aufl., Jena 1901, S. 201.
47 Vgl. Boelcke, S. 63f..
48 Hilse, S. 5 u. S. 69.
49 Ebd., S. 96–98.

Hinzu käme eine größere finanzielle Flexibilität, da es im Ermessen der Stadt liegen würde, „ob die Bahn Erwerbsanstalt, Genußgut oder eine Anstalt mit Selbstkostenabdeckung sein soll." Darüber hinaus könne eine Stadt Verluste leichter tragen und käme auch günstiger an eventuell notwendige Kredite als ein Privatunternehmen. In bezug auf die Aktiengesellschaft führte Weiß aus, daß wegen der fraglichen Rentabilität private Straßenbahnen erst gar nicht gebaut würden oder unter dem Einfluß der Bahnbauunternehmen Betriebe gegründet würden, ohne Rücksicht auf die spätere Rentabilität, sondern nur um die Baugewinne abzuschöpfen.

Schließlich ging es auch darum, die faktischen Verkehrsmonopole in einer Hand zu vereinigen, die die Gewähr für gemeinnützige Interessen böte, dafür kämen aber nur die Städte in Frage. Die Vorteile privater Konkurrenz für die Bahnbenutzer wies er damit zurück, daß er auf Beispiele verwies, wo vorübergehende Konkurrenten entweder verschwanden, u. a. in Stuttgart, oder aber wo die Straßenbahnunternehmen einen gemeinsamen Tarif hatten und somit wieder keine Konkurrenz, wie z. B. in Dresden.

„Um jedoch genügend objektiv zu sein", wie Weiß fortfährt, listet er dann auch die Argumente gegen eine Kommunalisierung in einer Übersicht auf. Einige davon sollen hier vorgestellt werden. Zu nennen sind die mangelnde Qualifikation städtischer Bediensteter zur Führung von Straßenbahnen oder auch die schlechtere Organisation und unhöflichere Bedienung; beide Argumente werden von ihm mit Hinweis auf bestehende Verhältnisse bzw. organisatorische Vorkehrungen verworfen.

Als wichtigen Punkt greift er auch den Gesichtspunkt der Bereicherung wieder auf, wobei interessanterweise die Gewinnorientierung von Kommunen negativ gesehen wird. Tatsächlich schränkt Weiß ein, daß dies nur in Einzelfällen zutreffe und im Gegenteil überwiegend besonders finanzstarke Städte ihre Straßenbahnen kommunalisiert hätten. Außerdem seien städtische Einnahmen auch durch entsprechend hohe Abgaben von privaten Bahnen zu erreichen.

Ein letzter Einwand schließlich betrifft die „Gefahr des Bureaukratismus" bei einem Kommunalbetrieb, auch hier sieht Weiß letztendlich aber einen zwingenden Zusammenhang mit der Eigentumsform.[50]

Zum letzten Argument unterstreicht Lindemann die Bedeutung der Aktiengesellschaften für das Straßenbahnwesen und stellt deren – angebliche – „technische und [...] ökonomische Befähigung der – ebenfalls angeblichen – Schwerfälligkeit der kommunalen Regie" gegenüber. Anders als die Privatunternehmer der Pferdebahnzeit seien die Aktiengesellschaften, deren Entstehen er wohl zutreffend mit dem erhöhten Kapitalbedarf der Elektrifizierung begründet, mindestens genauso bürokratisch und unflexibel wie Behörden.

---

50 Weiß, S. 87–94.

Daher sei auch von dieser Seite kein Vorteil eines privaten Straßenbahnwesens zu erkennen.[51]

In die gleiche Richtung argumentiert auch Grossmann, kommt dabei aber zu einer deutlich umfassenderen Schlußfolgerung. Da im Gefolge der Elektrifizierung die Aktiengesellschaften zu beherrschenden Organisationsformen wurden, die Eigentümerunternehmer also weitgehend in den Hintergrund traten, sind auch bei privaten Straßenbahnen „beauftragte Personen" zur Betriebsführung notwendig. Daher, so schließt Grossmann, ist eine Gemeindeverwaltung ebenso denkbar wie private Angestellte, denn es sei nicht einsehbar, warum diese ökonomisch besser arbeiten sollten „als die einer fortgesetzten Kontrolle unterworfenen öffentlichen Beamten [...]."[52]

Zusammenfassend lassen sich wohl zwei bzw. drei Gründe für den Wunsch vieler Städte nach Kommunalisierung der dort tätigen Straßenbahnbetriebe oder deren Gründung als Kommunalbetriebe herausstellen.

Abgesehen von den finanziellen Interessen der Städte, die durch die Einkünfte auch dem Betrieb nicht zuletzt ihren mit der Ausbildung der Leistungsverwaltung gestiegenen Finanzbedarf decken wollten, gab es auch noch gemeinnützige Beweggründe. Diese lassen sich unter dem Stichwort der Raumplanung zusammenfassen und betreffen einerseits den Wunsch nach möglichst guter Erschließung des städtischen Verkehrsraums und der Anbindung der Peripherie andererseits und, damit zusammenhängend, einer Verbesserung der Wohnraumsituation durch die Erschließung billigen Baulands eben an den Rändern der Städte.[53]

Alle diese Gesichtspunkte finden sich auch bei der Analyse der konkreten örtlichen Verhältnisse in Dresden,[54] allerdings werden dort insbesondere gemeinwirtschaftliche Aspekte betont, vor allem bezüglich der Vermeidung der Bodenspekulation, die durch den weiteren Ausbau der Straßenbahnen und damit der Verkehrserschließung weiter randstädtischer Flächen gemildert werden sollte.[55] Diese gemeinwirtschaftlichen Grundsätze sollten nach Grossmann auch bei der Tarifgestaltung berücksichtigt werden, für die grundsätzlich zwei Möglichkeiten bestehen: entweder nach dem Gesichtspunkt der Einnahmenmaximierung oder nach dem reinen Kostendeckungsprinzip. Als sinnvoll wird dabei der Mittelweg angesehen, also einerseits Gewinne für die Stadt, andererseits möglichst geringe Fahrtkosten für die Benutzer. Konkret schlägt Grossmann einen Einheitstarif von 10 Pfennig sowie einen Umsteigetarif von 15 Pfennig vor.[56]

---

51 Hugo Lindemann, Arbeiterpolitik und Wirtschaftspflege in der Deutschen Stadtverwaltung, 2. Bd: Wirtschaftspflege, Stuttgart 1904, S. 188f..
52 Hermann Grossmann, Die kommunale Bedeutung des Straßenbahnwesen beleuchtet am Werdegange der Dresdner Strassenbahnen, Dresden 1903, S. 257f..
53 Kwak, S. 93.
54 Vgl. dazu ausführlich: Grossmann, S. 259–271.
55 Ebd., S. 260.
56 Ebd., S. 266 f..

Doch auch in Dresden wurden die Kommunalisierungsbestrebungen erst dadurch entscheidend vorangetrieben, daß die Stadt einen verstärkten Finanzbedarf hatte, den sie durch Einnahmen aus diesem Bereich zu decken beabsichtigte.[57] Zwei Jahre nach dem Erscheinen der Abhandlung Grossmanns, 1905, gingen beide Dresdner Straßenbahnunternehmen in das Eigentum der Stadt über.[58]

Die Art und Weise der Kommunalisierung wies grundsätzlich eine Vielzahl von Varianten auf, die vom Regiebetrieb ohne eigene Rechtspersönlichkeit bis zur selbständigen GmbH oder Aktiengesellschaft im städtischen Eigentum reichen konnte.

Der Regiebetrieb, der unmittelbar in die Kommunalverwaltung eingebunden war, war die älteste und zunächst weitverbreitetste Spielart. Nach der Jahrhundertwende setzte vor allem in den Großstädten eine lebhafte Kritik an dieser Organisationsform ein, da sie sich als zu unflexibel, unbeweglich und ineffizient erwies, was besonders in direkter Konkurrenz zu Privatbetrieben schmerzlich spürbar wurde.

Ein erster Schritt zur Verbesserung der Situation bestand in der separaten Budgetierung dieser Unternehmen und der damit verbundenen teilweisen Selbständigkeit innerbetrieblicher Entscheidungen und Handlungsabläufe. Darüber hinaus wurden parallel zu den Kommunalisierungstendenzen in den Gemeinden auch zunehmend privatwirtschaftliche Rechtsformen in Gestalt gemischtwirtschaftlicher Unternehmen verwendet.[59]

In der Darstellung Günthers heißt es in der Einleitung, daß „eine weitere in allerneuester Zeit stark erörterte Frage ist, ob nicht durch geeignetes Zusammengehen von öffentlichen Körperschaften und privaten Unternehmen die Vorzüge beider Organisationsformen vereinigt werden können, um so eine neue, das allgemeine Interesse am meisten befriedigende Unternehmensform zu finden."[60]

## 8. Der lange Weg zur Kommunalisierung in Stuttgart

Nachdem eben die Debatte über die Vor- und Nachteile der „Verstadtlichung" von Straßenbahnen skizziert wurde, soll nun wieder auf das Stuttgarter Beispiel zurückgekommen werden. Dabei wird gezeigt werden, daß die dort praktizierte Vorgehensweise ebenso originell wie zweckmäßig war, die Darstellung empirischer Befunde zeigt aber auch, wie langwierig derartige Prozesse sein konnten und welche Interessenlagen innerhalb einer Großstadt wirksam waren.

---

57  Ebd., S. 271.
58  Gerhard Bauer u. a., Straßenbahn Archiv DDR, Bd. 2., Lizenzausgabe Gifhorn o. J. (Originalausgabe Berlin (Ost) 1983), S. 43 u. S. 56.
59  Boelcke, S. 65–67.
60  Günther, S. 1.

Im März 1902 nahm die sozialdemokratische Stuttgarter „Schwäbische Tagwacht" den Geschäftsbericht der SSB für das Jahr 1902 zum Anlaß, die Stadt wegen ihres fehlenden Willens zur Kommunalisierung der Straßenbahn zu rügen. „Noch vor wenigen Jahren", gemeint ist offenbar der Zusatzvertrag von 1899, „wäre es möglich gewesen, dieses für die Gemeindeinteressen so wichtige Verkehrsmittel dem öffentlichen Dienst nutzbar zu machen. Dadurch, daß man das unterlassen hat", so die Tagwacht weiter, „ist die ganze Bevölkerung samt der Stadtverwaltung der Willkür [!] dieser Privatgesellschaft ausgeliefert, der die Ausnützung des Straßenverkehrsmonopols eine Quelle mühelosen Erwerbs ist."

Einschließlich der Hinweise auf die erheblichen Profite der Aktionäre, auch verglichen mit den Löhnen und Gehältern der Beschäftigten, enthält dieser Artikel all diejenigen Argumente und Gesichtspunkte, die für die Kommunalisierungs-Munizipalsozialismus-Debatte in diesen Jahren allgemein zu konstatieren sind.

Er endet mit einem flammenden Vorwurf: „Wie könnten die Straßenbahnen für die Entwicklung der Stadt nützen, wenn sie in der Hand der Stadtverwaltung wären. Daß sie es nicht sind, können die Gemeinderäte früherer Jahre nicht verantworten!"[61]

Wie ernst diese Angelegenheit auch von der angegriffenen Stadtverwaltung genommen wurde, wird daran ersichtlich, daß eben in diesem Jahr 1902 die ersten Versuche unternommen wurden, die Aktienmehrheit der SSB zu erwerben. Dies scheiterte allerdings an den geforderten Kursen von zwischen 300 und 247% des Nennwerts.[62]

Darüber hinaus beschäftigte die Stadtverwaltung etwa seit 1901 einen speziellen Referenten für „Straßenbahnsachen", der offenbar die vertraglich festgelegten Rechte der Stadt in bezug auf den Straßenbahnbetrieb sowie die allgemeinen verkehrspolitischen Interessen der Stadt gegenüber der SSB zu vertreten hatte.[63]

Vom November 1903 stammt ein Quellenhinweis auf ein Angebot eines Frankfurter Bankiers, der offenbar der Stadt Stuttgart die zum Kauf der SSB-Aktienmehrheit notwendigen Mittel zur Verfügung stellen wollte.[64] In diesem Zusammenhang kamen auch erneut die Auseinandersetzungen zwischen der Stadt und der SSB zur Sprache, so daß der Eindruck naheliegt, daß sich auch eine Stelle aus dem Rechenschaftsbericht von Oberbürgermeister Gauß für das Jahr 1903 auf diesen erneuten Kaufversuch bezieht. Dort heißt es verklausuliert: „Die Bestrebungen, auf die Leitung des Unternehmens einen

---

61 Schwäbische Tagwacht v. 15.3.1902 o. S.
62 SSB, S. 16.
63 Vgl. Chronik der königlichen Haupt- und Residenzstadt Stuttgart 1903, hg. vom Gemeinderat, Stuttgart 1904, S. 171.
64 Auszug aus dem Protokoll des Gemeinderats vom 26. November 1903; Stadtarchiv Stuttgart (StAS) C XI K.1 Bd. 11.

gewissen Einfluß im Sinn der Sicherung Städtischer Interessen zu gewinnen, sind gescheitert, und es wird durch die Periode der Schwierigkeiten und der Differenzen auch jetzt nicht abgeschlossen sein, sondern fortdauern."[65] Konkretere Aussagen zu diesem Sachverhalt läßt die Quellenlage leider nicht zu.

Nach weiteren Auseinandersetzungen zwischen Stadt und SSB im November 1912 machte die Gesfürel ein Angebot zur Übernahme ihrer Aktienanteile zu 225% des Nennwerts. Ein Angebot, das erneut an den finanziellen Bedenken der Bürgerlichen Kollegien scheiterte.[66] Im gleichen Zusammenhang stehen auch die Äußerungen Oberbürgermeister Lautenschlagers, als es um die Finanzierung der SSB-Neubauten ging, die auf Vorschlag des Gesfürel-Direktors Oliven einerseits durch Obligationen von 3 Mio M, andererseits durch Emittierung neuer Aktien im Nennwert von 2,25 Mio M aufgebracht werden sollten. „Herr Oberbürgermeister Lautenschlager regt an zunächst nur Obligationen auszugeben und die Vermehrung des Aktien-Kapitals vorerst zu unterlassen, da dies den Erwerb seitens der Stadt erschwere, vielleicht sei doch noch eine Lösung in der Frage des Aktienkaufs durch die Stadt möglich."

Die Aufsichtsratsmehrheit stimmte dem unter der Bedingung zu, „daß die Stadt für einen günstigen Kredit zu sorgen und bis Ende Februar in dieser Angelegenheit positiv zu klären habe."[67]

Zu einer solchen Kreditzusage kam es jedoch nicht, und die Gesfürel erklärte darauf die Übernahme des gesamten neuen Aktienpakets im Nennwert von 2,25 Mio M. Jedoch wurde der Stadt auch das Angebot gemacht, ihrerseits ein Paket im Nennwert von 1,5 Mio M zu einem Kurs von 165% zu kaufen, allerdings sollte dies nur dann geschehen können, wenn sie Strompreise im Sinne der SSB anbot und sich mit dieser Lösung bis zum Termin der SSB-Generalversammlung am 29. März 1913 einverstanden erklärte.[68] Damit spielte der Streitpunkt der Strompreisgestaltung auch in dieser Frage eine bedeutsame Rolle.

Tab. 3: Das Aktienkapital der SSB in Mio. M[69]

| Jahr | 1888 (SPE) | 1889 (SSB) | 1895 | 1898 | 1899 | 1908 | 1913 |
|---|---|---|---|---|---|---|---|
| Aktienkapital | 0,817857 | 1,617.857 | 2,180.357 | 4,5 | 6,0 | 6,75 | 9,0 |
| Index | 51 | 100 | 135 | 278 | 371 | 417 | 556 |

Weitere Verhandlungen um den Erwerb von SSB-Aktien durch die Stadt scheiterten 1916 zunächst ein weiteres Mal, führten aber im Frühsommer

---

65 Chronik 1903, S. 171.
66 SSB, S. 18.
67 Aufsichtsratsprotokoll der SSB (AR) v. 7.12.1912.
68 AR v. 26.2.1913 u. 29.3.1913.
69 Die Angaben bis 1895: GB SSB 1895, die übrigen: Loercher, S. 150f.

1917 doch noch zu einem Erfolg. Der vereinbarte Übernahmebetrag von 180% des Aktiennennwerts fand jedoch wieder keine Zustimmung im Bürgerausschuß. Eine Lösung wurde erst erreicht, als es gelang, die Daimler-Motoren-Gesellschaft und die Robert Bosch AG an dieser Paketübernahme zu beteiligen. Dabei ist die Literatur ausgesprochen widersprüchlich, was durch die schlechte Quellenlage noch verschlimmert wird, daher sollen die Varianten nebeneinandergestellt, kommentiert und so gut es geht durch Quellenangaben belegt werden.

Bei Loercher und in der Jubiläumsschrift der SSB ist wörtlich übereinstimmend zu lesen, daß die Gesfürel 1918 ihr Aktienpaket von insgesamt 4.592 Aktien an die Stadt Stuttgart sowie die beiden genannten Stuttgarter Firmen verkaufte. Dabei übernahm diese jeweils 1.750 Anteile, „während die Stadtgemeinde mit dem Rest ihr Aktienpaket auf 3.719 Stück erhöhte."[70]

Aus dieser Textstelle läßt sich leicht errechnen, daß die Stadt nur 1.092 Aktien von der Gesfürel gekauft haben kann; demnach müßte sie – rein rechnerisch – zu dieser Zeit bereits 2.672 Anteile besessen haben. Diese bestehende Beteiligung von knapp einem Drittel des Stammkapitals von 9 Mio M ist aber nirgendwo erwähnt. Außerdem berücksichtigt die Aussage Loerchers nicht den Ankauf weiterer SSB-Aktien durch die Gesfürel, anläßlich der eben erwähnten Kapitalerhöhung von 1913. Um noch einmal zu rekapitulieren: Die Gesfürel hatte 1906 4.592 Aktien übernommen, durch die Übernahme der gesamten Emission von 2,25 Mio M 1913 müßte diese Zahl auf mindestens 6.842 angestiegen sein. Daher erscheinen auch die Angaben, die an anderer Stelle der SSB-Jubiläumsschrift zu finden sind, erheblich glaubwürdiger und nachvollziehbarer.

Dort ist von 7.049 Aktien in Gesfürel-Besitz die Rede, von denen zu einem Kurs von 180% je 1.750 an Daimler und Bosch und 3.549 Aktien an die Stadt Stuttgart verkauft wurden. Durch die Zustimmung vom Bürgerausschuß und Gemeinderat am 17. Januar 1918 wurde dieses Geschäft rechtswirksam und zwei Tage später auch im SSB-Aufsichtsrat offiziell bekanntgegeben. Dort ist allerdings neben der Stadt und der Daimler-Motoren-Gesellschaft (DMG) ausdrücklich von „Herrn Dr. R. Bosch" als weiterem Käufer die Rede, nicht von der Firma Bosch. Wie es mit dieser bestellt ist, muß ebenfalls offen bleiben, da dem Bosch-Archiv keine diesbezüglichen Unterlagen zur Verfügung stehen. Der Aufsichtsrat beschloß mit Rücksicht auf die veränderten Eigentumsverhältnisse auch „die gegen die Stadtverwaltung [...] eingeleiteten Prozesse wegen Strompreisermäßigung für die Stuttgarter u. Cannstatter Straßenbahnen zurückzunehmen."[71]

Im Zuge dieser Gemeinschaftsaktion der Stadt und der beiden größten Stuttgarter Privatunternehmen wurde auch zwischen diesen eine Vereinbarung getroffen, die auf eine „Kommunalisierung durch die Hintertür" hinaus-

70 Loercher, S. 151 u. SSB, S. 77.
71 AR v. 19.1.1918.

lief. Dabei sollten die Firmen auf jede unternehmerische Mitwirkung bei der SSB zugunsten der Stadt verzichten und erhielten dafür eine feste Verzinsung des von ihnen eingebrachten Kapitals. Dabei spricht Loercher und ebenso die SSB-Festschrift von einer Zinsgarantie über 5%.[72] Ein Aufsichtsratsprotokoll der DMG vom 29. Mai 1918, in dem über die Beteiligung des Unternehmens an der SSB berichtet wird, gibt dagegen andere Informationen. Dort ist von einer Dividende von 9% die Rede und außerdem davon, daß die Kaufsumme von 3,15 Mio M zu 5% Zinsen von der Württembergischen Vereinsbank geliehen worden war.[73] Unter diesen Umständen war der Erwerb zumindest für Daimler – bei Bosch fehlen wie gesagt jegliche Quellen zu diesem Thema – ein risikoloses Geschäft, das immerhin einen Ertrag von gut 120.000,– M jährlich einbrachte.

Die genannte Dividende ist zwar im Vergleich mit den gerade während des Krieges beobachtbaren Ausschüttungen des Rüstungsbetriebes von bis zu 35%[74] lächerlich gering, doch lag deren Höhe durchaus im Rahmen des vor dem Krieg üblichen Wertes für Industrieunternehmen.[75]

Die genauen Motive der DMG sind ebenfalls mangels Quellen nicht nachvollziehbar, doch dürften solche Rentabilitätsüberlegungen entscheidend gewesen sein, zumal davon ausgegangen werden darf, daß die Daimler-Führung nicht auf Dauer – im Frühjahr 1918! – mit der besonderen Kriegskonjunktur gerechnet haben konnte und daher möglicherweise mit der Investition in „friedenssichere" Straßenbahnanteile auf Nummer Sicher gehen wollte.

Für die Stadt bedeutete dieses Übereinkommen mit der Stuttgarter Großindustrie, daß es ihr gelungen war, die Kontrolle über die SSB zu erlangen und damit auch einen großen Teil der Überschüsse des Bahnunternehmens abzuschöpfen, ohne überflüssige eigene Mittel einzusetzen, indem sie große Mengen von Privatkapital mobilisierte. Dem SSB-Aktienkauf von 1918 folgte die weitgehende Übernahme der Filderbahnstrecken, in diesem Fall zusammen mit dem württembergischen Staat.[76]

Der Anteil der Stadt Stuttgart an der SSB von 41,3% im Jahre 1918 erhöhte sich 1921/22 auf 52,8%, sank dann vorübergehend wieder ab, betrug seit 1926 mehr als zwei Drittel und liegt seit 1968 bei 99,986%.[77]

72 Loercher, S. 152 u. SSB, S. 77.
73 Aufsichtsratsprotokoll der Daimler Motoren Gesellschaft (DMG) v. 29.5.1918; Mercedes-Benz AG, Historisches Archiv.
74 Vgl. Max Kruk/ Gerold Lingnau, 100 Jahre Daimler-Benz. Das Unternehmen, Mainz 1986, S. 94.
75 Vgl. z. B. Lothar Burchardt, Zwischen Kriegsgewinnen und Kriegskosten: Krupp im Ersten Weltkrieg, in: ZUG 2/1987, S. 71–122, hier: S. 103.
76 Vgl. dazu z. B.: Gottfried Bauer u. a., Straßenbahnen um Stuttgart, Villigen (CH) 1984, S. 53.
77 Vgl. ausführlicher: SSB, S. 78.

## 9. Fazit

Wie anfangs angekündigt, hat die Untersuchung der Eigentumsverhältnisse der Stuttgarter Straßenbahnen einige wichtige Erkenntnisse erbracht, die abschließend noch einmal nachgezeichnet werden sollen.

Unverkennbar ist hier an erster Stelle eine räumliche Ausweitung des Eigentümerkreises erkennbar. Waren es bei der SPE und auch der NSS fast ausschließlich lokale und regionale Investoren, wenn auch von einigem wirtschaftlichem Gewicht, so erweiterte sich dieser Kreis bei der Fusion der beiden Gesellschaften.

Mit der Beteiligung des Berliner Kleinbahnunternehmers Bachstein und der Darmstädter Bank kam erstmals ortsfremdes, nicht an lokale Bezüge und Interessen gebundenes Kapital in die SSB.

Endgültig mit der Übernahme der Aktienmehrheit durch die Gesfürel verschwanden die übrigen Interessenlagen an dem Straßenbahnunternehmen vollkommen, beherrschend waren zu dieser Zeit ausschließlich die Gewinnmaximierungsziele der modernen Beteiligungsgesellschaft. Hierbei handelt es sich zweifellos um eine weit verbreitete Erscheinung, die bei vielen Straßenbahnbetrieben anzutreffen war. Stuttgart gehört hier sogar zu jenen Städten, in denen erst relativ spät auswärtige Investoren Eigentümer bzw. Miteigentümer wurden. In vielen anderen deutschen Städten traten v. a. englische und belgische Unternehmer und Banken bereits als Gründer auf.[78]

Dabei ist auch festzuhalten, daß schon bei der SPE die Banken einen maßgeblichen Einfluß ausübten. Mit dem Auftreten der Gesfürel trat zu diesen auch noch die aufstrebende Elektroindustrie, im Falle der Gesfürel handelte es sich um die AEG.

Was die Stuttgarter Studie aber auch deutlich macht, ist die massiv gestiegene Komplexität der wirtschaftlichen Verhältnisse im letzten Drittel des 19. Jahrhunderts: Hatten 1868 noch einige wenige Unternehmerpersönlichkeiten die SPE gegründet, so hat man es knapp vierzig Jahre später mit einem vielfach verflochtenen, völlig unübersichtlichen Finanzierungskonzern zu tun. Diese Erscheinung hat natürlich ihre Parallelen ebenso im technischen Wandel, auch bei den Straßenbahnen, die in ihrer Frühzeit wenig mehr als „Kutschenbetriebe" waren, vor allem mit der Elektrifizierung aber zu echten High-Tech-Unternehmen wurden. Einzeluntersuchungen können hier gewiß keine grundlegend neuen Ergebnisse erbringen, statt dessen aber Zusammenhänge verdeutlichen, illustrieren und konkretisieren.

Der zweite große Teilaspekt betrifft die Kommunalisierung der SSB, zu dem nun abschließend noch einige Bemerkungen folgen.

---

78 Vgl. Gerhard Bauer u. a., Straßenbahn Archiv DDR. Bd. 1: Geschichte – Technik – Betrieb, Lizenzausgabe Gifhorn o. J. (Originalausgabe Berlin (Ost) 1983), S. 26 u. S. 11; vgl. auch: Wolfgang Hendlmeier, Handbuch der deutschen Straßenbahngeschichte, 1. Bd., München 1981.

Die Vorgehensweise Stuttgarts war offenkundig von zwei Motiven bestimmt: wirtschaftlichen und verkehrspolitischen, genauer raumordnerischen. Tatsächlich waren die Aktien der SSB eine sichere und ertragreiche Anlage und damit – ganz anders als heute – eine gute städtische Einnahmequelle. Die Kommune hatte hier genau die gleichen Ziele wie die privaten Anleger, die ebenfalls die Monopolgewinne des bis zum Zweiten Weltkrieg nahezu konkurrenzlosen städtischen Verkehrsträgers Straßenbahn abschöpfen wollte. Dabei sei noch einmal auf das insbesondere von sozialdemokratischer Seite angeführte Argument hingewiesen, daß, wenn schon solche Monopolgewinne entstünden, sie dann der Öffentlichkeit zugute kommen müßten.

Zum zweiten ging es in Stuttgart aber auch ganz maßgeblich um den Einfluß auf die Unternehmenspolitik der SSB, genauer um die Durchführung des Betriebs, die Preisgestaltung und den Ausbau bzw. die Unterhaltung des Streckennetzes; auch unter diesem Aspekt ist die herausragende Bedeutung der Straßenbahn das wesentliche Motiv für die Bemühungen der Stadt. Während das bisher Gesagte durchaus allgemeinen Charakter hat, ist die Art und Weise, mit welcher Beharrlichkeit und Geduld die Stadt über Jahrzehnte ihre Ziele verfolgte, nur mit Hilfe genau untersuchter Fallbeispiele darzulegen. Welchen Ideenreichtum die Stadt hier an den Tag legte, zeigen insbesondere die Abmachungen mit Bosch und der DMG, die durchaus Vorbildcharakter für die Gegenwart haben könnten. Weitere Untersuchungen über das Verhältnis von Stadtverwaltung und SSB würden das hierzu Ausgeführte noch eindeutiger belegen.[79]

Die Übernahme von Straßenbahnbetrieben ist ohne Zweifel als Bestandteil einer kommunalen Verkehrsstrategie zu werten, die für die kommunale und regionale Raumentwicklung von großer Bedeutung ist.

---

79 Dazu sei auf die seit Dezember 1995 vorliegende Dissertation des Verfassers hingewiesen.

Bild 3: Verwaltungsgebäude der SSB
aus: SSB, S. 53
Das Bild zeigt das Verwaltungsgebäude der SSB zwischen 1895 und 1925.

*Uwe Grandke*

# Nahverkehrspolitik in Münster zwischen 1918 und 1939[1]

## 1. Einleitung

Von einer geschichtswissenschaftlichen Untersuchung kommunaler Verkehrspolitik sind Erkenntnisse über das Funktionieren des politischen Systems zu erwarten, in dem kommunale Verkehrspolitik stattfindet.[2] Obwohl seit dem 19. Jahrhundert gerade durch die schnelle technische Entwicklung des Verkehrswesens der großstädtische Alltag sich stark veränderte, stellte Matzerath fest, die Stadtgeschichtsforschung habe sich nur unzureichend der „Bedeutung des Verkehrs für Prozesse der Stadtentwicklung"[3] zugewandt. Doch auch umgekehrt gilt, daß die Verkehrsgeschichtsschreibung durch eine einseitige Betonung technikgeschichtlicher Fragestellungen stadtgeschichtliche Aspekte vernachlässigte.

Im folgenden soll daher anhand des Beispiels des Nahverkehrs in Münster dargestellt werden, wie sich Verkehrspolitik in einer deutschen Großstadt während der Zwischenkriegszeit abspielte. Diese Epoche ist vom Scheitern der ersten Demokratie auf deutschem Boden und dem nachfolgenden Aufbau der nationalsozialistischen Diktatur geprägt. Das Funktionieren der Demokratie und das Versagen der Parteien wird in dem Mikrokosmos einer einzelnen Großstadt besonders deutlich. Für Münster liegen eine Reihe von Untersuchungen dieser Frage bereits vor.[4] Während sich diese jedoch vor allem der

---

1   Der Aufsatz ist Ergebnis einer Dissertation des Verfassers zur kommunalen Verkehrspolitik in Münster zwischen 1918 und 1939, die im Sommer 1994 von der Philosophischen Fakultät der Universität Münster als Dissertation angenommen wurde. Sie wird voraussichtlich in der Reihe XXII A der Veröffentlichungen der Historischen Kommission für Westfalen erscheinen.
2   Paul Barret, The Automobile and Urban Transit. The Formation of Public Policy in Chicago, 1900–1930, Philadelphia 1983 (Technology and Urban Growth). Barret fordert, die Verkehrsgeschichte des 20. Jahrhunderts müsse geradezu in ihren lokalen Zusammenhängen studiert werden, um in ihren größeren Zusammenhängen verständlich zu werden (S. 5). Da die kommunale Verkehrspolitik mit den übergeordneten Verwaltungsebenen verknüpft ist, kann eine geschichtswissenschaftliche Untersuchung auch Hinweise auf politische Entscheidungen auf Landes- und Reichsebene geben.
3   Horst Matzerath, Stand und Leistung der modernen Stadtgeschichtsforschung, in: Joachim Jens Hesse (Hg.), Kommunalwissenschaften in der Bundesrepublik Deutschland, Baden-Baden 1989 (Schriften zur kommunalen Wissenschaft und Praxis, Bd. 2), S. 38.
4   Ludger Grevelhörster, Münster zu Anfang der Weimarer Republik. Gesellschaft, Wirtschaft und kommunalpolitisches Handeln in der westfälischen Provinzialhauptstadt 1918 bis 1924, Schernfeld 1993 (Paderborner historische Forschungen, Bd. 4); Ders., Anfänge und Entwicklung der NSDAP in Münster bis zur „Machtergreifung", in:

Frage des Erhaltes und des Verlustes der Macht zuwenden, soll hier gefragt werden, wie diese Macht im konkreten politischen Alltag ausgeübt wurde: Folglich liegt der Schwerpunkt auf einer Untersuchung der Meinungsbildungsprozesse, die der Entwicklung des Verkehrswesens zugrunde lagen. Welche Menschen und Gruppen versuchten, das Verkehrswesen in Münster zu gestalten? Welche Ziele vertraten sie und welche Zielkonflikte ergaben sich daraus? Wie haben sich Bürger als Nicht-Experten in Entscheidungen eingebracht?

Verkehrspolitik wird in Anlehnung an den Verkehrswissenschaftler Fritz Voigt[5] als das Bestreben öffentlicher und halböffentlicher Institutionen und juristischer und natürlicher Personen bezeichnet, auf vorhandene oder neu zu schaffende Verkehrssysteme entsprechend ihrer jeweiligen Zielsysteme einzuwirken. Verkehrspolitik umfaßt das Einbringen von Vorstellungen und den Prozeß der Formulierung der das Verkehrswesen betreffenden Maßnahmen (politics) sowie die Durchführung dieser Maßnahmen (policy).[6]

Um die inhaltliche Dimension der Nahverkehrspolitik in Münster zu untersuchen, ist zunächst die Entwicklung des Nahverkehrs unter Einbeziehung der Straßenbahn und des Autobusses sowie der angewandten Tarife zu skizzieren. Auf dieser Grundlage sollen dann die politischen Vorgänge analy-

---

Lahrkamp, Helmut (Hg.), Beiträge zur Stadtgeschichte, Münster 1984 (Quellen und Forschungen zur Geschichte der Stadt Münster, N.F., Bd. 11), S. 155–195; Ders., Münsters Weg von der Revolution bis zur Kapitulation: Brennpunkte der städtischen Geschichte zwischen 1918 und 1945, in: Ulrich Kröll (Hg.), Geschichte lehren und lernen – am Beispiel der Stadt Münster, Münster 1985 (Forum Geschichtsdidaktik 4), S. 43–83; Joachim Kuropka, Auf dem Weg in die Diktatur. Zu Politik und Gesellschaft in der Provinzialhauptstadt Münster 1929–1934, in: Westfälische Zeitschrift 134 (1984), S. 157–199; Ders., Münster in der nationalsozialistischen Zeit, in: Franz-Josef Jakobi (Hg.), Geschichte der Stadt Münster, Bd. 2, Münster 1993, S. 285–330.

5   Fritz Voigt, Verkehr, 2 Bde., Berlin 1973, Bd. 1, S. 23, definierte Verkehrspolitik als „die Gesamtheit der Maßnahmen eines Staates, anderer öffentlicher, halböffentlicher und privater Institutionen und Wirtschaftssubjekte, die aufgrund eines Zielsystems auf das Entstehen und die Durchführung von Verkehrsleistungen einwirken." Vgl. Franz J. Schroiff, „Verkehrspolitik", in: Handwörterbuch der Raumforschung und Raumordnung, Bd. 3, Hannover ²1970, Sp. 3566–3582, Sp. 3567, der nicht-öffentliche Organisationen (*non-governmental organisations*) einbezieht. Andere Autoren begreifen *Verkehrspolitik* als Handeln staatlicher bzw. öffentlicher Politikträger: So definierte Napp-Zinn *Verkehrspolitik* als „die Maßnahmen, die die öffentliche Gewalt zwecks Wahrung der Interessen der Allgemeinheit im Hinblick auf die Verkehrsmittel ergreift", ohne die den Maßnahmen vorausgehende Meinungsbildung zu erwähnen (A.F. Napp-Zinn, Verkehrswissenschaft und Verkehrspolitik, in: Zeitschrift für Verkehrswissenschaft 7 (1929), S. 1).

6   Die Politologie unterscheidet in Anlehnung an den englischen Sprachgebrauch drei Dimensionen des Wortes *Politik*: *Polity* bezeichnet die formale Dimension der Politik, also das politische System, verfassungsrechtliche Rahmenbedingungen und Institutionen, auf deren Grundlage politische Entscheidungen getroffen werden.

siert werden. Abschließend soll die Frage beantwortet werden, in welchem Maße realistische Alternativen zu der eingetretenen verkehrsgeschichtlichen Entwicklung existierten.

## 2. Die Entwicklung zur Großstadt

Die Gesamtfläche Münsters betrug 1816 191 Hektar.[7] Nach den Eingemeindungen von 1875 und 1903 wuchsen die Entfernungen innerhalb des auf 6.724 Hektar erweiterten Stadtgebietes erstmals soweit, daß man nicht mehr ohne weiteres alle Ziele zu Fuß erreichen konnte. Nicht nur anhand der Bevölkerungszahl vollzog Münster in diesen Jahren die Entwicklung zur modernen Großstadt: Es erfolgte der Aufbau kommunaler Wirtschaftsunternehmen (Elektrizitäts- und Gaswerk, Schlachthof, die Halle Münsterland als zentraler Umschlagsort für den Viehmarkt). Der Anschluß an die Eisenbahn und den Dortmund-Ems-Kanal sowie einer behutsame Ansiedlung von Industriebetrieben im Osten der Stadt sind weitere Kennzeichen dieser Entwicklung. Die dem Ersten Weltkrieg folgende Wohnungsnot zwang zur Errichtung neuer Siedlungen an der Peripherie. Diese mußten durch Nahverkehrsmittel erschlossen werden.

Diese Entwicklung verlief im Gegensatz zu den südlich Münsters gelegenen Städten des Industriegebiets an Rhein und Ruhr vergleichsweise langsam,[8] so daß sich Münster bis heute den Charakter einer vom Dienstleistungssektor bestimmten Stadt erhalten hat. Entsprechend nahm die Bevölkerung in Münster nur allmählich an Zahl zu. Erst während des Ersten Weltkrieges wuchs die Zahl der Einwohner auf über 100.000 (Tabelle 1).

---

7   Hans Jürgen Teuteberg, Bevölkerungsentwicklung und Eingemeindungen (1816–1945), in: Franz-Josef Jakobi (Hg.), Geschichte der Stadt Münster, Bd. 2, Münster 1993, S. 377–384; Ursula Richard-Wiegandt, Das Siedlungswachstum der Stadt Münster vom 19. Jahrhundert bis zum Zweiten Weltkrieg (hg. vom Oberstadtdirektor der Stadt Münster, Stadtplanungsamt), Münster 1991, S. 15; Wolfgang R. Krabbe, Die Eingemeindungen und Stadterweiterungen Münsters im 19. und 20. Jahrhundert, Bevölkerungsdruck, städtischer Flächenbedarf und Zwang zum staatlich-kommunalen Verwaltungshandeln, in: Lahrkamp, Beiträge zur Stadtgeschichte, S. 127–153.
8   Vgl.: Wolfgang R. Krabbe, Kommunalpolitik und Industrialisierung. Die Entfaltung der städtischen Leistungsverwaltung im 19. und frühen 20. Jahrhundert, Fallstudien zu Dortmund und Münster, Stuttgart u.a. 1985 (Schriften des Deutschen Instituts für Urbanistik, Bd. 74).

Tabelle 1: Bevölkerungsentwicklung in Münster 1816–1939:

| Jahr | Einwohner | Jahr | Einwohner | Jahr | Einwohner |
|------|-----------|------|-----------|------|-----------|
| 1816 | 15.088 | 1900 | 63.754 | 1925 | 106.418 |
| 1874 | 26.248 | 1910 | 90.254 | 1933 | 122.200 |
| 1890 | 49.340 | 1919 | 100.456 | 1939 | 141.059 |

Quelle: Hans Jürgen Teuteberg, Bevölkerungsentwicklung und Eingemeindungen (1816–1945), in: Franz-Josef Jakobi (Hg.), Geschichte der Stadt Münster, Bd. 2, Münster 1993, S. 331–386, S. 331–333.

Teuteberg erklärt den Bevölkerungszuwachs mit den beiden Eingemeindungen und der Zuwanderung auf Grund der oberzentralen Funktion Münsters, die Arbeitsplätze in zivilen und militärischen Einrichtungen versprach.[9] Darin lag auch der Anlaß zum Ausbau des Verkehrsnetzes.[10] Die Stadt war zugleich Hauptabsatzplatz agrarischer Erzeugnisse des Münsterlandes.[11] Auch wenn der Arbeitskräftebedarf der erst spät entstandenen Industrie weitgehend am Ort selbst gedeckt werden konnte, pendelten in den zwanziger Jahren Arbeitnehmer aus dem Umland ein.[12] Handwerk und Handel hatten im Gefolge der „gehobenen Konsumbedürfnsse eines vorwiegend bürgerlichen Publikums"[13] ein hohes Niveau.

---

9   „Über 40 Prozent der Erwerbspersonen waren im ‚Öffentlichen Dienst' (Beamte, Militär, Kirche, einschließlich freie Berufe) oder der Gruppe ‚ohne Beruf' (Pensionäre, Studenten, Schüler, Anstaltsinsassen) zwischen 1882 und 1907 zugeordnet" (Teuteberg, S. 333). Vgl. Richard H. Tilly, Handel, Banken, Handwerk und Industrie (1815–1945), in: Franz-Josef Jakobi (Hg.), Geschichte der Stadt Münster, Bd. 2, Münster 1993, S. 542.
10  Theodor Kraus, Das rheinisch-westfälische Städtesystem. Alte und neue stadtgeographische Ordnungen zwischen Münster und Köln, in: Peter Schöller (Hg.), Zentralitätsforschung, Darmstadt 1972 (Wege der Forschung, Bd. 301), S. 292–306; Hans Friedrich Gorki, Verwaltungsorte und ihre Bereiche im inneren Münsterland, in: Westfälische Forschungen 10 (1957), S. 121–148; Wilhelm Helmrich, Die Industrialisierung und wirtschaftliche Verflechtung des Münsterlandes, Münster 1937 (Westfälische Forschungen, Reihe I, Wirtschafts- und verkehrswissenschaftliche Arbeiten, Bd. 1); Vgl. Hans Heinrich Blotevogel, Zentrale Orte und Raumbeziehungen in Westfalen vor der Industrialisierung (1780–1850), Münster 1975 (Veröffentlichungen des Provinzialinstituts für westfälische Landes- und Volksforschung des Landschaftsverbandes Westfalen Lippe, Reihe 1, H.19).
11  Hubert Welp, Das Wirtschaftsleben der Stadt Münster (Westf.) in seiner räumlichen Struktur – eine Analyse und Synthese, Münster 1963 (Diss.), S. 7.
12  Dabei reichte der Einzugsbereich Münsters jedoch „nur bei guten Bahnverbindungen in die 20–30 km Entfernungszone bis Warendorf, Sendenhorst und Ascheberg" (Edith Wiegelmann, Berufspendler in Westfalen 1930–1970. Ein Beitrag zur regionalen Mobilität, Münster 1987 (Diss.), S. 212).
13  Krabbe, Kommunalpolitik, S. 116.

## 3. Der Werdegang des öffentlichen Nahverkehrs bis 1922

Seit 1888 betrieb ein Privatunternehmer (Hauderer) mit Pferdeomnibussen in Münster öffentlichen Nahverkehr im Linienverkehr.[14] Als in den neunziger Jahren die Bevölkerungsdichte der Außenstadt anwuchs, wurde der Ruf nach einem modernen Verkehrsmittel laut. Um die Auslastung des geplanten Elektrizitätswerks zu sichern, fiel die Entscheidung zugunsten einer elektrischen Straßenbahn.[15] Im Gegensatz zu anderen Städten, in denen eine Pferdestraßenbahn der elektrischen Straßenbahn voranging, nahm man in Münster sofort den elektrischen Betrieb auf.[16] Zwischen 1901 und 1909 betrieb eine private Gesellschaft die Straßenbahn.

Die städtischen Versorgungsunternehmen, das Gaswerk, das Wasserwerk und das neugegründete städtische Elektrizitätswerk wurden 1909 zu einem städtischen Regiebetrieb zusammengeschlossen. Damals ging auch die Straßenbahn in städtische Regie über und wurde mit den Versorgungsunternehmen in der Städtischen Betriebsverwaltung vereinigt.[17]

Das Grundnetz des innerstädtischen Verkehrs bestand aus drei vor dem Ersten Weltkrieg entstandenen Straßenbahnlinien. Die von der Genehmigungsbehörde zugelassene Höchstgeschwindigkeit betrug 12 km/h und wurde 1914 auf 15 km/h erhöht. Diese Geschwindigkeit wurde aber wegen der engen Innenstadtstraßen nur an einigen Stellen erreicht.[18] Wegen der Umwege durch die Innenstadt und der Unzulänglichkeit des Netzes war die Straßenbahn auf einigen Strecken langsamer als ein Fußgänger.

Krabbe schätzt die Rentabilität der Straßenbahn schon vor dem Ersten Weltkrieg als zweifelhaft ein. Er erklärt damit den Widerstand der Pachtgesellschaft gegen die von der kommunalen Selbstverwaltung gewünschte Erweiterung der Straßenbahn, der schließlich 1909 zu ihrer Kommunalisierung führte.[19] Auch den bereits 1912 eingerichteten Ausgleichsfond der städtischen Betriebsverwaltung, der Verluste des Verkehrsbetriebs im Querverbund mit den Gewinnen der Energie- und Wasserversorgung ausglich, wertet er als Hinweis auf die mangelnde Rentabilität des Verkehrsbetriebs.[20] Der größte Teil der Bevölkerung wohnte innerhalb des Promenadenrings, wo alltägliche Wege durchaus noch zu Fuß zurückzulegen waren. Für einen

---

14  100 Jahre öffentlicher Nahverkehr in Münster, eine Reise durch die Stadtgeschichte, hg. von den Stadtwerken Münster, Münster 1988, S. 10.
15  Krabbe, Kommunalpolitik, S. 284.
16  Ebd., S. 203.
17  Walter Günther, Der Wiederaufbau der Stadtwerke Münster (Westf.), Münster 1954, S. 9.
18  StaatsAM Regierung Münster Nr. 8681; Vgl. 100 Jahre öffentlicher Nahverkehr, S. 21.
19  Krabbe, Kommunalpolitik, S. 291.
20  Ebd., S. 291.

rentablen Straßenbahnbetrieb reichte die Besiedlung der Peripherie noch nicht aus.[21]

Der Erste Weltkrieg brachte der Straßenbahn Verkehrsbeschränkungen. Der bisher gültige 6-Minuten-Takt (zehn Wagen in der Stunde) wurde nur noch in den Vormittags- und Nachmittagsstunden eingehalten. Ab 16.00 Uhr wurde der Verkehr auf 12-Minuten-Takt ausgedünnt (fünf Wagen in der Stunde).[22] Fahrgäste beschwerten sich, weil Wagen verspätet fuhren oder ganz ausfielen.[23] Seit dem Sommer 1918 ruhte der Verkehr auf Teilstrecken des Straßenbahnnetzes völlig, da das Verkehrsaufkommen einen rentablen Betrieb nicht ermöglichte.[24]

Einige Einschränkungen der Kriegsjahre wurden zwar 1919 gelockert,[25] doch die Hyperinflation warf ihre Schatten voraus: Bereits 1919 beantragte der Magistrat beim Regierungspräsidium, den Tarif von ursprünglich 10 Pfennig auf 25 Pfennig heraufzusetzen.[26] Unter diesen Umständen war an Investitionen in den Oberbau, in Oberleitungen oder in rollendes Material nicht zu denken.[27] Die Investitionstätigkeit in Neuanschaffungen und Ersatz ruhte seit 1914 fast vollständig. Wenn man in Rechnung stellt, daß allgemein in Deutschland vor dem Ersten Weltkrieg Kommunen Straßenbahnen nach den Grundsätzen kurzfristiger Gewinnmaximierung mit geringen Rücklagen für Erneuerungs- und Reparaturfonds geführt hatten,[28] verwundert es nicht, daß man die Straßenbahn 1924 als „derart abgearbeitet"[29] beschrieb, daß sie gänzlich erneuert werden müsse. An eine solche Erneuerung war in einer Zeit knappen Geldes – die Ausgaben der Kommunen stiegen schneller als die Einnahmen – nicht zu denken. Krieg und Inflation hatten noch vorhandene Rücklagen vollständig aufgezehrt.

---

21 Damit war die Straßenbahn in Münster mit dem gleichen Problem konfrontiert, das beispielsweise auch die Berliner Pferdestraßenbahn in ihren Gründungsjahren nach 1860 belastete: Sie diente weniger dem einträglichen alltäglichen Berufspendlerverkehr als vielmehr dem sonntäglichen Ausflugsverkehr zu Zielen am Stadtrand. Vgl. Arne Hengsbach, Berlins Verkehrsplanung vor hundert Jahren. Anfänge einer städtischen Verkehrspolitik, in: Der Bär von Berlin 18 (1969), S. 39.
22 Münsterischer Anzeiger 15.1.1918.
23 Münsterischer Anzeiger 26.7.1918.
24 Protokoll der Stadtverordnetenversammlung am 5.6.1918, StadtAM Stadtregistratur Fach 19 Nr. 41; Münsterischer Anzeiger 1.12.1918.
25 Ab Mai wurde der Betrieb in den Abendstunden bis 23.00 Uhr aufrechterhalten. Auch wurden einige Haltestellen wieder eingerichtet, die man während des Krieges aufgehoben hatte (Münsterischer Anzeiger 26.5.1919).
26 Protokoll der Stadtverordnetenversammlung am 29.7.1919, StadtAM Stadtregistratur Fach 19 Nr. 41.
27 Münsterischer Anzeiger 25.6.1920.
28 Vgl. Karl Trautvetter, Die Notlage der deutschen Kleinbahnen und Privatbahnen und Mittel zu ihrer Behebung, Berlin 1921.
29 Münsterischer Anzeiger 9.10.1924.

Im September 1922 beschloß die Stadtverordnetenversammlung, die Straßenbahn zum Monatsende vollständig stillzulegen.[30] Nur zu besonderen Anlässen wie dem Kirchenfest Peter und Paul wurden die Straßenbahnen für einige Stunden reaktiviert.[31]

## 4. Der unzureichende Ausbau des Straßenbahnnetzes 1924–1939

Ab Februar 1924 wurden zwei Linien wieder in Betrieb genommen. Nachdem sich der Betrieb dort rentierte, wurde ab 1. Juli auch die dritte wieder in den Verkehr einbezogen.[32] Der Fahrpreis war mit 10 Pfennig nominell dem Vorkriegspreis angeglichen.

Der Ausbau des bestehenden Straßenbahnnetzes stand seit 1925 im Vordergrund der verkehrspolitischen Diskussion. Zuerst wurde der zweigleisige Ausbau zwischen dem Ludgeriplatz und der Endstation Schützenhof vorgenommen. Dazu griff die Betriebsverwaltung auf Pläne zurück, die kurz vor Kriegsbeginn ausführungsreif waren.[33] Kernstück des weiteren Ausbaus war die Beseitigung des Engpasses zwischen Prinzipalmarkt und Servatiiplatz durch die Verlegung eines zweiten Gleises auf der Salzstraße. Der Ausbau der Straßenbahn auf den anderen Abschnitten wurde bis zum April 1927 vollzogen.[34] Ab März 1927 wurden 20 neue Straßenbahnwagen eingesetzt.[35]

Neben diesen realisierten Ausbaumaßnahmen wurden weitere Straßenbahnprojekte diskutiert, die teilweise schon aus der Zeit vor dem Ersten Weltkrieg stammten und vor allem der Erschließung der neuen Universitätskliniken westlich der Stadt hätten dienen sollen. Sie wurden jedoch niemals realisiert. Auch für weitere Neubaugebiete bestanden entsprechende Pläne.

Die nationalsozialistische Stadtverwaltung beschränkte den Ausbau des Straßenbahnnetzes auf einige wenige Maßnahmen und eine Neuorganisation der Bedienung des Netzes.[36] Die grundsätzlichen Probleme der Straßenbahn

---

30 Münsterischer Anzeiger 23.9.1922. Das entlassene Personal sollte in andere städtische Betriebe oder in die private Wirtschaft vermittelt werden.
31 Münsterischer Anzeiger 4.6.1923 und 29.6.1923.
32 100 Jahre öffentlicher Nahverkehr, S. 40.
33 Münsterischer Anzeiger 24.3.1925. Da die Akten der Betriebsverwaltung nicht überliefert sind, kann man nicht mehr feststellen, ob die Pläne den geänderten Verhältnissen angeglichen wurden.
34 100 Jahre öffentlicher Nahverkehr, S. 41.
35 Münsterischer Anzeiger 9.3.1927.
36 So beantragte die Betriebsverwaltung 1937 die Erhöhung der Geschwindigkeit in einigen Abschnitten ihres Netzes von 15 auf 17 km/h (Münsterischer Anzeiger 10.12.1935). Auch wich man vom bisherigen starren 6-Minuten-Takt ab und führte stattdessen den sogenannten Fließverkehr ein. Dabei verzichtete man auf feste Anschlüsse. Statt dessen fuhren die Straßenbahnen in so dichten Abständen, daß beim Umsteigen nur geringe Wartezeiten auftraten. Da die Straßenbahnen nunmehr nicht mehr aufeinander warteten, wurde insgesamt eine Beschleunigung erreicht.

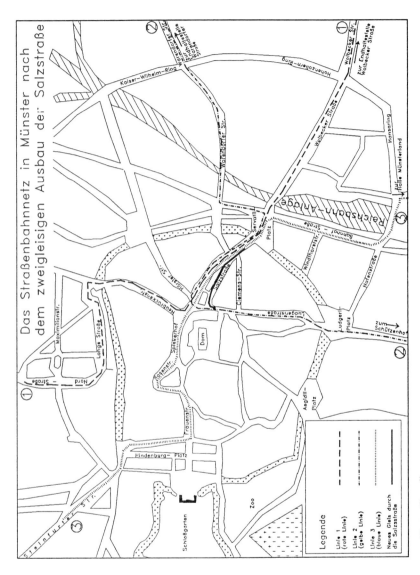

Karte: Grandke

konnten jedoch bis 1939 nicht gelöst werden: Ein nach 1945 erstelltes Gutachten bezeichnete das Straßenbahnsystem Münsters im Vergleich zu dem anderer Städte als unzureichend.[37]

## 5. Städtische Autobusse als Ersatz für unrealisierbare Straßenbahnprojekte

Zunächst wurde im Januar 1925 eine Verbindung vom Hauptbahnhof zu den Kliniken mit drei Bussen eröffnet.[38] 1928 wurde die Buslinie über den Hauptbahnhof hinaus verlängert, um einen günstigeren Anschluß an die Straßenbahnlinien zu erzielen.[39] Das Busnetz wurde bis 1931 allmählich ausgebaut. Auffallend ist dabei, daß zunächst Stadtviertel erschlossen wurden, für die bereits Straßenbahnprojekte bestanden hatten. Wegen der Wirtschaftskrise wurden nach 1931 keine weiteren städtischen Autobuslinien eingerichtet.

Die Mitte der dreißiger Jahre eingerichteten neuen Buslinien dienten vor allem der Erschließung militärischer Einrichtungen an der Peripherie der Stadt. Der Stadtverwaltung gelang es dabei gegen die Konkurrenz privater und öffentlicher Anbieter[40] beim Regierungspräsidium Münster die erforderlichen Konzessionen zu erhalten. Dieses befand, zur „Durchführung einer einheitlichen Verkehrspolitik, die bei dem Wachsen der Stadt eine unbedingte Notwendigkeit ist, [sei es] […] erforderlich, daß […] sämtliche Verkehrslinien innerhalb des Stadtgebietes in einer Hand liegen."[41]

Die Überlegenheit des Busses gegenüber der Straßenbahn wurde nach dem Zweiten Weltkrieg immer deutlicher. Zwar wurde die Straßenbahn wieder repariert. Seit Oktober 1949 ergänzten die ersten Oberleitungsbusse das bestehende Straßenbahnnetz. 1953 wurde die erste Straßenbahnlinie wegen Schäden am Gleisunterbau stillgelegt und durch eine Oberleitungsbuslinie ersetzt. 1954 fiel dann die Entscheidung, auch die restlichen Straßenbahnen

---

37 Max-Erich Feuchtinger, Altstadt und öffentlicher Nahverkehr, eine Untersuchung am Beispiel Münster i.W., in: Die neue Stadt 2 (Oktober 1948), S. 406–416, in: Stadt Münster (Hg.), Dokumentation Wiederaufbau Münster, Materialsammlung, Redaktion: Niels Gutschow/Regine Stiemer, Münster (1980), S. 207–267, S. 408 (259).
38 Münsterischer Anzeiger 11.1.1925, 100 Jahre öffentlicher Nahverkehr, S. 42.
39 Münsterischer Anzeiger 10.2.1928.
40 Dazu zählt neben der Reichspost in erster Linie die vom Provinzialverband initiierte Verkehrsgesellschaft Münsterland mbH. Dazu: [Reinhold] von Bornhaupt, Kraftfahrwesen und Beteiligung der Landkreise an Kraftverkehrsgesellschaften, in: Constantin/Erwin Stein (Hg.), Die deutschen Landkreise, Bd. 1, Berlin-Friedenau 1926, S. 655–659; Ders., Zusammenschluß des Kraftverkehrs in Westdeutschland, in: Verkehrstechnik 40 (1927), S. 709–711; Vgl.: In Nordrhein-Westfalen: BDE-Betriebe auf Schiene und Straße, in: Verkehr und Technik 21 (1968), S. 234–236; Strommenger, Die Geschichte des Verbandes Deutscher Kraftverkehrsgesellschaften. Dortmund, 1926–1936, in: Ders. (Hg.), Der öffentliche Kraftomnibusverkehr, Dortmund 1936, S. 11–38.
41 Schreiben des Regierungspräsidiums Münster 9.12.1936, Bundesarchiv, Abteilungen Potsdam, Außenstelle Coswig R 43.01/8260 (alt).

stillzulegen. Schon vierzehn Jahre später, 1968, hatte auch der Oberleitungsbus ausgedient.[42]

## 6. Tarife und Betriebsergebnisse

Die inflationsbedingten Tariferhöhungen der Jahre 1922 und 1923 sollen hier nicht weiter untersucht werden, zumal die Straßenbahn während eines großen Teiles dieser Jahre stillgelegt war. Nach der Inflation führte die Betriebsverwaltung wieder den vor 1914 gültigen Tarif von 10 Pfennig pro Einzelfahrschein ein. Die bisherige Staffelung der Tarife mit Wochen-, Monats- und Mehrfahrtenkarten (Tabelle 2) wurde abgeschafft. Monatskarten gab es nur für Schüler der Hilfsschule und der Wohlfahrtsschule. Sie berechtigten zu zwei Fahrten täglich und kosteten im Geschäftsjahr 1924/25 fünf Mark.[43] Dieses vereinfachte Tarifsystems[44] ließ sich jedoch, wie Tabelle 3 zeigt, nicht lange erhalten.

42  100 Jahre öffentlicher Nahverkehr, S. 72. Eine ähnliche Entwicklung zeichnete sich bereits während des Krieges auch für den Überlandverkehr ab. Der Vorstand der Westfälischen Landeseisenbahn (WLE) kam zu der Überzeugung, das Nebenstrecken im Münsterland bedienende Unternehmen könne seine Aufgaben nur dann wirtschaftlich erfüllen, wenn man ergänzend zu den Schienenstrecken Omnibusse einsetze. Aufgabe der Schiene sei die Bedienung „großer Verkehrsschwerpunkte mit dem Erfordernis hoher Reisegeschwindigkeit." Durch häufigere Fahrtgelegenheiten und eine vermehrte und flexiblere Einrichtung von Haltestellen stelle der Omnibus im Münsterland auf vielen Strecken eine Alternative zum Schienenverkehr dar (Denkschrift Adams und von Bornhaupts für den Vorstand der WLE 21.2.1941, Verwaltungsarchiv des Landschaftsverbandes Westfalen-Lippe C 30 Nr. 14).
43  Betriebs-Berichte der Städtischen Betriebsverwaltung Münster für die Geschäftsjahre 1925/26–1932/33.
44  Zwei gegensätzliche Meinungen zum Tarifsystem charakterisieren die beiden Pole, zwischen denen die kommunalen Selbstverwaltungsorgane Münsters in der Zwischenkriegszeit die Fahrpreise festlegten. Lademann und Lehner forderten, ein „gesunder und gerechter Tarif sollte auf dem Grundsatz der Leistung und Gegenleistung aufgebaut sein. Während die von den Verkehrsmitteln aufzubringenden Leistungen durch die Gestehungskosten eines Platzkilometers gegeben sind, beruht die Gegenleistung, der Fahrpreis, auf der Einschätzung der gebotenen Verkehrsleistung durch den Fahrgast und bestimmt in erster Linie den Umsatz" (Friedrich Lademann/Friederich Lehner, Der öffentliche Nahverkehr der Gemeinden, Leipzig u.a. 1937 (Die Praxis der gemeindlichen Wirtschaft und Verwaltung, H.15), S. 106). Ähnlich auch: R. Gretsch, Zur Tariffrage städtischer Verkehrsunternehmen, in: Archiv für Eisenbahnwesen 57 (1934), S. 13–56 und S. 287–296; dagegen: Otto Blum u.a., Straßenbahn und Omnibus im Stadtinnern, Jena 1942 (Verkehrswissenschaftliche Abhandlungen. Schriftenreihe des Verkehrswissenschaftlichen Forschungsrates beim Reichsverkehrsministerium, H.13), S. 53: „Ohne niedrige Tarife, insbesondere für Zeitkarten, werden alle unsere Bemühungen um die Auflockerung der Stadt […] vergeblich sein. Jede Erhöhung der […] Tarife erschwert uns die Sanierung der alten Stadtkerne, denn sie erschwert uns die Verpflanzung der Bevölkerung in die Außengebiete." Verallgemeinernd kann man von einem Zielkonflikt

Tabelle 2: Tarife der Straßenbahn in Münster 1921:

| Fahrschein | Preis | Preis/Fahrt |
|---|---|---|
| Einzelfahrschein | 1,50 Mark | 1,50 Mark |
| Zehnerkarte | 13,00 Mark | 1,30 Mark |
| 50er Karte | 60,00 Mark | 1,20 Mark |
| Monatskarte* | 105,00 Mark | 0,88 Mark |
| Schülerkarte (bis 14 Jahre)* | 22,50 Mark | 0,38 Mark |
| Schülerkarte (bis 18 Jahre)* | 30,00 Mark | 0,50 Mark |
| * Für Monatskarten werden vier, für Schülermonatskarten zwei Fahrten am Tage berechnet! | | |

Quelle: Protokoll der Stadtverordnetenversammlung am 18.11.1921, StadtAM Stadtregistratur Fach 19 Nr. 43.

Tabelle 3: Fahrpreise und Tarifspezifikation bei der städtischen Straßenbahn 1925–1933 in RM:

| Geschäftsjahr | 1925/26 | 1927/28 | 1930/31 | 1932/33 |
|---|---|---|---|---|
| Einzelfahrschein | 0,10 | 0,15 | 0,20 | 0,20 |
| Fünferkarte* | – | – | 0,65 | 0,65 |
| Sechserkarte** | – | – | 1,00 | – |
| Zehnerkarte | 1,00 | 1,30 | – | – |
| Wochenkarte | – | – | 3,50 | – |
| Wochenkarte (werktäglich 2 Fahrten) | – | – | – | 1,50 |
| Wochenkarte ( „   4 Fahrten) | – | – | – | 2,50 |
| Monatskarte | – | – | 14,00 | – |
| Monatskarte (werkt. 2 Fahrten) | – | – | – | 6,00 |
| Monatskarte (werkt. 4 Fahrten) | – | – | – | 10,00 |
| Schülermonatsk. (Sozialtarif) | 2–6 | 9,00 | – | – |
| * ab 1.11.1931    ** bis 31.10.1931 | | | | |

Quelle: Betriebs-Berichte der Städtischen Betriebsverwaltung Münster i.W. für die Geschäftsjahre 1925/26–1932/33.

Meinte man Mitte der zwanziger Jahre, noch mit drei verschiedenen Angeboten auskommen zu können, stieg die Zahl der möglichen Fahrkarten bis zum Höhepunkt der Wirtschaftskrise wieder auf sechs. Nicht nur die Spezifizierung der Tarife erhöhte sich, auch die Schere zwischen den teuren Einzelfahrkarten und den billigeren Monatskarten öffnete sich weiter: Fahrscheinheftchen mit fünf, sechs oder zehn Fahrscheinen boten Preisnachlässe bis zu 30%. Für Stammkundschaft geltende Wochen- und Monatskarten wurden nochmals unterteilt in Karten für zwei und vier werktägliche Fahrten.

zwischen betriebswirtschaftlichen und gemeinwirtschaftlichen Zielen sprechen, an denen sich die Fahrpreispolitik orientierte.

Beispielsweise kostete eine Fahrt auf einer Wochenkarte für zwei werktägliche Fahrten 12,5 Pfennig, eine Fahrt auf einer Monatskarte für vier werktägliche Fahrten war mit 9,6 Pfennig relativ billig. Tatsächlich fanden die verbilligten Zeitkarten starken Absatz, während der teure Normaltarif nur von wenigen Fahrgästen genutzt wurde.[45]

Kennzeichnend für das in Münster angewendete Tarifsystem ist, daß die Tarife für Busse und Straßenbahnen nicht miteinander verbunden waren. Die Fahrpreise der 1925 eingerichteten Buslinie mußten in den ersten Monaten des Betriebes mehrfach geändert werden. Gründe dafür waren die mangelnde Erfahrung mit dem neuen Verkehrsmittel und die im Vergleich zu den Straßenbahnen erhöhten Abschreibungen bei den Bussen.[46]

Tabelle 4: Fahrpreise bei den städtischen Autobussen 1925–1933 in RM:

| Jahr | 1925/26 | 1927/28 | 1930/31 | 1932/33 |
|---|---|---|---|---|
| 1 Teilstrecke | 0,10 | 0,10 | 0,15 | 0,15 |
| Gesamte Strecke | 0,20 | 0,25 | 0,30 | 0,40 |

Quelle: Betriebs-Berichte der Städtischen Betriebsverwaltung Münster i.W. für die Geschäftsjahre 1925/26–1932/33.

Während die Betriebsverwaltung bei der Straßenbahn am Einheitstarif festhielt, diesen aber durch verschiedene Mehrfahrten- und Zeitfahrscheine stark ermäßigte, blieb es bei den städtischen Autobuslinien beim Teilstreckentarif. Mit der Ausweitung des Liniennetzes stiegen die Entfernungen und damit auch die Tarifstaffel bis zu 40 Pfennig für die Gesamtstrecke.[47]

Bei der für 1930 beschlossenen Erhöhung der Busfahrpreise kalkulierte die Betriebsverwaltung einen Rückgang der Fahrgastzahlen ein.[48] Tatsächlich

---

45 Betriebs-Berichte der städtischen Betriebsverwaltung Münster i.W. für das Geschäftsjahr 1932/33, S. 15. In Folge der Tarifreform von 1931 betrugen die Einnahmen pro Fahrgast im Geschäftsjahr 1931/32 nur noch 14,49 Pf. Im Geschäftsjahr 1921/33 sanken sie sogar auf 12,21 Pf. pro Fahrgast. Die Erhöhung der Fahrpreise der Einzelfahrscheine von 10 auf 15, später auf 20 Pf. begründete man mit den Investitionen in das Streckennetz (zweigleisiger Ausbau) und in neue Wagen.
46 Zwar waren für die Busse deutlich geringere Investitionen notwendig, da Kosten für den Fahrweg nicht anfielen, aber der vierfach höhere Verschleiß der Fahrzeuge gegenüber den Straßenbahnwagen schlug sich in den Betriebskosten negativ nieder.
47 Betriebs-Bericht der städtischen Betriebsverwaltung Münster i.W. für das Geschäftsjahr 1.4.1932 bis 31.3.1933, S. 16. Die Fahrpreise der städtischen Autobusse konnten sich jedoch mit denen anderer Anbieter messen. Nach Einrichtung der städtischen Buslinie an die Weseler Straße unterbot der städtische Teilstreckentarif mit 15 Pf. sogar den 20-Pfennig-Tarif der Kraftpost auf dem Abschnitt zwischen Lichterbeck und Innenstadt (Schreiben des Bahnpostamts 17.4.1931, StaatsAM Oberpostdirektion Münster Nr. 1738).
48 Münsterischer Anzeiger 7.5.1930.

erschienen die beiden öffentlichen Verkehrsmitteln vielen potentiellen Fahrgästen als Luxus, erschlossen sie doch ein Gebiet, das mit nur unerheblich größerem Zeitaufwand auch zu Fuß zu erreichen war. Daher waren Tariferhöhungen in Münster schwer durchzusetzen. Tabelle 5 spiegelt einen seit Mitte der zwanziger Jahre anhaltenden rückläufigen Trend der Fahrgastzahlen der Straßenbahn in Münster wider, der sich zwischen 1930 und 1935 verstärkte.

Tabelle 5: Betriebsergebnisse der Straßenbahn und Omnibusbetriebe in Münster 1924–1940:

| Jahr | Straßenbahn Wagenkilometer | Personen | Personen/ Wagenkm | Omnibusse Wagenkilometer | Personen | Personen/ Wagenkm |
|---|---|---|---|---|---|---|
| 1924/25 | 1.445.457 | 9.257.053 | 6,40 | 40.824 | 133.354 | 3,26 |
| 1925/26 | 1.792.869 | 10.826.805 | 6,03 | 184.179 | 567.994 | 3,08 |
| 1926/27 | 1.746.221 | 10.713.092 | 6,13 | 193.219 | 620.327 | 3,21 |
| 1927/28 | 1.594.394 | 9.995.382 | 6,26 | 286.858 | 879.744 | 3,06 |
| 1928/29 | 1.598.806 | 9.183.097 | 5,74 | 240.964 | 906.070 | 3,76 |
| 1929/30 | 1.571.861 | 9.521.372 | 6,06 | 232.825 | 960.500 | 4,13 |
| 1930/31 | 1.536.066 | 7.100.834 | 4,62 | 243.937 | 744.652 | 3,05 |
| 1931/32 | 1.442.696 | 6.483.206 | 4,49 | 314.092 | 870.998 | 2,77 |
| 1932/33 | 1.501.171 | 6.496.024 | 4,32 | 343.798 | 881.270 | 2,56 |
| 1933 | k.A. | 6.090.550 | | k.A. | 891.421 | |
| 1934 | k.A. | 5.805.772 | | k.A. | 929.146 | |
| 1935 | 1.494.756 | 6.077.013 | 4,06 | 336.494 | 1.000.887 | 2,97 |
| 1936 | 1.506.158 | 6.249.678 | 4,14 | 398.558 | 1.235.564 | 3,10 |
| 1937/38 | 1.517.703 | 6.812.151 | 4,48 | 735.405 | 2.078.582 | 2,82 |
| 1938 | 1.576.054 | 7.740.670 | 4,91 | 852.870 | 2.601.121 | 3,04 |
| 1939 | 1.601.806 | 9.827.831 | 6,13 | 832.764 | 2.990.013 | 3,59 |
| 1940 | 1.708.788 | 11.559.746 | 6,76 | 571.907 | 2.246.669 | 3,92 |

Quelle: Betriebsberichte der Städtischen Betriebsverwaltung Münster für die Geschäftsjahre 1917–1933; Statistisches Jahrbuch der Provinzial-Hauptstadt Münster in Westfalen Jg. 1935–1938; Statistischer Bericht der Provinzialhauptstadt Münster für die Jahre 1938–1948.

Diese Entwicklung hat verschiedene Ursachen: Einmal ermöglichte die zunehmende Verbreitung des Fahrrades seit den zwanziger Jahren breiteren Schichten, vom öffentlichen Nahverkehr auf den Individualverkehr umzusteigen. Die Wirtschaftskrise verstärkte diese Abwanderung. Für einige Straßenbahnfahrgäste boten die seit 1925 eingerichteten Buslinien attraktivere Verbindungen. Der rapide Abfall der Fahrgastzahlen seit 1930 ist allerdings auch darauf zurückzuführen, daß für viele wegen der Arbeitslosigkeit der Weg zum Arbeitsplatz ganz entfiel.[49] Der Anstieg nach 1935 ist auf die wirtschaftliche Erholung und den Ausbau der Kasernen in Münster zurückzuführen. Die dort stationierten Soldaten waren auf die Straßenbahn angewiesen. Kriegsbedingte Restriktionen für den privaten Automobilverkehr führten ab September

---

49 Diese Zusammenhänge waren den Verkehrspolitikern durchaus bewußt. Münsterischer Anzeiger 3.4.1928 und 15.3.1935.

1939 zu einem deutlichen Anstieg der Beförderungszahlen. Die Betriebsergebnisse aus den Kriegsjahren sind daher mit denen der Vorkriegszeit nicht zu vergleichen.

Tabelle 6: Überschüsse der und Zuschüsse zur städtischen Straßenbahn in Münster 1909–1934:

| Jahr | Überschuß/Zuschuß | | | Jahr | Überschuß/Zuschuß | | |
|---|---|---|---|---|---|---|---|
| 1909 | + | 48.956 | M | 1922 | – | 9.328.811 | M |
| 1910 | + | 43.566 | M | 1923 | + | 32.454 | RM |
| 1911 | + | 51.601 | M | 1924 | + | 5.408 | RM |
| 1912 | + | 49.886 | M | 1925 | + | 49.197 | RM |
| 1913 | + | 39.190 | M | 1926 | – | 125.286 | RM |
| 1914 | + | 59.083 | M | 1927 | – | 166.222 | RM |
| 1915 | + | 46.217 | M | 1928 | – | 186.631 | RM |
| 1916 | + | 58.509 | M | 1929 | – | 17.426 | RM |
| 1917 | + | 53.978 | M | 1930 | – | 87.374 | RM |
| 1918 | + | 50.172 | M | 1931 | – | 199.789 | RM |
| 1919 | – | 559.775 | M | 1932 | – | 176.338 | RM |
| 1920 | – | 1.140.775 | M | 1933 | – | 145.320 | RM |
| 1921 | – | 937.070 | M | 1934 | – | 180.963 | RM |

Quelle: Anton Prahl, Die eigenwirtschaftliche Tätigkeit der Stadt Münster i. Westf., Diss. Emsdetten 1936, Tabelle 4 (Anhang).

Tabelle 6 verdeutlicht, daß die Straßenbahn nach dem Ersten Weltkrieg meistens defizitär arbeitete. Nur unmittelbar nach der Währungsreform wurden geringe Überschüsse erwirtschaftet, die ab 1927 durch starke Defizite wieder aufgezehrt wurden. Die vergleichsweise hohen Gewinne der Jahre 1909 bis 1918 lagen im Rahmen dessen, was auch in anderen Städten erwirtschaftet wurde. Sie sind aber unter anderem darauf zurückzuführen, daß die Rohgewinne nicht in ausreichendem Maße als Rücklagen angelegt oder reinvestiert wurden.[50]

## 7. Meinungsfindung in der kommunalen Selbstverwaltung

### 7.1. Der zweigleisige Ausbau der Straßenbahn als Beispiel für kommunalpolitische Auseinandersetzungen

Im Rahmen des Mitte der zwanziger Jahre vorgenommenen Ausbaus der Straßenbahn war besonders der geplante zweigleisige Ausbau der Straßenbahn auf der Salzstraße und dem Alten Steinweg heikel. Vor allem die Kaufleute aus der Salzstraße wehrten sich dagegen, daß der ohnehin begrenz-

---

50 Vgl. Trautvetter.

te Straßenraum durch eine teilweise zweigleisige Straßenbahn weiter beschränkt werde. Auf dem Alten Steinweg fürchtet man, nach einem erfolgreichen Protest aus der Salzstraße werde das zweite Gleis hier gebaut. Beide Seiten brachten ihre Befürchtungen in Eingaben an die Stadtverordneten zum Ausdruck,[51] beide Anträge wurden der Betriebskommission überwiesen. Diese erörterte im Mai 1926 die Planungen. Trotz der Bedenken aus der Salzstraße stimmten sämtliche Kommissionsmitglieder dem Vorschlag des Magistrats zu. Wegen der Wichtigkeit der Entscheidung wies der Leiter der städtischen Betriebswerke, Generaldirektor Richard Tormin, darauf hin, daß die Stadtverordnetenversammlung über diesen Beschluß „informiert werden müsse."[52] Die Öffentlichkeit jedoch erfuhr vom Verlauf dieser Sitzung nichts.[53]

Der Beschluß der Betriebskommission wurde den Stadtverordneten am 15. September 1926 unter bemerkenswerten Umständen vorgestellt. In den Einladungen wurde die Beratung des Straßenbahnausbaues nicht auf die Tagesordnung gesetzt. Auch im Beschlußprotokoll über die Sitzung fand der Ausbauplan keine Erwähnung.[54] Später jedoch behauptete Oberbürgermeister Sperlich, es habe am 15. September einen einstimmigen Beschluß der Stadtverordnetenversammlung in geheimer Sitzung gegeben, der die Pläne des Magistrats stützte.[55] Entsprechend leitete er die für die Planfeststellung nötigen Schritte ein.

Nach dem Auslegen der genehmigten Pläne auf dem Rathaus rügte der Münsterische Anzeiger das undemokratische Verhalten des Magistrats und ging dabei davon aus, daß er ohne Anhörung der Stadtverordneten zustande gekommen sei.[56] Kurz darauf griff ein anonymer „Verkehrsfachmann"[57] im gleichen Blatte die Pläne scharf an und schlug eine alternative Trasse vor. Seine Identität wurde eine Woche später gelüftet: Kein geringerer als der städtische Vermessungsdirektor Clemens Brand opponierte gegen das Projekt.[58]

---

51 Protokoll der Stadtverordnetenversammlung am 19.5.1926, StadtAM Stadtregistratur Fach 19 Nr. 45.
52 Zweite Ausfertigung der Niederschrift über die Verhandlungen der Städtischen Betriebskommission am 28.5.1926, Beilage zum Protokoll der Stadtverordnetenversammlung am 6.10.1926, StadtAM Stadtverordnetenregistratur Nr. 66.
53 Selbst vier Monate nach der Sitzung der Betriebskommission wußte die Redaktion noch nicht zweifelsfrei, ob und wie die Betriebsverwaltung entschieden hatte (Münsterischer Anzeiger 22.9.1926).
54 Protokoll der Stadtverordnetenversammlung am 15.9.1926, StadtAM Stadtregistratur Fach 19 Nr. 45.
55 Pressekonferenz am 4.10.1926, Münsterischer Anzeiger 5.10.1926.
56 Münsterischer Anzeiger 22.9.1926: „Wie verlautet, hat sich die Städtische Betriebsverwaltung mit den Plänen einverstanden erklärt. Das genügt uns in diesem Falle nicht, wir hätten gewünscht, daß zum mindesten die Stadtverordneten gehört worden wären."
57 Münsterischer Anzeiger 23.9.1926.
58 Münsterischer Anzeiger 3.10.1926.

Aus dem Protokoll der Sitzung der Stadtverordnetenversammlung am 6. Oktober geht hervor, daß Tormin am 15. September die Ausbaupläne vorgestellt hatte. Über die rechtlichen Folgen seines Vortrages kam es zu heftigen Auseinandersetzungen: Tormin und Sperlich behaupteten, der Vortrag am 15. September sei zur Diskussion gestellt worden. Da sich kein Stadtverordneter zu einer Meinungsäußerung gemeldet habe, sei man von der stillschweigenden Genehmigung der Pläne ausgegangen.[59] Dem widersprachen mehrere Stadtverordnete. Sie behaupteten, das Referat sei nicht zur Aussprache gestellt worden, und die Versammlung habe daher keinen Beschluß darüber gefaßt.[60] Man fand schließlich eine für beide Seiten tragbare Interpretation, indem man erklärte, daß „seitens des stellvertretenden Vorstehers nach dem Vortrage [...] die Frage, ob das Wort gewünscht werde, gestellt worden ist. Diese Frage ist aber infolge eines durch Platzwechsel einer Reihe von Stadtverordneten entstandenen Geräusches von der Mehrheit überhört worden. Das war umso leichter möglich, [...] weil der Punkt Ausbau der Straßenbahn nicht auf der Tagesordnung stand."[61]

Es fällt auf, daß Tormin nunmehr das Straßenbahnprojekt nochmals anhand von Karten erläuterte. Offensichtlich hatte sich sein Vortrag am 15. September nur auf wenige Punkte beschränkt. Die Stadtverordneten wollten nach dem Sturm der Entrüstung, den die Pläne hervorgerufen hatten, detaillierter als vorher informiert werden. Trotz der vielen Proteste stimmten sie einstimmig dem „vorgeschlagenen Projekt einschließlich der Linienführung durch die Salzstraße"[62] zu.

Eine inhaltliche Diskussion wurde nicht öffentlich vor den demokratisch legitimierten Selbstverwaltungskörperschaften geführt, sondern vor dem Regierungspräsidenten im Planfeststellungsverfahren, das sich allerdings ausschließlich mit der technischen Ausgestaltung und den damit verbundenen Auflagen beschäftigte.[63] Die Genehmigung für den Bau des zweiten Gleises wurde nämlich an scharfe Restriktionen für den Individualverkehr gebunden.[64] Im August 1927 wurden die Bauarbeiten aufgenommen, im September fuhr die erste Straßenbahn durch die Salzstraße.[65]

Die intrigenreichen Auseinandersetzungen um den Straßenbahnausbau lassen nicht nur Einblicke in kommunalpolitische Entscheidungsprozesse zu.

---

59 Protokoll der Sitzungen des Magistrats und der Stadtverordnetenversammlung am 6.10.1926, StadtAM Stadtverordnetenregistratur Nr. 66.
60 Ebd.
61 Anlage 1 zum Protokoll der Stadtverordnetenversammlung am 6.10.1926, StadtAM Stadtverordnetenregistratur Nr. 66.
62 Ebd.
63 Der Chefredakteur des Münsterischen Anzeigers, Paul Köhne, nahm als Interessent an der Erörterung teil und veröffentlichte seine Aufzeichnungen (Münsterischer Anzeiger 22.2.1927).
64 Münsterischer Anzeiger 14.6.1927.
65 Münsterischer Anzeiger 20.9.1927.

Sie regen auch dazu an, den Dualismus von Magistrat und Stadtverordnetenversammlung als die beiden Selbstverwaltungsorgane untereinander zu untersuchen.

### 7.2. Meinungsfindung im Magistrat

Die westfälische Städteverfassung aus dem Jahre 1856[66] ist als Magistratsverfassung zu bezeichnen und blieb mit einigen Änderungen nach der Novemberrevolution bis 1933 in Kraft. Der Magistrat entwickelte sich „von einer lediglich ausführenden Behörde in der Steinschen Städteordnung zu einem nunmehr gleichberechtigten Beschlußorgan neben der Gemeindevertretung."[67] Der Oberbürgermeister leitete die kollektive Stadtverwaltung als primus inter pares.[68] Im Laufe des 19. Jahrhunderts wandelte sich das Amt des Oberbürgermeisters wegen der wachsenden Anforderungen beim Aufbau der kommunalen Leistungsverwaltung vom ausführenden Organ „zu einem Initiativzentrum kommunaler Verwaltung."[69]

Die Novemberrevolution 1918 verlief in Münster vergleichsweise ruhig, da auch der Arbeiter- und Soldatenrat das System der kommunalen Selbstverwaltung nicht in Frage stellte.[70] Nachdem die ehrenamtlichen Stadträte ihre Ämter zur Verfügung gestellt hatten, wählte die seit 1919 demokratisch legitimierte Stadtverordnetenversammlung zwölf neue unbesoldete Magistratsmitglieder, darunter erstmals eine Frau.[71] Im Magistrat verfügten das Zentrum und die bürgerlichen Parteien bis 1933 stets über eine deutliche Mehrheit.

---

66 Gesetz vom 19.3.1856, Preußische Gesetzessammlung 1856, S. 237–264.
67 Hans-Joachim Wolter, Der Beigeordnete. Amt und Rechtstellung in der geschichtlichen Entwicklung, Göttingen 1978 (Diss.), S. 224–225.
68 Hans Pagenkopf, Einführung in die Kommunalwissenschaft, Münster ³1975, S. 49–51.
69 Wolfgang Hofmann, Zwischen Rathaus und Reichskanzlei, die Oberbürgermeister in der Kommunal- und Staatspolitik des Deutschen Reiches 1890 bis 1933, Stuttgart u.a. 1974 (Schriften des Deutschen Instituts für Urbanistik, Bd. 46), S. 52.
70 Hannes Lambacher, Von der Staatskuratel zur selbständigen Aufgabenerfüllung. Entwicklung der kommunalen Selbstverwaltung von der napoleonischen Zeit bis zum Ende des Zweiten Weltkriegs, in: Franz-Josef Jakobi (Hg.), Geschichte der Stadt Münster, Bd. 2, Münster 1993, S. 651.
71 Ebd., S. 651.

Tabelle 7: Parteizugehörigkeit der ehrenamtlichen Stadträte in Münster 1919–1939:

| Jahr | 1919 | 1924 | 1929 | 1930 | 1933 |
|---|---|---|---|---|---|
| Zentrum | 7 | 5 | 7 | 9 | 5 |
| SPD | 2 | 1 | 1 | 1 | – |
| Bürgerliche Parteien und Parteienbündnisse | 3 | 6 | 4 | 1 | 1 |
| Sonstige | – | – | – | 1 | 1 |
| NSDAP | – | – | – | – | 5 |
| Summe: | 12 | 12 | 12 | 12 | 12 |

Quelle: Hannes Lambacher, Von der Staatskuratel zur selbständigen Aufgabenerfüllung – Entwicklung der kommunalen Selbstverwaltung von der napoleonischen Zeit bis zum Ende des Zweiten Weltkriegs, in: Franz-Josef Jakobi (Hg.), Geschichte der Stadt Münster, Bd. 2, Münster 1993, S. 619–661, S. 651; StadtAM Verwaltungsbericht 1926–1945.

Der Magistrat bestand jeweils zur Hälfte aus bezahlten Verwaltungsfachleuten und aus ehrenamtlichen Stadträten, die nach dem Proporz der in der Stadtverordnetenversammlung vertretenen Parteien berufen waren. Alleine diese Zusammensetzung mußte zu Auseinandersetzungen innerhalb des Magistrats führen. Leider liegen die Protokolle des Magistrats nur in Form von Protokollauszügen in den jeweiligen Sachakten vor. Die Entscheidungen des Gremiums entziehen sich so einer quantitativen Analyse. Als reine Beschlußprotokolle geben sie auch keinen Einblick in die Meinungsverschiedenheiten innerhalb des Magistrats. Auch zeigte sich der Magistrat als gesamtes Gremium in Verkehrsfragen in der Öffentlichkeit zumeist als monolithisch. Die veröffentlichten Aussagen wenigstens der bezahlten Stadträte wurden als Auffassungen des Magistrats anerkannt und sollten im Idealfall vom gesamten Gremium nach außen hin gedeckt werden.

Trat in einigen Fällen Uneinigkeit innerhalb des Magistrats nach außen, so wurde dies öffentlich kritisiert.[72] Gleiches gilt für den Fall, daß Indiskretionen über den Verlauf von Magistratssitzungen an die Presse lanciert wurden: „Die absolute Vertraulichkeit dieser Verhandlungen ist also wieder durchbrochen worden,"[73] mit diesen Worten monierte der Münsterische Anzeiger im Januar 1928, daß Nachrichten über eine Äußerung eines Magistratsmitgliedes, die „auf unverbindliche Mitteilungen [...] in der letzten Magistratssitzung bzw. auf dem Protokoll der letzten Betriebskommissionssitzung beruhen,"[74] an die Öffentlichkeit gelangt waren. Obwohl eine kritische Presse gerade davon lebt, daß sie Ereignisse aufdeckt, die hinter verschlossenen Türen stattfinden, erwartete der Münsterische Anzeiger von den Mitgliedern

---

72 Hans-Ulrich Thamer, Stadtentwicklung und politische Kultur während der Weimarer Republik, in: Franz-Josef Jakobi (Hg.), Geschichte der Stadt Münster, Bd. 2, Münster 1993, S. 271.
73 Münsterischer Anzeiger 19.1.1928.
74 Ebd.

des Magistrats und der Kommissionen, daß sie die Vertraulichkeit wahrten. Dieses Paradoxon, nämlich einerseits auf Indiskretionen angewiesen zu sein, andererseits jedoch diese Indiskretionen zu verurteilen, zeigt die Unsicherheit der Redaktion mit der eigenen Rolle in der demokratischen Gesellschaft. Aber auch die Rolle des einzelnen Magistratsmitgliedes war ungeklärt: Einerseits traten in einer Verwaltungsspitze, die zur Hälfte nach Parteienproporz zusammengesetzt war, zwangsläufig Meinungsverschiedenheiten auf, andererseits durften diese nicht öffentlich ausgetragen werden. Auch dieser Widerspruch wurde während der Weimarer Republik (nicht nur in Münster) nicht geklärt.

### 7.3. Die Stadtverordnetenversammlung

Kennzeichnend für die politischen Verhältnisse in Münster war die Verflechtung zwischen Stadtverordnetenversammlung und diversen Organisationen wie Handels- und Handwerkskammern, Kirche und Arbeitnehmerorganisationen. Auch gehörten viele Stadtverordnete den Vorständen der sogenannten Bürgervereine an und schufen sich so außerhalb ihrer Parteiorganisationen eine politische Basis. Auch in den Stadtverordnetenversammlungen der Zwischenkriegszeit war das Zentrum beherrschende Partei (Tabelle 8).

Tabelle 8: Die Stadtverordneten in Münster 1914–1933 nach Parteien:

| Wahl | Insgesamt | Ztr. | DNVP | DVP | DDP | WP | SPD | NSDAP | Sonstige |
|---|---|---|---|---|---|---|---|---|---|
| 1919 | 60 | 38 | 2 | 3 | 4 | – | 8 | – | 5 |
| 1924 | 48 | 19 | 4 | 4 | 1 | 8 | 5 | 1 | 6 |
| 1930 | 48 | 28 | 1 | 3 | – | 3 | 7 | 1 | 5 |
| 1933 | 48 | 19 | 3 | – | – | 4 | 20 | 2 | |

Quelle: Anton Prahl, Die eigenwirtschaftliche Tätigkeit der Stadt Münster i. Westf., Diss. Emsdetten 1936, S. 50.

Anders als im Magistrat fand die Meinungsbildung in der Stadtverordnetenversammlung zumeist öffentlich statt. Daher bieten Zeitungsberichte einen Einblick in die Verhandlungen. Die Stadtverordnetenprotokolle sind eine Quelle, die sich zur quantitativen Analyse eignet. Sie liegen für die Zeit von 1918 bis 1933 lückenlos vor. Über 700 Mal befaßte sich das Gremium mit Fragen des Verkehrswesens. Bei dieser quantitativen Analyse wurde bewußt darauf verzichtet, die Entscheidungen nach inhaltlicher Bedeutung und (potentiellen) Auswirkungen zu werten, da dies eine subjektive Evaluierung erforderlich gemacht hätte (zumal diese aus der Sicht des ex eventu urteilenden Historikers in einigen Fällen gewiß anders ausgefallen wäre als aus der Sicht der damaligen Entscheidungsträger). So gehen in die Statistik routinemäßige Entscheidungen über den Erwerb weniger Quadratmeter Fläche eben-

128                                                                    Uwe Grandke

Tabelle 9: Art der Vorlagen für die Münsteraner Stadtverordnetenversammlung und die Häufigkeit der unveränderten Annahme (1918–1933):

| Jahr | Vorlagen des Magistrats | | | | Anträge der Stadtverordneten | | | | Eingaben der Bürger | | | | Sonstige Vorlagen | | | | Summe | | |
|---|---|---|---|---|---|---|---|---|---|---|---|---|---|---|---|---|---|---|---|
| | A | B | C | D | A | B | C | D | A | B | C | D | A | B | C | D | E | F | G |
| 1918 | 16 | 88 | 12 | 75 | 0 | 0 | 0 | * | 1 | 5 | 0 | * | 1 | 5 | 0 | * | 18 | 12 | 66 |
| 1919 | 18 | 50 | 10 | 55 | 7 | 19 | 1 | * | 8 | 22 | 0 | * | 3 | 8 | 0 | * | 36 | 11 | 30 |
| 1920 | 15 | 60 | 7 | 46 | 1 | 4 | 0 | * | 5 | 20 | 0 | * | 4 | 16 | 0 | * | 25 | 7 | 28 |
| 1921 | 17 | 58 | 11 | 64 | 1 | 3 | 0 | * | 7 | 24 | 0 | * | 4 | 13 | 1 | * | 29 | 12 | 41 |
| 1922 | 15 | 45 | 11 | 73 | 6 | 18 | 1 | * | 7 | 21 | 0 | * | 5 | 15 | 0 | * | 33 | 12 | 36 |
| 1923 | 14 | 40 | 10 | 71 | 10 | 28 | 2 | * | 7 | 20 | 0 | * | 4 | 11 | 0 | * | 35 | 12 | 34 |
| 1924 | 23 | 37 | 15 | 65 | 16 | 26 | 3 | * | 14 | 23 | 0 | * | 8 | 13 | 0 | * | 61 | 18 | 29 |
| 1925 | 30 | 40 | 16 | 53 | 25 | 33 | 5 | * | 11 | 14 | 0 | * | 9 | 12 | 0 | * | 75 | 21 | 28 |
| 1926 | 44 | 53 | 30 | 68 | 24 | 30 | 2 | * | 9 | 10 | 1 | * | 6 | 7 | 0 | * | 83 | 33 | 39 |
| 1927 | 53 | 65 | 45 | 84 | 9 | 11 | 0 | * | 18 | 22 | 0 | * | 1 | 1 | 0 | * | 81 | 45 | 55 |
| 1928 | 38 | 44 | 32 | 84 | 9 | 10 | 0 | * | 33 | 38 | 0 | * | 6 | 7 | 1 | * | 86 | 33 | 38 |
| 1929 | 32 | 58 | 19 | 59 | 7 | 12 | 0 | * | 11 | 20 | 0 | * | 5 | 9 | 0 | * | 55 | 19 | 34 |
| 1930 | 24 | 50 | 18 | 75 | 15 | 31 | 1 | * | 8 | 16 | 0 | * | 1 | 2 | 0 | * | 48 | 19 | 39 |
| 1931 | 16 | 72 | 11 | 68 | 0 | 0 | 0 | * | 6 | 27 | 0 | * | 0 | 0 | 0 | * | 22 | 11 | 50 |
| 1932 | 7 | 77 | 4 | 57 | 1 | 11 | 0 | * | 1 | 11 | 0 | * | 0 | 0 | 0 | * | 9 | 4 | 12 |
| 1933 | 1 | 10 | 0 | 0 | 1 | 10 | 1 | * | 0 | 0 | 0 | * | 8 | 80 | 8 | * | 10 | 9 | 90 |
| Summe/ Schnitt | 363 | 51 | 251 | 69 | 132 | 18 | 16 | 12 | 146 | 20 | 1 | 1 | 65 | 9 | 10 | 15 | 706 | 278 | 39 |

A: Anzahl der Vorlagen. B: Anteil an der Gesamtzahl (E) der von Magistrat, Stadtverordneten und Bürgern eingebrachten Vorlagen (in Prozent). C: Anzahl der von den Stadtverordneten angenommenen Vorlagen aus den eingebrachten Vorlagen (A). D: Anteil der angenommenen Vorlagen an den eingebrachten Vorlagen (A) (in Prozent). E: Gesamtzahl der von Magistrat, Stadtverordneten und Bürgern eingebrachten Vorlagen. F: Gesamtzahl der von den Stadtverordneten angenommenen Vorlagen aus der Gesamtzahl der eingebrachten Vorlagen (E). G: Anteil der von den Stadtverordneten angenommenen Vorlagen an der Gesamtzahl der eingebrachten Vorlagen (E).

* Anteile wurden wegen der geringen Grundgesamtheit nicht errechnet!

Quelle: Stadtverordnetenprotokolle 1918–1933, StadtAM Stadtregistratur Fach 19 Nr. 41, 45, 47, 48.

so ein wie weitreichendere Grundsatzentscheidungen, wie beispielsweise die zum zweigleisigen Ausbau des Straßenbahnnetzes.

Nach Tabelle 9 lag die Initiative in verkehrspolitischen Entscheidungen beim Magistrat, der 51% aller Vorlagen einbrachte. Etwa gleich stark sind die Anträge von Stadtverordneten mit 18% und Eingaben von Bürgern mit 20% vertreten. Magistratsvorlagen wurden im Untersuchungszeitraum in 69% aller Fälle unverändert angenommen. Die Vorlagen der Stadtverordneten wurden in 12%, die Eingaben von Bürgern nur in 1% aller Fälle unverändert angenommen. Entsprechend läßt sich ein starkes Gefälle in der Fähigkeit, Entscheidungen herbeizuführen, ableiten. Die Macht des Magistrats beruhte sowohl auf der Abgleichung der Interessen vor Einbringung der Vorlage (Konsens) als auch auf der Fachkompetenz des teilweise aus hauptamtlichen Verwaltungsfachleuten gebildeten Gremiums.

Die Zahl der verkehrspolitischen Entscheidungen schwankt im Untersuchungszeitraum zwischen 9 (1932) und 86 (1928). Ihre Zahl verläuft parallel zur konjunkturellen Entwicklung der Weimarer Republik: Eine zögerliche Entwicklung in den wirtschaftlichen Krisenjahren 1918–1923, einen Höhepunkt in der Zeit der Prosperität bis 1928. 1929 bis 1933 ist ein deutlicher Rückgang der verkehrspolitischen Entscheidungen zu verzeichnen. Die vom Magistrat ausgehende Initiative und die Fähigkeit, diese Vorlagen durchzusetzen, sind ebenfalls starken Schwankungen unterworfen: Maximum und Minimum der vom Magistrat ausgehenden Initiativen liegen in den Krisenjahren 1918 (88% aller verkehrspolitischen Vorlagen) und 1933 (eine Vorlage).

Tabelle 10: Die Beschlüsse der Stadtverordneten zu den in die Stadtverordnetenversammlung eingebrachten Initiativen der Bürger, der Stadtverordneten und des Magistrats:

| Art der Beschlüsse | Initiative der Bürger Anzahl | % | Initiative der Stadtverordn. Anzahl | % | Initiative des Magistrats Anzahl | % |
|---|---|---|---|---|---|---|
| unveränderte Annahme | 1 | 0,7 | 17 | 9,0 | 253 | 65,9 |
| Annahme mit Änderungen | 3 | 2,1 | 4 | 2,1 | 41 | 10,7 |
| Überweisung an Magistrat | 64 | 43,8 | 42 | 22,4 | 14 | 3,7 |
| Überweisung an Kommissionen | 7 | 4,8 | 23 | 12,3 | 4 | 1,0 |
| Verschiebung | 45 | 30,8 | 56 | 29,8 | 17 | 4,5 |
| Wahlen | 0 | 0,0 | 0 | 0,0 | 33 | 8,6 |
| Kenntnisnahme | 4 | 2,7 | 0 | 0,0 | 6 | 1,6 |
| Nichtbefassung | 2 | 1,4 | 0 | 0,0 | 1 | 0,2 |
| Beantwortung | 0 | 0,0 | 29 | 15,5 | 0 | 0,0 |
| Ablehnung | 1 | 0,7 | 2 | 1,0 | 3 | 0,7 |
| Zurückziehen durch den Einbringenden | 0 | 0,0 | 0 | 0,0 | 1 | 0,2 |
| Sonstige | 19 | 13,0 | 15 | 7,9 | 11 | 2,9 |
| Summe: | 146 | 100,0 | 188 | 100,0 | 384 | 100,0 |

Quelle: Stadtverordnetenprotokolle 1918–1933, StadtAM Stadtregistratur Fach 19 Nr. 41, 45, 47, 48.

Vorlagen der Stadtverordneten und Eingaben aus der Bürgerschaft wurden häufig verschoben oder an den Magistrat zur Entscheidung überwiesen. Der größte Unterschied in der Art der Entscheidungen über die Initiativen der Bürger und der Stadtverordneten ergibt sich aus den unterschiedlichen Rechten: Den Stadtverordneten stand ein Fragerecht zu, daher wurden 15,5% ihrer Initiativen durch Beantwortung erledigt. Die Bürger konnten demgegenüber nur Eingaben in Form von Anträgen stellen.

Bürgereingaben und Initiativen der Stadtverordneten wurden am häufigsten an den Magistrat überwiesen bzw. ihre Behandlung auf eine spätere Sitzung verschoben. Bei der Verschiebung auf eine spätere Sitzung konnte der Magistrat eine Stellungnahme vorbereiten. Konkrete Stadtverordnetenbeschlüsse bildeten die Ausnahme. Bürgereingaben und Initiativen der Stadtverordneten hatten im Untersuchungszeitraum daher nicht die Funktion, unmittelbar Beschlüsse der Stadtverordneten herbeizuführen. Sie dienten vor allem der Veröffentlichung von Interessen. Da sie sich häufig mit Entscheidungen der alltäglichen Verwaltung befaßten, wurden sie zuständigkeitshalber an den Magistrat überwiesen.

Über die Veröffentlichung von Interessen hinaus ergibt sich aus der Tatsache, daß die meisten Eingaben sich mit Fragen des Nahverkehrs, der Straßenbeleuchtung und des Straßenbelages befaßten (Tabelle 10), daß sie vor allem der Beschleunigung ohnehin anstehender Entscheidungen dienten. Auch ist zu beobachten, daß die Anregungen der Bürgereingaben in späteren Magistratsvorlagen und Stadtverordnetenanträgen wieder aufgenommen wurden.

Die inhaltliche Dimension der Arbeit der Stadtverordneten untersucht Tabelle 11. Dazu wurden die Themengebiete herausgegriffen, mit denen sich die Stadtverordneten zwischen 1918 und 1933 mindestens zehn Mal beschäftigten. Es lassen sich Themenschwerpunkte für Magistratsvorlagen, Stadtverordnetenanträge und Bürgereingaben feststellen. Magistratsvorlagen beschäftigen sich überdurchschnittlich häufig mit Fragen der Stadtplanung und deren konkreten Umsetzung bei der Fluchtlinienplanung und Beschaffung von Verkehrsflächen durch Gebietserwerb bzw. -austausch und dem im Untersuchungszeitraum durchgeführten Arbeiten am Straßenbelag.

Stadtverordnetenanträge befaßten sich oft mit Fragen der Stadtplanung, der Verkehrssicherheit und ebenfalls mit Fragen des Belages innerörtlicher Straßen. Eine Sonderrolle spielt der öffentliche Nahverkehr. Bürgereingaben beschäftigten sich bevorzugt mit Fragen des Straßenbelags, der Stadtplanung, der Verkehrssicherheit und des innerstädtischen Nahverkehrs.

Die Arbeit des Magistrats war sowohl von den täglichen Verwaltungsgeschäften geprägt als auch davon, komplexe städteplanerische Entwürfe auszuarbeiten. Stadtverordnete und Bürger stellten dagegen Themen in den Vordergrund, die mit dem alltäglich erlebten Wohnumfeld in Zusammenhang standen.

Tabelle 11: Form der Vorlagen und Inhalte der Stadtverordnetenversammlung mit verkehrspolitischen Fragen:

| Sachgebiet | Gesamt Anzahl | % | Magistrat Anzahl | % | Stadtv. Anzahl | % | Bürger Anzahl | % | Sonst. Anzahl |
|---|---|---|---|---|---|---|---|---|---|
| Innerstädt. Nahverkehr | 111 | 14 | 28 | 7 | 59 | 32 | 18 | 10 | 6 |
| Raumplanung | 4 | 1 | 2 | 1 | 1 | 1 | 1 | 1 | 0 |
| Stadtplanung | 176 | 22 | 88 | 23 | 37 | 20 | 41 | 23 | 10 |
| Fluchtlinien | 134 | 17 | 112 | 30 | 8 | 4 | 4 | 2 | 10 |
| Ringstraße | 11 | 1 | 10 | 3 | 1 | 1 | 0 | 0 | 0 |
| Fußgänger- und Radwege | 25 | 3 | 12 | 3 | 5 | 3 | 6 | 3 | 2 |
| Verkehrssicherheit | 57 | 7 | 5 | 1 | 29 | 16 | 19 | 10 | 3 |
| Straßenbelag | 143 | 18 | 52 | 14 | 23 | 11 | 66 | 36 | 2 |
| Taxenwesen | 3 | 1 | 0 | 0 | 1 | 1 | 0 | 0 | 2 |
| Hafen/Kanal | 13 | 2 | 9 | 2 | 0 | 0 | 4 | 2 | 0 |
| Flugverkehr | 24 | 3 | 13 | 3 | 7 | 4 | 3 | 2 | 1 |
| Eisenbahnen | 21 | 3 | 7 | 2 | 5 | 3 | 7 | 4 | 2 |
| Überlandbusse | 1 | 0 | 1 | 0 | 0 | 0 | 0 | 0 | 0 |
| Fremdenverkehr | 5 | 1 | 5 | 1 | 0 | 0 | 0 | 0 | 0 |
| Fernstraßenbau | 2 | 0 | 2 | 1 | 0 | 0 | 0 | 0 | 0 |
| Lärm/Erschütterungen | 14 | 2 | 0 | 0 | 3 | 2 | 11 | 6 | 0 |
| Personalia/Wahlen | 36 | 4 | 35 | 9 | 1 | 1 | 0 | 0 | 0 |
| Sonstiges | 3 | 1 | 0 | 0 | 2 | 1 | 1 | 1 | 0 |
| Summen: | 783 | 100 | 381 | 100 | 182 | 100 | 181 | 100 | 38 |

Quelle: Protokolle der Stadtverordnetenversammlung, StadtAM Stadtregistratur Fach 19 Nr. 41, 45, 47, 49.

### 7.4. Die Arbeit in Kommissionen und Aufsichtsräten

Gerold Ambrosius begründet die Einrichtung von Ausschüssen, Deputationen, Verwaltungsräten oder Werksausschüssen in der deutschen Kommunalwirtschaft mit dem Ziel, Entscheidungsprozesse zu beschleunigen und zu konzentrieren. Die Gremien setzten „sich aus Magistrats- bzw. Ratsmitgliedern, Stadtverordneten, teilweise auch den Werkleitern und manchmal außerdem aus ‚sachkundigen Bürgern' zusammen."[75] Ihre Aufgaben „bestanden darin, die Beratungen über Betriebsangelegenheiten für die Gemeindevertretung vorzubereiten, die Geschäftsführung zu überwachen und über bestimmte Dinge selbst zu entscheiden."[76] Innerhalb der Betriebsausschüsse hätten die Gemeindevertreter kaum selbst Initiativanträge vorgelegt.[77]

Die Geschäftsführung des Regiebetriebs „lag in den Händen von Direktoren oder eines Vorstandes."[78] Ambrosius schätzt deren Entscheidungsspielräume sehr hoch ein, da sie „weniger positiv als vielmehr negativ durch die Kompetenzen der übrigen Organe bestimmt"[79] wurden. Auch in den Betriebsausschüssen „dominierten eindeutig die Initiativen der Werksleitung, die dem Ausschuß vorgelegt wurden und auf die die Vertreter des Gemeindeparlaments reagieren mußten."[80] Die Ergebnisse der Untersuchung von Ambrosius lassen sich auch für Münster bestätigen:

Stadtbaurat Tormin führte die Betriebsverwaltung als Regiebetrieb sehr selbständig. Neben die inhaltliche Diskussion um die Art des Ausbaus des Straßenbahnnetzes traten auch immer wieder die Beschwerden über eine mangelnde Einbeziehung des Stadtverordnetenplenums in Entscheidungen der Betriebsverwaltung.[81] Als Konsequenz daraus beschlossen die Stadtverordneten 1926, daß die aus Magistratsmitgliedern und acht Stadtverordneten bestehende Betriebskommission[82] monatlich einberufen werden sollte, und schrieb die Erstattung eines Jahresberichts an das Plenum vor.[83] Ob dieser

---

75 Gerold Ambrosius, Die öffentliche Wirtschaft in der Weimarer Republik, kommunale Versorgungsunternehmen als Instrumente der Wirtschaftspolitik, Baden-Baden 1984 (Schriften zur öffentlichen Verwaltung und öffentlichen Wirtschaft, Bd. 78), S. 54.
76 Ebd., S. 54.
77 Ebd., S. 58.
78 Ebd., S. 56.
79 Ebd., S. 56.
80 Ebd., S. 58.
81 Antrag von Stadtverordneten von SPD und Wirtschaftspartei, Protokoll der Stadtverordnetenversammlung am 11.11.1925, StadtAM Stadtregistratur Fach 19 Nr. 45.
82 1919 und 1929 wurden acht Stadtverordnete entsandt (Protokoll der Stadtverordnetenversammlung 2.4.1919, StadtAM Stadtregistratur Fach 19 Nr. 41 und Protokoll der Stadtverordnetenversammlung am 25.9.1929, StadtAM Stadtregistratur Fach 19 Nr. 47).
83 Münsterischer Anzeiger 8.5.1926. 1931 unternahmen die Stadtverordneten einen weiteren Versuch, die Betriebskommission und damit die Betriebsverwaltung stärker ihrer Kontrolle zu unterwerfen. Auf Vorschlag eines Stadtverordneten des Zentrums beschloß

Beschluß die gewünschte Wirkung hatte, muß bezweifelt werden. Schon wenige Wochen später zeigte sich, daß eine effektive Kontrolle der Betriebsverwaltung nicht stattfand. Für die Stadtverordneten völlig überraschend legte Stadtbaurat Tormin einen von der Betriebskommission genehmigten Plan für den zweigleisigen Ausbau der Straßenbahn vor. Der Ausschuß hatte die Stadtverordneten nicht vor den Konsequenzen dieses Beschlusses gewarnt, gegen den sich nach seinem Bekanntwerden ein Sturm der Entrüstung erhob.[84]

Den schlechten Informationsfluß zwischen Betriebsverwaltung und Stadtverordnetenversammlung dokumentiert auch eine Bemerkung der Stadtverordneten Krückmann, es sei vor einiger Zeit von einem Autobusverkehr gesprochen worden, „aber heute hört man nichts mehr davon."[85] Wie bei Entscheidungen über die Straßenbahn beanspruchten Magistrat und Betriebsverwaltung also das Recht, die Netzentwicklung der Stadtbusse ohne Hinzuziehung der Stadtverordneten zu bestimmen.

Die Betriebskommission stand zwischen den Stadtverordneten und dem Magistrat. Sie sollte ehrenamtliche Mitglieder der kommunalen Selbstverwaltung in die Entscheidungen integrieren. Die dokumentierbaren Fälle von Meinungsunterschieden zwischen den Kommissionen und der Stadtverordnetenversammlung zeigen, daß Streit entstand, weil die Kommissionen nach Ansicht der Stadtverordneten ihre Kompetenzen überschritten hatten. Offensichtlich waren die entsandten Stadtverordneten, wie auch die ehrenamtlichen Stadträte, bereits so sehr vom Fachwissen der Hauptamtlichen abhängig, daß sie auch in den Kommissionen eine entgegengesetzte Meinung nicht äußerten oder sie wenigstens nicht durchsetzten. Hinzu kommt vermutlich auch, daß die durch die Berufung in die jeweilige Kommission durch die Stadtverordnetenkollegen anerkannte eigene Kompetenz den Ehrenamtlichen so viel Selbstvertrauen gab, daß sie sich das Recht zumaßen (bzw. anmaßten), stellvertretend für das Plenum entscheiden zu können.

Kritik wurde seitens der Stadtverordneten fast ausschließlich an der Art des Zustandekommens der Beschlüsse, nicht jedoch an deren inhaltlichen Dimension geäußert. Die Diskussion um den zweigleisigen Ausbau der Straßenbahn in der Salzstraße zeigte, daß die Stadtverordneten letztlich doch einstimmig in der Sache die gleiche Entscheidung fällten wie Stadtbaurat

man, alle finanzwirksamen Beschlüsse der Betriebskommission sollten auch dem Plenum vorgelegt werden. „Dafür soll eine Geschäftsordnung des Betriebsausschusses verabschiedet werden" (Anlage zum Protokoll der Stadtverordnetenversammlung am 11.2.1931, StadtAM Stadtregistratur Fach 19 Nr. 48).

84 Zweite Ausfertigung der Niederschrift über die Verhandlungen der Städtischen Betriebskommission am 28.5.1926, Anlage zum Protokoll der Stadtverordnetenversammlung am 6.10.1926, StadtAM Stadtverordnetenregistratur Nr. 66: Wegen der Wichtigkeit der Entscheidung solle „das Stadtverordneten-Kollegium in einer geheimen Sitzung über das Projekt unterrichtet werden."

85 Münsterischer Anzeiger 9.10.1924.

Tormin und die Betriebskommission. Man kann daher davon ausgehen, daß die meisten Stadtverordneten die Arbeit der Kommissionen und Ausschüsse als ausreichend effizient einschätzten.

## 8. Nahverkehrspolitik in Münster: Ein Demokratiedefizit?

Oberbürgermeister, Magistrat, die Stadtverordnetenversammlung mit ihren Fraktionen und die in mehr oder weniger langlebigen Zusammenschlüssen organisierten Bürgerschaft bestimmten die politischen Vorgänge um den Nahverkehr in Münster. Die Auseinandersetzungen zwischen diesen vier Kräften der Kommunalpolitik kulminierten im Sturz des Oberbürgermeisters Georg Sperlich durch seine eigene Partei im Jahre 1931.

Thamer führt dieses Ereignis auf Spannungen mit der Zentrums-Fraktion zurück, die sich gegen Sperlichs Anspruch wandte, als „allein verantwortlicher Lenker"[86] der Stadtentwicklung sich auch gegen seine Partei durchzusetzen. Dabei stieß er immer wieder an finanzielle Grenzen. Die von mittelständischen Interessen beherrschte Stadtverordnetenversammlung, und damit auch Teile der Zentrumsfraktion, weigerte sich wiederholt, den von Sperlich geforderten Steuererhöhungen zuzustimmen. Der Dissens zwischen Oberbürgermeister und Magistrat einerseits und der Stadtverordnetenversammlung andererseits hatte sich also auch auf anderen Politikfeldern ausgewirkt. Die in diesem Aufsatz geschilderten Auseinandersetzungen um den kommunalen Nahverkehr sind daher Teil eines größeren Konfliktes zwischen einem Oberbürgermeister, der in einer vordemokratischen Tradition stand, und einer demokratisch legitimierten Stadtverordnetenversammlung, die von ihren Rechten Gebrauch zu machen versuchte.

Umstritten war nicht nur der Anspruch der Zentrums-Fraktion auf eine Beteiligung des Stadtparlaments an der Entscheidungsfindung. Auch der Bürgerbeteiligung standen Befürchtungen und Vorurteile entgegen: „Stadtbauliche Pläne als vorwiegend technische und wirtschaftliche Probleme können nicht in großen Versammlungen gelöst werden."[87] Mit diesen Worten wehrte sich Stadtvermessungsdirektor Brand gegen die geforderte Offenlegung von Plänen. Besonders wegen der Bodenspekulation sei es nötig, Pläne bis kurz vor ihrer Verwirklichung geheim zu halten. Dagegen wandte ein Zentrums-Stadtverordneter ein, Bodenspekulation werde gerade durch die Publizierung solcher Pläne verhindert.[88] Er betonte dagegen die befruchtende Wirkung der Bürgerbeteiligung für den Magistrat.[89]

86 Thamer, S. 268.
87 Münsterischer Anzeiger 19.4.1925.
88 Münsterischer Anzeiger 19.4.1925. „Wer das Leben kennt, weiß genau, daß Bodenspekulanten ihr Material für die Ausübung des Wuchers nicht aus öffentlichen Vorträgen holen, sondern ganz andere Wege benutzen" (Münsterischer Anzeiger 15.5.1925).
89 Münsterischer Anzeiger 15.5.1925: Auch der tüchtigste Beamte „könne des belebenden Meinungsaustausches mit den Bürgern nicht entbehren."

Auch unterstellten Magistratsmitglieder mangelnden Sachverstand der Bürger. Angesichts der Diskussion um die Führung der Straßenbahn in der Salzstraße forderte ein Leserbrief 1926, der Streit müsse „unbeeinflußt von allen lokalen Interessen als eine technisch-wirtschaftliche Frage im Rahmen der Stadterweiterung durch eine wissenschaftliche Untersuchung von hervorragenden Praktikanten dieses Faches gelöst werden."[90] Diese Meinungsäußerung ist in ihrer Demokratiefeindlichkeit eine deutliche Absage an die Bürgerbeteiligung. Stattdessen ging der Verfasser von der in der Weimarer Republik weit verbreiteten Utopie aus, es gebe richtige, wissenschaftlich fundierte Lösungen. An Stelle des Interessenstreites und Interessenausgleichs sollten Expertenentscheidungen treten. Technokratische Expertengremien, die kompromißlos eine richtige Entscheidung gegen die davon betroffenen Bürger trafen und durchführten, sollten demokratische Selbstverwaltungsorgane und Bürgervereine ersetzen.

Andererseits muß man feststellen, daß sich bürgerschaftlicher Unmut gegen Magistratsentscheidungen häufig erst dann einstellte, als die Baumaßnahmen bereits in Angriff genommen worden waren. Diese Verzögerungen in der Reaktion zeigen, daß sich die Bürgerbeteiligung in vielen Fällen selber Grenzen setzte.

Immer wieder wurde den Befürwortern einer weitergehenden Beteiligung von Parlament und Bürgerschaft an Entscheidungen entgegengehalten, Sachfragen könnten besser verwaltungsintern oder von kleinen Expertengremien entschieden werden als durch das Plenum der Stadtverordneten oder gar durch die Bürger selber. Es wäre natürlich vermessen, in einer kontrafaktischen Darstellung zu untersuchen, ob man bei einer größeren demokratischen Mitwirkung die Probleme anders, vielleicht sogar besser, hätte lösen können. Ein Hinweis mag jedoch die Beobachtung geben, daß in den Auseinandersetzungen zwischen Magistrat, Betriebskommission und Stadtverordnetenversammlung alle drei Gremien hinsichtlich der Inhalte ihrer Entscheidungen häufiger übereinstimmten. Heftig umstritten waren dagegen Verfahrens- und Kompetenzfragen.

Die Rahmenbedingungen, in denen der scheinbar so mächtige Magistrat handelte und in denen eine stärker demokratisch orientierte Alternative hätte handeln müssen, waren nämlich zu eng gesetzt, um eine durchgreifende Veränderung des Nahverkehrswesens in Münster zu ermöglichen. Infrastrukturentscheidungen vergangener Zeiten schufen Zwangspunkte, aus denen langlebige städtebauliche Problemstellungen entstanden, die bestimmte, immer erneut wiederholte, Lösungsvorschläge hervorriefen. Auch war die Verkehrspolitik in Münster in übergeordnete Zusammenhänge eingebunden. Landes- und Reichsinstitutionen schufen durch Gesetze und Verordnungen gleiche Rahmenbedingungen. Auch die technischen Vorgaben der Verkehrseinrichtungen schufen zunächst in den Großstädten, spätestens nach dem Zwei-

---

90 Münsterischer Anzeiger 5.10.1926.

ten Weltkrieg auch in den Mittel- und Kleinstädten bis hinab zu den Dörfern, Zwangspunkte der Verkehrsplanung. Der Bewegungsspielraum für mögliche Lösungen muß daher als gering angesehen werden. Er wurde durch die permanent unzulängliche wirtschaftliche Entwicklung während der Weimarer Republik weiter eingeengt.

*Burghard Ciesla*

# Öffentlicher Nahverkehr in einer geteilten Stadt
# Grundzüge der Entwicklung in Berlin von 1945 bis 1990[1]

## 1. Einleitung

In keiner anderen deutschen Stadt machten sich die nach 1945 entstandenen politischen, ökonomischen und sozialen Verwerfungen so gravierend bemerkbar wie im geteilten Berlin. Die Geschichte der Stadt spiegelt deutsch-deutsche Nachkriegsgesellschaft *en miniature*.[2] Nach dem Ende des Zweiten Weltkrieges begegneten sich in Berlin zwei gegensätzliche politische Ordnungen, wirtschaftliche Systeme und Kultureinflüsse unmittelbar. Diese Gegensätzlichkeiten sind städtebaulich, infrastrukturell und vor allem in den Köpfen der beteiligten Generationen auf lange Zeit verankert. Berlin war bis zur Wiedervereinigung der Stadt so etwas wie ein geopolitischer Seismograph, der den Zustand des wie auch immer gearteten Verhältnisses zwischen den „Supermächten" und den beiden deutschen Staaten anzeigte. Diese Funktion eines Seismographen hat die Stadt auch nach dem Ende des Kalten Krieges nicht verloren. Heute markiert Berlin im Kleinen das Niveau der deutsch-deutschen Übergangsgesellschaft im Großen.

Nach dem Fall der Mauer 1989 blieb die Teilung der Stadt vor allem durch die Probleme bei der Anpassung der ursprünglich einheitlichen Infrastruktursysteme West- und Ostberlins weiter spürbar. Das Eisenbahnwesen, der öffentliche Nahverkehr, der Individualverkehr, die Telekommunikation, die Energieversorgung und die Kanalisation standen bzw. stehen vor erheblichen Problemen. Die sich schwierig und aufwendig gestaltende Angleichung der Systeme macht auf ganz eigene Art die gegenläufigen Gesellschaftsentwürfe bis 1989 deutlich. Durch die weitgehende Trennung der einheitlich gewachsenen Systeme entstanden zwei unterschiedlich funktionierende Infrastrukturen, die einen exemplarischen Vergleich zwischen technischen Standards, kulturellen Praktiken und politischen Leitbildern in West und Ost ermöglichen.[3] Von keiner Seite wurde jedoch eine vollkommen unabhängige Entwicklung erreicht, so daß die beiden Stadthälften bis 1989 durch eine

---

1   Das Thema ist Teil des DFG-Projektes „Konkurrierende Systeme im deutschen Personenverkehr 1945 bis 1990. Strukturveränderungen im Ost-West-Vergleich". Die Forschungsarbeit ist auf drei Jahre (1994 bis 1997) angelegt.
2   Karl Schlögel, Eine andere Stadt, in: Frankfurter Allgemeine Zeitung, Beilage „Bilder und Zeiten", 281 (1994).
3   Claudia von Grote, Anschlüsse an den Alltag. Versuche zu einer Hermeneutik technischer Infrastrukturen, in: Ingo Braun/Bernward Joerges (Hg.), Technik ohne Grenzen, Frankfurt a.M. 1994, S. 251.

Reihe von Schnittstellen in den verschiedenen Infrastrukturbereichen locker miteinander verwachsen blieben. Selbst im „kältesten" Kalten Krieg bestand notgedrungen in den Bereichen U- und S-Bahn, Elektrizität, Kanalisation oder Eisenbahn eine Verbindung. Mitunter waren es gerade solche Kontakte, die „Geschichtsträchtiges" im deutsch-deutschen Verhältnis hervorbrachten.

Mit Blick auf die Berliner Stadtbahn (S-Bahn) hat der Schriftsteller Uwe Johnson einmal über die Bedeutung und Funktion von Infrastruktursystemen angemerkt: „Bei der Betrachtung eines Stadtplanes fallen zwischen den begrenzten Farben für bebaute Flächen und Parks verbundene Liniennetze auf, verschiedene für Magistralen, Oberflächenverkehr, Schnellbahnen über und unter der Erde. Die Zusammenarbeit dieser Netze, der von Adern leicht vergleichbar, sagt (etwas über) die Gesundheit der Stadt (aus). Ihr Blut bewegt sich darin, durchläuft die Glieder, hält sie belebt."[4] Als nun Ende der vierziger Jahre damit begonnen wurde, diese Infrastrukturen Berlins voneinander abzubinden, kam diese Trennung einer Amputation (Johnson) gleich, die wiederum schwere und vielfältige „Kreislaufschäden" für beide Stadthälften nach sich zog. Diese Schäden aufzuspüren und eine Einordnung der unterschiedlichen Entwicklungsprozesse vorzunehmen, ist ohne Zweifel ein spannender Stoff für eine noch zu schreibende Nahverkehrsgeschichte Berlins nach 1945. Interessant dürfte die Frage sein, wie und in welchem Maße die verkehrstechnischen Infrastrukturen politisch instrumentalisiert wurden. So sind im öffentlichen Nahverkehr Berlins sowohl die lokalen Vorgänge als auch die unmittelbaren Interessen der Großmächte eng miteinander vernetzt gewesen.[5] Außerdem bietet ein solcher Ansatz die Möglichkeit zu zeigen, in welcher Weise sich die verkehrspolitischen Konzepte der beiden deutschen Staaten in einem Strukturwandel niedergeschlagen haben. Im folgenden nun aus dieser Perspektive einige Grundzüge der Entwicklung in Berlin von 1945 bis 1990.

## 2. Ausgangslage und die ersten Stadtplanungen

Es wird berichtet, daß sich nach dem Ende der Kämpfe in Berlin die Geräusche der Stadt eigenartig verändert hatten. Die menschlichen Stimmen waren im Trümmermeer plötzlich besser hörbar, weil kein Verkehr herrschte.[6] Über 300 Luftangriffe und die Schlacht um Berlin hatten schätzungsweise 70 Millionen Kubikmeter Trümmerschutt hinterlassen.[7] Das Nahverkehrssystem

---

4   Uwe Johnson, Berliner Sachen. Aufsätze, Frankfurt a.M. 1975, S. 22.
5   Strecke ohne Ende. Die Berliner Ringbahn, SIGNAL-Sonderausgabe, Berlin 1993, S. 64.
6   Michael Simmons, Deutschland und Berlin. Geschichte einer Hauptstadt 1871–1990, Berlin 1990, S. 179.
7   Burghard Ciesla, U-Bahn oder Straßenbahn? Die hauptstädtische Verkehrsplanung der

war aber mehr durch die unmittelbaren Kampfhandlungen als durch die Bombenangriffe in seiner Funktionsfähigkeit in Mitleidenschaft gezogen worden. Die zwölf Kilometer lange Stadtbahnstrecke mitten durch Berlin erlitt beispielsweise erst im April/Mai 1945 schwere Zerstörungen, da die bis dahin noch weitgehend intakte Viadukttrasse in der Schlußphase des Krieges als Hauptkampflinie herhalten mußte.[8] Das Gros der Fahrzeuge der verschiedenen Nahverkehrsträger konnte nach Kriegsende nicht mehr eingesetzt werden. Im Bereich Omnibus waren gar nur noch 2% der Fahrzeuge betriebsbereit. Hinzu kam, daß die entsprechenden Werkstätten und Betriebshöfe sowie Kommunikations- und Versorgungsnetze lahmgelegt, zerstört oder unterbrochen waren. Das Oberleitungsnetz der Straßenbahn wurde beispielsweise zu 95% zerstört. Trotzdem erfolgte angesichts dieser Zerstörungen und Probleme verhältnismäßig schnell wieder eine Inbetriebnahme des Nahverkehrssystems.[9] Andererseits blieben die Folgewirkungen des Krieges noch auf Jahrzehnte hinaus spürbar, da der ÖPNV wie zu Kriegszeiten notgedrungen weiter auf Verschleiß gefahren wurde.[10] Investitionen flossen, wenn überhaupt, äußerst spärlich. Die wenigen Mittel wurden meist für den Ersatz der Fahrzeuge oder für unbedingt notwendige Erneuerungen genutzt. Pragmatismus und Improvisationskunst waren gefragt. Viele der späteren Probleme des Berliner Nahverkehrsnetzes müssen aus diesem Zusammenhang heraus erklärt werden.

Die schwierige Ausgangslage bedeutete jedoch nicht, daß auf eine Stadt- und Verkehrsplanung in der unmittelbaren Nachkriegszeit verzichtet wurde. Im Gegenteil, einige Stadt- und Verkehrsplaner sahen in der Trümmerlandschaft Berlins ihre große Chance für den radikalen Umbau der Stadt gekommen. Die bald nach dem Ende des Krieges vorgestellten Ansätze einer Berlin als Ganzes betreffenden Planung verdeutlichten den Versuch der Abkehr vom hierarchischen Stadtkonzept der Nationalsozialisten.[11] Sehr deutlich kam diese Absicht in der Ausstellung „Berlin plant. Erster Bericht"[12] im Sommer 1946 zum Vorschein. Dort wurde der unter Leitung von Hans Scharoun entstandene „Kollektivplan" vorgestellt. Im Gegensatz zum gigantischen Ach-

---

60er und 70er Jahre und die Realisierung des Tatra-Programms bis 1985, in: Berliner Geschichte 11 (1990), S. 10.
8   Eisenbahn-Metropole Berlin, Bahn-Special 1 (1995), S. 26.
9   Vgl. für die Straßenbahn bei Sigurd Hilkenbach/Wolfgang Kramer, Die Straßenbahnen in Berlin, 3. Aufl., Düsseldorf 1994, S. 63 ff.; für die S-Bahn bei Peter Bley, Berliner S-Bahn, 6. Aufl., Düsseldorf 1993, S. 28 ff.
10  Ciesla, S. 20.
11  Winfried Wolf, Berlin ohne Auto? Eine Verkehrsgeschichte 1848–2015, Köln 1994, S. 92 u. 94; Werner Durth/Niels Gutschow, Träume in Trümmern. Stadtplanung 1940–1950, München 1993, S. 149 ff. u. 170.
12  Zit. bei Jörn Düwel, Planen im Kalten Krieg, in: 1945. Krieg-Zerstörung-Aufbau. Architektur und Stadtplanung 1940–1960, Berlin 1995 (Schriftenreihe der Akademie der Künste, Bd. 23), S. 195.

senplan Albert Speers im „Dritten Reich" sah dieser Plan ein „regelmäßiges Verkehrsnetz" vor. Dazu hieß es unter anderem: „Die Struktur der neuen Stadt verlangt ein neues System der Straßen. Spazierengehen, Radeln, Langsam-Verkehr, Schnell-Verkehr geben diesen Verkehrswegen ihre Gesetze."[13] Scharouns Vorstellungen gingen von einer Bandstadt aus, die von einem Netzgitter von Straßen verschiedenster Ordnung geprägt wurde. „Mit dem strukturbildenden Konzept der Bandstadt wurde ein organisatorisches Modell aufgenommen, das sowohl an sowjetische Vorbilder der frühen dreißiger Jahre als auch an einen ab 1937 entwickelten Aufbauplan für London erinnert(e)."[14] Die von den Nationalsozialisten „als bolschewistisch etikettierte Formensprache der Moderne"[15], die Bauhaus-Lehre, war unverkennbar.

Die Planungen von Ernst Randzio und Max Taut stellten dagegen den Wert der überkommenen Verkehrsnetze (z. B. U-Bahn) wieder heraus. Dieses Konzept diente auch dem „Zehlendorfer Plan" von Walter Moest und Willi Görgen als Basis. Der „Zehlendorfer Plan" war im wesentlichen ein Vorschlag zur Neuordnung des Verkehrs beim Wiederaufbau Berlins.[16] Im Erläuterungsbericht betonte Moest im Frühjahr 1946, auch mit Seitenhieb auf die laufenden Planungen von Scharoun: „Hüten wir uns davor, bei dem Thema Berlin von der ‚neuen Stadt', ihrer Idee und ihrem System zu reden; Berlin ist eine bestehende Stadt, es ist eben nicht so zerstört, daß man es einzuebnen brauchte und eine neue Stadt darauf errichten könnte."[17]

Beide Pläne waren schon eine Art Vorankündigung der Teilung Berlins. Nach der Aufspaltung des Berliner Magistrats (1948) diente der „Zehlendorfer Plan" als Grundstock für die weiteren Planungen in den Westsektoren Berlins. Der „Kollektivplan" floß dagegen in den „Generalaufbauplan" Ostberlins vom November 1949 ein.[18] Die Pläne hatten aber etwas gemeinsam; beide favorisierten die „autogerechte" Stadt. Die Konturen der Motorisierungsförderung im Nachkriegsdeutschland wurden in diesen Planungen vorgezeichnet.[19] Für die Ostberliner Planungen gab es jedoch schon frühzeitig Kritik aus Moskau. Dort wurde im Frühjahr 1950 der modifizierte „Kollektivplan" folgendermaßen beurteilt: „In der Sowjetunion ist man unter allen Umständen gegen die englisch-amerikanische Theorie von der Güte und der Wirtschaftlichkeit der aufgelösten Stadt. [...] Man darf [...] eine Stadt nicht vom Auto her planen und nur an den Schnellverkehr von Autos denken. Die Straße hat nicht nur Verkehrsfunktionen, sie hat die festliche Bevölkerung

13 Zit. bei Durth, S. 150.
14 Düwel, S. 199.
15 Vgl. ebd., S. 209.
16 Zit. ebd., S. 197.
17 Ebd.
18 Ebd., S. 207; Simone Hain, Die andere „Charta". Städtebau auf dem Prüfstand der Politik, in: Städte bauen, Kursbuch, Heft 112, Berlin 1993, S. 51 ff.
19 Berlin Handbuch, Das Lexikon der Bundeshauptstadt, Berlin 1992, S. 1327; Durth, S. 170; Wolf, S. 92.

aufzunehmen."[20] Diese Kritik hatte wenig später großen Einfluß auf die Formulierung der „Sechzehn Grundsätze des Städtebaues" im Osten Deutschlands, die am 27. Juli 1950 von der DDR-Regierung als Leitlinien für den Wiederaufbau verabschiedet wurden. Für einige Jahre bestimmten nun Vorstellungen die Stadt- und Verkehrsplanung im Osten Deutschlands, die solche „westlichen" Ansichten wie die Betonung der Verkehrsfragen oder des Funktionalismus ablehnten. Die „nationalen Traditionen" rückten in den Vordergrund. Nach dem Tode Stalins (1953) änderten sich diese Ansichten jedoch wieder. Die vorher bekämpften „formalistischen Tendenzen" wurden nun stillschweigend rehabilitiert.

Generell zeigen die Diskussionen um die Berlin betreffenden Planungen vor 1961, daß schon sehr frühzeitig in den Köpfen der Beteiligten die Spaltung programmiert gewesen war.

Unter dem Aspekt des ÖPNV lassen diese Planungen aber auch das nachkriegsbedingte Problem aller späteren Verkehrsplanungen in Ost und West in den fünfziger Jahren erkennen: den geringen Entwicklungsgrad einer systematischen Verkehrs- bzw. Infrastrukturplanung.[21] Die große Schwierigkeit war, daß meist keine verläßlichen Datenerhebungen zur Stadt- und Verkehrsentwicklung vorlagen und damit wirksame Planungsgrundlagen für stadt- und verkehrspolitische Entscheidungen fehlten. Dieses Problem verschärfte sich in Berlin zusätzlich, als mit dem Kalten Krieg das Spannungsfeld zwischen östlicher und westlicher Besatzungsherrschaft in der Stadt immer nachhaltiger spürbar wurde.

### 3. Die Systemteilung (1948–1961)

Der sich in den Planentwürfen widerspiegelnde Konflikt signalisierte zugleich die langsame Teilung des ursprünglich einheitlich gewachsenen Nahverkehrssystems. Schon die Einführung zweier Währungen (1948), die damit verbundene sowjetische Blockade der Westsektoren (1948), die daraus folgende Trennung der Berliner-Verkehrs-Gesellschaft (BVG) im Jahre 1949 sowie die Unterbrechung des durchgehenden Straßenbahnverkehrs (1953) ließen erkennen, was mit dem Mauerbau im August 1961 bittere Realität wurde. Obwohl nach der Gründung der beiden deutschen Staaten (1949) viel von der „Wiedervereinigung" und damit auch von einem einheitlichen Berlin geredet wurde, verfolgten beide Seiten jeweils eigene bzw. voneinander

---

20 Zit. bei Hain, S. 55–56.
21 Thomas Südbeck, Motorisierung, Verkehrsentwicklung und Verkehrspolitik in Westdeutschland in den 50er Jahren, in: Axel Schildt/Arnold Sywottek (Hg.), Modernisierung im Wiederaufbau. Die westdeutsche Gesellschaft der 50er Jahre, Bonn 1993 (Schriftenreihe des Forschungsinstituts der Friedrich-Ebert-Stiftung, Bd. 33), S. 175–176.

unabhängige Ziele. Der ehemalige Regierende Bürgermeister von Westberlin Willy Brandt erklärte diese paradoxe Situation in seinen Erinnerungen treffend so: „In der Bundesrepublik Deutschland (bzw. DDR – B.C.) wurde über Wiedervereinigung weniger nachgedacht als geredet. Oder anders geredet als gedacht."²²

Für die Trennung des Berliner Nahverkehrs war besonders die Einführung unterschiedlicher Währungen und die damit zusammenhängende Blokkade von Westberlin (1948) von nachhaltiger Bedeutung. Die Ereignisse von 1948/49 und die dazugehörenden neuen „Feindbilder" des Kalten Krieges führten dazu, daß auf beiden Seiten über die Entwicklung des ÖPNV in Berlin nun jeweils „anders" nachgedacht wurde. Der Flächennutzungsplan für Westberlin von 1950 und der schon erwähnte „Generalaufbauplan" für Ostberlin bieten hierfür erste Anhaltspunkte. Zwar stimmten 1955 und 1956 östliche und westliche Planungsstellen die gesamte Verkehrsplanung für einen Zeitraum von etwa zwei Jahren noch einmal auf rein fachlicher Ebene ab, doch die jeweiligen Planungskonzepte wurden durch diese Absprachen nur geringfügig verändert bzw. beeinflußt.²³

Nach der Teilung der BVG lag 1950 den zuständigen Stellen in Ostberlin zum Beispiel ein als „Streng vertraulich" eingestuftes „Sektorenprogramm BVG" vor, das die vollständige Abtrennung des Ostberliner Nahverkehrssystems von Westberlin im „Eventualfall" zum Gegenstand hatte. Während der Ereignisse am 17. Juni 1953 wurde dieses Programm „unfreiwillig" erstmalig getestet, verbessert und insgesamt für weitgehend tragfähig eingeschätzt.²⁴ Im Bereich des ÖPNV/Ost waren die Verantwortlichen auf den „Mauerbau" damit schon lange vorbereitet gewesen. Außerdem bewirkte die Trennung des Oberflächenverkehrs zwischen Ost- und Westberlin (Bus, O-Bus und Straßenbahn) bis 1953 ganz allgemein, daß nur noch die Schnellbahnsysteme sektorenüberschreitend bis 1961 verkehrten und über verkehrstechnische Schnittstellen verfügten.

In Westberlin saß der Bevölkerung vor allem der Schock der sowjetischen Berlinblockade oder besser der politische Erpressungsversuch tief in den Gliedern. Die Unabhängigkeit vom Ostteil der Stadt wurde durch diese spezifische Erfahrung und durch den Kalten Krieg angestrebt und von breiten Bevölkerungskreisen mitgetragen. Die von Westberlin letztendlich herbeigeführte Trennung des sektorenüberschreitenden Straßenbahnverkehrs im Januar 1953 verdeutlicht unter anderem dieses Unabhängigkeitsstreben auf dem Gebiet des ÖPNV. Die schrittweise Einstellung des Straßenbahnbetriebes und

---

22 Willy Brandt, Erinnerungen, Zürich 1990, S. 157.
23 Die Grundlagen einer langfristigen Nahverkehrskonzeption für Berlin, Berliner Verkehrs-Betriebe (BVG), Berlin 1972, S. 2; Nahverkehr in Berlin. Zwischenbericht des Senators für Bau- und Wohnungswesen, Berlin 1972, S. 4–6.
24 Landesarchiv Berlin, Außenstelle STA, Rep. 114, Nr. 169, Sektorenprogramm BVG, 1952.

der Beginn des großzügigen Ausbaus der U-Bahn (ab 1953) können gleichfalls als Bestrebungen in Richtung Abkopplung von Ostberlin angesehen werden.[25]

## 4. Kalter Krieg im Nahverkehr – die Ostberliner S-Bahn in Westberlin

Der Mauerbau hatte endgültig zwei getrennte Nahverkehrssysteme in Berlin geschaffen. Der durchgehende S- und U-Bahn-Verkehr wurde unterbrochen. Doch die S-Bahn spiegelte ab 1961 weiterhin in besonderer Weise das deutsch-deutsche Verhältnis. Diese Sonderrolle der S-Bahn hatten die Alliierten schon bei Kriegsende festgelegt. Die zur SBZ/DDR gehörende Deutsche Reichsbahn erhielt damals für ganz Berlin die Betriebsrechte der S-Bahn wieder zugesprochen. Mit dem Mauerbau betrieb die Deutsche Reichsbahn die S-Bahn dann separat in beiden Stadtteilen. Aus Protest gegen die Teilung der Stadt wurde die S-Bahn in Westberlin boykottiert. Die durch den Boykott ausbleibenden Fahrgäste und ein permanenter Devisenmangel bei der Reichsbahn leisteten der weiteren Verwahrlosung der Anlagen und Verkehrsmittel Vorschub. Besonders erwuchs der Ostberliner S-Bahn durch die schon vor 1961 einsetzende Motorisierungsförderung des Westberliner Senates eine ernsthafte Konkurrenz. Parallel zu den S-Bahn-Trassen entstanden in den sechziger Jahren in Westberlin Stadtautobahnen und Buslinien. Überlegungen von seiten der SED-Führung, die S-Bahn als „Schaufenster der DDR" in Westberlin herzurichten, blieben schon aufgrund mangelnder Devisen ohne Wirkung. Der Beförderungsanteil der S-Bahn in Westberlin lag nach 1961 infolge dieser Entwicklung bei nur 1–5%. In der ersten Hälfte der siebziger Jahre wandelte sich jedoch die Verkehrspolitik des Westberliner Senats zugunsten des ÖPNV. Unter den Westberliner Stadt- und Verkehrsplanern wurde nun wieder über eine Integration der Ostberliner S-Bahn in das Nahverkehrsnetz Westberlins offen diskutiert. Hierdurch ermuntert, bot die DDR Mitte der siebziger Jahre Verhandlungen über die S-Bahn an, die jedoch erst Anfang der achtziger Jahre aufgenommen wurden. Die Betriebsrechte der S-Bahn gingen schließlich Ende 1983 von der Deutschen Reichsbahn auf die Westberliner BVG über. Und im Januar 1984 war der Weg für ein gemeinsames Stadtbahnnetz von S- und U-Bahn als Säule des ÖPNV in Westberlin frei. Doch die Ereignisse von 1989 machten alle weiteren S-Bahn-Planungen, die auf Westberlin fixiert waren, hinfällig. Die Geschichte der Ostberliner S-Bahn in Westberlin zeigt zumindest markant die Konkurrenz individueller und öffentlicher Verkehrsmittel, die im städtischen Nahverkehr Berlins zum Vorschein kam. An diesem Beispiel werden sowohl der Systemkonflikt als

---

25   Wolf, S. 89 ff; Berlin-Handbuch, S. 1327 ff.; Volker Wangemann, Nahverkehrsentwicklung und Nahverkehrsplanung in Berlin (West) seit 1945, Berlin 1984, S. 108 ff.

auch die unterschiedliche Verkehrspolitik und -umsetzung in Ost und West gut erkennbar.[26]

## 5. Die „autogerechte Stadt": Anmerkungen zum ÖPNV in Westberlin

Die Entwicklung des öffentlichen Nahverkehrs wurde in Westberlin in den fünfziger und sechziger Jahren vor allem durch den Einfluß des amerikanischen Leitbildes der „autogerechten Stadt" beeinflußt. Die damit verbundenen Vorstellungen einer modernen Stadt prägten die Entscheidungen für den Einsatz der Verkehrstechnik und damit für die Ausgestaltung des öffentlichen Nahverkehrssystems. Zwischen 1953 und 1967 wurde die Straßenbahn Schritt für Schritt aus dem Straßenbild Westberlins entfernt. Mit der Straßenbahn verschwand auch der O-Bus. Die U-Bahn und der Omnibus entwickelten sich in dieser Zeit zu den Hauptsäulen des Westberliner Nahverkehrs. Parallel dazu wurde der motorisierte Individualverkehr zum alles bestimmenden Faktor. Das damit verbundene finanzgewaltige Straßenbauprogramm verdeutlicht den Stellenwert des Automobils in der Verkehrspolitik Westberlins. Eine Senatsdrucksache aus dem Jahre 1957 brachte den verkehrspolitischen „Denkstil" der Verantwortlichen dieser Zeit treffend auf den Punkt: „Wer ein Ziel hat soll im Auto sitzen, und wer keines hat, ist ein Spaziergänger und gehört schleunigst in den nächsten Park."[27] Auf lange Zeit blieben solche Vorstellungen unangefochten. Der ÖPNV wurde im wesentlichen einer „schnittigen Moderne" geopfert. Erst im März 1972 beauftrage das Abgeordnetenhaus eine Planungsgruppe mit der Ausarbeitung einer langfristigen und detaillierten Nahverkehrskonzeption. Die Grundsätze dieser Ausarbeitung waren vor allem: die Priorität des ÖPNV vor dem Individualverkehr und die Einbeziehung der S-Bahn in den öffentlichen Nahverkehr. Die „Ölkrise" von 1973 erzeugte schließlich den notwendigen ökonomischen Handlungsdruck. Im Sommer 1974 wurde der Bericht dem Senat vorgelegt und im Januar 1975 veröffentlicht. Interessanterweise erfolgte kurz darauf das Angebot der SED-Führung, die S-Bahn zur Nutzung an Westberlin zu übergeben. Die Straßenbahn spielte jedoch bei der Umorientierung auf den ÖPNV trotz der sich in den westlichen Ländern vollziehenden „Renaissance der Straßenbahn" bis zur Wiedervereinigung keine Rolle mehr. In der Gesamtsicht hatte zu diesem Zeitpunkt die Entwicklung zur „autogerechten" Stadt in Westberlin eine solche Eigendynamik erreicht, daß die negativen Folgen nur mit großem

---

26 Bley, S. 35 ff.; Wolf, S. 105–109; 70 Jahre elektrisch. Zur Entwicklung der Berliner S-Bahn, SIGNAL-Sonderausgabe, Berlin 1994, S. 11 ff. u. 34 ff.; Strecke ohne Ende. Die Berliner Ringbahn, SIGNAL-Sonderausgabe, Berlin 1993, S. 75 ff.; Berlin Handbuch, S. 1012–1014 u. 1328f.; Deutsches Institut für Wirtschaftsforschung, Wochenbericht 5 (1981).
27 Zit. bei Manfred Pietschmann, Eine Stadt macht mobil, in: GEO-Wissen 2 (1991), S. 32.

Aufwand gemindert werden konnten. Die Vereinigung der beiden Stadthälften führte schließlich dazu, daß die erzielten Fortschritte im ÖPNV Westberlins aufgrund der neuen Ausgangslage und Aufgabendimension teilweise wieder in Frage gestellt wurden.[28]

6. Die notgedrungene Alternative: Anmerkungen zum ÖPNV in Ostberlin

Im Gegensatz zu Westberlin bildete in Ostberlin die Straßenbahn zusammen mit der S-Bahn bis 1990 das Grundgerüst des ÖPNV. Diese Tatsache darf jedoch nicht darüber hinwegtäuschen, daß nach den Vorstellungen der Planer auch in Ostberlin die Straßenbahn in den fünfziger und sechziger Jahren ihren Einfluß verlieren und das U-Bahn-System ausgebaut werden sollte. Die Grundzüge und Zielkriterien des Generalverkehrsplanes (GVP) für Ostberlin (1967) oder des schon Ende der fünfziger Jahre ausgearbeiteten „Perspektivplanes über die Entwicklung des öffentlichen Nahverkehrs der BVG im Zeitraum 1960–1985" verdeutlichen diese noch aus der Zeit vor dem Zweiten Weltkrieg stammenden Absichten. Doch die harten wirtschaftlichen, städtebaulichen und ideologischen Realitäten beschränkten die wirtschaftlichen Möglichkeiten und verkehrspolitischen Gestaltungsfreiheiten außerordentlich. Diese Begrenzungsfaktoren verhinderten im wesentlichen, daß sich in Ostberlin ähnliche Vorstellungen wie in Westberlin unter dem Deckmantel der „sozialistischen Stadt" bzw. der „sozialistischen Gesetzmäßigkeiten" der Stadtentwicklung durchsetzen konnten.

Zwei Kontinuitäten durchzogen die Nahverkehrsgestaltung im Osten Berlins bis 1990. Einmal wurden verkehrspolitische Entscheidungen aufgrund der genannten Begrenzungsfaktoren weiter durch Pragmatismus geprägt. Zum anderen blieb der Grundsatz ÖPNV vor Individualverkehr durchgehend bestimmend. Mit dem Wohnungsbauprogramm (1971) mußte sich jedoch die Verkehrsplanung bedingungslos der Stadtplanung unterordnen. Diese Unterordnung bewirkte, daß die Nahverkehrsentwürfe an das schnelle, billige und gesichtslose Bauen anpaßt werden mußten. Schnell, billig und der Rohstoffsituation der DDR am besten angepaßt war vor allem die Stadttechnik Straßenbahn. Zwischen 1972 und 1974 wurden deshalb mehrere Konzeptionen für den Ausbau des Straßenbahnsystems in Ostberlin vorgelegt. Am 23. Januar 1974 lag eine endgültige Richtlinie dem Magistrat von Ostberlin vor, in der es heißt: „Beginn des Aufbaus eines Schnellstraßenbahnsystems durch den schritt-

---

28 Wolf, S. 89 ff.; Berlin Handbuch, S. 1327 ff.; Eckehard Frenz, Die Strassenbahnstillegung in der Bundesrepublik Deutschland, in: Reinhart Köstlin/Hellmut Wollmann (Hg.), Renaissance der Strassenbahn, Basel 1987 (Stadtforschung aktuell, Bd. 12), S. 47 ff.; Wangemann, S. 108 ff.; Karlheinz Lohr u.a., Der Stadtverkehr in Berlin. Probleme und Lösungsvorschläge. Eine Studie des ressortübergreifenden Planungsteams „Nahverkehr", Berliner Forum 6 (1975), S. 5 ff.

weisen Einsatz von Tatra-Fahrzeugen auf den wichtigsten Radialen."[29] Der Ausbau der U-Bahn wurde zurückgestellt. Ersichtlich wird damit auch, daß die Entscheidung für die Straßenbahn in Ostberlin wenig mit der schon erwähnten internationalen „Renaissance der Straßenbahn" zu tun hatte. Der DDR-Führung blieb aufgrund ihrer ideologischen Zielsetzungen und beschränkten finanziellen Mittel gar nichts anderes übrig, als sich für die Stadttechnik Straßenbahn zu entscheiden bzw. das vorhandene System des ÖPNV weiter zu überfordern.[30]

## 7. Resümee

Die hier dargelegten Grundzüge der Entwicklung haben gezeigt, daß die Entwicklungen in Ost- und Westberlin durch eine starke politische Instrumentalisierung der Infrastrukturpolitik im Bereich des öffentlichen Nahverkehrs geprägt wurden. Beide Stadthälften sollten mit ihren Stadt- und Verkehrsentwürfen als „Schaufenster" des jeweiligen Systems dienen. Schon 1949 hatte der erste Regierende Bürgermeister von Westberlin, Ernst Reuter, die kommende „Prestigejagd" mit den markigen Worten eingeleitet: „Berlin muß Schaufenster der Freiheit, aber auch ein Schaufenster des wirtschaftlichen Wohlstands werden. Das ist die Funktion dieser Stadt hinter dem Eisernen Vorhang."[31] Ähnliche Töne waren aus Ostberlin zu hören. Beide Seiten verhielten sich besonders in den fünfziger Jahren nach dem Prinzip „Das eine denken und das andere sagen". Ost- und Westberlin bezogen in allen Bereichen des städtischen Lebens entschiedene Frontstellung zueinander. Gleichzeitig war diese Kontra-Stellung mit einer gesamtdeutschen Rhetorik gekoppelt.[32] Dieser Widerspruch verschwand mit dem Mauerbau (1961) und dem Entspannungsprozeß weitgehend. Ab den siebziger Jahren setzte sich in den Bereichen der Infrastrukturpolitik nach und nach eine durch Pragmatismus gekennzeichnete „Zusammenarbeit" durch.

Besonders in Westberlin spielte das amerikanische Leitbild von der „autogerechten Stadt" eine maßgebliche Rolle. Doch auch im Ostteil war dieses Leitbild bestimmend, obwohl in den Nahverkehrsentwürfen Ostberlins per-

---

29 Zit. bei Ciesla, S. 16.
30 Gerhard Jung/Joachim Lenz, Grundzüge und Zielkriterien des Generalverkehrsplans der Hauptstadt der DDR, Berlin, in: Deutsche Eisenbahntechnik 7 (1969), S. 333–337; dies., Der Generalverkehrsplan der Hauptstadt der DDR, Berlin (II), in: Deutsche Eisenbahntechnik 8 (1969), S. 380–386; Ciesla, S. 10–20; Wolf, S. 89 ff.; Wolf-Dieter Machel, Zwischen Notwendigkeit und Tradition. Zur Entwicklung der Straßenbahnen in der DDR, in: Straßenbahn-Magazin 94 (1994), S. 323–334.
31 Düwel, S. 231.
32 Andreas Schätzke, Zwischen Bauhaus und Stalinallee. Architekturdiskussion im östlichen Deutschland 1945–1955, Braunschweig 1991 (Bauwelt-Fundamente, Bd. 95), S. 63.

manent der Vorrang des öffentlichen Verkehrs gegenüber dem Individualverkehr betont wurde. In der Praxis befaßten sich die Planer Ostberlins auch mit dem Straßenverkehr und damit gleichbedeutend mit dem Individualverkehr. Hinzu kommt, daß in Ostberlin mit dem Wohnungsbauprogramm (ab 1971) die Verkehrsplanung der Stadtplanung bedingungslos untergeordnet wurde. Eine solche Tendenz hatte es in Westberlin zu keinem Zeitpunkt gegeben.

Gerade die hier abrißartig behandelte Stadttechnik S-Bahn symbolisiert die schwierige Geschichte des öffentlichen Nahverkehrs in Berlin nach 1945. Auf viele wesentliche Zusammenhänge, Entwicklungsprozesse und Wirkungen hat der schon zu Beginn zitierte Schriftsteller Uwe Johnson 1961 – kurz vor dem Mauerbau – in einem Essay über die Berliner Stadtbahn hingewiesen. Einige Jahre später erschienen ihm seine Beobachtungen angesichts der Betonbarriere und des Boykotts der Ostberliner S-Bahn durch die Westberliner „veraltet". Doch für das hier beabsichtigte Forschungsprojekt stellen seine literarischen Reflexionen über den Ost-West-Konflikt am Beispiel der Berliner Stadtbahn einen vielversprechenden Denk- und Untersuchungsansatz dar. Johnson bemerkte: „(In Berlin) leben zwei gegensätzliche staatliche Organisationen, zwei wirtschaftliche Arrangements, zwei Kulturen so eng nebeneinander, daß sie einander nicht aus dem Blick verlieren können und einander berühren müssen. Solche Nachbarschaft fordert den genauen Vergleich. Die Abstraktion und Dämonisierung, die politisch mit diesem Ort betrieben werden und als Sprachregelungen auf ihn zurückfallen, verfehlen die Möglichkeiten des Modells. Was in ihm symptomatisch erscheint für die Teilung und Wiedervereinigung eines Landes, kann auch repräsentativ sein für die Feindschaft und Annäherung der beiden Lager in der Welt."[33] Und in der Tat lassen sich am Beispiel der S-Bahn die in Berlin nach dem Zweiten Weltkrieg entstandenen politischen, ökonomischen und sozialen Verwerfungen vergleichend gut untersuchen. Dadurch bietet sich zugleich ein vielversprechender Zugang für eine Analyse des öffentlichen Nahverkehrs in der geteilten Stadt Berlin.

---

33 Johnson, S. 10.

*Elfi Bendikat*

# Öffentliche Verkehrssysteme im Spannungsfeld kommunaler Intervention im Metropolenvergleich: Berlin und Paris 1890–1914

## 1. Einleitung

Der Ausbau des öffentlichen Nahverkehrs war seit der zweiten Hälfte des 19. Jahrhunderts ein Phänomen, das in allen europäischen Großstädten auftrat und die Entwicklung der Städte einerseits stark beeinflußte, andererseits auch Folge der Umgestaltung ihres sozial-räumlichen Gefüges war. Bereits 1873 stellte der Nationalökonom Gustav Schmoller fest, daß die Großstadt der „rapiden Beförderungsmittel" dringend bedürfe, „nur um die ungeheuren Wege zwischen Arbeits- und Wohnort, zwischen Schule und Haus, zwischen Börse und Privatgeschäft überhaupt zurückzulegen, um hie und da mal außerhalb der Dunstatmosphäre der Riesenstadt Luft zu schöpfen und das Grüne wieder zu sehen. Sie bedarf desselben, um überhaupt auf so engem Raume zu existieren."[1] Die wachsende Bedeutung des innerstädtischen Verkehrs für das städtische Leben im Zuge von Industrialisierung, Bevölkerungswachstum und Urbanisierung brachte 1911 schließlich auch der sozialliberale Berliner Stadtrat für Verkehr, Hugo Preuß, mit der Feststellung zum Ausdruck, daß „die moderne Großstadt, und Berlin speziell wohl noch mehr als manche andere,...in ihrem innersten Wesen nach Verkehrsstadt" geworden sei.[2]

Die Gestaltung des öffentlichen Nahverkehrs als wichtigstem Bestandteil des innerstädtischen Verkehrs fiel in den Zuständigkeitsbereich der Stadtvertretungen. Diese sorgten für die Bereithaltung einer Infrastruktur, für die Bereitstellung von Gütern und Dienstleistungen und fixierten den rechtlichen Rahmen für die Abwicklung der Transportleistungen. Sowohl die Stadtentwicklung als auch der 1890 mit der Elektrifizierung, dem Tiefbau und der Motorisierung einsetzende technische Umbruchprozeß verlangten den öffentlich-rechtlichen Körperschaften hohe politisch-administrative Anpassungsleistungen ab. Die Metropolen, deren Hauptkennzeichen das Überschreiten der Millionenmarke in der Einwohnerzahl und eine mit der Vermassung einhergehende Problemkomplexität sowie ein sprunghaft ansteigender Problemdruck waren, verlangten ihren öffentlich-rechtlichen Körperschaften be-

---

1 Gustav Schmoller, Der moderne Verkehr im Verhältnis zum wirtschaftlichen, sozialen und sittlichen Fortschritt, in: Ders., Zur Social- und Gewerbepolitik der Gegenwart, Leipzig 1890, S. 31.
2 Hugo Preuß, Sozialpolitik im Berliner Verkehr, Jena 1911 (Fragen zur kommunalen Sozialpolitik in Groß-Berlin, Bd. 1), S. 11.

sondere Anpassungsleistungen und Problemlösungen ab. Bereits in der ersten Hälfte des 19. Jahrhunderts hatten existentielle, epidemiologische und Sicherheitsmotive die öffentlich-rechtlichen Körperschaften in den Bereichen Kanalisation, Wasser- und Gasversorgung zur Übernahme neuer Aufgaben im Sinne einer kommunalen „Daseinsvorsorge" veranlaßt.[3] Besonders in Deutschland setzte der moderne Interventionsstaat mit den Schutzzoll- und Sozialgesetzen seit Ende der siebziger Jahre den Rahmen für den Funktionswandel vom liberalen „laisser-faire"-Kurs zum steuernden, gestaltenden und sozial intervenierenden Staat.[4] Im Zuge der Neudefinition kommunaler Zuständigkeiten machten sich in Deutschland die Oberbürgermeister aus verschiedenen Städten die Inhalte des „Munizipalsozialismus" zu eigen.[5] Während die Kommunalvertretungen in deutschen Großstädten wie Köln und Düsseldorf die Straßenbahnen im Zuge der Elektrifizierung kommunalisierten, legten die Kommunalvertretungen der Metropolen in dieser Hinsicht größere Zurückhaltung an den Tag. Welche Interventionsstrategien sie in der bedeutenden urbanen und technischen Umbruchphase von 1890 bis 1914 im öffentlichen Nahverkehr entwickelten und umsetzten, soll anhand des zentralen Konfliktfeldes der Verkehrswirtschaft untersucht werden.

*1.1 Strukturelle Vergleichsvoraussetzungen*

Berlin, das 1890 1,5 Mio. Einwohner zählte und auf 310 qkm Fläche 1910 die Zwei-Millionen-Marke erreichte, war gegenüber Paris, das bereits 1891 2,5 Mio. und 1911 auf 470 qkm 2,8 Mio. Einwohner aufwies, zwar ein „Nachzügler"[6]; da beide Hauptstädte im Nahverkehr jedoch ähnliche Entwicklungsetappen durchliefen, dienten sie sich wechselseitig über Besuche von Stadträten und Expertenkommissionen, über Spezialstudien und Fachzeitschriften als Bezugsmodelle.[7] Zusammen mit London und Wien bildeten sie einen

---

3 Wolfgang R. Krabbe, Städtische Wirtschaftsbetriebe im Zeichen des „Munizipalsozialismus": Die Anfänge der Gas- und Elektrowerke im 19. und frühen 20. Jahrhundert, in: Hans Heinrich Blotevogel (Hg.), Kommunale Leistungsverwaltung und Stadtentwicklung im Vormärz bis zur Weimarer Republik, Köln u.a. 1990, S. 117–138.

4 Lothar Gall, Zur Ausbildung und Charakter des Interventionsstaates, in: Historische Zeitschrift 227 (1978), S. 552–570; Heinrich August Winkler (Hg.), Organisierter Kapitalismus. Voraussetzungen und Anfänge, Göttingen 1974.

5 Wolfgang Krabbe, Munizipalsozialismus und Interventionsstaat. Die Ausbreitung der städtischen Leistungsverwaltung im Kaiserreich, in: Geschichte in Wissenschaft und Unterricht 30 (1979), S. 265–283; Wolfgang Hofmann, Oberbürgermeister und Stadterweiterungen, in: Helmuth Croon u.a. (Hg.), Kommunale Selbstverwaltung im Zeitalter der Industrialisierung, Stuttgart u.a. 1971, S. 59–85.

6 Walther Rathenau, Die schönste Stadt der Welt, Berlin 1928 (Nachgelassene Schriften, Bd. 2), S. 260ff.; Klaus Scheffler, Berlin. Ein Stadtschicksal, Berlin 1910.

7 Gaston Cadoux, La vie des grandes capitales. Etudes comparatives Londres, Paris, Berlin, Vienne, Rome. Paris ²1913.

„exklusiven europäischen Städteclub", dessen Kommunalpolitiker und Presseorgane wechselseitigen Respekt, Bewunderung und Konkurrenz bekundeten.[8] Schließlich standen beide Hauptstädte auch im nationalpolitischen Kontext in einem besonderen Interdependenzverhältnis.

Eine wichtige Voraussetzung für die Konzipierung und Implementation infrastruktureller Interventionsstrategien bot die den politisch-administrativen Handlungsspielraum fixierende Munizipalverfassung. Im Falle von Paris bildete das in der Umbruchphase nach dem deutsch-französischen Krieg und der Pariser Kommune am 14. April 1871 erlassene Kommunalgesetz bis 1975 mit einigen Modifikationen die Grundlage der hauptstädtischen Verwaltungsorganisation. Den infrastrukturellen Handlungsspielraum bestimmten vier Verfassungselemente: Die Konzentration der Verwaltung auf den Seinepräfekten als Vertreter von Zentralregierung und als Exekutive für kommunale Angelegenheiten, die finanzpolitische Staatsaufsicht, die duale Struktur der Dienstleistungsbehörden und die Kompetenzrestriktion der Stadt- und Departementsvertretung.[9] Im Nahverkehrsbereich fungierte die Seinepräfektur als Planungs-, Verhandlungs- und Koordinationsinstanz und erstellte Statistiken und Fachgutachten. Darüber hinaus maßen der von 1896 bis 1911 amtierende Seinepräfekt Justin de Selves sowie sein bis 1918 amtierender Nachfolger Marcel Delanney Nahverkehrsfragen im urbanen Problemspektrum einen vorrangigen Stellenwert bei. Im Unterschied zu Berlin oblag dem Polizeipräfekten nur die Kontrolle über die öffentliche Sicherheit und Ordnung.

Das originäre städtische Vertretungsorgan war der nach allgemeinem Männerwahlrecht in den „Quartiers" gewählte „Conseil municipal" (Stadtrat). Die damit einhergehende kleinräumige Struktur sollte den direkten Kontakt zur Wählerschaft und eine sachbezogene Orientierung gewährleisten.[10] Eine für die gesamtstädtische Entwicklung negative Folgeerscheinung der Quartiersbindung war der Lokalismus der Stadträte, der nur durch eine Frontstellung zur Staatsregierung überwunden werden konnte. Staatlicher Zustimmung bedurften die städtische Finanzpolitik, insbesondere Kreditaufnahmen für Infrastrukturinvestitionen, die Errichtung kommunaler Dienstleistungsbetriebe und Stadtplanungsvorhaben. Genehmigungsfrei war nur eine begrenzte Zahl von Beschlüssen, insbesondere vermögensrechtliche Angelegenheiten, was die Erhebung von Haltegebühren für Omnibusse und Straßenbahnen einschloß. Auf territorialer staatlicher Verwaltungsebene war Paris Teil des Seinedepartements, dessen Vertretungsorgan der „Conseil général de la Seine" (Seine-Generalrat) den gleichen kommunalrechtlichen Bestimmungen unterstand. Das Seinedepartement wurde folglich nicht nur durch den Pariser

---

8 Anthony Sutcliffe, Towards the Planned City, Oxford 1981, S. 163–201.
9 Maurice Félix, Le régime administratif et financier de la Ville de Paris et du Département de la Seine, Paris 1946.
10 Ebd., S. 233.

Sonderstatus benachteiligt, es wurde auch in Fragen der technischen Infrastruktur von der Hauptstadt majorisiert.[11]

In Berlin, das 1871 Hauptstadt des Deutschen Kaiserreichs geworden war, übten der Oberpräsident für die Provinz Berlin und Brandenburg in erster Instanz und der Innenminister in zweiter Instanz die Staatsaufsicht über die Stadtverwaltung aus.[12] Während der Oberpräsident das städtische Budget kontrollierte, war der Polizeipräsident weitestgehend für die im Interesse der öffentlichen Wohlfahrt liegenden Verkehrsfragen zuständig. Die Berliner Stadtverordnetenversammlung wurde nach dem 1850 eingeführten und bis 1918 gültigen Dreiklassenwahlrecht gewählt, dessen Kriterien Hausbesitz, wirtschaftliche Selbständigkeit und die Leistung einer direkten Steuer waren.[13] Zensuswahlsystem und Hausbesitzerprivileg begünstigten die stabile Mehrheit der Liberalen, die dem Programm der Freisinnigen Volkspartei nahestanden. Erst seit 1897 erzielten die Sozialdemokraten mehr Stimmen, was allerdings auf Mandatsebene keine Entsprechung fand. Im Unterschied zum Pariser Stadtrat, wo eine von 1890 bis 1896 regierende linksrepublikanische Mehrheit und ein von 1896 an erstarkender sozialistischer Flügel die städtischen technischen und kulturellen Infrastrukturleistungen zum Ausgangspunkt für den Widerstand gegen die Staatsaufsicht nahm, und der sein Mandat im lokalen Bereich politisch deutete, verstand die Berliner Stadtvertretung ihre Tätigkeit überwiegend administrativ. Sie war folglich weniger geneigt, nahverkehrspolitische Kompetenzeinschränkungen analog zum Pariser Stadtrat in der Metrofrage[14] als politischen Selbstverwaltungskonflikt mit der Staatsregierung auszutragen.

Einen weiteren für den Ausbau des öffentlichen Nahverkehrs abträglichen Unterschied bildete die administrative Organisation des Ballungsraums Groß-Berlin. Die Zersplitterung in fragmentierte Subsysteme zog eine der faktischen Fusion als Wirtschafts- und Verkehrseinheit zuwiderlaufende fiskalische und infrastrukturelle interkommunale Konkurrenz nach sich. Diese trug dazu bei, daß das Straßenbahnmonopolunternehmen, die „Große Berliner Straßenbahn AG", und der Staat gegenüber den Gemeinden erfolgreich eine Politik des divide et impera zum eigenen Vorteil verfolgen konnten. Erst am 27. Juni 1911 wurde ein „Zweckverband Groß-Berlin" aus sieben Städten und zwei Landgemeinden gebildet, dem als oberste Aufgabe die Vereinheitlichung der Verkehrsverhältnisse im Straßenbahnsektor und die Wahrnehmung regionaler Verkehrsbelange oblag.[15]

11 René Laurent, Paris sa vie municipale. Vers le plus Grand Paris, Paris 1931, S. 26f.
12 Paul Wölbling, Berliner Stadtrecht, Berlin 1911, S. 40–46.
13 Wolfgang Hofmann, Preußische Stadtverordnetenversammlung als Repräsentativ-Organe, in: Jürgen Reulecke (Hg.), Die deutsche Stadt im Industriezeitalter, Wuppertal 1975, S. 31–56; Thomas Kühne, Dreiklassenwahlrecht und Wahlkultur in Preußen 1867–1914, Düsseldorf 1994.
14 Roger-Henri Guerrand, L'aventure du métropolitain, Paris 1986.
15 Elek Takáts, Der Verband Groß-Berlin vom 19. Juli 1911 bis 1. Oktober 1920, seine

Im Unterschied zum parlamentarischen Regierungssystem in Frankreich, wo in den 1890er Jahren durch die Regierungsbeteiligung der linksbürgerlichen „Radicaux" aus Gründen funktionaler Opportunität ein gemäßigter Kurs gegenüber den Selbstverwaltungsforderungen der Hauptstadt eingeschlagen wurde, der 1895 die staatliche Zustimmung zum urbanen Metrokonzept des Stadtrates zum konkreten Ergebnis hatte, ging der preußische Staat gegenüber Berlin bis zum Ende des Kaiserreichs nicht über seine Rolle als Restriktionsinstanz hinaus. Die Voraussetzungen der Berliner Stadtvertretung für eine Intervention im öffentlichen Nahverkehr waren auf politisch-administrativer Ebene folglich schlechter als in Paris.

## 2. Nahverkehrspolitische Konflikte und kommunale Intervention in Paris

Die Struktur des Pariser Nahverkehrsmarktes und die gesetzlichen Rahmenbedingungen privatwirtschaftlichen und kommunalen Handelns waren im Zweiten Empire geprägt worden. Die Leistungsdefizite der seit 1828 bestehenden Pferdebusunternehmen hatten 1854 den Polizeipräsidenten Piétri erstmals zu einer marktregulierenden Intervention im Nahverkehrswesen veranlaßt. Zur Sicherung der Transportleistung ordnete er die Fusion der Pferdebusunternehmen an. Die neugegründete „Compagnie Générale des Omnibus" (CGO) erhielt 1855 die Exklusivrechte für den öffentlichen Nahverkehr per kaiserlichem Dekret zugesprochen. Bereits vier Jahre später führte die mit der Eingemeindung der Vororte einhergehende städtische Gebietserweiterung zur Erneuerung des Konzessionsvertrages zwischen der CGO und dem Seinepräfekten Georges-Eugène Haussmann.

Im Konzessionsvertrag vom 18. Juni 1860, der bis zum 31. Mai 1910 Gültigkeit hatte, wurden die allgemeinen Geschäftsbedingungen für die Tätigkeit der CGO festgelegt. Die Balance zwischen privatwirtschaftlichen Interessen einerseits und städtischen Finanz- und Gemeinwohlinteressen andererseits wurde durch ein prekäres Geflecht aus Zugeständnissen und Auflagen erreicht, das – was die Vertragspartner nicht vorhersahen – urbanisierungs- und technikbedingten Veränderungen unterworfen war. In Artikel 1 wurde dem Unternehmen ein exklusives Verkehrs- und Halterecht im Stadtgebiet zugesprochen.[16] Die Stadt knüpfte daran die Erwartung, eine gesicherte und das Publikum zufriedenstellende Transportleistung zu erhalten. Gleiches galt für die im Unterschied zu Berlin lange Konzessionsfrist von 50 Jahren. Darüber hinaus behielten sich die öffentlich-rechtlichen Körperschaften das Recht vor, weitere Konzessionen an andere Unternehmen zu verge-

---

wirtschaftlichen Aufgaben und Leistungen insbesondere im Verkehrs- und Siedlungswesen, Köln 1933.
16 Konzessionsvertrag, in: Rouanet, Conseil municipal, rapports, Nr. 30, 1893, Annexe 1, S. 115ff.

ben. Von der CGO wurde diese Exklusivitätsgarantie hingegen als Monopolrecht ausgelegt. Als Gegenleistung beanspruchte die Stadt jährlich eine Abgabe von 1 Mio. Francs beim Einsatz von 500 Wagen und von 2.000 Francs bei jedem weiteren Wageneinsatz. Hinzu kamen 50% der eine bestimmte Dividende überschreitenden Einnahmen. Diese vergleichsweise hohen Abgabeforderungen signalisieren, daß die öffentlich-rechtlichen Körperschaften den öffentlichen Nahverkehr aufgrund des hohen Bedarfs an Transportleistungen als einträgliche Einnahmequelle einstuften. Ihre Richtlinienkompetenz fixierte die Stadt erstmals in einem „cahier des charges" (Auflagen zur Betriebserlaubnis). Diese im nationalen und internationalen Vergleichsmaßstab einzigartig detaillierten Auflagen berührten die Tarif- und Fahrplangestaltung, die Linienführung und die Beförderungspflicht.

Zusammen mit der Exklusivitätsgarantie, den unternehmerischen Abgaben und der Konzessionsfrist bildeten diese gemeinwirtschaftlichen Auflagen nach 1871 die Hauptkonfliktpunkte mit der Stadtvertretung. Reibungen entwickelten sich vor allem aus dem Widerspruch, einerseits der CGO durch eine Exklusivitätsgarantie und eine lange Konzessionsfrist eine relativ große Machtstellung einzuräumen und eigenwirtschaftliche Selbständigkeit zuzugestehen, andererseits aber mittels rigider Einzelauflagen zur Durchsetzung von Gemeinwohlinteressen stark in unternehmerische Dispositionsräume einzugreifen. Schließlich wurde das Ziel der Verkehrsleistung in den Auflagen zur Betriebserlaubnis präzise vorgeschrieben. Allgemein gesprochen übernahmen die öffentlich-rechtlichen Körperschaften seit der Ära Haussmann die Bereitschaft zur Regulierung des Nahverkehrswesens.

Die sich mit der Dritten Republik seit 1871 beschleunigenden Prozesse der Industrialisierung, des demographischen Wachstums und technischen Fortschritts leiteten in Paris die Herausbildung des modernen technisierten Massennahverkehrssystems ein. Seit 1874 erwuchs dem Pferdomnibus mit der leistungsfähigeren Pferdestraßenbahn eine neue Konkurrenz. Sie vermochte längere Strecken und Steigungen leichter zu bewältigen und eine größere Zahl von Fahrgästen zu transportieren.[17] Allerdings war sie wie in Berlin und London in den gewundenen, engen Straßen der Altstadt in den Arrondissements I–VI nicht einsetzbar. Ihre Domäne waren vielmehr die in der Ära Haussmann fertiggestellten großen Straßenachsen in die sich industrialisierenden Randbezirke auf dem rechten Seineufer und in die Vororte.[18] Das Gesetz vom 11. Juni 1880 regelte schließlich die kommunalen Kompetenzen und Vertragsbedingungen für lokale Schienensysteme.[19] Es galt zuerst für die Straßenbahn und von 1895 an für die Metro.

17  Louis Lagarrigue, Cent ans de transports en commun dans la région parisienne, 4 Bde., Paris 1952; Dominique Larroque, L'expansion des tramways urbains en France avant la Première Guerre Mondiale, in: Histoire, économie et société 9 (1990), H.1, S. 135–168.
18  Jean des Cars/ Pierre Pinon (Hg.), Paris-Haussmann. „Le pari d'Haussmann", Paris 1991.
19  Rouanet, rapports, S. 161–168.

Auf verkehrspolitischer Ebene zog die Pferdestraßenbahn eine Dynamisierung des Verkehrsmarktes nach sich. Zum einen wurden nun die Schwächen des Konzessionsvertrages von 1860 für den Stadtrat spürbarer deutlich. Die gemeinwirtschaftlichen Grundprinzipien der Betriebs-, Fahrplan-, Beförderungs- und Tarifpflicht erwiesen sich trotz der Benennung einzelner Leistungen aufgrund von Formulierungsschwächen zugunsten der privatwirtschaftlichen Interessen auslegungsfähig. Zudem stieß die von der CGO als faktisches Monopolrecht ausgelegte Exklusivitätsgarantie als politische und betriebliche Erblast des Empire nach 1871 in einem sich zunehmend linksrepublikanisch entwickelnden Stadtrat auf wenig Anhänger. Im Gegensatz zur CGO leitete der Stadtrat aus dem Artikel 1 lediglich eine Betriebspflicht ab. Bereits in den 1870er Jahren häufte sich die Kritik des Publikums an der Konzentration der Linienführung auf das Stadtzentrum und an der hohen Tarifgestaltung der CGO. Die zahlreichen Vorstöße des Stadtrats zur Behebung der Leistungsdefizite scheiterten jedoch an der unnachgiebigen Haltung des Nahverkehrsunternehmens. Darüber hinaus vermochte der Stadtrat das in Artikel 8 des Konzessionsvertrages von 1860 fixierte Recht auf Konzessionsentzug nicht wahrzunehmen. Weder waren die Handlungsbedingungen fixiert worden, noch stimmte die konservative Republik unter Staatspräsident Mac Mahon einer Entmachtung der CGO zu.

Sowohl die Stadt- als auch die Departementsvertretung vermochten im Unterschied zu Berlin dem Minister für öffentliche Arbeiten zwar bis 1890 das Recht zur Konzessionierung einzelner Straßenbahnlinien abzufordern, für die Konzessionsvergabe blieb jedoch grundsätzlich das Ministerium zuständig. Die Folge dieser Kompetenzzersplitterung waren differierende Vertragsinhalte und Konzessionsfristen. Auch vermochte die CGO bis Anfang der 1890er Jahre nicht nur ihre Machtstellung gegenüber dem Stadtrat erfolgreich zu behaupten, es gelang ihr auch mit staatlicher Unterstützung, ihren Monopolanspruch gegen konkurrierende Straßenbahnunternehmen zu verteidigen.[20]

*2.1 Die verkehrswirtschaftlichen Konfliktpunkte*

Zwischen Stadtrat und CGO wurde die Betriebspflicht der Hauptkonfliktpunkt. Der Stadtrat ging bei seinen Forderungen davon aus, daß verlustbringende Strecken von der CGO durch Mischkalkulation subventioniert wurden und daß sich Busse und Straßenbahnen betriebswirtschaftlich ergänzten. Das Nahverkehrsunternehmen legte das Konzept der Mischkalkulation hingegen nur zugunsten der Stärkung wirtschaftlich rentabler Linien aus. Demzufolge konzentrierte die CGO ihr Streckennetz auf das Zentrum, während sie die durch geringen Fahrgastwechsel gekennzeichneten Linien in die Randbezirke

---

20 Dominique Larroque, Economie et politique des transports urbains 1855–1939, in: Les Annales de la recherche urbaine 23/24 (1984), S. 127–141.

eigenmächtig einstellte, die Streckenverläufe veränderte und die Beschlüsse des Stadtrates bezüglich Leistungserweiterungen verzögerte oder ignorierte. Die Aufrechterhaltung wenig einträglicher oder defizitärer Linien vermochte der Stadtrat nur mittels Druck oder Gegenleistungen durchzusetzen. Als wichtigstes Druckmittel diente die Verweigerung der Einstellung defizitärer Linien oder die Bindung von Neubewilligungen an die Umsetzung vorheriger Beschlüsse.

Das Resümee des linksrepublikanischen Stadtrats Caumeau zum Stand der Konflikte mit der CGO vom Mai 1895 gibt einen treffenden Einblick in die Verschleppungstaktik des Monopolunternehmens: Im März 1893 habe die für Nahverkehrsfragen zuständige Dritte Kommission des Stadtrates Vorschläge zur Einrichtung neuer Omnibus- und Straßenbahnlinien vorgelegt. Als Antwort machte die CGO für mehrere Linien Betriebsprobleme geltend und verharrte in Untätigkeit. Im Mai 1894 legte die für Finanz-, Grund- und Bodenfragen zuständige Erste Kommission schließlich einen zweiten Bericht mit Vorschlägen zu Schaffung neuer Linien und zur Veränderung von Streckenführungen vor. Zwar sei in direkten Verhandlungen mit der CGO eine Übereinkunft erzielt worden, die Hoffnungen der „Quartiers" auf verbesserte Verkehrsanbindungen wurden durch die Untätigkeit des Unternehmens jedoch erneut enttäuscht: „...la Compagnie des omnibus n'a rien fait, et nous ne savons rien de ce que l'Administration (Seinepräfektur, E.B.) entend faire pour la forcer à remplir ses engagements; nous ne savons pas s'il sera enfin donné satisfaction aux intérêts du grand public parisien. Ce n'est pas la première fois que cette même question est débattue ici; ceux de nos collègues qui nous ont devancé sur ces bancs ont assisté, il y a quelques dix ans, à des séances nombreuses, à une discussion très approfondie, consacrées à ces luttes entre la Compagnie des omnibus et la ville de Paris".[21]

Alle republikanischen Gruppierungen – insbesondere aber die linksrepublikanischen Stadträte – warfen der CGO wiederholt einen Mißbrauch ihrer Monopolmacht vor. In diesem Sinne konstatierte Caumeau: „Non seulement la Compagnie veut pas appliquer la délibération du Conseil, non seulement elle taquine le public au sujet des correspondances, mais encore on peut dire que Paris est plus mal traité que toutes les autres grandes villes de France sous le rapport du transport en commun. La Compagnie applique toute son habileté à sa gestion financière; elle possède à cet égard toutes les ressources pour tromper, je ne dis pas l'Administration, mais tout au moins le Conseil et le public".[22]

Einen zweiten Konfliktpunkt bildete die Fahrplan- und Beförderungspflicht. Diese gemeinwirtschaftliche Auflage betraf die Zuverlässigkeit der Verkehrsleistung, die Sicherheit und Geschwindigkeit. Besonders den Pferdeomnibussen wurde vorgeworfen, die Fahrpläne nicht einzuhalten oder ohne

---

21 Conseil municipal, procès-verbaux, 17.5.1895, S. 733.
22 Ebd.

Information des Publikums Fahrplanänderungen vorzunehmen. Im Juni 1901 beklagte der Nahverkehrsexperte Henri Rousselle im Stadtrat: „Il est inadmissible que la Compagnie puisse, suivant son bon plaisir, modifier ses horaires. La population se plaint des tous ces changements; elle a raison, et je demande à l'Administration de bien vouloir faire tous ses efforts pour obliger la puissante Compagnie des omnibus à tenir ses engagements".[23] Der Grund waren schadhafte Fahrzeuge und Betriebsausfälle, da die CGO statt in die technische Instandhaltung und Modernisierung ihres Fuhrparks eher in Immobilien investiert hatte, die nach Ablauf der Konzessionsfrist 1910 in ihrem Besitz blieben.[24]

In den 1890er Jahren wies die Ertragslage der CGO infolge der rasant steigenden Nachfrage Gewinne auf, insbesondere in den Jahren vor der Weltausstellung schrieb das Unternehmen schwarze Zahlen.

**Transportleistung, Einnahmen und Ausgaben der CGO (1890–1912)**

| Jahr | Transport (in Mio.)[1] | | Einnahmen | Ausgaben | Gewinn |
|---|---|---|---|---|---|
| | Busse | Str.bahn | (in Mio. Francs) | | |
| 1890 | 114 | 73 | 39 | 35 | 4 |
| 1894 | 127 | 90 | 46 | 42 | 4 |
| 1898 | 138 | 127 | 49 | 41 | 8 |
| 1900 | 162 | 156 | 60 | 50 | 10 |
| 1902 | 129 | 133 | 48 | 44 | 4 |
| 1906 | 145 | 139 | 46 | 41 | 5 |
| 1912 | 206 | 160 | 53 | 49 | 4 |

Quelle: [1] Annuaire statistique de la Ville de Paris, Bde. 1890–1913; Seine-Archiv: V2 0$^9$ 2, Conseil municipal, rapport Nr. 60/1907, S. 11.

Die besonders bei den Omnibussen eintretenden Einnahmerückgänge waren hauptsächlich auf die 1900 einsetzende Konkurrenz der Metro und an zweiter Stelle auf die Vorort-Zentrum-Linien der Straßenbahnen zurückzuführen. Neben Immobilienankäufen war das Ausschütten einer hohen Dividende, die 1890 55 Francs pro Aktie betrug und in der Zeit der Elektrifizierung 1897–1899 sogar auf 65 Francs anstieg, im Unterschied zu Berlin ein weiteres Merkmal der Geschäftspolitik. Erst 1900 sank die Dividende und 1901 wurde sie schließlich eingestellt.

Den dritten Konfliktpunkt bildete die Tarifpflicht. Da die öffentlichrechtlichen Körperschaften in der Einführungsphase zur Attraktivitätssteigerung des Nahverkehrsmarktes für private Anbieter hohe Tarife toleriert hat-

---

23 Conseil municipal, procès-verbaux, 17.6.1901, S. 114.
24 Larroque, Economie; Ders., Enjeux politiques et financiers autour d'une technique urbaine: Paris et ses transports, in: Les Annales de la recherche urbaine 14 (1982), S. 70–97.

ten, waren Anpassungen in der 1897 einsetzenden Elektrifizierung nur schwer gegenüber der CGO durchzusetzen. Seitens des Publikums wurde in einer 1896 im Rathaus und in einigen Bezirksbürgermeistereien ausgelegten Umfrage, an der sich rd. 12.000 Personen beteiligten, eine enge Verbindung zwischen Elektrifizierung und Fahrpreissenkung gesehen. Während die CGO ihr Zögern mit ihrer prekären Finanzlage und dem Ablauf des Konzessionsvertrags im Jahre 1910 begründete, hegten die Stadträte an der langfristigen Amortisierung dieser Investition keinen Zweifel. Das investive Zögern der CGO veranlaßte schließlich die Stadtvertretung und die Regierung zu einem Bündnis, das jedoch aufgrund der festgefahrenen Vertragsstruktur nur geringe Erfolge erzielte. Erst der Konkurrenzdruck der Metro motivierte die CGO zu größeren Modernisierungsinvestitionen.

Auch in der Frage der Tarifgestaltung setzte sich die CGO mit der Aufrechterhaltung der alten hohen Fahrpreise durch, die in Paris einen Flächenzonentarif bildeten und lediglich nach Wagenklassen gestaffelt waren. Das Privatunternehmen begründete seine unnachgiebige Haltung damit, daß der Stadtrat den Nahverkehrsunternehmen das kostengünstige Oberleitungssystem im Stadtinnern verweigerte. Die Installierung der elektrischen Oberleitungen war nicht allein eine betriebstechnische Frage, vielmehr prallten hier betriebliche, ästhetische und sozialpolitische Argumente aufeinander. Die linksrepublikanischen und sozialistischen Stadträte der Randbezirke sowie der Seine-Generalrat untersützten erstmals die Nahverkehrsunternehmen bei ihrem Antrag auf Oberleitungen in Erwartung von Fahrpreissenkungen. Im mehrheitlich von den Vertretern des rechten Seineufers besetzten Stadtrat setzte sich jedoch das geschäftlich und finanzpolitisch motivierte Interesse durch, da Oberleitungen als dem Tourismus abträglich und für das Geschäftsleben einnahmesenkend galten. Erst 1912 akzeptierte der Stadtrat auf Druck des Seine-Generalrates und des Ministers für öffentliche Arbeiten eine geringfügige Ausweitung der Oberleitungszone ins Zentrum.

*2.2 Nahverkehrskrise und verkehrspolitischer Kurswechsel*

Vor dem Hintergrund der von 1872 bis 1900 währenden Hochphase der industriellen Randwanderung und der zeitlich versetzt erfolgenden demographischen Randwanderung, die die Bevölkerung zuerst in die Randbezirke und nach der Jahrhundertwende in die Vororte trug,[25] brachen die Probleme der Pariser Nahverkehrsversorgung in den 1890er Jahren verstärkt auf. Angesichts der unnachgiebigen Haltung der CGO war die Situation politisch blockiert, so daß staatliche und kommunale öffentlich-rechtliche Körperschaften schließlich im liberalistischen Wettbewerb mittels konkurrierender

---

25 Maurice Daumas u.a., Evolution de la géographie industrielle de Paris et sa proche banlieue au XIX$^e$ siécle, Bd. 1, Paris 1976.

Konzessionsvergabe eine Lösung sahen. In der Zeit von 1892 bis 1913 intervenierten sie in Kontinuität zur Haussmannära in zwei Schritten indirekt lenkend und ordnend auf dem Nahverkehrsmarkt. Das globale Ziel, ein nachfragegerechtes und leistungsstarkes Nahverkehrswesen zu erhalten, sollte auf zwei Wegen erreicht werden: Zum einen wollte man die CGO durch ihre machtpolitische Schwächung zu Leistungsverbesserungen zwingen, zum anderen sollten Alternativangebote den Nahverkehrsmarkt erweitern.

Den Hauptinterventionssektor bildete das Straßenbahnwesen. Hier setzte in einem ersten Schritt 1892 eine chaotische Konzessionsvergabe für Vorort-Zentrum-Linien durch staatliche, kommunale und departementale Instanzen ein, die in den drei Jahren vor der Weltausstellung 1900 ihren Höhepunkt erreichte. Die Konzessionsverträge waren nicht nur uneinheitlich, sie wurden darüber hinaus auch konzeptionslos vergeben. Die planlose Wettbewerbsstrategie erzielte jedoch nicht die erhoffte Marktstabilisierung, sondern bewirkte vielmehr das Gegenteil. Zwar elektrifizierten die neuen Unternehmen ihr Betriebssystem, richteten neue Linien in die Vororte ein, senkten die Fahrpreise und boten Sondertarife an, jedoch verfügten viele Kleinunternehmen nur über genügend Kapital, um während der Hochkonjunktur anzufangen. Ihre Eigenkapitaldecke reichte nicht aus, um wirtschaftliche Rezessionsphasen zu überstehen. Dem Publikum brachte dieser Kurswechsel folglich lediglich kurzfristig Vorteile.

Der Markt für Straßenbahnen war im Unterschied zu Berlin durch die zahlreichen Kleinanbieter schnell gesättigt und bot bereits 1902 kein lohnendes Investitionsfeld mehr. Rentabilitätssenkend wirkten sich Streckenführungen in schwach besiedelte und gering industrialisierte Gebiete, wie dem Süden von Paris, aus. Gleiches galt für sich überschneidende Streckenführungen und eine nicht kostendeckende Tarifpolitik. Die niedrigen Fahrpeise und die schmale Kapitaldecke zwangen die Unternehmen zu erneuten Kreditaufnahmen. Konflikte entstanden wiederum zur Fahrplan- und Beförderungspflicht. Technische Mängel, überlange Streckenführungen und Überfüllungen zu Verkehrsspitzenzeiten hatten zur Folge, daß die Fahrgäste – soweit möglich – auf Alternativangebote auswichen.

Den zweiten, umfassenderen Interventionsschritt löste die ein bis zwei Jahre nach der Weltausstellung 1900 ausbrechende Finanzkrise im Straßenbahnsektor aus. Im Jahre 1903 galt die wirtschaftliche Lage bei fünf von zwölf Unternehmen als kritisch und bei drei Unternehmen als instabil. Letzteren gelang es zwar, neue Kreditgeber zu finden und durch Umstrukturierungen ihre Ertragslage zu verbessern, jedoch erfüllte kein Unternehmen die Auflagen zur Betriebserlaubnis. Als finanziell stabil galten lediglich die CGO, die Nord-, Süd- und Nogentaisgesellschaft.

Intervenieren mußten die öffentlich-rechtlichen Körperschaften auch im Omnibusbereich, deren ausschließlicher Betreiber die CGO war. Auf langen Strecken unterlagen die Pferdeomnibusse in puncto Beförderungsqualität, Bedienungshäufigkeit und Sicherheit gegenüber der Straßenbahn. Darüber hinaus schwächte die der Straßenbahn entsprechende Fahrpreisgestaltung zusätzlich ihre Wettbewerbsfähigkeit. Zwar experimentierte die CGO seit der Jahrhundertwende mit Mechanisierungen; die Motorisierung führte sie jedoch erst von 1905 an durch. Auch bei diesem Verkehrsträger öffnete sie sich verglichen mit London verspätet dem technischen Fortschritt. Erst die Motorisierung und die unter dem Konkurrenzdruck der Metro durchgeführte Fahrpreissenkung führten den Bussen wieder steigende Fahrgastzahlen zu.

Die Nahverkehrskrise, deren Charakteristika Unternehmenspleiten, Konzessionschaos, Linienwirrwarr, unrentable Streckenführungen, Fahrpreisvielfalt, Servicemängel und vor allem der Konkurrenzdruck der Metro waren, veranlaßte den Stadtrat vor dem Hintergrund der 1910 auslaufenden Konzessionsverträge schließlich zu zwei Initiativen. Ein Vorstoß hatte eine direkte kommunale Intervention im Sinne der „Daseinsvorsorge" zum Ziel. Im November 1902 forderten mehrere sozialistische Stadträte die Kommunalisierung des Pariser Nahverkehrswesens. Da der Kommunalisierungsvorstoß des Stadtrates in der Gasfrage 1905 am mehrheitlich konservativen Senat mit der Begründung scheiterte, daß wirtschaftliche Tätigkeiten nicht in den Aufgabenbereich der Stadtverwaltung fielen, fand die Regielösung im Nahverkehrswesen keine Mehrheit. Hinzu kamen die Zweifel des seit 1900 finanzpolitisch zunehmend restriktiv operierenden Stadtrates hinsichtlich des Verhältnisses von Investitionen, Verwaltungskosten und Gewinnen.

Die staatliche Ablehnung der Kommunalisierung ließ schließlich nur die indirekt lenkende und regulierende Intervention zu, die um planerische Interventionsmaßnahmen erweitert wurde. Diese Interventionsform bestimmte zwischen 1903 und 1911 die Reorganisation der Straßenbahnen und Omnibusse in Paris und in den Vororten. Im Unterschied zu allen vorherigen Regulierungsschritten wurde dieses Maßnahmenpaket in Zusammenarbeit von öffentlich-rechtlichen Körperschaften und Nahverkehrsunternehmen konzipiert. Im Spätsommer 1902 beantragte die CGO beim Minister für öffentliche Arbeiten eine Tarife, Streckenführung und Konzessionsfrist betreffende Reorganisation. Dieser Gesinnungswandel des Privatunternehmens war wesentlich auf den von 1900 bis 1907 als Präsident des Verwaltungsrates und des Direktoriums amtierenden Ernest Boulanger zurückzuführen, der gleichzeitig Erster Präsident des französischen Rechnungshofes war.

Im Dezember 1903 leitete der Stadtrat beim Minister für öffentliche Arbeiten die Bildung einer gemeinsamen Kommission aus Stadtrat, Seine-Generalrat, staatlichen Institutionen und Nahverkehrsunternehmen ein. Diese begann mit der Reorganisation der Omnibusse, die erst 1910 abgeschlossen wurde. Nach seinem Vorstoß, die Omnibusse von den Straßenbahnen 1908 getrennt zur Konzessionsvergabe auszuschreiben, mußte der Stadtrat die Konzession der CGO als einzigem finanziell und betrieblich leistungsfähigem Bewerber erneut erteilen. Dies bedeutete eine Neuauflage der Fusion beider Nahverkehrsträger. Der Versuch, das Monopolunternehmen zu schwächen, war damit gescheitert. Gleichzeitig entwickelte die Kommission in der

Zeit von 1905 bis 1911 Konzepte für die Reorganisation des Straßenbahnwesens. Für beide Verkehrsträger wurden die Streckenverläufe und die Fahrpreise neu festgelegt. Gegen das Votum der Sozialisten für einen Einheitstarif setzte der Minister für öffentliche Arbeiten bei den Straßenbahnen einen Staffeltarif durch. Auch in der Frage der Konzessionsdauer wies er die vom Stadtrat beschlossene Frist von 35 Jahren zugunsten einer Vierzig-Jahre-Frist, die bis 1950 währte, zurück.[26]

Die bedeutendste Neuerung war die Bildung von drei regionalen Netzeinheiten für die Vorort-Zentrum-Straßenbahnen. Von dieser Untergliederung in kleine regionale Netze erhofften sich die Reorganisationsträger eine Erleichterung der Mischkalkulation. Ein weiteres Novum war die funktionale Neudefinition der Verkehrsträger und die planerische Gesamtsicht des Pariser Nahverkehrswesens. Ausgehend von der Metro als leistungsfähigstem und wirtschaftlich einträglichstem Nahverkehrsträger erhielten Busse und Straßenbahn in vielen Fällen eine Zubringerfunktion, d. h. mehrere Linien mußten der Metro weichen oder wurden auf sie abgestimmt.

Während der Reorganisationsdebatte wurde auf Initiative der Sozialisten zwischen 1907 und 1910 wiederum die Kommunalisierung des Nahverkehrswesens diskutiert. In einer Denkschrift vom Juni 1907 bündelte der Seinepräfekt de Selves schließlich die Argumente der Gegner. Das Hauptargument war, daß das französische Verwaltungssystem für unternehmerische Tätigkeiten zu unflexibel und zu wenig initiativ sei.[27] Ein Aufweichen dieser ablehnenden Haltung zeichnete sich erst von 1913 an ab. Die Sondergesetze aus den Jahren 1915 und 1918 ermöglichten schließlich eine begrenzte Kommunalisierung in Form einer „régie intéressée", d.h. die Verwaltung des kommunalen Unternehmens oblag einem Privatunternehmen.

*2.3 Die Metro als verkehrswirtschaftlicher Dynamisierungsfaktor*

Die Metro war nicht nur eine verkehrstechnische Neuerung, sie war auch sinnfälliger Ausdruck einer im Nahverkehr zunehmend direkt leistend intervenierenden Kommunalpolitik. Im November 1895 hatte der Minister für öffentliche Arbeiten ihren Bau bewilligt, im Juni 1897 verabschiedete der Stadtrat das Netzkonzept. Dieses sah den etappenweisen Bau von zwei Netzteilen und einem eventuellen dritten Netzteil vor. Die Konzession erhielt die „Compagnie Générale de Traction", eine Tochtergesellschaft von Schneider aus Creusot, die sich 1899 in die „Compagnie du Chemin de Fer du Métropolitain" (Metrogesellschaft) umbildete. Das Gesetz vom März 1898 billigte das

26 Louis Bonnier, La population de Paris en mouvement, 1800–1916, in: La vie urbaine (1919), Nr. 1–2, S. 7–76; Louis Chevalier, La formation de la population parisienne au XIX$^e$ siècle, Paris 1950.
27 Seine-Archiv, V$^1$ 0913.

Netzkonzept und den Konzessionsvertrag, das Gesetz vom April die erste Kreditaufnahme von 165 Mio. Francs. Die Bauarbeiten begannen Ende 1898, und im Juli 1900 wurde die Linie 1 der Öffentlichkeit zur Weltausstellung übergeben. Weitere Linien wurden zwischen 1903 und 1906 fertiggestellt und ergänzende Strecken bewilligt. Im Jahre 1913 umfaßte das Metronetz 10 Linien von insgesamt 93 km Länge (vgl. Karte 1). In nur 15 Jahren hatte Paris im Unterschied zu Berlin den Hauptteil seines heutigen Metronetzes fertiggestellt.

Mit dem Bau der Metro hatte der Stadtrat erstmals in großem Maßstab direkt im Nahverkehrswesen interveniert. Laut Gesetz trug die Stadt den Bau der Infrastruktur, während die Privatgesellschaft gemäß den städtischen Auflagen für die Verlegung der Schienen, den Fuhrpark, die Stationszugänge und die Energieversorgung zuständig war. Die Konzessionsdauer war für jede Linie auf 35 Jahre festgesetzt, was im Vergleich mit den Straßenbahnkonzessionen kurz bemessen war. Darüber hinaus hatte sich die Stadt das Rückkaufrecht der Konzession bereits sieben Jahre nach Fertigstellung der letzten Linie zugesichert. Der Oberbau fiel zusammen mit den Elektrizitätswerken kostenlos an die Stadt.[28] Durch ihre hohe Eigenbeteiligung hatte die Stadt für sich einen finanziell, betrieblich und administrativ sehr vorteilhaften Vertrag geschlossen. Dieses gemischt-wirtschaftliche Unternehmen warf einerseits keine Verwaltungskosten auf, andererseits konnte die Stadt auf die betriebliche Leitung des Unternehmens einwirken, was nahverkehrspolitische Konflikte reduzierte.

Die Fahrgastzahlen der Metro stiegen sprunghaft und kontinuierlich an. Auch die Gewinne überstiegen alle Prognosen.

**Fahrgastaufkommen der Metro und Bruttoeinnahmen der Metrogesellschaft (in Mio.)**

| Jahr | Fahrgastzahlen[1] | Bruttoeinnahmen |
|---|---|---|
| 1900 | 16 | 2,6 |
| 1901 | 48 | 8,3 |
| 1902 | 62 | 10,7 |
| 1903 | 100 | 17,2 |
| 1904 | 117 | 20,3 |
| 1905 | 149 | 25,7 |
| 1906 | 165 | 29,3 |
| 1907 | 195 | 34.6 |
| 1908 | 230 | 40,6 |
| 1909 | 254 | 44,8 |
| 1910 | 252 | 44,7 |
| 1911 | 305 | 53,1 |

Quelle: [1]Annuaire statistique de la Ville de Paris, Bde. 1900–1912; Journal des Transports, 1911, S. 287.

28 Ludwig Troske, Die Pariser Stadtbahn, Düsseldorf Repr. 1986.

Die Metro erreichte schnell die Kapazitätsgrenze, was auf ihre Tarifgestaltung, d.h. einen konkurrenzlos niedrigen, nach zwei Wagenklassen gestuften Einheitstarif, ihre Geschwindigkeit, Sicherheit und den Fahrkomfort zurückzuführen war. Sie verkehrte in kurzen Zeitabständen und kam ohne Verkehrsbehinderungen voran.

Konflikte zwischen Stadt und Metrogesellschaft entstanden lediglich zur Fahrplan- und Beförderungspflicht. Sie waren vergleichsweise gering. Kritik erntete vor allem die unzureichende Anpassung an die Nachfrage. Bereits im Januar 1901 beklagte der Stadtrat Adrien Veber: „Tous ceux qui prennent le Métropolitain aux heures des foules n'ont pas été sans s'apercevoir des quelques inconvénients qui se reproduisent matin et soir et même maintenant à midi, car les voyageurs deviennent de jour en jour plus nombreux."[29] Zwar erhöhte die Metrogesellschaft auf Drängen des Stadtrates die Wagenzahl – auf der Linie 1 wurden beispielsweise sieben Wagen pro Zug zu Verkehrsspitzenzeiten eingesetzt – die Klagen über überfüllte Züge während der Verkehrsspitzenzeiten sollten jedoch nie abreißen. Auch wurde die Zugfolge der Linie 1 zur Hauptverkehrszeit auf 2,3 Minuten angesetzt.

Die Erfahrungen mit der Metro ermöglichten den Pariser Verkehrsexperten und den öffentlich-rechtlichen Körperschaften bereits zwischen 1901 und 1905 die Formulierung von grundlegenden Gesetzmäßigkeiten des modernen Massennahverkehrs: Demzufolge erhöhen sich zum einen das Verkehrsaufkommen und die Leistungsansprüche mit dem Angebot, zum anderen stehen betrieblich unabhängige und unterschiedliche Nahverkehrsträger in einem interdependenten Leistungsverhältnis. Diese Erkenntnisse wurden von der Kommission für die Reorganisation der traditionellen Nahverkehrsträger genutzt.

*2.4 Der Nahverkehr als kommunale Einnahmequelle*

Der Stadtrat knüpfte an das Nahverkehrswesen auch kommunale fiskalische Interessen. Verkehrsinvestitionen förderten nicht nur die urbane Wirtschaftsentwicklung und den Tourismus, was dem Fiskus Steuereinnahmen einbrachte, die Abgaben und Steuern der Nahverkehrsunternehmen stellten auch einen wichtigen städtischen Einnahmefaktor dar. Der Konzessionsvertrag von 1860 sah für die CGO Halte- und Wegebenutzungsgebühren, Beiträge zur Straßenpflasterung und -reinigung sowie eine Gewinnbeteiligung der Stadt vor. Die Stadt forderte für die Benutzung und Abnutzung ihres Straßenlandes eine relativ hohe Entschädigung, da sich der Staat nur geringfügig an den Einrichtungs- und Instandhaltungskosten für die Straßen seiner Hauptstadt beteiligte.

Die Investitionsbereitschaft der Stadt wurde entscheidend von zwei Faktoren geprägt. Ein Hemmnis waren die aus der Ära Haussmann übernomme-

---

[29] Conseil municipal, procès-verbaux, 18.1.1901, S. 29.

nen hohen städtischen Schulden.[30] Innerhalb der ordentlichen Ausgaben bildete die Schuldentilgung den höchsten Posten. Erschwerend kam hinzu, daß die hohe Kreditaufnahme für den Metrobau die Stadt in einer angespannten Haushaltslage belastete, die durch steigende Ausgaben für die Polizei, die Sozialhilfe und das Schulwesen bedingt war – was für alle Großstädte und besonders für Metropolen typisch war.[31] Darüber hinaus bestimmten die Steuereinnahmen die städtische Interventionsbereitschaft. Die Haupteinnahmequelle war die an der Stadtmauer erhobene, indirekte Verbrauchssteuer. Im Jahre 1895 machte sie 51% und 1900 48% der ordentlichen Gesamteinnahmen aus. Diese Höhe förderte im Unterschied zu Berlin die Bereitschaft des Stadtrates, Infrastrukturinvestitionen zu tätigen. Infolge des 1897 unter Staatspräsident Félix Faure und Finanzminister Georges Cochery eingeleiteten Abbaus des Stadtzolls gingen diese Einnahmen seit 1901 zurück, so daß sie 1905 nur 30% und 1910 schließlich 28% der ordentlichen Gesamteinnahmen ausmachten. Der Stadtzoll mußte folglich durch direkte und indirekte Steuern ersetzt werden. Da die von 1900 bis 1904 im Stadtrat regierende antiparlamentarische Sammlungsbewegung der „Nationalisten" und die von 1908 an regierende Mitte-Rechts-Mehrheit eine Erhöhung der direkten Steuern ablehnten, erhielten die Einnahmen aus dem Nahverkehr eine wachsende fiskalische Bedeutung. Hinzu kam, daß sie eine kommunalpolitisch relativ „geräuschlose" Einnahmequelle darstellten und keine Verwaltungskosten aufwarfen. Innerhalb der ordentlichen Gesamteinnahmen rangierte der Nahverkehr an 7. Stelle. Betrugen die Nahverkehrseinnahmen 1895 noch 1,9%, so stiegen sie 1900 auf 2,4% und 1910 auf 5,3%.[32]

Den größten unternehmerischen Abgabeposten bildeten die Wegebenutzungsgebühren. Im Jahre 1894 beliefen sie sich bei der CGO auf 4,6% und 1900 auf 5,1% der Gesamtausgaben. Den zweitgrößten Posten bildete der Stadtzoll und an dritter Stelle die in Artikel 3 des Konzessionsvertrages von 1860 geregelte Gewinnbeteiligung, die zu zahlreichen Prozessen mit dem Nahverkehrsunternehmen Anlaß gab. Allerdings klagten alle Nahverkehrsunternehmen über die hohen Abgaben an die Stadtkasse. Sobald eine Dividende auf eine Aktie 8% überstieg, mußte der Mehrbetrag mit der Stadt zu 50% geteilt werden. Die Stadt wurde damit faktisch zum Geschäftspartner der CGO.

Erst im Rahmen der Reorganisation der traditionellen Nahverkehrsträger erfolgte eine Reform der Abgaberegelungen, die den Nahverkehrsunterneh-

---

30 Jules Ferry, Comptes fantastiques d'Haussmann, Paris 1868; Jean Descars, Haussmann, la gloire du Second Empire, Paris 1978; Louis Girard, La politique des travaux publics du Second Empire, Paris 1952; Pierre Lavedan, L'oeuvre du baron Haussmann, Paris 1954; Gaston Cadoux, Les finances de la Ville de Paris de 1798 à 1900, Paris 1900.
31 Cadoux, finances, ebd., S. 158.
32 Annuaire statistique de la Ville de Paris, Finances municipales, voitures publiques, Kapitel 14 des Budgets, Bde. 1890–1913.

men weitgehend entgegenkam. Die Wegebenutzungsgebühren wurden nun wie bei der Metro auf Grundlage der Bruttoeinnahmen berechnet. Der Stadtzoll wurde gesenkt und im Juli 1909 begrenzte die Stadt die für Wegebenutzung und Stadtzoll zu zahlende Gesamtsumme auf 6% der Bruttoeinnahmen. Auch die Gewinnbeteiligung wurde flexibler gestaltet.[33] Insgesamt waren die neuen Abgaberegelungen differenzierter, erleichterten sie den Unternehmen die Erfüllung der gemeinwirtschaftlichen Auflagen und reduzierten Konflikte zwischen allen Beteiligten.

Die Gegner des Metrobaus hatten nicht nur die durch Schuldentilgung angespannte Haushaltslage, sondern auch die Gefahr einer Abwanderung wohlhabender Steuerbürger als Argument angeführt.[34] Sie vermochten den Metrobau zwar nicht zu verhindern, ihre Bedenken wirkten sich jedoch auf die lokale Begrenzung des Metronetzes auf Paris intra muros aus. Hinzu kam, daß die hohen Baukosten – der erste Netzteil wurde 1897 von den Ingenieuren realistisch auf 178 Mio. Francs geschätzt – den Stadtrat an die Investitionsausgaben der Ära Haussmann erinnerten. Bis 1915 belief sich die über vier Kredite aufgenommene Gesamtsumme auf 675 Mio. Francs. Die Rückzahlfrist betrug 75 Jahre.

Gegenüber der Metrogesellschaft entwickelte die Stadt ein Abgabesystem, das die Bruttoeinnahmen zur Grundlage nahm. Die zahlreichen Prozesse der Stadt gegen die CGO hatten bewirkt, daß von der Metrogesellschaft keine Gewinnbeteiligung gefordert wurde. Die Abgaben wurden nach dem Fahrgastaufkommen gestaffelt. Bis maximal 140 Mio. Fahrgäste im Jahr erhielt die Stadt beispielsweise von den 0,25 Francs einer Erste-Klasse-Fahrkarte 50% und von den 0,15 Francs der Zweite-Klasse-Fahrkarte ein Drittel. Bereits 1901 übertrafen die Abgaben der Metrogesellschaft mit 2,8 Mio. Francs die Kredittilgungsrate der Stadt um rund 517.000 Francs. Die Tendenz der städtischen Gewinndifferenz war steigend, sie betrug 1905 bereits 969.000 Francs. Mit der Metro hatte sich die Stadt folglich eine neue Einnahmequelle erschlossen, die den Steuerzahler nicht belastete.

3. Nahverkehrspolitische Konflikte und kommunale Intervention in Berlin

Berlin entwickelte sich später als Paris zur Millionenstadt, was anfangs zeitliche Verzögerungen in der Herausbildung eines Nahverkehrssystems zur Folge hatte. Ein fahrplan- und linienmäßig gebundener Pferdeomnibusverkehr wurde 1846 eingerichtet. Die Gewerbefreiheit von 1861 hatte zur Folge, daß 1864 bereits 34 Pferdebusunternehmen existierten. Die 1865 begründete „Berliner Omnibus-Kommanditgesellschaft auf Aktien" leitete mit den Aufkauf weiterer Unternehmen einen Konzentrationsprozeß ein, dessen Ergebnis

---

33  Conseil municipal, rapport Nr. 60, 1907, S.33.
34  Conseil municipal, procès-verbaux, 11.1.1895, S. 78.

1868 die „Allgemeine Berliner Omnibus AG" (ABOAG) war. Im Omnibusbereich hatte sie bis 1886 faktisch eine Monopolstellung inne.[35]

In der Ära der Schienennahverkehrsträger holte Berlin seinen verkehrsinfrastrukturellen Rückstand schnell auf. Die erste Pferdestraßenbahnlinie nahm bereits 1865 ihren Betrieb auf.[36] Sie war die erste Pferdestraßenbahn in Deutschland. Mit der vom Staat getragenen „Stadtbahn", die zusammen mit den Ring- und Vorortbahnen 179 Schienenkilometer und 45 Bahnhöfe umfaßte, begann 1882 ein weiterer neuer Abschnitt in der Verkehrsentwicklung. Die Stadtbahn erhielt in ihrer urbanen und suburbanen Streckenführung, insbesondere aber aufgrund ihrer sozialen Tarifgestaltung für den Schienennahverkehr eine Modellfunktion.[37] Im Jahr der Reichgründung schloß der Berliner Magistrat mit der in diesem Zusammenhang konstituierten „Großen Berliner Pferde-Eisenbahn AG" einen Zustimmungsvertrag. Ergänzend erteilte das Polizeipräsidium die straßenpolizeiliche Genehmigung und die Betriebserlaubnis.

Die rechtliche Grundlage hierfür lieferte die preußische Gewerbeordnung vom 22. Juni 1861. Sie definierte den Personennahverkehr als Teil des Straßengewerbes und konzedierte die Gewerbefreiheit. Allerdings unterstand das Straßengewerbe den polizeilichen Ordnungs- und Kontrollkompetenzen. Der Zustimmungsvertrag fixierte analog zum 1860 zwischen Haussmann und der CGO geschlossenen Konzessionsvertrag den rechtlichen Rahmen für die gemeinwirtschaftliche Nahverkehrsleistung, d.h. er enthielt Auflagen zur Betriebs-, Beförderungs-, Fahrplan- und Tarifpflicht des Unternehmens. Dennoch differierten die Berliner Zustimmungsverträge in mehreren wichtigen Punkten. Das wichtigste Unterscheidungsmerkmal war, daß sie keine mit Haussmanns Vertrag vergleichbaren restriktiven Auflagen zur Betriebserlaubnis enthielten. Die gemeinwirtschaftlichen Bestimmungen waren allgemein gehalten, die Leistungsanforderungen wurden flexibel gestaltet, was den Privatunternehmen einen größeren Handlungsspielraum einräumte. Die wirtschaftsliberale Einstellung des Magistrats bedingte ein Minimum an regulierender Intervention, auch waren die Vorstellungen zu den gemeinwirtschaftlichen Nahverkehrsleistungen erst rudimentär, und man ging von einem loyalen Vertragspartner aus. Je nach Gegenstand und Situation boten die allgemein gehaltenen Auflagen den Vertragspartnern Möglichkeiten zur flexiblen Auslegung, was sich in der Folgezeit für die Stadt als Nachteil erwies.

---

35 Hans D. Reichardt, Berliner Omnibusse, Düsseldorf 1975; Dieter Gammrath/ Heinz Jung, Berliner Omnibusse, Düsseldorf 1988; Arne Hengsbach, Das Berliner Pferdeomnibuswesen, in: Jahrbuch für brandenburgische Landesgeschichte 14 (1963), S. 87–108.

36 Silke Hilkenbach u.a., Die Berliner Straßenbahnen, Bd.1, Gut Vorrhard 1973; Peter Walker, One Hundred Years of the Berlin Tramways, Croydon 1968.

37 Kurt Pierson, Als die „S-Bahn" noch dampfte. Erinnerungen an ihren 100. Geburtstag, in: Der Bär von Berlin 20 (1971), S. 64–72.

Die Berliner Stadtvertretung intervenierte mit diesen Verträgen zwar gleichfalls indirekt regulierend auf dem Nahverkehrsmarkt, jedoch unter liberalwirtschaftlicheren Prämissen als es im Paris der Ära Haussmann der Fall gewesen war.

Bis 1880 richteten die Straßenbahngesellschaften hauptsächlich Linien von den Stadtrandgebieten in die Vororte ein, was im Unterschied zu Paris auf eine Bedienung des Ausflugsverkehrs schließen läßt. Der 1880 zwischen dem Magistrat und der „Großen Berliner" geschlossene Zustimmungsvertrag sah die Errichtung innerstädtischer Linien vor. Angesichts des damit einhergehenden Fahrgast- und Gewinnanstiegs wurden nun auch Abgaben auf die Benutzung städtischen Straßenlandes erhoben. Zum Ausgleich verlängerte die Stadt die Konzession bis 1909. Im 1884 geschlossenen Nachtragsvertrag wurde sie schließlich bis 1911 verlängert. Anhand der Konzessionsfrist wird ein zweiter Unterschied zum Pariser Konzessionsvertrag deutlich. Mit 29, respektive 31 Jahren war die Konzessionsfrist deutlich kürzer, was den Handlungsspielraum der Stadtvertretung gegenüber dem Nahverkehrsunternehmen erweiterte und das Unternehmen einem stärkeren Bewährungsdruck aussetzte. Das Druckmittel der vergleichsweise kurzen Konzessionsfrist entsprach konzeptionell Haussmanns Auflagen zur Betriebserlaubnis als Instrument zur Durchsetzung gemeinwirtschaftlicher Interessen.

Zu Beginn der 1890er Jahre kennzeichneten drei Unterschiede den Berliner Nahverkehrsmarkt: Die „Große Berliner" begründete ihr faktisches Monopol im Straßenbahnsektor in den 1880er Jahren durch eigenständig eingeleitete Fusionen; die Pferdestraßenbahn und die Pferdeomnibusse unterstanden unterschiedlichen Privatunternehmen, was größere unternehmerische Vielfalt und Leistungskonkurrenz zwischen den Verkehrsträgern zur Folge hatte; und drittens setzte die Elektrifizierung der Straßenbahn auf Initiative von Werner von Siemens bereits 1881 auf einer Vorortlinie ein. Zwar versprach der stärker konkurrenzwirtschaftlich strukturierte Berliner Nahverkehrsmarkt ein höheres Leistungsniveau im Interesse des Publikums, jedoch wurde die wirtschaftspolitisch günstigere Ausgangsposition Berlins auf politisch-administrativer Ebene konterkariert.

Durch staatliche Intervention sollte sich die Stellung der Stadtvertretung gegenüber den Schienennahverkehrsträgern entscheidend ändern. Während in Bayern, Hamburg, Württemberg, Hessen, Sachsen und Baden die Schienennahverkehrsmittel weiterhin den für Eisenbahnen erlassenen Gesetzen und Verordnungen unterstanden, unterwarf das am stärksten urbanisierte Preußen diese mit dem Kleinbahngesetz vom Juni 1892 einer gesonderten gesetzlichen Regelung. Das vom Minister für öffentliche Arbeiten, von Maybach, konzipierte Gesetz beinhaltete Veränderungen hinsichtlich der behördlichen Kompetenzen bei der Erteilung der Konzessionen. Die wichtigste Veränderung bestand darin, daß sich der preußische Staat das Hoheitsrecht im Schienennahverkehr reservierte, dessen Ausführungsinstanz im Unterschied zu Paris die Polizeibehörde war.[38] Entgegen vorheriger Regelungen war nun nicht mehr die Gemeinde allein für die Genehmigung zuständig, sondern auch der Staat. Weitere Restriktionen sah der § 7 vor. Kam zwischen der Stadtvertretung und dem Privatunternehmen keine Verständigung zustande, dann war ein Ergänzungsverfahren möglich. Während in Preußen die kommunalen Selbstverwaltungsbehörden, d.h. die Kreis- und Bezirksausschüsse, für das Ergänzungsverfahren zuständig waren, konnten in Berlin der Oberpräsident oder der Minister der öffentlichen Arbeiten unter Ausschluß des Rechtsweges die Genehmigung erteilen. Weitere Einschränkungen bargen der § 39, der die monarchische Prärogative gegenüber Berlin und Potsdam sicherte, der § 13 zum Recht der staatlichen Behörden, die Konzessionsdauer festzusetzen, und der § 14 zur staatlichen Genehmigung von Tarifen und Fahrplänen. Demgegenüber stärkte das Gesetz in § 6 die Gemeinden gegenüber dem Privatunternehmen, indem es die Leistungen des Nahverkehrsunternehmens definierte und den kommunalen öffentlich-rechtlichen Körperschaften das Übernahmerecht nach Konzessionsende zusicherte. Die Gemeinden erhielten damit die Möglichkeit, das gesamte Bahnnetz zu erwerben, was für Berlin, wo zahlreiche Bahnlinien über das Stadtgebiet hinausgingen, ein wichtiges Zugeständnis war.

Die liberalen Fraktionen und die Sozialdemokraten übten in der Berliner Stadtverordnetenversammlung geschlossen Kritik an der Beschneidung kommunaler Zuständigkeiten, die mit dem Kleinbahngesetz für das urbane Straßenland einherging. Allerdings verhallte diese Kritik im Unterschied zu Paris ohne Wirkung. Die erweiterte Staatsaufsicht erschwerte den Gemeinden stärker als in Paris die Durchsetzung eigener Vorstellungen. Als Belastung sollte sich vor allem das Ergänzungsverfahren erweisen, das die Stadt faktisch ausschaltete.

Die vom preußischen Staat 1871/1877 errichtete Ringeisenbahn und die 1882 fertiggestellte „Stadtbahn", die beide der preußischen Eisenbahndirektion unterstanden, lösten in den 1880er Jahren eine erste Welle industrieller Standortverlagerungen aus.[39] Neue Industriegebiete bildeten sich im Westen bis Norden sowie im Südosten bis Osten heraus. Diese sogenannte erste Randwanderung ließ die relativ enge Beziehung von Wohngebiet und Industriestandort in vielen Fällen zwar noch bestehen, dennoch mußten die Beschäftigten zunehmend die öffentlichen Nahverkehrsmittel benutzen. Die zweite industrielle Randwanderung setzte 1890 ein. In ihrem Zusammenhang entstand eine zweite suburbane industrielle Zone rund 12 bis 20 km vom Berliner Stadtzentrum entfernt. Diese Randwanderung zog nicht unmittelbar

---

38 Gesetz über Kleinbahnen und Privatanschlußbahnen vom 28. Juli 1892, in: Gesetz-Sammlung für die Kgl. Preußischen Staaten, Nr. 25, S. 225–238.
39 Albrecht Timm, Die Entwicklung des Industriestandortes Berlin, Berlin 1959; F. Escher, Berlin und sein Umland, Berlin 1985.

eine Dezentralisation im Wohnungswesen nach sich, da große Teile der Arbeiterschaft in Berlin wohnen blieben. Der einfache Arbeiter, der bei Konjunktureinbrüchen zuerst entlassen wurde, zog nicht in die suburbane Zone, da er hier nur schwer eine neue Beschäftigung fand.[40] Ein weiterer verkehrspolitischer Prägefaktor war die Citybildung, die in Berlin in den 1880er Jahren einsetzte.[41] Beide urbane Transformationsprozesse erhöhten die Leistungsanforderungen an die Nahverkehrsunternehmen, sie machten vor allem eine Ausweitung der Streckenführung durch Außenlinien notwendig.

*3.1 Die verkehrswirtschaftlichen Konfliktpunkte*

In den 1890er Jahren gerieten die Stadtvertretung und die privaten Nahverkehrsanbieter infolge unzulänglicher Dienstleistungen zunehmend in Konflikt. Der wichtigste Streitpunkt wurde wie in Paris die Betriebspflicht. Als faktisches Monopolunternehmen verfügte die „Große Berliner" sowohl in der Stadt als auch im Umland über das größte Streckennetz. Folglich war sie betrieblich am ehesten in der Lage, der Forderung nach gemeinwirtschaftlichen Leistungen durch Mischkalkulation nachzukommen. Hinzu kam, daß sie nur die Straßenbahn leitete und verkehrsträgerübergreifende Ausgleichsprobleme wie bei der CGO wegfielen. Die Zustimmungsverträge legten zwar den Streckenverlauf und die Fristen der Bauausführung fest, das Straßenbahnunternehmen hielt aber die Auflagen wie die CGO ebenfalls nicht ein. Diese Politik kommentierte der Stadtverordnete Gerstenberg 1889 dahingehend, „daß die Große Berliner Pferdeeisenbahn-Gesellschaft eine Verpflichtung, die sie ganz entschieden übernommen hat, nicht rechtzeitig ausgeführt hat, weil sie nicht willens gewesen ist, diese Verpflichtung auch auszuführen."[42] Während die Sozialdemokratie auf Gegenmaßnahmen drängte und der Stadtverordnete Singer erklärte, daß es gut sei, „wenn die Stadtgemeinde einmal mit Nachdruck auf diejenigen Rechte hinweist, die ja, trotzdem so große Interessen der Stadt aus der Hand gegeben sind, durch den Vertrag noch bleiben"[43], begegneten die Freisinnigen und der Magistrat dem Unternehmen mit größerer Kompromißbereitschaft.

Die Notwendigkeit zur Erweiterung des Streckennetzes führte Anfang der 1890er Jahre zu neuen Verhandlungen mit der „Großen Berliner". Dabei wurde die Konzessionsfrist zum Hauptstreitpunkt. Sowohl der Antrag des

40 Escher, Berlin, S. 283ff.
41 Rudolf Krause, Die Berliner City, Berlin 1958; Helge Pitz u.a., Berlin-West. Geschichte und Schicksal einer Stadtmitte, Bd. 1, Berlin 1984; Rudolf Wolters, Stadtmitte Berlins, Tübingen 1978.
42 Stadtverordnetenversammlung, Protokolle, 21.2.1889, S. 80.
43 Ebd.

Unternehmens, gegen die Zahlung von 5 Mio. Mark eine Verlängerung der Konzessionsfrist um sechs Jahre zu erhalten, als auch die Forderung nach öffentlichen Zuschüssen zum Bau unrentabler Außenlinien wurden von der Stadtvertretung abgelehnt. Die Folge war eine Stagnation des Netzausbaus.

Die Elektrifizierung brachte auch in Berlin Bewegung in die Nahverkehrsdebatte. Die Stadtvertretung kam der „Großen Berliner" in einem neuen Zustimmungsvertrag 1897/98 als Gegenleistung für neue Tarif- und Betriebsleistungen in der Frage der Konzessionsdauer und der Subventionierung neuer, unrentabler Linien entgegen. Als Gegenleistung für die auf 23 Mio. Mark veranschlagten Elektrifizierungskosten gewährte die Stadtvertretung dem Unternehmen die Verlängerung der Konzession von 1911 bis 1919. Sie hatte dem zugestimmt, da die „Große Berliner" die Amortisation dieser Summe bis 1911 für nicht realisierbar hielt. Zwar wies die verhandlungsführende Verkehrsdeputation auf die mit dem hohen Fahrgastanstieg einhergehende 30–40%ige Senkung der Betriebskosten hin, sie konnte dem Unternehmen jedoch keine Ertragsstandgarantie geben. Ausschlaggebend für die Zustimmung war letztlich das Entgegenkommen der „Großen Berliner" in der Erwerbsfrage gewesen.

Zugeständnisse machte die Stadtvertretung auch mit der Zusage, für die zwischen 1902 und 1907 ein Drittel und für die bis 1911 errichteten Strecken 50% der Baukosten zu tragen. Für die bis 1919 geforderten neuen Strecken war die Möglichkeit eines Betriebskostenzuschusses vorgesehen. Mit dieser Subventionszusage intervenierte die Stadtvertretung erstmals subsidiär lenkend im Nahverkehrswesen. Eingelöst wurden diese Zusagen jedoch nur in geringem Umfang für den ersten Netzteil. Zum einen reservierte die Stadtvertretung neue Streckenbewilligungen nach ihrem Regiebeschluß von Oktober 1900 für sich, was insoweit schwierig war, als neue Linien in der Innenstadt aus Gründen der Verkehrssicherheit kaum mehr möglich waren, zum anderen verschleppte das Unternehmen den Ausbau der Außenlinien.

Eine Stärkung der Monopolstellung zog die im Zustimmungsvertrag zur Durchführung der Elektrifizierung gemachte Fusionsauflage nach sich. Die „Große Berliner" erwarb in den Folgejahren die Aktienmehrheit von drei Straßenbahnunternehmen und benannte sich 1898 in „Große Berliner Straßenbahngesellschaft" (GBS) um. Innerhalb von zwei Jahren war sie zum regionalen Monopolunternehmen und zum größten Straßenbahnunternehmen Deutschlands geworden.

Die Elektrifizierung wurde bis 1902 zügig durchgeführt, was Berlin den Ruf einbrachte, das modernste Straßenbahnsystem Europas zu haben. Die Konflikte um das elektrische Betriebssystem waren im Unterschied zu Paris vergleichsweise geringfügig. Die Stadtvertretung hatte sich für Akkumulatoren in der Innenstadt und für die in Herstellung und Betrieb preisgünstigeren elektrischen Oberleitungen in den Randbezirken entschieden. Auch die Berliner machten gegen die Oberleitungen mit Erfolg ästhetische Bedenken geltend.[44] Da sich aber die Akkumulatoren als sehr störanfällig erwiesen, wurden diese auf kaiserliche Anordnung hin unter Umgehung der städtischen Instanzen von 1900 an durch unterirdische Stromzuleitungen ersetzt, was – angesichts der technischen Unausgereiftheit dieses Systems – ebenfalls zu Betriebsstörungen führte.

Die Konflikte zur Fahrplan- und Beförderungspflicht fielen in Berlin im Unterschied zu Paris geringer aus. Nach dem Kleinbahngesetz war der Polizeipräsident für die Genehmigung der Fahrpreise zuständig, die Stadtgemeinde hatte sich jedoch aufgrund ihrer Straßenhoheit das Recht zur Fahrpreis- und Fahrplangenehmigung ausbedungen. Der § 33 des Zustimmungsvertrages von 1897/98 sicherte dem Magistrat zwar dieses Recht zu, dennoch umging die GBS ihn in mehreren Fällen, indem sie sich direkt an den Polizeipräsidenten wandte. Was die Kritik der Öffentlichkeit an der Nichteinhaltung des Fahrplans anbelangte, so muß der GBS zugute gehalten werden, daß das hohe Verkehrsaufkommen im Citybereich die Straßenbahn an der strikten Einhaltung des Fahrplans hinderte. Im Unterschied zur CGO plante die GBS die Bewältigung von Bedarfsschwankungen besser, dennoch wurde auch sie den Anforderungen zu Verkehrsspitzenzeiten nicht gerecht.[45]

Den zweiten großen Konfliktpunkt bildete die Fahrpreisgestaltung. Als Maßstab galten allen Beteiligten die Tarife der Stadt- und Ringbahn. Sie konnten jedoch nicht schematisch auf andere Verkehrsträger übertragen werden, da der preußische Staat damit keine Gewinninteressen verband und die Baukosten niedrig waren. Die Straßenbahn hatte bis 1900 einen Teilstreckentarif von 15 Pfg., der auch nach der Tarifreform von 1897/98 für die Vorortlinien beibehalten wurde. Gemessen am Fahrgastaufkommen war dieser Tarif zu hoch bemessen.

Die Sozialdemokratie hatte wesentlich dazu beigetragen, daß im Zustimmungsvertrag von 1897/98 der Zehnpfennig-Einheitstarif von Januar 1901 an im Berliner Weichbild Anwendung fand. Gesenkt wurde auch der Fahrpreis auf den Außenlinien. Der GBS brachte der Einheitstarif zwar einen Fahrgastanstieg von 188 Mio. im Jahr 1899 auf 236 Mio. 1900 und 282 Mio. im Jahre 1901; angesichts steigender Betriebskosten erwies er sich jedoch als unrentabel. Das Unternehmen durchbrach die Tarifvereinbarung, indem es Durchgangsstrecken gesondert berechnete. Die Kontroversen um den Einheitstarif rissen bis Kriegsausbruch nicht ab; diese Tarifform blieb jedoch bestehen.[46]

---

44 Bericht über die Gemeindeverwaltung der Stadt Berlin, 1895–1900, S. 2f.
45 Die GBS und ihre Nebenbahnen 1902–1911, Berlin 1911, S. 117–129.
46 Lothar Weiß, Die Tarife der deutschen Straßenbahnen, Karlsruhe 1904, S. 43f; Gustav Kemmann, Zur Schnellverkehrspolitik der Großstädte, Berlin 1911, S. 29.

**Fahrgastaufkommen, Einnahmen und Ausgaben der GBS (in Mio.)**

| Jahr | Fahrgäste[1] | Einnahmen | Ausgaben | Differenz |
|------|----------|-----------|----------|-----------|
| 1890 | 121 | 14 | 8 | 6 |
| 1892 | 128 | 15 | 8 | 7 |
| 1894 | 132 | 15 | 8 | 7 |
| 1896 | 153 | 17 | 9 | 8 |
| 1898 | 172 | 18 | 10 | 8 |
| 1900 | 236 | 25 | 15 | 10 |
| 1902 | 294 | 27 | 15 | 12 |
| 1904 | 332 | 31 | 17 | 14 |
| 1906 | 370 | 35 | 19 | 16 |
| 1908 | 407 | 38 | 22 | 16 |
| 1910 | 444 | 41 | 23 | 18 |
| 1912 | 463 | 44 | 26 | 18 |

Quelle: [1]Statistisches Jahrbuch der Stadt Berlin, Kapitel Straßenverkehr, Jahrgänge 1890–1912; Zeitschrift für Transportwesen und Straßenbau, Geschäftsberichte der GBS, Jahrgänge 1891–1914.

Die Elektrifizierung hatte einerseits zwar sprunghaft ansteigende Fahrgastzahlen zur Folge, andererseits erhöhten sich damit auch die Investitionskosten. Zusätzlich reduzierten der Einheitstarif und die Sondertarife die Einnahmen. Nach kurzen Gewinneinbrüchen 1900 und 1901 stabilisierte sich jedoch die Ertragslage bis zum Kriegsausbruch. Auf Dividendenebene verfolgte die GBS die Strategie, von 1901 an, als sie erstmals eine Gewinnbeteiligung zu zahlen hatte, die Dividende auf Kosten des städtischen Gewinnanteils herabzudrücken. Hatte sie 1898 den Höchstsatz von 18% gezahlt, so schwankte sie bis 1913 zwischen 6,25 und 8,5%.

In den 1890er Jahren hatte die „Große Berliner" bereits ihre Popularität aus der Pferdebahnzeit eingebüßt, warfen ihr besonders die Sozialdemokraten eine rücksichtslose Monopolpolitik vor.[47] Ihre Unpopularität erreichte jedoch den Höhepunkt, als sie 1900 hinter dem Rücken der Stadtvertretung beim Minister für öffentliche Arbeiten, von Thielen, direkt eine Verlängerung der Konzession von 1919 bis 1949 durchsetzte. Ihr Direktor und Ministerialdirektor a. D., Micke, verfügte über gute Kontakte zur Staatsbürokratie, die er in dieser Frage genutzt hatte. Nach Ansicht der Stadtverordnetenversammlung entsprach das Vorgehen des Ministers nicht dem Kleinbahngesetz, da weder die Zustimmung der Stadtvertretung eingeholt worden war, noch das Ministerium ein sogenanntes Ergänzungsverfahren zur Bestätigung seiner Beschlußfassung durchgeführt hatte. Für die Stadt war dies eine schwere kommunalpolitische Niederlage.

---

47  Berliner Tageblatt 21.11.1898, Lokalteil; Stadtverordnetenversammlung, Protokolle, 12.1.1905, S. 31; 29.3.1900, S. 204.

Ein kurz vor Verabschiedung des Zustimmungsvertrags von 1898 unternommener Versuch, die GBS durch konkurrierende Konzessionen zu schwächen, insbesondere aber die Kooperation von GBS und Ministerium trugen wesentlich dazu bei, daß die Stadtverordnetenversammlung im Oktober 1900 den Beschluß verabschiedete, den Bau und Betrieb neuer Straßenbahnen selber durchzuführen.[48] In der Debatte hatte der sozialdemokratische Stadtverordnete Singer auch an den Stadtstolz appelliert: „...in einer ganzen Reihe deutscher Städte wird der Verkehr durch die Gemeinden betrieben; sollte das hier unmöglich sein?"[49] Der auf das Straßenbahnmonopolunternehmen ausgerichtete, defensiv motivierte, direkte Interventionsbeschluß der Stadtvertretung bot jedoch keine ausreichende Grundlage für eine konsequente Kommunalisierung. Bis 1908 wurden lediglich drei Straßenbahnlinien in Betrieb genommen. Allerdings standen der Stadt aufgrund des bereits dichten innerstädtischen Liniennetzes nur wenig neue Linien zur Verfügung. Ausdruck eines gegen die Kommunalisierung gerichteten Stimmungsumschwungs war schließlich der 1911 mit der GBS geschlossene Zustimmungsvertrag. Er war vor allem in der Frage der Betriebspflicht eine Kompromißlösung, für die Voraussetzung war, daß das Unternehmen seinen Alleingang in der Konzessionsfrist bedauerte.[50] Die Konzessionsdauer wurde bis 1939 vereinbart, und die GBS kam der Stadt in der Erwerbsfrage entgegen.

Die Konflikte zwischen den Omnibusunternehmen und der Stadtvertretung waren aus formaljuristischen Gründen gering. Dieser Verkehrsträger unterstand der polizeilichen Aufsicht und Eingriffsverwaltung. Seine gemeinwirtschaftlichen Leistungen wurden nicht per Zustimmungsvertrag festgelegt, sondern dem Polizeipräsidenten oblag die Kontrolle darüber, ob die Streckenführung und der Betrieb der Verkehrssicherheit entsprachen. Auch die Tarifgestaltung fiel in die polizeiliche Kompetenz. Allerdings sah die Reichsgewerbeordnung zwar die konsultative Hinzuziehung der Gemeindevertretungen vor, im Konfliktfall hatte jedoch der Polizeipräsident das Entscheidungsrecht. Konflikte zwischen dem Polizeipräsidium und den Omnibusunternehmen entstanden in den 1890er Jahren infolge der Zurückweisung von Linienanträgen auf Hauptverkehrsstraßen und zentralen Plätzen und der Bevorzugung der leistungsfähigeren Straßenbahn bei Genehmigungen. Lediglich in Tariffragen wurde die Stadtvertretung hinzugezogen.

Im Omnibussektor erfolgte ebenfalls eine sukzessive Unternehmenskonzentration. Existierten 1895 noch drei große Omnibusunternehmen, so fusionierte die ABOAG 1903 mit der „Neuen Berliner Omnibusgesellschaft". Im Jahre 1904 kommentierte der sozialdemokratische Verkehrsexperte H. Lindemann diesen bei Straßenbahn und Omnibussen auftretenden Konzentrationsprozeß: „Nur eine Zeitlang machten sich die verschiedenen Gesellschaften

---

48   Stadtverordnetenversammlung, Protokolle, 12.1.1905, S. 23.
49   Stadtverordnetenversammlung, Protokolle, 18.10.1900, S. 373.
50   Stadtverordnetenversammlung, Protokolle, 20.5.1897, S. 187.

Konkurrenz. Dann tauchten Bestrebungen auf Fusionierung oder wenigstens Vereinheitlichung des Betriebes auf, um den durch die Konkurrenz bewirkten Ertragsverminderungen zu begegnen. Denn eine gewisse Schädigung der einzelnen Unternehmungen wird immer eintreten, mag sie vielleicht auch nur darin bestehen, daß lange Durchgangslinien schwerer geschaffen werden können, und daß die günstigere Ausnützung des Bahnnetzes und der Betriebsmittel gehindert ist."[51]

Der Konkurrenzdruck der Straßenbahn, der damit einhergehende Zwang zur niedrigen Tarifgestaltung, die Kosten der Motorisierung und eine unrentable Netzgestaltung brachten die ABOAG 1908 an den Rand der Liquidation. Erst die eigenständig durchgeführte Reorganisation und der Attraktivitätsgewinn im Zuge der 1905 aufgenommenen Motorisierung ließen das Fahrgastaufkommen von 122 Mio. im Krisenjahr 1908 auf 146 Mio. 1910 und 170 Mio. im Jahre 1913 ansteigen und hatten Ertragssteigerungen zur Folge. Ein weiterer Konzentrationsprozeß erfolgte 1913 im Zuge des Erwerbs der Aktienmehrheit durch die GBS und die Hochbahngesellschaft.

### 3.2 Die Hoch- und Untergrundbahn als Modernitätssprung

Als lokaler Schienenverkehrsträger unterstand die 1896 polizeilich bewilligte und 1902 in Betrieb genommene Strecke der Hoch- und Untergrundbahn dem Kleinbahngesetz. Ihr Träger war die 1897 gegründete private „Gesellschaft für elektrische Hoch- und Untergrundbahnen" (Hochbahngesellschaft), in deren Aufsichtsrat städtische Vertreter saßen. Ihr größter Kapitalgeber war die Deutsche Bank. Im Jahre 1901 beschloß die Stadt Berlin, auch im Bereich der städtischen Schnellbahn direkt leistend zu intervenieren. Aufgrund mehrerer Umarbeitungen des Streckenverlaufsplans der Stammlinie erhielt die Hochbahngesellschaft erst 1911 die landespolizeiliche Genehmigung. Mit dem Bau wurde 1912 begonnen. Im Jahre 1911 erhielt auch die „Allgemeine Elektricitäts-Gesellschaft" (AEG) die Genehmigung für den Bau einer Strecke. Die Hochbahngesellschaft blieb jedoch das größte Unternehmen. Im Jahr 1913 war die erste Ausbauphase abgeschlossen, das Hoch- und Untergrundbahnnetz umfaßte 37,8 km (vgl. Karte 2).[52]

Zustimmungsverträge regelten ebenfalls die gemeinwirtschaftlichen Aufgaben der städtischen Schnellbahnen. Nach zum Teil heftigen Auseinandersetzungen zwischen Stadtvertretungen und Privatunternehmen über Streckenführung und Bahnsystem im Vorfeld der Vertragsschließung entstanden nach der Inbetriebnahme kaum Differenzen. Zum einen verfügte die Stadtvertre-

---

51 Hugo Lindemann, Arbeiterpolitik und Wirtschaftspflege in der deutschen Städteverwaltung, Bd. 2, Stuttgart 1904, S. 235.
52 Johannes Bousset, Die Berliner Untergrund-Bahn, Berlin 1935; Ulrich Lemke/ Uwe Poppel, Berliner Untergrund-Bahn, Düsseldorf 1989.

tung inzwischen über Erfahrungen in der Formulierung und Auslegung von Zustimmungsverträgen, zum anderen kam sie der Hochbahngesellschaft angesichts der hohen Investitionskosten in der Frage der Konzessionsfrist und der Tarifgestaltung weitgehend entgegen. Im Stadtzentrum Berlins beliefen sich die Kosten für 1 km Untergrundbahn auf rd. 10 Mio. Mark, während sie für die Hochbahn in der Regel 2,3 Mio. Mark betrugen. Die Konzessionsfrist war auf 90 Jahre fixiert. Es galt ein Stationen- und Klassentarif, der im Durchschnitt doppelt so hoch war wie bei der staatlichen Stadt- und Ringbahn. Die Tarifgestaltung und die Verlaufskurve der Verkehrsspitzenzeiten lassen den Schluß zu, daß dieser Schienenverkehrsträger hauptsächlich den Wohn-, Geschäfts- und Marktverkehr bediente und Wohlhabende wie Gelegenheitsfahrer die Hauptklientel bildeten.

**Transportleistung, Betriebseinnahmen und -ausgaben der Hoch- und Untergrundbahn (in Mio.)**

| Jahr | Fahrgäste[1] | Einnahmen | Ausgaben | Differenz |
|------|--------------|-----------|----------|-----------|
| 1903 | 30 | 4 | 3 | 1 |
| 1905 | 35 | 4 | 3 | 1 |
| 1907 | 41 | 6 | 4 | 2 |
| 1909 | 54 | 7 | 5 | 2 |
| 1911 | 64 | 8 | 4 | 4 |

Quelle: [1]Statistisches Jahrbuch der Stadt Berlin, Kapitel Straßenverkehr, Jahrgänge 1903–1911; Otto Blum, Die wirtschaftlichen Ergebnisse der Berliner Hoch- und Untergrundbahn, in: Verkehrstechnische Woche, 39 (1911), S. 994f.

Jede Streckenerweiterung zog einen sprunghaften Fahrgastanstieg nach sich. Die Gewinndifferenz und die Dividende stiegen kontinuierlich, letzere betrug 1903 3,5%, 1906 5% und 1912 6%. Sie lag unter der Dividende der GBS, was auf Kapitalrückstellungen infolge hoher Anlagekosten zurückzuführen war.

Zwar ging von diesem hochleistungsfähigen Nahverkehrsträger, wie von der Pariser Metro, ein Druck zur Leistungskoordination aller Verkehrsträger aus,[53] die Zersplitterung der privaten Trägerschaft und bis 1912 der kommunalen Organisation milderten diesen jedoch zum Schaden des Publikums. Hinzu kam, daß Berlin mit Ausnahme der gering dimensionierten kommunalen Straßenbahn und der 1911 bewilligten städtichen Schnellbahnstrecke kaum direkt im Nahverkehrswesen involviert war, und ein koordiniertes Nahverkehrswesen fiskalische Interessen der Stadt nicht direkt tangierte. Zu Haupttriebkräften eines koordinierten Nahverkehrswesens wurden vielmehr seit 1913 die GBS, die Hochbahngesellschaft und die ABOAG sowie die hinter der GBS und der Hochbahngesellschaft stehende Dresdner und Deut-

---

53 Erich Giese, Das zukünftige Schnellbahnnetz für Groß-Berlin, Berlin 1919, S. 50ff.

sche Bank. Sie reagierten damit auf die dem Zweckverband zustehenden interventionistischen Kompetenzen und sein 1920 in Kraft tretendes Erwerbsrecht.

Die Stadt leitete ihren Anspruch auf Straßenbenutzungsabgaben aus dem preußischen Allgemeinen Landrecht von 1794 ab, das den Straßenkörper als Eigentum der Stadt definierte. Ergänzend verpflichtete das Kleinbahngesetz in § 6 die Schienennahverkehrsunternehmen zu Zahlungen für die Instandhaltung der Straßen und zur Entrichtung eines angemessenen Benutzungsentgelds. Die Zahlungen der Straßenbahngesellschaften umfaßten eine Pflasterrente, Beiträge zur Straßenreinigung und -erweiterung sowie für Kanalisationsarbeiten. Die Berliner Zustimmungsverträge regelten die Betriebsabgabe einheitlich auf Grundlage der Bruttoeinnahmen. Im Unterschied zu den Abgabeforderungen des Pariser Stadtrates vor der Reorganisation waren diese flexibel gestaltet und vergleichsweise niedrig. Von der GBS wurden seit 1880 4 bis 8% der Bruttoeinnahmen erhoben, und im Zustimmungsvertrag 1897/98 wurde die prozentuale Abgabestaffelung angesichts bevorstehender Elektrifizierungsausgaben bei einer niedrigeren Einnahmesumme angesetzt. Eine weitere Einnahmequelle eröffnete sich die Stadt durch die Auflage, daß die GBS den Strom von den städtischen Elektrizitätswerken beziehen mußte. Der Zustimmungsvertrag von 1911 steigerte die Bruttoabgabe von 8 auf 10% im Falle einer Tariferhöhung. Der Zweckverband von 1912 sah dann Abgaben vor, die sich an den Einnahmen pro Wagenkilometer orientierten.[54] Hinzu kamen für die Unternehmen die Gemeindeeinkommenssteuern. Den größten Posten bildeten für sie die Abgaben von der Bruttoeinnahme. Innerhalb des städtischen Haushaltskapitals „verschiedene Einnahmen" machten die Zahlungen der GBS im Jahre 1896 14,2% der Gesamteinnahmen, also prozentual mehr als für Paris, aus.

Finanzielle Gegenleistungen für die Benutzung des Grund und Bodens mußte auch die Hochbahngesellschaft erbringen. Der Zustimmungsvertrag von 1895 sah in § 5 neben den infrastrukturellen Unterhaltszahlungen eine von 2 auf 4% ansteigende Beteiligung der Stadt an der Bruttoeinnahme vor.

Im Unterschied zu Paris nahm Berlin keine mit dem Metrobau vergleichbaren Infrastrukturinvestitionen im Nahverkehrsbereich vor. Der Hauptgrund für diese Zurückhaltung lag im Steuersystem. Das Rückgrat des städtischen Haushalts bildeten die Einkommens- und die Grundsteuer. Da hohe Infrastrukturinvestitionen die direkte Steuerbelastung gesteigert und eine sich bereits abzeichnende Abwanderung wohlhabender Steuerbürger in die westlichen und südlichen Vororte gefördert hätten, verhielt sich die Stadtvertretung in Investitionsfragen zurückhaltend. Während Berlin beispielsweise 1902/03 100% an Gemeindeeinkommensteuer erhob, waren es im südlichen residen-

---

54 Gustav Kemmann, Zur Schnellverkehrspolitik der Großstädte, in: Der Städtebau 8 (1911), H.3, S. 25–29.

tiellen Vorort Wilmersdorf nur 90%. Dieses steuerpolitische Moment hemmte auch die Bereitschaft der Stadt, Schnellbahnen in die Vororte zu bauen, obwohl diese der City Konsumenten zugeführt hätten. Als weitere investitionshemmende Faktoren wirkten, daß Berlin über keine mit dem Paris der Ära Haussmann vergleichbare, staatlich genehmigte Tradition der hohen Verschuldung und Kreditaufnahme verfügte.[55] Die Berliner Haushaltspolitik entsprach eher dem konservativ-besitzbürgerlichem Selbstverständnis einer soliden vermögensrechtlichen Verwaltung. Und schließlich bildete der u.a. nahverkehrsabhängige Tourismus in der weitaus kleiner dimensionierten Berliner City sowie Theater- und Vergnügungslandschaft keinen mit Paris vergleichbaren städtischen Einnahmefaktor.

## 4. Interventionistische Maßnahmenvielfalt und marktpolitische Doppelstrategie

Ungeachtet der politisch und stadtgeschichtlich bedingten und im diachronen Entwicklungsstand begründeten verkehrswirtschaftlichen Unterschiede fallen mehrere strukturelle Gemeinsamkeiten ins Auge. Auf die Leistungsdefizite des Nahverkehrsmonopols reagierten beide Kommunalvertretungen mit der Präzisierung und Ausweitung der gemeinwirtschaftlichen Auflagen und dem Einsatz marktwirtschaftlicher Konkurrenz als Steuerungsinstrument. In Reaktion auf das Versagen dieser indirekt regulierenden Interventionsmaßnahmen wurde die Kommunalisierung einzelner Verkehrsträger erwogen, respektive beschlossen und verhalten realisiert. Die Dominanz des technisch modernsten und leistungsfähigsten Nahverkehrsträgers verschob die Marktanteile und machte eine Reorganisation des Nahverkehrsmarktes unter kommunaler Oberhoheit und in Kooperation mit den Privatunternehmen notwendig.

Gemeinsam war beiden Stadtvertretungen das Streben nach einer Balance zwischen privatwirtschaftlichen Interessen und gemeinwirtschaftlichen Leistungsauflagen, nach einer Leistungsbalance der verschiedenen Nahverkehrsträger, das Interesse an der Erzielung von kommunalpolitisch „geräuschlosen" Einnahmen sowie das Zurückscheuen vor neuen administrativen Belastungen. Die bedeutsamste Gemeinsamkeit war jedoch der tastende Charakter der verkehrspolitischen Interventionsmaßnahmen, die erst in der Zwischenkriegszeit eine lineare Expansion und konzeptionelle Geschlossenheit aufwiesen. Zwar war Deutschland vor 1914 vor allem im Bereich der Sozial-, der Hygiene- und Wohnungspolitik international stärker als Frankreich ein positi-

---

55 Ernst Kaeber, Die Epochen der Finanzpolitik Berlins 1808–1914, in: Ders., Beiträge zur Berliner Geschichte, Ausgewählte Aufsätze, Werner Vogel (Hg.), Berlin 1964, S. 202f.; Leo S. Rowe, Die Gemeindefinanzen von Berlin und Paris, Halle 1893.

ves Modell kommunaler Intervention, der Nahverkehr in den Hauptstädten widersprach jedoch diesem Bild. Die öffentliche Intervention war in diesem Bereich in Paris massiver und effizienter.

Die am Beispiel Berlins deutlich gewordene geringe Bereitschaft zur Kommunalisierung der Straßenbahn als Hauptverkehrsträger hatte auch – was bislang wenig beachtet wurde – metropolenspezifische Gründe. Die Vielzahl der Nahverkehrsträger und der Betriebssysteme, die Stärke des Nahverkehrsmonopols und die urbanisierungs- und technikbedingte Entwicklungsdynamik des Nahverkehrsmarktes erschwerten in den Metropolen eine Regielösung auf finanzieller und administrativer Ebene. Sie verlangte – was auf beiden Seiten, auf französischer Seite mit Blick auf Paris allerdings am deutlichsten ausgesprochen wurde – der Kommunalverwaltung unternehmerische, liberalwirtschaftliche Denkweisen und Leistungen ab, die nicht Bestandteil kommunaler Verwaltungsausbildung und -praxis waren.

Ein weiteres Spezifikum der Hauptstädte und Metropolen war, daß sie im Unterschied zu anderen Großstädten stärker dem nationalen Prestigedenken als exogenem Einflußfaktor unterstanden. Besonders Paris sollte als Hauptstadt der Dritten Republik von 1878 an nicht mehr nur mit seinen Bauten im internationalen Städtewettbewerb führen, sondern zusätzlich mit seiner modernen Städtetechnik die Weltöffentlichkeit beeindrucken. Die Weltausstellungen von 1889 und 1900 dienten somit auch der Präsentation von infrastruktureller Modernität. Diese auf sichtbare Zeichen und Prestige orientierte Stadtpolitik wurde in Paris stärker als in Berlin verfolgt. Die Folge dieser Neigung zur Selbstdarstellung war, daß der Pariser Stadtrat sowohl eine wachsende Zahl von Aufgaben an sich zog als auch die urbanen Lebensansprüche der Bevölkerung höher schraubte. Die Interventionsbereitschaft im Metrobau bestimmten folglich das Interesse an urbaner Funktionalität, Prestige und Lebensqualität.

Beide Stadtvertretungen teilten auch die Erfahrung, daß neue, technisch moderne Nahverkehrsträger Marktverschiebungen auslösen und durch ihre Leistungsdominanz die traditionellen Nahverkehrsträger zur Anpassung und Koordination im Sinne einer Leistungsvernetzung zwingen. Während geringer dimensionierte britische Großstädte wie Birmingham und Glasgow und deutsche Großstädte wie Köln und Düsseldorf auch im Nahverkehr durch die Kommunalisierung der Straßenbahn als ihres modernsten und leistungsfähigsten Nahverkehrsträgers direkte Leistungen im Sinne der „Daseinsvorsorge" erbrachten, ließen die Vielfalt und Dynamik des Nahverkehrsmarktes, die Vertragssysteme und die staatliche Intervention in beiden Metropolen lediglich eine ordnende, lenkende und regulierende Intervention seitens der Stadtvertretung sinnvoll erscheinen. Marktpolitisch entwickelten die Stadtvertretungen als Kompromißlösung eine Doppelstrategie aus Nahverkehrsmonopol und Unternehmenskonkurrenz, die sie mittels eines relativ schmalen Spektrums aus indirekten und direkt leistenden Interventionsmaßnahmen zunehmend in Kooperation mit den Nahverkehrsunternehmen stützten. Die Antwort auf die Frage, ob der privatwirtschaftliche Lösungsansatz für den Nahverkehrsmarkt langfristig tragbar sei, konnte unter den Bedingungen der Friedenszeit nicht mehr gegeben werden. Der Erste Weltkrieg veränderte die Ausgangsbedingungen und zog neue wirtschaftliche, soziale und politische Interventionszwänge nach sich.

Karte 1

Das Pariser Metronetz (Stand 31. Dezember 1914)

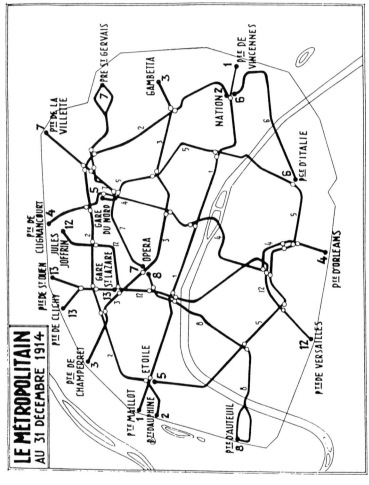

Quelle: Jean Robert, Notre Métro, Paris ²1983, S. 98.

Öffentliche Verkehrssysteme im Spannungsfeld kommunaler Intervention   181

Karte 2
Das Berliner Hoch- und Untergrundbahnnetz, Stand Oktober 1913

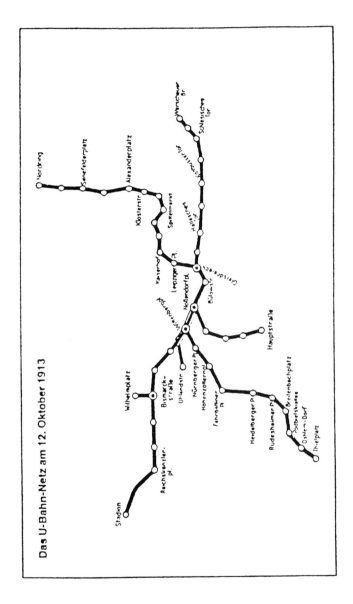

Quelle: Ulrich Lemke / Uwe Poppel, Berliner U-Bahn, Düsseldorf 1989, S. 34.

*Stefan Bratzel*

## Der verkehrspolitische Mißerfolgsfall Los Angeles.
## Eine Pathogenese städtischer Mobilität

> *Für einen Mann mit einem Hammer*
> *sehen alle Probleme aus wie Nägel.*
> *Altes japanisches Sprichwort*

### 1. Einleitung[1]

Die verkehrspolitische Entwicklungsgeschichte von Los Angeles ist zumindest aus zweierlei Gründen von besonderem wissenschaftlichen Interesse. Zum einen stellt Los Angeles ein *Extremfall* dar, sowohl hinsichtlich des historischen Verlaufs als auch der Folgen der dortigen Verkehrspolitik. So besaß die Metropole in den 20er Jahren das größte öffentliche Schienenpersonennahverkehrsnetz der Welt, das in den Folgejahren zugunsten des motorisierten Individualverkehrs vollständig eingestellt wurde. Insbesondere nach dem Zweiten Weltkrieg wurde ein riesiges Freeway-System aufgebaut, mit dem der exorbitant steigende (Auto-)Mobilitätsbedarf befriedigt werden sollte. Mit dem Ziel der Bewältigung der wachsenden Verkehrsprobleme und der ökologischen Folgen der Automobilität, investiert Los Angeles seit Ende der 80er Jahre hohe Summen in den Wiederaufbau eines schienengebundenen Nahverkehrsnetzes.[2]

Von wissenschaftlichem Interesse ist Los Angeles jedoch zum anderen auch, weil die extremtypischen Entwicklungsmuster der Metropole die Möglichkeit bieten, die Zusammenhänge und Wechselwirkungen von Mobilität, sozio-kulturellen Bedingungen und politischem Handeln besser zu verstehen. Informationsbedarf besteht dafür insofern, als die Diskussion des Themas „Stadt und Verkehr" in der Öffentlichkeit, aber auch in der Wissenschaft in der Regel durch eine spannungsgeladene dichotomische Gegenüberstellung der vermeintlichen Antagonisten „Automobil" und „ÖPNV" geprägt ist. Während die Ursache städtischer Verkehrsprobleme gemeinhin im motorisierten Individualverkehr gesehen wird, repräsentiert insbesondere der schienenge-

---

1 Der vorliegende Text beruht in wesentlichen Teilen auf Ergebnissen einer kürzlich erschienenen Studie des Autors: Stefan Bratzel, Extreme der Mobilität. Entwicklung und Folgen der Verkehrspolitik in Los Angeles, Basel, Boston, Berlin 1995. Auf Gedanken und Zusammenhänge, die im folgenden nicht oder nicht ausführlich dargestellt werden konnten, wird an den jeweiligen Stellen verwiesen.
2 Vgl. Jacki Bacharach, Das neue Verkehrskonzept von Los Angeles, in: 2. Berliner Verkehrswerkstatt. Innenstadt-Konzept: Quote oder Management?, Veranstalter: Prof. Dr. Herwig Haase, Senator für Verkehr und Betriebe, Berlin 1991.

bundene öffentliche Personenverkehr (SPNV) die (noch zu realisierende) Lösung der Probleme. Dabei wird der „Umweltfreundlichkeit der Bahn"[3] und ihrem sachlichen Leistungsvermögen häufig die Ineffizienz und der wahnhafte Charakter des Auto- und Straßenverkehrs gegenübergestellt, oft ohne die Zusammenhänge von Verkehrsträgern und Mobilitätsmustern ausreichend zu beachten.[4]

Anhand der Analyse der verkehrspolitischen Entwicklungsgeschichte L.A.'s soll im folgenden der verbreiteten Auffassung entgegengetreten werden, daß der Verkehrsträger „Eisenbahn" per se die Lösung der Mobilitätsprobleme urbaner Agglomerationen darstellt. Vielmehr wird argumentiert, daß die Verkehrsträger Automobil/Straße und Eisenbahn/Schiene grundsätzlich *gleichartige Wirkungen* auf die Mobilitätsstrukturen (räumliche Anordnung der Aktivitäten Wohnen, Arbeiten, Konsum und Freizeit) und das Mobilitätsverhalten der Bürger einer Metropole ausüben können. Nicht nur Investitionen in den Straßen- und Autobahnbau, sondern auch die flächenhafte Ausdehnung von Schienennetzen können entfernungsintensive Mobilitätsstrukturen und entsprechendes Mobilitätsverhalten herbeiführen bzw. fördern.

## 2. Verkehrspolitik in der Metropole Los Angeles: Extremformen der Mobilität

Los Angeles gilt als Prototyp und Symbol einer automobilen Gesellschaft. Wahrzeichen von Los Angeles und nicht zufällig auch Kulminationspunkt der Mobilitätsprobleme ist der Freeway. Das rund 2.000 Meilen lange Freeway-Netz bildet das Rückgrat des Verkehrssystems Südkaliforniens, auf dem die Mehrzahl der Personenkilometer zurückgelegt werden. Obgleich Los Angeles schon in den 20er Jahren zu den Gebieten mit der höchsten Automobildichte weltweit gehörte, wurde jüngst festgestellt, daß im Los Angeles County mittlerweile die Zahl der registrierten Fahrzeuge die der Führerscheinbesit-

---

3   Ernst U. von Weizsäcker, Erdpolitik. Ökologische Realpolitik an der Schwelle zum Jahrhundert der Umwelt, Darmstadt 1990, S.86.
4   Nicht nur die Dichotomie der Verkehrsträger, sondern auch das irrationale Moment, das (allein) dem Autoverkehr zugeschrieben wird, kommt z.B. in der Studie von Winfried Wolf, Eisenbahn und Autowahn. Personen- und Gütertransport auf Schiene und Straße. Geschichte, Bilanz, Perspektiven, Hamburg 1987 zum Ausdruck (ähnlich etwa auch Wolfgang Sachs, Die Liebe zum Automobil, Reinbek 1984 oder Gerhard Armanski, Wir Geisterfahrer. Die Lust und Last am Automobil, Bielefeld 1986.) Eine Einstellungsuntersuchung ergab z.B., daß inzwischen das Argument der Umweltfreundlichkeit des ÖPNV alle Bevölkerungskreise ‚gelernt' haben (vgl. Eva Müßener, Stadtverkehr im Wertewandel. Perspektiven der Forschung und Entwicklung für Verkehrstechnologie in der Stadt von morgen. Erste Ergebnisse einer Einstellungsuntersuchung, in: Verkehr und Technik (1991), H. 11, S. 443–447.

zer überschritten hat.⁵ Die Abhängigkeit der Bürger vom Auto und die sozialen und ökologischen Folgen sind wohl in keiner Metropole offensichtlicher. Nahezu 90 Prozent der Bürger benutzen das Auto auf dem Weg zur Arbeit und stehen dabei täglich zusammen rund eine halbe Million Stunden im Stau, wobei sie die mit großem Abstand schlechteste Luft aller amerikanischen Städte einatmen. Trotz strikter Abgasvorschriften für Fahrzeuge verletzte Los Angeles 1990 an 130 Tagen die bundesstaatlichen, sowie an 180 Tagen die kalifornischen Luftqualitätsstandards für Ozon.⁶

Die zunehmenden Verkehrsprobleme und die ökologischen Folgen der Automobilität führten seit den 70er Jahren in der Bevölkerung zu einer weitgehenden Skepsis gegenüber weiteren Freeway-Projekten. Schließlich wurde Ende der 80er Jahre eine verkehrspolitische Wende vollzogen, die im 1990 verabschiedeten Verkehrsplan ihren Ausdruck fand. In einem beispiellosen Investitionsprogramm soll über die nächsten 30 Jahre die exorbitante Summe von 78 Milliarden Dollar (!) für die Wiedereinführung eines schienengebundenen öffentlichen Nahverkehrssystems ausgegeben werden. Gleichwohl gibt es berechtigte Zweifel darüber, ob mit dieser Strategie die Verkehrsprobleme der Metropole gelöst werden können (vgl. unten).

Denn ein weiteres wesentliches Kennzeichen von Los Angeles ist die horizontale Siedlungsstruktur. Die über 14,5 Mio. Einwohner der Metropole Los Angeles (Consolidated Metropolitan Statistical Area (CMSA) Los Angeles-Anaheim-Riverside) verteilen sich auf einer riesigen Fläche von 88.000 km². Die bevölkerungsreichste Metropole New York (18 Mio. Einwohner) hat mit 18.000 km² dagegen nur ein Fünftel der Fläche L.A.'s (vgl. Abb.1). Diese Siedlungsmuster der Metropole spiegeln den *low-density*-Lebensstil seiner Bürger, der *Angelenos*, wider, der über die verkehrspolitischen Entwicklungsphasen hinweg eine bemerkenswerte Konstanz aufweist und bei der Herausbildung der spezifischen Mobilitätsmuster der Metropole eine wichtige Rolle spielt.

---

5   Martin Wachs, Learning from Los Angeles: transport, urban form, and air quality, in: Transportation 20 (1993), S. 329–354.
6   South Coast Air Quality Management District, Summary of Air Quality in California's South Coast and Southeast Desert Air Basins, Los Angeles 1991.

Abb. 1: Bevölkerung, Fläche und Siedlungsdichte der größten Metropolen der USA (1990)

| Metropole (CMSA) | Bevölkerung (in Mio.) | Fläche (in km$^2$) | Dichte (Einwohner/km$^2$) |
|---|---|---|---|
| New York | 17,93 | 18.134 | 990 |
| *Los Angeles* | *14,53* | *87.970* | *165* |
| Chicago | 8,07 | 14.553 | 554 |
| San Francisco | 6,25 | 19.085 | 327 |
| Philadelphia | 5,9 | 13.844 | 426 |

Quelle: G.E. Hall/ C.M. Slater, 1992 County an City Extra, Annual Metro, City and County Data Book, Lanham 1992.

Die für Los Angeles charakteristischen *entfernungsintensiven Mobilitätsmuster* sind aber keineswegs die originäre Folge des Auto-Booms und des Freeway-Baus nach dem Zweiten Weltkrieg. Denn, so die These dieser Arbeit, nicht die Automobilorientierung bzw. der Straßen- und Freeway-Bau hat die zersiedelten Strukturen in Los Angeles ursprünglich hervorgerufen, sondern die Stadt- und Regionalbahnen in den Jahren zwischen 1890 und 1920. Bevor das Automobil zum dominanten Verkehrsträger in den 20er Jahren aufstieg, waren die – auch heute noch typischen – weiträumigen horizontalen Siedlungsmuster schon angelegt. Diese boten dem motorisierten Individualverkehr jedoch fruchtbare Start- und Wachstumsbedingungen und waren gleichzeitig für den öffentlichen Schienennahverkehr ein wesentlicher Faktor seines Niedergangs.

## 3. Aufstieg und Niedergang der Straßen- und Regionalbahnen in Los Angeles

Das Wachstum L.A.'s von einer kleinen Stadt zu einer der bevölkerungsreichsten Metropolen der USA ist untrennbar mit dem Aufkommen der Straßen- und Regionalbahnen Ende letzten Jahrhunderts verbunden. Obwohl die Bahnen nur von 1890 bis zum Ende des Ersten Weltkriegs der dominante Verkehrsträger der Region waren, hatten sie einen prägenden Einfluß auf die räumliche Struktur der Metropole. Während dieser Periode zerstreuten die Bahnen die stark anwachsende Bevölkerung über die Region und legten die für Los Angeles heute charakteristische horizontale Siedlungsstruktur an.

## 3.1 Das Aufkommen der Bahnen und das Wachstum von Los Angeles zur Metropole

Los Angeles war bis in die 1870er Jahre hinein ein unbedeutendes Dorf von rund 6.000 Einwohnern, das gleichwohl mit dem Anschluß an das transkontinentale Eisenbahn-Netz durch die *Southern Pacific* im Jahre 1876 bevölkerungsmäßig explodierte. Schon im Jahre 1890 wuchs die Stadt auf 50.000 Einwohner an, dreißig Jahre später waren es über 500.000, wobei die gesamte Metropole längst die Millionengrenze überschritten hatte. Der dadurch entstandene erhebliche Mobilitätsbedarf konnte nur durch die Existenz moderner städtischer Massenverkehrsmittel gedeckt werden. Zahlreiche elektrische Stadt- und Vorortbahnunternehmen wurden gegründet, die die Bürger zu den Arbeitsplätzen, die sich zumeist im Zentrum der Stadt befanden, und wieder nach Hause – in die Vorstädte – brachten.

Vor allem die Regionalzüge („Big Red Cars") der Pacific Electric Railway (PE) übten dabei erhebliche Wirkung auf die räumliche Struktur der Metropole aus. So wurden die Schienenstränge weit in kaum besiedeltes Gebiet gelegt und damit für den Bau von dringend benötigten Siedlungen zugänglich gemacht. Die relativ geringen Einnahmen aus dem Fahrgastaufkommen hätten jedoch den hohen Kapitalbedarf für den Bau der Strecken als auch für die Betriebskosten nicht gerechtfertigt. Dagegen erlaubte die Verquickung von Personenbeförderung und Immobilienhandel – oft innerhalb eines Unternehmens – große Gewinne.[7]

Das klassische Beispiel dieser profitablen Verkoppelung war Henry Huntington, Bahnunternehmer und größter Landbesitzer der Region. Er kaufte große Teile kaum besiedelten Landes auf, das für seine Entwicklungspläne geeignet schien und legte danach eine Bahnlinie zwischen dem unbebauten Land und downtown Los Angeles. Die durch die Landerschließung rasant gestiegenen Grundstückspreise leiteten dabei das Investitionsverhalten. So entstanden allein durch die persönliche Unterstützung von Huntington nicht weniger als 13 neue Städte, die bis auf eine einzige alle direkt am Liniennetz seiner Vorortbahnen lagen.[8]

Im Gegensatz zu den Städten der Ostküste, wo die Verkehrsträger dem Wachstum der Bevölkerung folgten und dadurch ein gesichertes Beförderungsaufkommen erwarten konnten, fand die Entwicklung in Los Angeles umgekehrt statt: Eisenbahnlinien gingen der Besiedlung voraus. Die Philosophie dieser Praxis umschrieb Henry Huntington schon im Jahre 1904:

> It would never do for an electric line to wait until the demand for it came. It must anticipate the growth of communities and be there when the homebuilders arrive – or

---

[7] Robert Fogelson, The Fragmented Metropolis. Los Angeles, 1850–1930, Cambridge (USA) 1967, S. 85 ff.
[8] David Brodsly, L.A. Freeway, An Appreciative Essay, Berkeley 1981, S. 71

they are likely not to arrive at all, but to go to some other section already provided with arteries of traffic.[9]

Die Erwartung direkter Gewinne aus dem Verkauf der rasant gestiegenen Grundstücke und die Hoffnung späterer Einnahmen durch die Bahnlinien waren die Motive für die räumliche Erschließung der Metropole durch die Bahn- und Immobilienunternehmer. So wuchs die Bevölkerung von Long Beach, einer Gemeinde 20 Meilen südlich des Zentrums, nach dem Bau der Vorortbahnstrecke innerhalb der ersten Dekade dieses Jahrhunderts von rund 2.000 auf 18.000 Menschen an; ähnlich explodierte auch im nordwestlich vom Central Business District (CBS) gelegenen Hollywood die Bevölkerung zwischen 1903 und 1910 von 600 auf 10.000 Bürger. Von 42 Städten, die Mitte der 30er Jahre in das Stadtgebiet L.A.'s eingegliedert wurden, verdanken 39 ihr frühes Wachstum den Regionalbahnen der PE.[10] Richmond zählt für eine Dekade (1880–1890) gar 100 Städte, die sich im Los Angeles County *in Antizipation* auf die Eisenbahn gründeten.[11]

Bis nach dem Ersten Weltkrieg waren die Bahnen in Los Angeles der eindeutig dominante Verkehrsträger. Das Auto war für die meisten noch nicht erschwinglich und die Entfernungen waren für Fußwege zu weit. Bottles errechnete, daß der durchschnittliche Angeleno zwischen 1910 und 1915 jährlich über 500 Fahrten mit den Straßen- und Regionalbahnen zurücklegte.[12] In anderen Städten ähnlicher Größe wurden – zum Vergleich – damals nur halb soviele ÖPNV-Fahrten unternommen.[13]

Charakteristisch ist für die verkehrspolitische Entwicklung von Los Angeles, daß die Bahnen als dominanter Verkehrsträger gerade nicht zu verdichteten Siedlungsstrukturen geführt haben. Vielmehr prägten sie in der entscheidenden Wachstumsphase der Stadt die heute noch typischen *entfernungsintensiven Mobilitätsmuster* und *ermöglichten* die weiträumige Trennung der Aktivitäten Wohnen, Arbeiten und Konsum.

Zwischen 1900 und 1920 war das Bevölkerungswachstum gerade auch fernab der zentralen Gebiete exorbitant. Die weit entfernt vom Zentrum gelegenen Regionen Valley, East und South-East beherbergten Ende des Ersten Weltkriegs schon nahezu die Hälfte der Bevölkerung der Metropole, selbst wenn man – in Anlehnung an Pegrum – die Metropole nur aus den Los Angeles und Orange Counties bestehend faßt und das Zentrum der Stadt dagegen sehr weiträumig definiert (vgl. Abb. 2).

9  zit. in: Fogelson, Metropolis, S. 85.
10 Brodsly, S. 68 f.
11 Jonathan Richmond, Transport of Delight. The Mythical Conception of Rail Transit in Los Angeles, Department of Civil Engineering, Massachusetts Institute of Technology, Boston 1991, S. 24.
12 Scott Bottles, Los Angeles and the Automobile. The Making of the Modern City, Berkeley 1987, S. 266.
13 Vgl. ebd., S. 33. An diese hohe Zahl von 500 ÖPNV-Fahrten pro Kopf und Jahr in Los Angeles kommt in den 1990er Jahren lediglich die „Tram-Stadt" Zürich heran.

Abb. 2: Einwohner der Metropole Los Angeles nach Regionen 1900–1920[14]

| Region | Einwohner und Wachstumsrate | | | | |
|---|---|---|---|---|---|
| | 1900 | 1910 | 1900–1910 | 1920 | 1910–1920 |
| Valley | 5.846 | 17.616 | 201,3% | 32.869 | 86,6% |
| East | 31.598 | 80.042 | 153,3% | 132.901 | 66% |
| Central | 102.479 | 313.104 | 205,5% | 568.886 | 81,7% |
| West | 8.536 | 24.517 | 187,2% | 65.904 | 168,8% |
| South-East | 32.461 | 72.020 | 121,9% | 151.055 | 109,7% |

Quelle: Dudley F. Pegrum, Transportation. Economics and Public Policy, Homewood (USA) 1968, S. 564

Während also ein Großteil der Wohnorte im dünn besiedelten Umland der Metropole beheimatet war, konzentrierten sich die Arbeitsstätten und Konsumstandorte demgegenüber bis in die zwanziger Jahre hinein in und um das Central Business District (CBD). Lediglich das Gebiet um den Hafen (Long Beach), im Süden der Stadt, und die sich entwickelnde Filmindustrie in Hollywood boten schon damals einige Arbeitsplätze außerhalb des Zentrums (vgl. Abb. 3).[15] Noch 1920 war das CBD „the most concentrated section in southern California" und beheimatete „more than three quarters of Los Angeles' commercial and professional enterprise".[16] Ende der 20er Jahre wurden noch drei Viertel der Kaufhausumsätze des ganzen Los Angeles County's innerhalb des CBD gemacht.[17] Die Metropole war insofern durch eine extreme Funktionstrennung der Aktivitäten gekennzeichnet. Die durch die monostrukturelle Nutzung von Wohnen, Arbeiten und Konsum bedingte gewaltige Mobilitätsnachfrage spiegelt sich auch in der Verkehrsstatistik wider. In das CBD pendelten nach einer Zählung von 1924 täglich 1,2 Mio. Menschen (also

---

14 Pegrum zählt zur Metropole Los Angeles nur die Counties von Los Angeles und Orange. Die vier Hauptgebiete, in die Pegrum die Stadt teilt, umfassen folgende Unterbezirke: Valley beinhaltet das San Fernando Valley und Glendale; East beinhaltet Pasadena, Pomona-Foothill und Alhambra; Central umfaßt North-East, East, Central (CBD inbegriffen), Wilshire und Hollywood; West beinhaltet Beverly Hills-Westwood, Santa Monica Bay und Adams-Inglewood; South-East umfaßt die Unterbezirke von Orange County South-East, Whittier-Norwalk und Southcoast (vgl. Pegrum, S. 564).
15 Die Gründe für die überwiegende Präferenz des Zentrums als Standort der Industrie- und Handelsunternehmen sind zum einen im geringen Nachfragepotential außerhalb des Zentrums und dessen guter Erreichbarkeit durch die radiale Ausrichtung der Bahnlinien zu suchen. Zum anderen fehlte bis in die 20er Jahre hinein ein befriedigendes Gütertransportmittel für die Feinverteilung, da sich der Lastkraftwagen erst nach dem Ersten Weltkrieg durchzusetzen begann (vgl. Bratzel, S. 28 ff.).
16 Fogelson, Metropolis, S. 148.
17 Bottles, S. 194.

190  Stefan Bratzel

mehr als die gesamte Bevölkerung der Stadt Los Angeles) vorwiegend mit den Straßen- und Vorortbahnen.[18] Ungeachtet der überwiegend sehr niedrigen Bevölkerungsdichte betrieb Los Angeles in den 20er Jahren das größte elektrische Schienennetz der Welt.[19] Allein die Vorortbahnen der *Pacific Electric* hatten eine Länge von über 1.164 (einfachen) Streckenmeilen, die sich über vier Counties mit einer Ausdehnung von mehr als 100 Meilen von einem zum anderen Ende erstreckten. Auffällig ist dabei die radiale Struktur der Schienenstränge, die vom Zentrum ausstrahlend sich weit in die Region hineinzogen (vgl. Abb. 4).

Abb. 3: Räumliche Lage der Arbeitsplätze in Los Angeles 1924

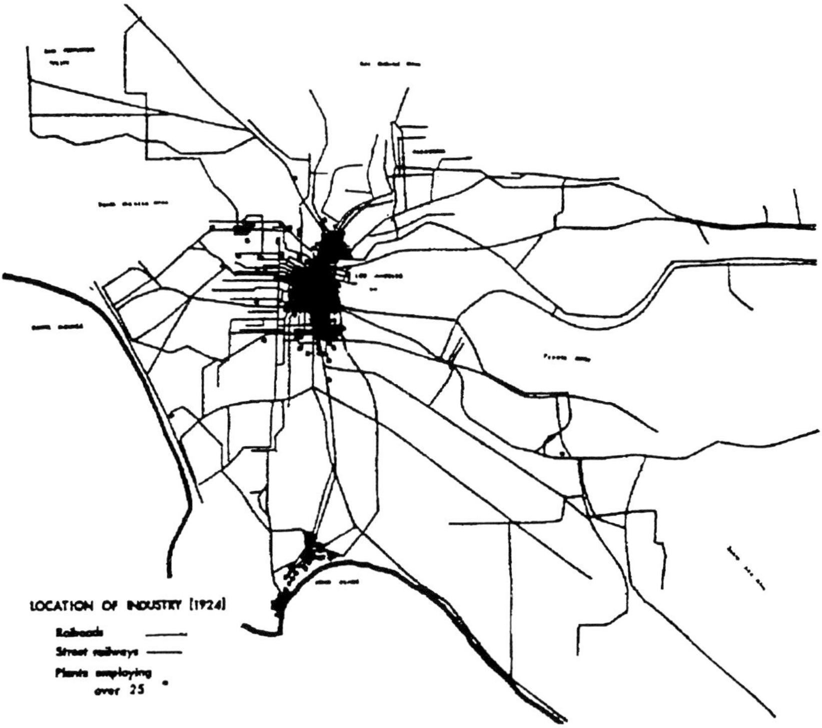

Quelle: Pegrum, S. 560

---

18 Fogelson, Metropolis, S. 147.
19 Auch nach dem Bevölkerungsboom der 20er Jahre lag die Bevölkerungsdichte im gesamten Stadtgebiet bei nur 1.572 pro Quadratmeile (New York 4.336; Chicago 3.890; Philadelphia 2.868). Außerhalb des Zentrums lag die Dichte in Los Angeles sogar bei nur 1.045 Einwohnern/Quadratmeile (Fogelson, Metropolis, S. 143).

Abb. 4: Das elektrische Eisenbahn-Netz der Metropole Los Angeles 1925

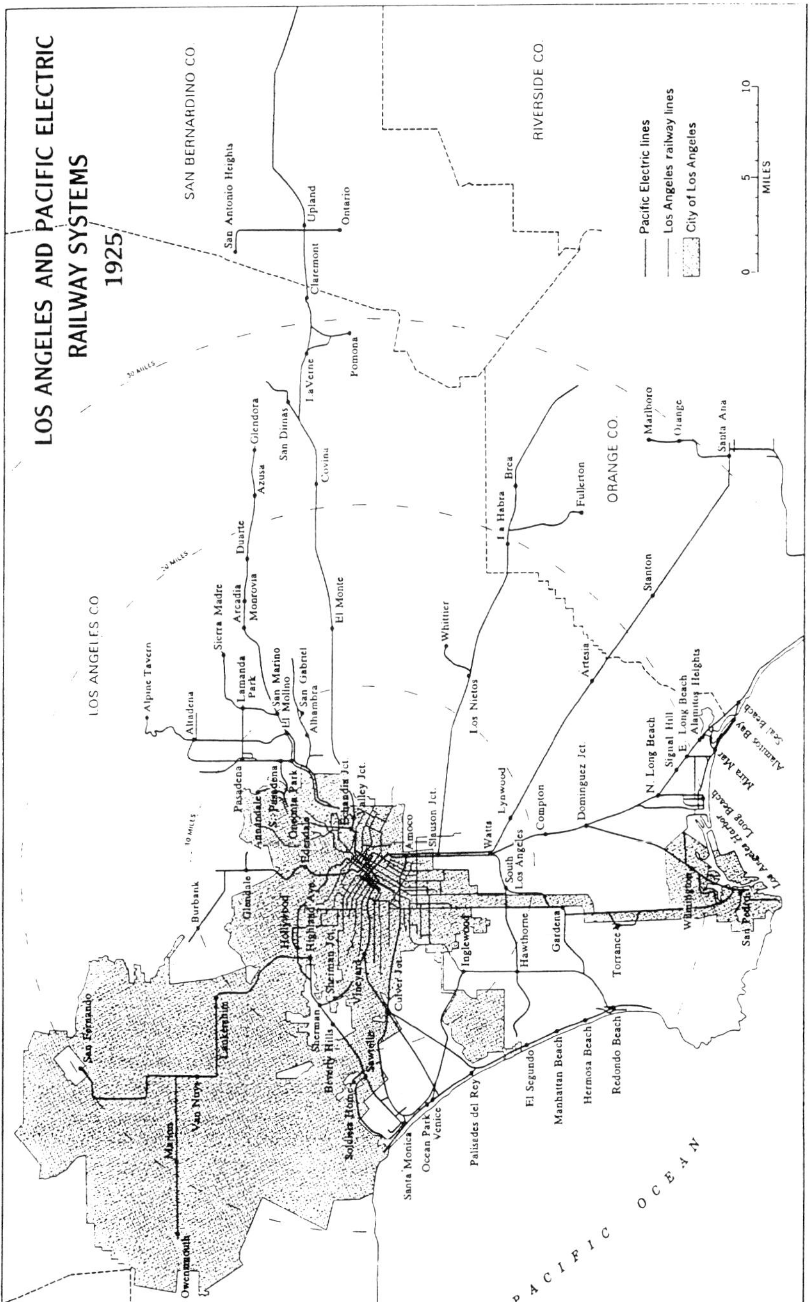

Quelle: Fogelson, Metropolis, S. 173

*3.2 Mobilitätsprobleme und Niedergang der Eisenbahnen*

Der unrühmliche Niedergang der Eisenbahnen in Los Angeles nach dem Ersten Weltkrieg und die damalige Unzufriedenheit der Bürger mit der LARY und der PE steht im eklatanten Widerspruch zu den seit den 60er Jahren geäußerten Mythen von den Bahnen oder dem ÖPNV als die Lösung städtischer Verkehrsprobleme.[20] In Los Angeles wurden Jahre nach der Einstellung des Fahrbetriebs häufig weithin verklärte Bilder eines vormaligen Stadtbahn-Utopias gezeichnet, das noch dazu von der Automobilindustrie zerstört worden sei.[21] In Los Angeles waren es jedoch weniger die Autoindustrie als vielmehr die Bahnen selbst, die durch Struktur und Form der angebotenen Verkehrsdienstleistungen ihren eigenen Niedergang vorprogrammierten. Darüber hinaus zeigt der Fall Los Angeles, daß die im Vergleich zum Auto weit höhere Beförderungskapazität von (Stadt-)Bahnen unter bestimmten Bedingungen nicht ausreichend bzw. nicht angemessen ist, um die jeweiligen Mobilitätsprobleme urbaner Agglomerationen zu lösen.

Städtische Verkehrsprobleme sind keine originären Phänomene des Automobilzeitalters: Schon im Jahre 1905 – also lange vor der Verbreitung des Autos – wurden Stauungen während der Rush-hour als Problem Nummer eins in Städten der USA bezeichnet.[22] In Los Angeles spitzte sich die Verkehrssituation Ende des ersten Jahrzehnts derartig zu, daß der Verkehrsausschuß die Situation im öffentlichen Nahverkehr als „chaotisch" titulierte und den Stau von Bahnen im Geschäftsviertel zu Spitzenverkehrszeiten als unhaltbar bezeichnete.[23] Eine vom Verkehrsausschuß in Auftrag gegebene Studie ergab 1911, daß rund 40.000 Fahrgäste der Los Angeles Railway und der *Pacific Electric Railway* während der Rush-hour täglich mit Verspätungen von 5 bis 40 Minuten rechnen mußten.

Für diese Mobilitätsprobleme der Bahn-Phase in Los Angeles waren mehrere Gründe verantwortlich: Zum einen führte die durch die scharfe Nutzungstrennung (Wohnen außerhalb – Arbeit, Konsum innerhalb des Zentrums) gekennzeichnete entfernungsintensive Mobilitätsstruktur zu einer raumzeitlichen Bündelung und hohen Verdichtung der Verkehrsströme im Zentrum der Stadt morgens und abends. Je weiter sich die Vorortzüge der Pacific Electric dem Zentrum näherten, desto langsamer kamen sie – mangels eines eigenen Gleisbetts – voran. Bis zum Erreichen des zentralen Terminals im CBD behinderten sie zusätzlich die Straßenbahnen der Los Angeles Railway.

---

20  Vgl. z.B. Richmond.
21  Vgl. z.B. Bradford Snell, Statement of Bradford Snell Before the United States Senate Subcommittee on Antitrust and Monopoly, Presented on Hearings on the Ground Transportation Industries, in Connection with S.1167, Washington, 1974.
22  Vgl. Wilfred Owen, The Metropolitan Transportation Problem. Revised Edition, Washington 1966.
23  Bottles, S. 45.

Gefördert wurden die Stauungen insbesondere durch die radialstrahlige Ausrichtung der Routen, die sich am (schwindenden) Muster von Kern-Peripherie-Beziehungen orientierten. Das Fehlen von Tangentialverbindungen war letztlich Ausdruck niedriger Siedlungsdichten außerhalb des Zentrums, die private Verkehrsinvestitionen unattraktiv machten. Fast alle weiteren Wege zwangen die Angelenos deshalb zu einem Umweg in das Zentrum L.A.'s, da direkte Verbindungen zwischen den Vororten praktisch nicht bestanden. Die niedrige Bevölkerungsdichte und die Struktur der Arbeits- und Konsumstandorte machten direkte Bahnverbindungen zwischen den Vororten für die privaten Betreiber unattraktiv.

Zusätzlich wurden die Mobilitätsprobleme im Zentrum L.A.'s noch durch ein vergleichsweise enges Straßennetz verstärkt. Während der Anteil der Straßen an der Fläche des Stadtkerns in Chicago bei 29 Prozent, in Cleveland bei 39 Prozent und in Washington sogar bei 44 Prozent lag, widmete L.A. den Straßen nur rund 21,5 Prozent der Fläche.[24]

Mit der Verbreitung des Autos nach dem Ersten Weltkrieg verschlechterte sich die ohnehin unerträgliche Verkehrssituation in der Stadt. Die Erwartung vieler Bürger, daß die Benutzung des neuen Verkehrsträgers Auto bei steigendem Problemdruck einen Sättigungspunkt erreichen würde, erwies sich als trügerisch. Zwar stieg der Problemdruck in Form von Staus und Verspätungen in den 20er Jahren weiter erheblich an. Doch, anstatt daß die Bürger – entsprechend der allgemeinen Erwartung – wieder auf öffentliche Verkehrsmittel umstiegen, vollzog sich ein gegenteiliger Effekt: Sowohl das Mobilitätsverhalten als auch die Mobilitätsstruktur paßten sich den veränderten Bedingungen an. Die Bürger mieden zunehmend das Belastungsgebiet als Aktivitätsort und umfuhren das Zentrum. Zudem veranlaßte die Unzugänglichkeit des CBD Handel und Industrie Ende der 20er Jahre zunehmend dazu, ihre Standorte vom Zentrum der Stadt in die Region zu verlagern. Der ÖPNV konnte die Mobilitätsprobleme der Stadt nicht bewältigen und war darüber hinaus zu unflexibel, um sich den veränderten Mobilitätsstrukturen anzupassen.

Folgerichtig verloren die Bahnen ihre Stellung als dominanter Verkehrsträger der Metropole. Die privatwirtschaftlichen Unternehmen waren aufgrund der niedrigen Siedlungsdichte – zu der sie ironischerweise selbst beigetragen haben – und der Konkurrenz durch das Auto fortan nur noch mit erheblichen Subventionen zu finanzieren.[25] Dringend notwendige Investitionen zur Anpassung des veralteten radialstrahligen Liniennetzes an die erweiterten räumlichen Siedlungsmuster als auch zur Erneuerung des veralteten Fuhrparks wurden nicht unternommen. Mit Ausbruch des Zweiten Weltkriegs nahm der Niedergang der Straßen- und Vorortbahnen seinen Lauf. Unrentable Linien wurden eingestellt oder durch Busse ersetzt, die Taktzeiten verkürzt

---

24 Brodsly, S. 85.
25 David St.Clair, The Motorization of American Cities, New York 1986.

und die Fahrpreise erhöht. Der öffentliche Nahverkehr auf der Schiene wurde in der Metropole auf dem einst größten Netz der Welt Anfang der 60er Jahre vollständig eingestellt.[26]

Die verkehrspolitische Entwicklung ist in anderen amerikanischen Städten nicht grundsätzlich anders verlaufen, gleichwohl aber weniger extrem. Wichtige Gründe für die verkehrspolitisch etwas günstigere Entwicklung liegen in den unterschiedlichen raum-strukturellen Voraussetzungen und den demographischen und städtebaulichen Entwicklungen. Zentral ist dabei, daß Städte wie New York, Chicago oder Boston im Gegensatz zu Los Angeles erheblich älter sind und schon vor dem Aufkommen des motorisierten städtischen Massenverkehrs dicht besiedelte und gut entwickelte Innenstädte mit historischen Stadtkernen hatten.[27] Diese Städte haben nicht nur vergleichsweise attraktive Zentren, die mehr sind als nur Central Business Districts, sondern weisen auch schon früh erheblich höhere Siedlungsdichten auf (vgl. Fußnote 19). Für die Dichte und Kompaktheit der Siedlungsstrukturen der Ballungsräume ist somit der Zeitpunkt der Wachstumsschübe von erheblicher Bedeutung. Zusätzlich setzte die geographische Lage mancher Städte, wie etwa San Francisco, einer unkontrollierten Zersiedelung gewisse Schranken. In New York, Boston oder San Francisco hatten die Häfen etwa schon früh eine wichtige raum-strukturelle Bedeutung und förderten die Verdichtung. Demgegenüber unterstützte der Hafen in Los Angeles eher die Zersiedelung, da er 20 Meilen vom Stadtzentrum entfernt liegt und erst in den 1920er Jahren verkehrspolitisch an Gewicht gewann.[28]

Diese Faktoren werden durch einen grundlegenden verkehrspolitischen Unterschied zwischen Los Angeles und den Städten der Ostküste noch verstärkt: In letzteren wurde im Sinne einer Mobilitätsbedarfsdeckung die Verkehrsinfrastruktur parallel mit dem Bevölkerungswachstum schrittweise räumlich ausgedehnt (z.B. New York, Chicago, Boston). Die Erwartung eines gesicherten Transportaufkommens ermöglichte dabei die Entwicklung eines erfolgreicheren öffentlichen Verkehrssystems. Dagegen wuchs Los Angeles erst mit dem Aufkommen der elektrischen Eisenbahnen zur Metropole, und die flächenhafte Raumerschließung durch Straßen- und Vorortbahnen ging der Bevölkerungsentwicklung voraus (Bedarfsweckung).

---

26  Ausführlicher zu den Gründen des Niedergangs der Eisenbahnen in Los Angeles: vgl. Bratzel, S. 100 ff. oder auch Bottles; für die USA allgemein: Donald N. Dewees, The Decline of Street Railways, in: Traffic Quaterly 4 (1970), S. 563–581 oder auch David St.Clair, The Motorization and Decline of Urban Public Transit, 1935–1950, in: Journal of Economic History 16 (1981), S. 579–600.
27  Michael J. Thomson, Great Cities and Their Traffic, London 1977, S.151 ff., 192 ff..
28  vgl. Bratzel, S. 27. Vgl. auch Martin Wachs, Autos, Transit, and the Sprawl of Los Angeles: The 1920s, in: Journal of the American Planning Association 50 (1984), S. 297–310, 303.

## 4. Entwicklung und Folgen der *Automobilität* in Los Angeles

Die durch die Bahnen angelegten horizontalen Siedlungsstrukturen der Metropole boten für den motorisierten Individualverkehr hervorragende Startbedingungen. Konnten im Zeitalter der Bahnen nur Gebiete in relativer Nähe zu den mobilitätsverbürgenden Bahnstationen besiedelt werden, so war man durch das Auto von diesen Zwängen befreit. Jetzt konnten auch die riesigen, nun zugänglichen, freien Gebiete zwischen den radialstrahligen Bahnlinien erschlossen werden. Bedingt durch den Bevölkerungsboom der 20er Jahre explodierte die Bevölkerung vor allem im Umland der Stadt, während in den zentralen Gebieten vergleichsweise bescheidene Zuwachsraten zu verzeichnen waren (vgl. Abb. 5). Zunehmend wurden auch Wohngebiete aus dem Boden gestampft, die nur auf das Auto ausgerichtet waren. Erreichbarkeit durch öffentliche Verkehrsmittel war immer weniger ein Landerschließungskriterium. Ähnlich wie zuvor während der Bahn-Phase der Metropole behielten auch hier die Immobilienunternehmer die monostrukturelle Nutzung bei. Die meisten zu jener Zeit erschlossenen Gebiete waren dementsprechend ausschließlich Wohngebiete, die von Kommerz- und Industrieaktivitäten getrennt wurden, um sie für potentielle Käufer attraktiver zu machen.

Das Auto etablierte sich durch die explosionsartige Besiedlung von Gebieten fernab der Bahnen zum unverzichtbaren Verkehrsträger. Besaß 1920 nur jeder sechste im Los Angeles County ein Auto, so war 1930 schon weit mehr als jeder dritte Autobesitzer (2,75 Einwohner pro Auto). Die Verfügbarkeit über ein Auto verstärkte jedoch nicht nur den durch die Bahnen angelegten Trend zur Zersiedelung, sondern beschleunigte auch die Dezentralisierung der Funktionen Arbeiten und Konsum. Die neuen Bedingungen veranlaßten Handel und Industrie dazu, ihre Standorte in das Umland zu verlagern. Zwischen 1930 und 1935 wurden 88 Prozent aller Einzelhandelsgeschäfte in den Vorstädten eröffnet. Wurden noch Ende der 20er Jahre drei Viertel aller Einzelhandelsumsätze des Los Angeles County's im CBD gemacht, so waren es 1956 noch ganze 23 Prozent.[29] Auch die Industrie verlagerte ihre Standorte zunehmend von den ohnehin teuren zentralen Gebieten weg in die billigere Peripherie der Metropole und achtete dabei vor allem auf die Nähe zu großen Straßen und später zu Freeways. Ermöglicht wurde diese räumliche Zerstreuung des expandierenden Industriesektors in den 20er Jahren durch die technische Anwendungsreife des Lastkraftwagens als Gütertransportmittel.[30] Auch den Arbeitern war durch das Auto die Chance gegeben, zu den Betrieben fernab der Bahnlinien zu gelangen.

---

29  Bottles, S. 196.
30  Vgl. Bratzel, S. 54 ff.

Abb. 5: Das Bevölkerungswachstum verschiedener Gebiete der Metropole Los Angeles 1920–1960

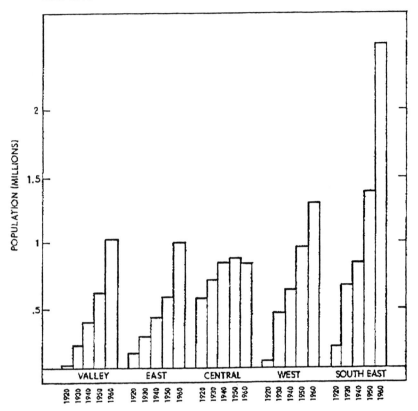

Quelle: Pegrum, S. 565

Die Angelenos erhoben das Auto zum Symbol der Modernität, obgleich sich die Verkehrsprobleme dadurch verschlechterten.[31] Das Automobil repräsentierte nicht nur die amerikanischen Grundwerte von individueller Freiheit und Unabhängigkeit, sondern auch die Lösung der Verkehrsprobleme.[32] Ebenso simpel wie programmatisch zeigte der Automobilproduzent Henry Ford dazu in den 20er Jahren den Weg: „We will solve the city problem by leaving the city". Das Auto versprach zudem mehr noch als die Bahnen die Realisierung des von der Bevölkerung präferierten suburbanen Lebensstils in Südkalifornien. Darüber hinaus eröffnete das Auto die Möglichkeit, sich von der Abhän-

---

31 Blaine Brownell, A Symbol of Modernity: Attitudes Toward the Automobile in Southern Cities in the 1920s, in: American Quaterly 24 (1972), S. 20–44.
32 Zur symbolischen Dimension von Mobilität in Los Angeles vgl. Bratzel, S. 121 ff.

gigkeit der als unbequem wahrgenommenen Bahnen und der als korrupt empfundenen Bahnbetreibern befreien zu können.[33]
Durch den explodierenden Automobilbesitz nach dem Ersten Weltkrieg spitzten sich die Verkehrsprobleme im Zentrum freilich krisenartig zu.[34] Schon während einer 12-Stunden-Periode eines typischen Wochentags des Jahres 1923 wurden nahezu die Hälfte der Fahrten im CBD mit dem Auto erledigt.[35] Geschäftsleute des Zentrums und Bürger forderten die politischen Akteure zum Handeln auf. Angesichts des erheblichen Drucks nahm der Stadtrat 1924 einen *Major Traffic and Highway Plan* an, der ein dichtes Netz von Haupt- und Nebenstraßen in der Metropole vorsah. Während die Wähler einer Steuererhöhung zur Implementierung des Straßenverkehrsplanes zustimmten, lehnten sie zur gleichen Zeit mehrere Initiativen zur Finanzierung eines Schnellbahnnetzes ab. Die Bürger sahen keinen Sinn darin, ein zentrumsorientiertes und veraltetes Bahnsystem privater Betreiber finanziell zu unterstützen, zumal das neu erworbene Automobil ihrem suburbanen Lebensstil mehr entgegenzukommen schien.

Die neu geschaffenen Kapazitäten des Straßenverkehrsplans konnten mit dem Verkehrswachstum der Region mit der höchsten Automobildichte der Welt nicht standhalten. Aufgrund der großen Depression und des Zweiten Weltkriegs fehlten darüber hinaus die finanziellen Mittel, um den vorgesehenen Highway-Plan vollständig umzusetzen. Nach dem Krieg explodierte die Bevölkerung im Los Angeles County wiederum von 2,2 (1940) auf 6 Mio. (1960) Menschen, während die Zahl der Autos dazu noch überproportional von 1,2 Mio. (1947) auf über 3,3 Mio anstieg. In den boomenden Geschäftsvierteln des Umlands wiederholten sich schon in den 30er Jahren die Probleme des CBD; Bürger und Geschäftsleute vermeldeten Ende der 40er Jahre wiederum krisenartige Verkehrszustände und verlangten nach Lösungen.[36] Da der konventionelle Verkehrsträger Straße den riesigen Mobilitätsbedarf nicht bewältigen konnte, suchte man fortan nach einem Verkehrsträger mit einer höheren Kapazität und fand ihn in einem engmaschigen Netz von vier- bis sechsspurigen Freeways.

Finanziell unterstützt durch föderale staatliche Zuwendungen (Federal Aid Highway Act, 1956) und der Erhöhung der Mineralölsteuer begegnete man den Mobilitätsproblemen durch den Bau hunderter Freeway-Meilen in der Metropole. Nach dem Plan des *California Freeway and Expressway System Act* sollte kein urbanes Gebiet weiter als vier Meilen von einer Stadtautobahnausfahrt entfernt sein.[37] Der Höhepunkt des Autobahnbaubooms

33 Vgl. Bottles.
34 Martin Wachs, Learning from Los Angeles: transport, urban form, and air quality, in: Transportation 20 (1993), S. 329–354, vgl. S. 331.
35 Bottles, S. 204.
36 Wachs, Learning, S. 330.
37 Vgl. Edward Weiner, Urban Transportation Planning in the United States. An Historical Overview, New York 1987.

wurde Ende der 60er Jahre erreicht (vgl. Abb. 7). Seitdem schmolzen nicht nur die finanziellen Mittel für den Autobahnbau inflationsbedingt erheblich zusammen, sondern auch die öffentliche Akzeptanz. Versuche, weitere Steuern für den Freeway-Bau zu erheben, konnten in der Bevölkerung keine Mehrheit mehr finden. Schon Ende der 60er Jahre waren 25 Prozent der neu errichteten Freeways während der Rush-hour verstopft. Mit der sich verschlechternden Verkehrssituation und der erheblichen Luftverschmutzung durch den Autoverkehr (Los Angeles Smog) wurden zunehmend Zweifel an der Lösung der Verkehrsprobleme durch Freeways überhaupt laut.

Die Mobilitätsstruktur der Metropole weist mittlerweile einen hohen Grad räumlicher Ausdehnung auf. War während der Bahn-Phase in L.A. zumindest eine moderate Dichte von Quell- und eine hohe Dichte von Zielverkehr charakteristisch, so haben sich die Verkehrsströme wesentlich ausgedünnt.[38] Bedingt durch den präferierten low-density-Lebensstil der Angelenos und erleichtert durch die Flexibilität des motorisierten Individualverkehrsmittels Auto ist ein regelrechter Zersiedelungsbrei entstanden. „Suburbs in search of a city" ist eine zutreffende Beschreibung dieses Musters: eine riesige Agglomeration ohne sichtbare Stadtgrenzen oder erwähnenswerte Subzentren. Das CBD beherbergt als größtes Zentrum der Metropole gerade noch 4,2% der Arbeitsplätze.[39]

Diese auto-affinen Strukturen wirken sich entsprechend auf das Mobilitätsverhalten der Angelenos aus. Mit einer Autodichte von über 700 Autos pro 1.000 Einwohner (1990) gibt es im Los Angeles County – wie erwähnt – mehr registrierte Fahrzeuge als Führerscheinbesitzer. Rund 86% der Beschäftigten fährt mit dem Auto zur Arbeit, 8% fahren mit dem Fahrrad oder gehen zu Fuß, während 6,5% öffentliche Verkehrsmittel benutzen. Die durchschnittliche Distanz zwischen Wohnen und Arbeiten (einfache Wegstrecke) ist mit 16,6 Meilen 66 Prozent weiter als im nationalen Durchschnitt.[40]

Es ist allgemein bekannt, daß auch der Bau eines riesigen Freeway-Netzes die überproportional wachsenden Verkehrsströme nicht bewältigen konnte. Während sich etwa zwischen 1950 und 1970 die Bevölkerung der Metropole verdoppelte, verdreifachte sich im gleichen Zeitraum die tägliche Fahrleistung von 54 auf 145 Mio. Meilen. Zehn Jahre später lag die Fahrleistung um 50 Prozent höher bei 220 Mio. Meilen, obwohl die Bevölkerung nur um 11 Prozent stieg. Mittlerweile stehen die Angelenos bei ihren über 40 Mio.

---

38 Peter Gordon/ Harry W.Richardson, Congestion, Changing Metropolitan Structure, and City Size in the U.S.: Some New Evidence, Los Angeles 1992 (unveröffentl. Manuskript).
39 Genevieve Guiliano/ Kenneth Small, Subcenters in the Los Angeles Region, in: The University of California Transportation Center, Berkely, Working Paper, No.39 (1990).
40 Commuter Transportation Services, State of the Commute Report, Los Angeles 1992, S. 7; Alan E. Pikarski, Commuting in America. A National Report on Commuting Patterns and Trends, Westport (USA) 1987, S. 60.

täglichen Fahrten rund 10 Prozent ihrer 629.000 Fahrstunden im Stau.[41] Würden keine Maßnahmen unternommen, so würde sich nach einem Szenario der Southern California Association of Governments (SCAG) die Fahrzeit im Jahr 2010 verdreifachen, wobei die Bürger über 50 Prozent davon im Stau verbringen müßten.[42]

Abb. 7: Länge neuer Freeway-Meilen der Metropole Los Angeles in Fünf-Jahres-Perioden

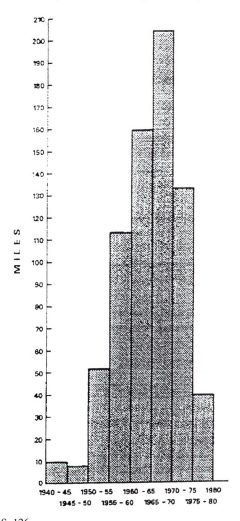

Quelle: Brodsly, S. 126

41  Southern California Association of Governments, Regional Mobility Plan, Los Angeles 1989, S. I–2.
42  Vgl. ebd.

Der zentrale Fehler von Politikern und Planern bei der Schaffung zusätzlicher Verkehrskapazitäten war die Mißachtung von deren Eigendynamiken, insbesondere in ihrer Wirkung auf Mobilitätsverhalten und Mobilitätsstrukturen. Der Bau von Freeways induzierte kurzfristig und längerfristig zusätzlichen Verkehr. *Kurzfristig*, indem – zum einen – Fahrten, die vorher mit anderen Verkehrsträgern (Fahrrad, Bus) bewältigt wurden, nunmehr mit dem Auto zurückgelegt werden, und zum anderen Fahrten, die vorher überhaupt nicht gemacht wurden. So kam etwa eine Verkehrsstudie in Los Angeles zum Ergebnis, daß 29 Prozent des Verkehrs auf dem Santa Monica Freeway kurz nach dessen Eröffnung induzierter *Neu*-Verkehr war.[43] *Langfristig* steigt zudem das Verkehrsaufkommen, da eine neue Verkehrsader Wirkungen auf die Mobilitätsstruktur ausübt und neue residentielle und industrielle Ansiedlungen erzeugt. Die Nähe zu Freeways erhöht die räumliche Zugänglichkeit von Gebieten, wodurch auch weitere Wege zum Arbeitsplatz und zum Einkaufen attraktiver werden. Indikatoren dieses Prozesses sind z.B. die Grundstückspreise, die schon mit der Veröffentlichung von geplanten Routen entlang des Korridors wesentlich steigen.

## 5. Die Wiedereinführung des Schienenpersonennahverkehrs als Lösung der Mobilitätsprobleme in Los Angeles?

Die Verkehrsprobleme spitzen sich in der Metropole seit den 70er Jahren erneut krisenartig zu, da die Verkehrszuwachsraten wieder die ohnehin hohen Bevölkerungszuwachsraten erheblich überschreiten.[44] Selbst in suburbanen Gebieten, wie in Orange County, wird der Verkehr von der Bevölkerung seit Jahren als wichtigstes öffentliches Problem betrachtet.[45] Gleichzeitig scheiterten weitere Freeway-Projekte in der Regel am Widerstand von Gemeinden und Bürgerinitiativen, die sich gegen (weitere) Autobahnen in ihren Vorgärten erbittert zur Wehr setzen.[46] Wachsender verkehrspolitischer Problemdruck und schlechte Luftqualität zwangen die Akteure daher, über Alternativen zum Ausbau des Straßen- und Freeway-Netzes nachzudenken und beleb-

---

43 Wayne McDaniels, Re-evaluating Freeway Performance in Los Angeles, Los Angeles 1971 (MA-Thesis UCLA), S. 21 f.
44 Wachs, Learning, S. 331.
45 Mark Baldassare, Transportation in Suburbia. Trends in attitudes, behavior and policy preferences in Orange County, California, in: Transportation 19 (1991), S. 207–222, vgl. S. 212.
46 Howard Seelye, Few Will Pay For New Roads, in: California Journal (1984), S. 428–431. Vgl. das NIMBY-Syndrom (Not In My Back Yard): Michael Dear, Understanding the NIMBY Syndrome, in: American Journal of the American Planning Association 58 (1992), S. 288–300 und Frank Fischer, Bürger, Experten und Politik nach dem „Nimby"-Prinzip: Ein Plädoyer für die partizipatorische Policy-Analyse, in: Adrienne Héritier (Hg.), Policy-Analyse. Kritik und Neuorientierung, Opladen 1993, S. 451–470.

ten insbesondere Konzepte zur Wiedereinführung des öffentlichen Schienenpersonennahverkehrs (SPNV).

Seit der Einstellung des SPNV Anfang der 60er Jahre war das Auto der einzig akzeptable (motorisierte) Verkehrsträger. Der spärliche Busverkehr, der den SPNV ersetzen sollte, folgte nicht den neuen Besiedlungsmustern der Metropole und war insbesondere das Verkehrsmittel der sozioökonomisch schlechter gestellten Gruppen. Niedrige Einkommensgruppen fuhren signifikant häufiger mit dem öffentlichen Nahverkehr als andere und wohnten gleichzeitig in den schlechteren Wohngegenden in der Nähe des Zentrums, in denen das Busnetz dichter war.[47] Trotz einiger öffentlicher Investitionen blieb die Bedeutung des ÖPNV in Los Angeles gering. 1980 wurden von täglich 39 Mio. Personenfahrten lediglich rund eine Million mit den Bussen zurückgelegt.[48]

Nachdem mehrere Initiativen zur Einführung eines schienengebundenen Netzes seit 1968 scheiterten, stimmten im November 1980 die Wähler L.A. County's dem Vorschlag der neu gegründeten *Los Angeles County Transportation Commission* (LACTC) zu. Der Plan dieser Behörde, die im Anschluß an die dritte Ablehnung eines Schnellbahnnetzes gegründet wurde,[49] sah eine Erhöhung der Mehrwertsteuer um einen halben Prozentpunkt vor, mit der u.a. der Bau eines schienengebundenen ÖPNV-Systems finanziert werden soll. Nachdem 1990 die Wähler einer weiteren Erhöhung der Mehrwertsteuer um einen halben Prozentpunkt zustimmten (Proposition C), stehen der Metropole zusammen rund 800 Mio. $ jährlich für den ÖPNV zur Verfügung. Zusammen mit den kalifornischen und föderalen Fonds soll nunmehr innerhalb eines 30-Jahres-Verkehrsplans die gewaltige Summe von 183 Mrd. $ ausgegeben werden, um die Mobilität der Bevölkerung zu verbessern.[50]

---

47   Die nach den Rassenunruhen 1965 eingesetzte McCone Commission erkannte als eine der Hauptursachen für die Unruhen neben der Arbeitslosigkeit und der mangelhaften Bildung das inadäquate und teure Verkehrssystem (vgl. hierzu: John A. McCone, Violence in the City – An End or a Beginning?, in: Spencer Crump (Hg.), Black Riots in Los Angeles. The Story of the Watts Tragedy, Appendix: The Text of the McCone Commission Report 1966, S.125–154.). Los Angeles war zu jener Zeit die einzige Metropole der USA, die ihr Nahverkehrssystem nicht subventionierte, so daß die Busunternehmen, angesichts von Verlusten, ihr Streckennetz kürzten und die Fahrpreise verteuerten. Für eine ausführlichere Diskussion der Zusammenhänge von Armut und Mobilität bzw. der selektiven Dimension der Automobilität in Los Angeles und weitere Literaturhinweise vgl. Bratzel, S. 60 ff.
48   Leland S. Burns/ Alvin J. Harman, The Complex Metropolis, Los Angeles 1968, S. 32; Martin Wachs, Consumer Attitudes Towards Transit Service: An Interpretative Review, in: Journal of the American Institute of Planners 42 (1976), S. 96–104, vgl. S. 102; OECD (Hg.), Cities and Transport. Athens, Gothenburg, Hong Kong, London, Los Angeles, Munich, New York, Osaka, Paris, Singapore. Paris 1988, S. 83.
49   Ronald L. Weekly, The Los Angeles County Transportation Commission and Regulation XV, Los Angeles 1990.
50   Los Angeles County Transportation Commission, 30-Year Integrated Transportation Plan, Los Angeles 1992.

Das Herzstück des Plans bildet der Bau eines Gesamtschienennetzes von 400 Meilen, das sich aus 200 Meilen Schnellbahnen (U-Bahnen, Stadtbahnen) und 200 Meilen Regionalbahnen zusammensetzt. Innerhalb der nächsten 30 Jahre sollen für Bau und Betrieb des Schienennetzes über 78 Mrd. § ausgegeben werden. Bisher wurden bereits mehrere Teilstrecken eröffnet. Als erste nahm im Juli 1990 eine Stadtbahnlinie (Blue Line) den Betrieb auf, die downtown L.A. mit der im Süden gelegenen Hafenstadt Long Beach verbindet. Seit Oktober 1992 setzte der Betrieb von Pendlerbahnen (Commuter Rail) ein und Anfang 1993 wurden auch schon einige Stationen der U-Bahn-Linien eröffnet.

Erste Vorabschätzungen der potentiellen Wirkungen dieses *neuen* Verkehrsträgers auf die Mobilitätsprobleme der Metropole machen eher skeptisch.[51] Dabei stellt sich insbesondere die Frage, ob ein SPNV-System, das eine hohe Beförderungskapazität ermöglicht, angesichts der niedrigen bzw. allenfalls moderaten Siedlungsdichten das angemessene Verkehrsmittel der Metropole ist. Das geplante Netz ähnelt an vielen Stellen dem SPNV-System der 20er Jahre, obgleich sich die Verkehrsströme nicht nur wesentlich ausgedünnt, sondern auch verändert haben. Die Linien behalten eine radiale Orientierung bei, obwohl sich nur noch rund 5% der Arbeitsplätze im Zentrum befinden. Wachs ist daher zuzustimmen, wenn er betont, daß diese Maßnahmen „will cumulatively have small effects and large costs".[52] Bezeichnenderweise antworteten in Umfragen auf die hypothetische Frage an autofahrende Pendler, ob sie mit der Bahn zur Arbeit fahren würden „nur um einmal auszuprobieren, ob es ihnen gefällt", 1991 71 Prozent und 1992 sogar 85 Prozent, daß sie dies *„nicht einmal versuchen würden"*. Gerade 11 bzw. 6 Prozent waren sich sicher, daß sie den alternativen Verkehrsträger zumindest einmal ausprobieren würden.[53] Die sich abzeichnenden tatsächlichen Fahrgastzahlen der Bahnen scheinen die Umfragen zu bestätigen.

### 6. Die Wirkungen von Bahnen und Automobilen auf die Mobilitäts-Muster im Vergleich

Sind die Wirkungen, die die Verkehrsträger Stadtbahn/Schiene und Auto/Straße auf die Mobilitäts-Muster ausüben, wirklich so unterschiedlich wie gemeinhin angenommen wird? Ein Vergleich der beiden Verkehrsträger in den verschiedenen Entwicklungsphasen der Metropole Los Angeles schränken derartige Annahmen prinzipiell ein. Vielmehr deuten die Ergebnisse dieser Studie darauf hin, daß die Dominanz der Verkehrsträger Eisenbahn in

---

51 Vgl. Richmond und vgl. Wachs, Learning.
52 Wachs, Learning, S. 336.
53 Commuter Transportation Services, State of the Commute Report, Los Angeles 1992, S. 46 f.

der ersten und Automobil in der zweiten Phase auf die Mobilitätsstrukturen in Los Angeles ähnliche Auswirkungen hatte. Erstaunlicherweise unterstützten sowohl die Straßen- und Regionalbahnen als auch das Automobil die Tendenz zur räumlichen Trennung der Aktivitäten, wenngleich in unterschiedlicher Intensität.

Die Regionalbahnen der *Pacific Electric* fungierten insofern als Wegbereiter der weiträumigen Zersiedelung der Region, als sie den Bürgern erstmals die (faktische) technische Möglichkeit boten, in den Vorstädten L.A.'s zu wohnen und gleichzeitig im Zentrum der Stadt zu arbeiten und zu konsumieren. Die profitable Verflechtung von Personenbeförderung und Immobilienspekulation führte zur Herausbildung einer *horizontalen Siedlungsstruktur* in der Metropole, da die Bürger das Angebot der Bahnbetreiber dankbar annahmen und sich weit außerhalb des Stadtzentrums niederließen.[54]

Bereits 1920, als die elektrischen Bahnen noch das dominante Verkehrsmittel L.A.'s waren, wohnte schon annähernd die Hälfte der Bevölkerung außerhalb der zentralen Gebiete der Stadt. Freilich bestimmten die systemischen Angebotsbedingungen dieses Verkehrsträgers die spezifischen Muster der Mobilitätsstrukturen. So führte die Abhängigkeit der Angelenos von den Straßen- und Regionalbahnen etwa nur zu einer *gebremsten* Zersiedelung in dem Sinne, als die Linienführung relativ starr die räumliche Lage der Häuser bestimmte, die sich in fußläufiger Nähe zu den Haltestellen befinden mußten.

Von solchen Hemmnissen durch das wesentlich flexiblere Verkehrsmittel Automobil befreit, verstärkte sich in der Folgezeit die horizontale Siedlungsstruktur exorbitant. Insbesondere das erhebliche Bevölkerungswachstum in den 20er und seit den 50er Jahren, sowie der Bau eines riesigen Freeway-Systems, machten Los Angeles zum Extremtypus eines durch niedrige Dichte und Einfamilienhäuser gekennzeichneten Siedlungsraumes mit einem hohen Grad an Diffusion der Verkehrsströme.[55]

Die Wirkungsdifferenzen des SPNV und des MIV auf die Siedlungsmuster sind insofern nur quantitativer Natur: Die zersiedelte Struktur der Metropole war schon durch die Regionalbahnen angelegt und wurde durch den neuen Verkehrsträger Automobil lediglich erheblich verstärkt. Entgegen der häufig geäußerten Meinung führt der schienengebundene ÖPNV also nicht per se zu verdichteten Siedlungsstrukturen.

Der Fall Los Angeles gibt darüber hinaus auch kaum Anhaltspunkte dafür, daß die verschiedenen motorisierten Verkehrsträger im Hinblick auf die räumliche Lage der Arbeitsplatz- und Konsumstandorte zu tendenziell unterschiedlichen Entwicklungsmustern führen. Vielmehr scheinen die Ansiedlungsbedingungen von Einzelhandels- und Industrieunternehmen primär von Faktoren wie Kaufkraftpotential eines Gebietes sowie räumlicher Zu-

---

54 Vgl. auch Wachs, Autos.
55 Vgl. ebd., S. 297; vgl. Southern California Association of Governments, Regional Growth Management Plan, Los Angeles 1989.

gänglichkeit abhängig zu sein. Durch welchen Verkehrsträger letztere gesichert wird, ist dabei eine nachrangige Frage. Wie schon bei der Siedlungsstruktur führt die größere Flexibilität des Automobils auch hier zu einem höheren Grad an räumlicher Verteilung der Aktivitäten Arbeit und Konsum als dies bei den Bahnen möglich wäre, da die Reichweite der Bahnfahrer auf einen recht eingeschränkten Radius um die Stationen beschränkt ist.[56]

Die in der *Bahn-Phase* angelegte scharfe Trennung der Aktivitäten Wohnen und Arbeiten wurde in der *Auto-Phase* der Metropole fortgesetzt. Während zu Anfang des Jahrhunderts vor allem die Regionalbahnen der *Pacific Electric* das weite Pendeln vom Wohnort zum Arbeitsplatz ermöglichten, schaffte vor allem der sukzessive Bau eines Freeway-Netzes, das im übrigen vielerorts den Routen der (sich im Niedergang befindlichen) Bahnstrecken folgte, die Voraussetzungen für den MIV, weite Strecken zur Arbeit innerhalb einer erträglichen Fahrzeit zurücklegen zu können.

Diese Mobilitätsstrukturen schlugen sich entsprechend auch auf der Abstraktionsebene des *Mobilitätsverhaltens* nieder. Die schon in der Bahn-Phase der Stadt vergleichsweise großen Weglängen verstärkten sich in den folgenden Dekaden, so daß heute alle Einkommensgruppen in Los Angeles erheblich weiter fahren als ihre Pendants in anderen Metropolen der USA. Auch jüngere Fahrtbudgetstudien zeigen, daß Angelenos mit 36 Minuten für den einfachen Arbeitsweg wesentlich länger pendeln als der nationale Durchschnitt mit 22 Minuten.[57]

Am Extremfall Los Angeles zeigen sich die Eigendynamiken und Wechselwirkungen von Verkehrsträgern und Mobilitäts-Mustern überdeutlich. War zu Beginn des Jahrhunderts den Bürgern durch die Bahn lediglich die Chance gegeben, räumlich weit getrennt von Arbeits- und Konsumorten zu wohnen, so hat sich diese *Mobilitäts-Möglichkeit* im Laufe der Zeit unversehens in eine *Notwendigkeit* gewandelt. Durch die sich eigendynamisch entwickelnde Nutzungstrennung und den low-density-Lebensstil breiter Bevölkerungsschichten haben sich entfernungsintensive Mobilitätsstrukturen herausgebildet, die zu einem regelrechten *Mobilitätszwang* geführt haben.[58]

## 7. Fazit: Lehren aus Los Angeles für die Verkehrspolitik

Aus dem Extremfall Los Angeles lassen sich für die Verkehrspolitik anderer Städte weitreichende Lehren ziehen. Eine zentrale Folgerung muß dabei sein, die Fehler zu vermeiden, die zu den entfernungsintensiven Mobilitäts-Mu-

---

56 Weitere Ausführungen zu diesem Argument vgl. Bratzel.
57 Vgl. Commuter Transportation Services und vgl. Pikarski.
58 Vgl. hierzu für Los Angeles Bratzel, S. 117 ff. und allgemein vgl. Wolf Linder u.a., Erzwungene Mobilität. Alternativen zur Raumordnung, Stadtentwicklung und Verkehrspolitik, Köln 1975.

stern führten. Die Analyse der dominanten *politischen Handlungsmuster* in Südkalifornien in den verschiedenen Entwicklungsphasen gibt Aufschluß über *vermeidbare* verkehrspolitische Irrwege.

Die vorherrschende Strategie der politischen Akteure zur Bewältigung von Verkehrsproblemen der Metropole ist seit den 20er Jahren *einseitig angebotsorientiert:* Die überwiegenden Maßnahmen in Los Angeles zielten dabei darauf ab, das Angebot an motorisierten Verkehrsträgern erheblich auszuweiten. Sowohl der allgemeine Straßenverkehrsplan von 1924 als auch der Freeway-Plan und dessen sukzessive Implementierung nach dem Zweiten Weltkrieg setzten auf die Erhöhung der Kapazität des (Straßen-)Verkehrssystems und auf dessen räumliche Ausdehnung über die gesamte Metropole, um den Mobilitätsbedarf zu stillen. Gemessen an den Ausgaben ist auch der 30-Jahres-Verkehrsplan überwiegend angebotsorientiert. Im Unterschied zu den früheren Ansätzen sucht dieser Plan jedoch die Mobilitätsprobleme durch die Erhöhung der Kapazität des öffentlichen Nahverkehrssystems zu lösen.

Charakteristischerweise gleicht das Handlungsmuster der politischen Akteure der Strategie der privatwirtschaftlichen Verkehrsunternehmen um die Jahrhundertwende (etwa bis 1913), die das steigende Beförderungsaufkommen mit der stetigen Ausweitung des SPNV-Netzes und dessen Kapazitätserhöhung zu bewältigen suchten. Ähnlich wie die Bahnunternehmen zielten auch die nachfolgenden politischen Maßnahmen darauf ab, den steigenden Mobilitätsbedarf durch die Verbesserung des Verkehrsträgerangebots zu bewältigen. Im Gegensatz zu den Schienenverkehrslinien wurde nunmehr ein Straßen- und später ein Freeway-Netz gebaut, das im übrigen vielerorts den Strecken der Bahnen folgte und noch weit über sie hinaus ging.

Die Mobilitätsprobleme wurden dabei von den Akteuren als *technisch* zu lösende Aufgaben der Verbesserung des Autoverkehrssystems definiert. Betrachtete man in den 20er Jahren die Verkehrsprobleme als einen Ausdruck des viel zu geringen Verkehrsangebots an Straßen, das nachfolgend erhöht wurde, erkannte man später das Problem in der Vermischung von Verkehr verschiedener Richtungen an Kreuzungen, das man wiederum durch ein System von (kreuzungsfreien) Freeways zu lösen glaubte. In beiden Fällen hielt der Kapazitätsausbau dem steigenden Verkehrsaufkommen nicht stand. Schon Ende der 60er Jahre deuteten Stauungen zu Spitzenverkehrszeiten an, daß auch Hunderte von Freeway-Meilen mit dem wachsenden „Automobilitätsbedarf" nicht Schritt halten konnten. Das Freeway-System schuf sich – wiederum selbstverstärkend – über den durch das Bevölkerungswachstum gestiegenen Bedarf hinaus seine eigene Nachfrage.[59]

Nachdem die Zustimmung der Bürger angesichts gestiegener Umweltbelastungen und ungelöster Mobilitätsprobleme für Freeway-Projekte zurück-

---

[59] Vgl. G. Wolfgang Heinze, Verkehr schafft Verkehr. Ansätze zu einer Theorie des Verkehrswachstums als Selbstinduktion, in: Berichte zur Raumforschung und Raumplanung (Wien) 23 (1979), H.4/5, S. 9–32.

ging, blieben die politischen Akteure ihrer Angebotsorientierung dennoch treu und suchten einen Verkehrsträger mit einer höheren Kapazität, um den Mobilitätsbedarf zu stillen. Sie fanden ihn im schienengebundenen öffentlichen Nahverkehr, der durch ein Netz von rund 650 km über die ganze Metropole ausgedehnt werden soll. Charakteristischerweise betont die Los Angeles Transportation Commission (LACTC) bei der Vorstellung des SPNV-Konzepts die vergleichsweise *hohe Beförderungskapazität* dieses öffentlichen Verkehrsträgers,[60] ohne sich jedoch eingehend mit der prekären Frage zu beschäftigen, ob die unterstellten maximalen Auslastungen angesichts der vorliegenden Mobilitätsstrukturen jemals auch nur annähernd zu erreichen sind.[61] Erste Untersuchungen weisen auf eine eher geringe Wirkung dieser investitionsintensiven Maßnahmen auf das Mobilitätsverhalten hin.

Vor diesem Hintergrund läßt sich aus dem verkehrspolitischen Extremfall Los Angeles eine erhebliche Skepsis gegenüber *angebotsorientierten Verkehrspolitiken* ableiten. Im Hinblick auf den Grad der Problembewältigung besitzt dieser politische Handlungstypus nur eine niedrige Wirkungstiefe. Das Kennzeichen angebotsorientierter Verkehrspolitik ist es, die Bedingungen der Möglichkeit der Überwindung von Raum zu verbessern. Die Erfahrungen aus Los Angeles zeigen, daß eine Verbesserung des Angebots motorisierter Verkehrsträger nur eine scheinbare verkehrsentlastende Wirkung besitzt, indem sich zu Anfang das Verkehrsaufkommen auf ein größeres Angebot verteilt. Wie oben skizziert, haben diese insbesondere infrastrukturellen Maßnahmen aber erhebliche *verkehrsinduzierende Wirkungen*: einerseits im Hinblick auf das Mobilitätsverhalten, indem die Nachfrage nach weiteren Fahrten geweckt wird, die durch ein verbessertes Angebot attraktiver geworden sind; andererseits im Hinblick auf die mittel- und langfristige Entwicklung zu einer entfernungsintensiveren Mobilitätsstruktur. Wohnorte im Grünen, weiter entfernte Arbeitsplätze, Konsumzentren und Freizeitparks werden gewählt und verändern eigendynamisch die Struktur des Gebiets. Das Mobilitätsverhalten pendelt sich auf einem neuen entfernungsintensiveren Niveau ein.

Prinzipiell haben auch öffentliche Verkehrsmittel eine niedrige Wirkungstiefe, insofern sie – wie am Fall Los Angeles skizziert – die Möglichkeiten einer entfernungsintensiveren Raumüberwindung verbessern. Ihre Wirkungstiefe verbessert sich hingegen um so mehr, je dichter und kompakter die Siedlungsstrukturen sind und je besser der Verkehrsbetrieb an den systemimmanenten Funktionsbedingungen des jeweiligen öffentlichen Verkehrsmittels (Bahn, Bus) ausgerichtet wird.[62] Der Bau einer städtischen Schnellbahnlinie mit einer hohen Beförderungskapazität ist z.B. nur dort sinnvoll, wo dichte Nutzungsstrukturen ein hohes Beförderungsvolumen zwischen verschiede-

---

60 Los Angeles Transportation Commission, S. 18.
61 Zur Kritik der Bahn-Orientierung des LACTC-Konzepts vgl. auch Richmond.
62 G. Wolfgang Heinze/ Heinrich Kill, Evolutionsgerechter Stadtverkehr. Grundüberlegungen zu neuen Konzepten für Berlin, Frankfurt 1991.

nen Orten in mittleren Entfernungsbereichen erwarten lassen (z.b. New York, Stockholm, Amsterdam, Zürich). Unangemessen wäre hingegen die Einrichtung eines Schnellbahnsystems zur umfassenden räumlichen Erschließung eines ganzen Gebiets, da etwa die dazu notwendigen kurzen Haltestellenabstände und hohen Taktfrequenzen für diesen Verkehrsträger tendenziell systemsuboptimale Funktionsbedingungen darstellen und daher die Gefahr der Ineffizienz hoch ist. Gerade die verkehrspolitische Entwicklungsgeschichte von Los Angeles zeigt, daß der ÖPNV und insbesondere der SPNV per se *nicht* die Lösung der Verkehrsprobleme repräsentiert und insofern auch eine dichotomische Gegenüberstellung von Auto auf der einen und Bahnen auf der anderen Seite einer sachlichen verkehrspolitischen Diskussion zuwiderläuft.

Bei einem Vergleich der amerikanischen und der europäischen Mobilitätsstrukturen sind vor allem die siedlungsstrukturellen Erfolgsfälle in den Niederlanden (Amsterdam, Groningen, Delft) und in den ostdeutschen Kommunen (Erfurt, Wismar) hervorzuheben. In den Niederlanden sind die Stadterweiterungen im wesentlichen dicht und kompakt erfolgt, indem die Kernstädte systematisch erweitert wurden. Schon 1901 verpflichtete das nationale Stadtplanungsgesetz die Kommunen mit über 10.000 Einwohnern dazu, Bebauungspläne zu erstellen. Zusätzlich stellte der Staat finanzielle Mittel für die Städte bereit, um Grundstücke anzukaufen und Erschließungsarbeiten durchzuführen.[63] Ostdeutsche Städte wie Erfurt oder Wismar profitierten siedlungsstrukturell von der zentralisierten Planung und geringen Motorisierung, die Stadträume hervorgebracht hat, die nur in geringem Maße Suburbanisierungsmuster im Umland aufweisen.

Ein folgenreicher Unterschied zwischen der amerikanischen und der niederländischen und deutschen verkehrspolitischen Entwicklung in Städten kann vor allem im divergierenden Stellenwert von Regulierung und öffentlicher Planung gesehen werden. Auch in Deutschland besteht eine historisch gewachsene Tradition der Planung von städtischer Entwicklung, insbesondere werden detaillierte Vorgaben für die Art und Weise der Bebauung und Flächennutzung gemacht. Schon Ende des letzten Jahrhunderts war etwa die Erstellung eines „Bauzonenplans" üblich, der das Maß der Nutzung regelte.[64] Demgegenüber fehlten Regelungen für Verkehrs- und Städteplanung in Kalifornien bis in die 20er Jahre hinein völlig. Baumaßnahmen mußten von betroffenen Grundstücksbesitzern mittels Petition an den Stadtrat initiiert werden, wobei diese dann von einem städtischen Bauingenieur auf einer *case-by-case-Basis* geprüft wurden.[65] In Los Angeles verbanden sich die Profit-

---

63 Willi Hüsler, Verkehr in positiven siedlungsstrukturellen Beispielfällen – Zusammenhänge sowie Maßnahmen und Instrumente mit Wirkung auf den Personenverkehr. Studie B im Studienprogramm Verkehr der Enquete-Kommission „Schutz der Erdatmosphäre" des 12. Deutschen Bundestages, Zürich 1993, S. 40.
64 Gerd Albers, Stadtentwicklungsplanung, in: Roland Roth/ Hellmut Wollmann (Hg.), Kommunalpolitik. Politisches Handeln in den Gemeinden, Bonn 1993, S. 398–411.
65 Vgl. Bratzel, S. 43 und vgl. auch Fogelson, Metropolis, S. 267 ff.

motive von Verkehrsunternehmen und Immobilienspekulanten mit den Lebensstilpräferenzen breiter Bevölkerungsgruppen bei gleichzeitiger Zurückhaltung staatlicher Regulation. Da der privaten Initiative breiter Spielraum gelassen wurde, sind deren Handlungsfolgen auch weitaus dominanter als in Europa.[66] Nach wie vor spielt in Amerika die Bodenpreispyramide für die Zersiedelung eine wichtige Rolle. Grundstückspreise im Umland sind wesentlich günstiger und werden den dichter besiedelten Gebieten gegenüber bevorzugt, Mobilität ist sehr billig und staatliche Eingriffe unbeliebt.[67]

Aus dem Mißerfolgsfall Los Angeles können zumindest zwei Schlußfolgerungen für eine *nachhaltige Mobilitätspolitik* in anderen Städten und Regionen gezogen werden. Zum einen zeigen die Erfahrungen in Südkalifornien, daß die Lösung der Mobilitätsprobleme nicht im Ausbau bzw. in der Verbesserung der motorisierten Verkehrsträger liegen kann. Statt der auch in Deutschland immer noch dominierenden angebotsorientierten Verkehrspolitik werden insbesondere Strategien aufgewertet, die auf die *Mobilitätsstrukturen* Einfluß nehmen.[68] Werden durch großflächige Investitionen von Wochenendsiedlungen, Gewerbeparks und Freizeitanlagen „auf der grünen Wiese" erst einmal die Zersiedelung und Zerstreuung der Aktivitäten zugelassen, wird der zukünftige Handlungsspielraum für eine *sustainable mobility* minimiert. Die Wirkungstiefen aller darauffolgenden Maßnahmen werden vergleichsweise gering sein. Entsprechend müssen die politischen Akteure auf eine Verdichtung und Mischung der Aktivitäten in Städten hinwirken, damit Wohn-, Arbeits-, Konsum- und Freizeitorte großenteils durch das Fahrrad oder zu Fuß erreichbar sind. In diesem Sinne haben gerade die Politikbereiche eine wichtige Bedeutung, die kaum in der Öffentlichkeit diskutiert werden: Strukturpolitik, Raumordnung, Stadtentwicklung, Wohnumfeldverbesserungen etc.

Zum anderen müssen diese strukturellen Politiken, um Erfolg zu haben, durch nachfrageorientierte Maßnahmen ergänzt werden. Die Erfahrungen mit der Mobilitätsmanagement-Verordnung[69] in Los Angeles zeigen, daß selbst unter denkbar schlechten politischen Rahmenbedingungen das Verhalten der Bürger durch das konsonante Zusammenspiel von positiven und negativen

---

66 Vgl. Bratzel, S. 113 ff.
67 John R. Logan/ Harvey L. Molotch, Urban Fortunes. The Political Economy of Place, Los Angeles 1987.
68 Die verheerenden Folgen der Vernachlässigung von Raumordnung und Flächennutzungsplanung für die Mobilitäts-Muster einer Metropole veranschaulicht die Entwicklungsgeschichte Los Angeles'.
69 Nach der 1987 durch das South Coast Air Quality Management District verabschiedeten sogenannten Regulation XV müssen alle Arbeitgeber mit mehr als 100 Mitarbeitern einen ausgearbeiteten und umsetzungsfähigen Plan vorlegen, mit dem sie versuchen wollen, den durchschnittlichen Besetzungsgrad der Fahrzeuge ihrer Mitarbeiter auf einen offiziell vorgegebenen Wert zu erhöhen.

Anreizen („push and pull") beeinflußt werden kann.[70] Zu den Maßnahmen mit positiven Anreizeffekten („pull") zählen attraktive Fußwegverbindungen (Fußgängerzonen), flächendeckende Radverkehrsnetze, ein adäquates und bedienungsfreundliches ÖPNV-System mit einem serviceorientierten Umfeld, das dem Fahrgast mehr Komfort und Leistungsangebote bereithält (insbesondere „bike and ride"-, „park and ride" – Anlagen, Einkaufsmöglichkeiten usw.). Um nennenswerte Verhaltensänderungen zu bewirken, müssen diese Maßnahmen mit Pull-Effekten jedoch durch Restriktionen für den Autoverkehr („push") ergänzt werden, etwa durch Parkraumbewirtschaftung, Einschränkung der Stellplatzverordnungen, Rückbau der für den Autoverkehr vorbehaltenen Flächen (Fahrbahn, Parkplätze etc.), Zufahrtsbeschränkungen, Geschwindigkeitsbegrenzungen, Straßenbenutzungsgebühren usw.

Der Fall Los Angeles zeigt einmal mehr die Konsequenzen eines eindimensionalen und statischen Denkens, das „mit dem Hammer in der Hand" alle Probleme als „Nägel" erkennt und entsprechend verfährt. Eine Lösung komplexer Probleme, wie etwa der städtische Verkehr, kann nur gelingen, wenn die Neben- und längerfristigen Folgewirkungen von Prozessen im Denken und politischen Handeln Beachtung finden. Entsprechend muß eine nachhaltige Problembewältigung auf mehreren Handlungsebenen und -bereichen gleichzeitig ansetzen und dabei mit einer konsonanten Kombination von Instrumenten arbeiten.

---

70  Vgl. z.B. Wachs, Learning.

*Gert Zang*

## Wie die Entwicklung großer Eisenbahntransversalen im Bodenseeraum durch die Verbindung von Dampfschiff- und Eisenbahnverkehr behindert worden ist

Der Bodenseeraum ist ein Beispiel dafür, wie das Festhalten an einem ursprünglich modernen Verkehrsmittel dazu beitrug, daß im 19. Jahrhundert keine leistungsfähigen Fernverbindungen entstanden sind. Die Folgen sind bis heute spürbar. Weder in Nord-Süd-, noch in Ost-West-Richtung wird der Bodensee von einer wichtigen internationalen Eisenbahnlinie berührt.

Bis ins 16. Jahrhundert war der Bodenseeraum noch eine der großen Verkehrsdrehscheiben Europas. Von Venedig über die Bündner Pässe ging der Verkehr über den See und Rhein nach Nordwesten bzw. über Land weiter nach Norden. Nach dem mühsamen Transport zu Land durch das schwierige unwegsame Gelände der Alpen war die Schiffahrt auf dem See doppelt angenehm und schnell.[1]

Als zwischen 1824 und 1831/32 die ersten Dampfschiffe ihren Betrieb aufnahmen, war dieser Verkehr allerdings nur noch in Resten vorhanden. Das Dampfschiff war gleichwohl ein Substitut für die noch verbliebene Segelschiffahrt im Rahmen der uralten Verkehrsströme und -gewohnheiten. Das Dampfschiff sollte den hergebrachten Verkehr sicherer, pünktlicher und schneller machen.[2] Da man die von altersher gewohnten Vorteile des Verkehrs auf dem Wasser möglichst lange nutzen wollte, baute der badische Staat den ersten Dampfschiffhafen nicht etwa in Konstanz, der größten Stadt am See, sondern in einem Dorf am nördlichen Seeufer.[3] Der Weg von Bregenz nach Ludwigshafen am See war die längste, diagonal über den See befahrbare Route. Dieser Dorfhafen, der erst 1895, also sehr spät an die Eisenbahn angeschlossen wurde, war letztlich eine Sackgasse und Fehlinvestition, die

---

1  Helmut Maurer, Konstanz im Mittelalter. Von den Anfängen bis zum Konzil, Konstanz 1989, S. 33–39, 148–154.
2  Gert Zang, Konstanz in der Großherzoglichen Zeit. Restauration-Revolution-Liberale Ära, Konstanz 1994, S.52 und 62.
3  Thomas Warndorf, „Drum fürchtet meinen Zorn, verborgene Mächte". Dampfschiffahrt, Straßenbau und Eisenbahn als Indikatoren des Fort- und Rückschritts in Ludwigshafen am Bodensee, in: Oswald Burger/ Elmar L. Kuhn (Hg.), Geschichtstreff. Beiträge zur Geschichte der Bodenseeregion 2, Friedrichshafen 1986, S. 469–500; Gerda Koberg, Von der Schiffahrt zu Ludwigshafen, in: Hegau 29/30 (1972/73), S. 165–178; Friedrich Facius, Badische Häfen am Oberrhein und Bodensee in der Frühzeit der Dampfschiffahrt. Grundlagen und Entwicklungstendenzen 1800–1840, in: Aus Stadt und Wirtschaftsgeschichte Südwestdeutschlands. Festschrift für Erich Maschke, Stuttgart 1975, S. 207–236.

durch die traditionelle Präferenz des Verkehrs auf dem Wasser verursacht war.

Die aus generationenlangen Erfahrungen gewachsenen Denkgewohnheiten spielten auch dann noch eine entscheidende Rolle, als 1838 in Konstanz – kurze Zeit nach dem Eintreffen der Nachrichten vom ersten Eisenbahnbau zwischen Nürnberg und Fürth (1835) – über einen Anschluß an dieses neue Verkehrsmittel nachgedacht wurde.[4] Da zur gleichen Zeit zwischen 1838/39 und 1842 der Konstanzer Hafen dampfschiffgerecht ausgebaut wurde, überrascht es nicht, daß die beiden Eisenbahntransversalen im Süden über Chur nach Mailand, Genua, Triest und Venedig, also zu den wichtigen Mittelmeerhäfen, und im Norden über Mannheim zu den wichtigen Nordseehäfen im Bodenseeraum selbst mit Hilfe von Dampfschiffen verbunden werden sollten.

Wie selbstverständlich man von der Verknüpfung zweier am See endender Eisenbahnlinien durch das Dampfschiff ausging, zeigt ein Disput über den künftigen Standort des Bahnhofs in der Stadt Konstanz. Nach der Meinung des späteren 48er Revolutionärs Joseph Fickler konnte er nur auf der rechtsrheinischen Seite der Stadt liegen. Das heißt, die Eisenbahn hätte am nördlichen Ufer des bei Konstanz den Bodensee verlassenden Rheins ihren Endpunkt ereicht. Die Reisenden sowie die Güter hätten dann die mittelalterliche Rheinbrücke passieren und im neuen Hafen der Stadt das Dampfschiff besteigen bzw. auf das Dampfschiff umgeladen werden müssen. Es wäre also ein Transferverkehr durch die Stadt zwischen Bahnhof und Hafen notwendig gewesen. In Rorschach am Schweizer Ufer hätten die Passagiere dann wieder die Eisenbahn bestiegen. Man plante zwar Handelswege mit Hilfe der Eisenbahn bis nach Venedig und von da aus weiter in den nahen und fernen Orient, doch vor Ort hielt man eisern an der Kombination Schiff- Eisenbahn fest und war weit davon entfernt, eine durchgängige Eisenbahnlinie zu konzipieren. Die Vorstellung von der Kombination der beiden modernen Verkehrsmittel erwies sich als äußerst zählebig und wirkungsmächtig. Zwar hatte Fickler auch eine durch die Stadt und „durch das Thurgau" führende Eisenbahnlinie nach Süden im Visier, doch war die dafür notwendige Eisenbahnbrücke in Konstanz selbst für ihn zu utopisch.

Daß die favorisierte Lösung eines Sackbahnhofes mit dem Anschluß an das Dampfschiff nicht nur den besonderen topographischen Bedingungen der Stadt Konstanz entsprach, zeigt sich daran, daß alle Eisenbahnbauten der 40er und 50er Jahre des 19. Jahrhunderts im Bodenseeraum als Stichbahnen zum See konzipiert waren, die ihre „natürliche" Fortsetzung im Dampfschiffverkehr fanden: Ulm-Friedrichshafen 1847, München-Lindau 1853, Zürich-Romanshorn 1855, und Offenburg-Konstanz 1863.

Die Bahnanlagen wurden auf die zeitlich früher gebauten Häfen ausgerichtet. Das hatte vor allem innerörtlich schwerwiegende Folgen, denn viele

---

4   Gert Zang, Restauration, S.97–99.

Die Entwicklung großer Eisenbahntransversalen im Bodenseeraum 213

Abb. 1: Die geplanten Eisenbahnlinien zum Bodensee um 1846

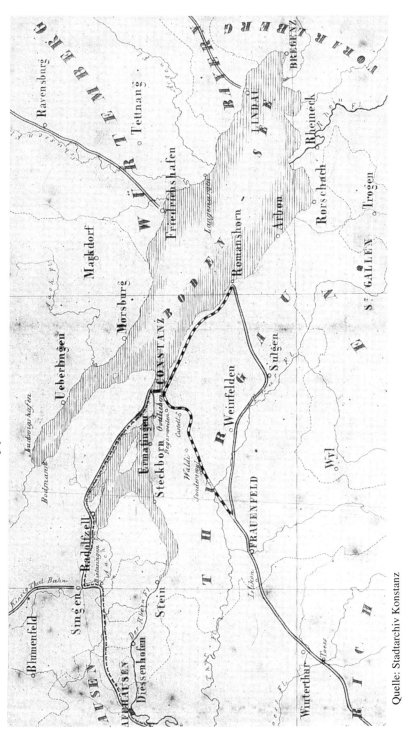

Quelle: Stadtarchiv Konstanz

Städte wurden durch den Anschluß Hafen-Eisenbahn vom See getrennt, und innerörtliche Verbindungswege und -straßen wurden von den Eisenbahnen durchschnitten. Eine den Norden und Süden verbindende Eisenbahnlinie, die auch ohne die Anbindung an den Hafen ausgekommen wäre, wurde in Konstanz erst Ende der 60er Jahre geplant und Anfang der 70er Jahre des 19. Jahrhunderts gebaut.[5] Sie entsprach genau der von Fickler 1838 noch für unrealisierbar gehaltenen Linie. Sie war bewußt als Verbindungsstück zwischen den von Norden und Nordwesten kommenden Linien und der projektierten Alpenüberquerung in Verlängerung des Rheintales beim Splügen oder Lukmanier geplant worden. Daß sie am Ende ein isoliertes Zwischenstück blieb, hängt auch mit ihrer relativ späten Realisierung und dem „ewigen" Festhalten am Dampfschiff zusammen. Die Entscheidung für die Durchquerung der Alpen am Gotthard hatte natürlich auch zahllose andere Ursachen.[6]

Eine durchgängige Verbindung zwischen den auf diese Weise entstandenen Stichbahnen zum See kam erst 1901 mit der Schließung der Lücke zwischen Überlingen und Friedrichshafen zustande. Das Schlußstück dieser sogenannten Bodenseegürtelbahn ist selbst ein Musterbeispiel für die negativen Folgen eines zu langen Festhaltens an der Kombination von Dampfschiff und Eisenbahn. Mit dem Hinweis, daß die auf der direktesten und kürzesten Verbindungslinie liegenden Orte am See verkehrsmäßig mit dem Dampfschiff bestens erschlossen seien, wurde die Linie durch das Hinterland gelegt. Aufgrund dieses „Katzenbuckels" war sie von vornherein für einen überregionalen Durchgangsverkehr ungeeignet.[7]

In erster Linie waren es der in den 80er Jahren mit Trajektschiffen aufgenommene kombinierte Eisenbahn- und Schiffsverkehr in Ost-West-Richtung zwischen Bregenz und Konstanz und die damit verbundenen Interessen, die eine leistungsfähige Ost-West-Verbindung am Nordufer des Sees verhinderten. Konstanz, die größte Stadt im Raum, fürchtete durch einen durchgehenden Verkehr im Norden umgangen zu werden.

---

5 Gert Zang, Konstanz in der Großherzoglichen Zeit. Aufschwung im Kaiserreich, Konstanz 1993, S. 26 und 27.
6 Felix Moeschlin, Wir durchboren den Gotthard, 3. Aufl. Zürich, Stuttgart 1964; Hans-Peter Bärtschi, Industrialisierung, Eisenbahnschlachten und Städtebau, Basel 1983, bes. S. 156 ff.; Albert Kuntzemüller, Die badischen Eisenbahnen 1840–1940, Freiburg, Heidelberg 1940.
7 Gert Zang, Der Griff nach dem Weltverkehr, in: Horst Matzerath (Hg.), Stadt und Verkehr im Industriezeitalter, Köln u.a. 1996 (Städteforschung A 41), S. 79–108.

Die Entwicklung großer Eisenbahntransversalen im Bodenseeraum

Abb. 2: Eisenbahnlinien im Bodenseeraum 1899. Die Karte zeigt den ursprünglich favorisierten Streckenverlauf der Bodenseegürtelbahn von Überlingen nach Friedrichshafen am See entlang.

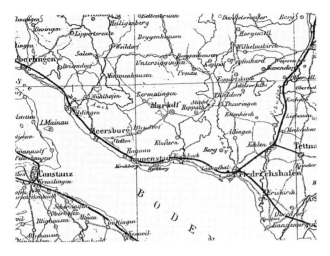

Quelle: Der Bodensee und seine Umgebung mit der Arlbergbahn, 2. Aufl., Darmstadt 1899

Abb. 3: Die 1901 fertiggestellte sogenannte Tallinie zwischen Überlingen und Friedrichshafen.

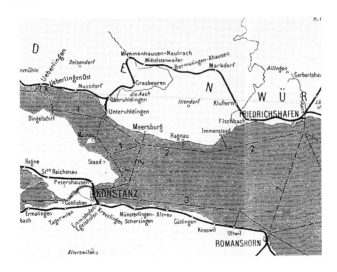

Quelle: Friedrich Pernwerth von Bärnstein, Die Dampfschiffahrt auf dem Bodensee und ihre geschichtliche Entwicklung, 2 Bde., Leipzig 1905/06.

Noch 1869 schrieb die Konstanzer Zeitung, daß es „im Interesse von Konstanz wäre, wenn Meersburg einen Bahnhof erhielte. Er wäre gleichsam der Ostbahnhof von Konstanz und für die Personenbeförderung von Friedrichshafen nach Konstanz die kürzeste Verbindung". Das würde vor allem den Touristenstrom nach Konstanz fördern. Zu diesem Zeitpunkt war die Hoffnung auf den Anschluß an eine internationale Nord-Süd-Transversale über die Alpen noch lebendig. Alle Anstrengungen konzentrierten sich auf diesen Punkt. Doch im gleichen Jahr fiel die Entscheidung zugunsten der Gotthardtrasse und damit zuungunsten von Konstanz.[8]

In dieser Situation verlagerte sich die Hoffnung auf den Anschluß an eine internationale Transitstrecke auf die bisher wenig beachtete Möglichkeit der Ost-West-Verbindung. Sie rückte nun in den Mittelpunkt des Interesses. Damit mußte sich zwangsläufig die Haltung von Konstanz gegenüber einer Schienenstrecke am Nordufer des Sees verändern. Angesichts der politischen und natürlichen Geographie gab es nur eine Lösung, die den Konstanzer Interessen entsprochen hätte. Eine Linie Wien-Paris am Nordufer des Sees, entlang der Trasse Bregenz-Lindau-Friedrichshafen-Überlingen-Radolfzell, hätte an Konstanz vorbeigeführt. Eine Linie am Südufer wäre für Konstanz zwar sowohl von den wirtschaftlichen wie von den natürlichen Gegebenheiten her ideal gewesen, scheiterte jedoch an den andersartigen Interessen der Schweizer Nord-Ostbahn (NOB). Die NOB hatte Konstanz aus Konkurrenzgründen im Süden mehr oder weniger isoliert. Aus Konstanzer Sicht blieb deshalb nach der 1880 erfolgten Eröffnung des Arlbergtunnels nur die direkte Trajektschiffahrt zwischen Bregenz und Konstanz übrig, also die direkte Verbindung über den See. Auf diese Weise erfuhr die Verbindung von Eisenbahn und Dampfschiff im späten 19. Jahrhundert sogar eine Neubelebung.

Als 1880 die Fertigstellung der Arlbergbahn bevorstand und sich damit für Konstanz die Möglichkeit einer Verbindung von Ungarn über Konstanz bis ins Rheintal abzeichnete, sah sich Konstanz zum schnellen Handeln veranlaßt, um diese vermutlich letzte Chance zu nutzen. Eine vom Stadtrat eingesetzte Kommission kam zu dem Schluß: „Es könnte nur von großen Nachteil für die Stadt Konstanz sein, wenn die sogenannte Bodenseegürtelbahn die Folge der Erbauung der Arlbergbahn wäre", wenn also die Vollendung der Arlbergbahn den Bau der Linie Lindau-Friedrichshafen-Überlingen vorantreiben würde. Es gelte deswegen, so der Schluß der Kommission, noch vor dem Bau dieser Linie die Trajektverbindung von Bregenz nach Konstanz unter Dach und Fach zu bringen. Mit Bregenz kam man schnell zu einer Einigung, und auch aus Wien kam grünes Licht. Doch im badischen Landtag bestanden Bedenken. Man fürchtete, daß der Trajektverkehr zum Zuschußgeschäft werden könnte. Zum wiederholten Mal schienen die weitgespannten

---

8 Gert Zang, Aufschwung, S.26.

Die Entwicklung großer Eisenbahntransversalen im Bodenseeraum 217

Abb. 4: Das erste Trajektschiff auf dem Bodensee, das die Route Friedrichshafen-Romanshorn befuhr. Das Schiff war 70m lang und 18m breit und konnte 18 Waggons aufnehmen. Wegen seines hohen Kohleverbrauchs wurde es nach 14 Jahren stillgelegt. Der Trajektverkehr wurde von den Kursdampfern übernommen, die die Trajektkähne, die keinen eigenen Antrieb, jedoch ein eigenes Steuer hatten, hinter sich herzogen.

Quelle: Privatsammlung

Abb. 5: Zwei mit Eisenbahnwaggons beladene Trajektkähne im Schlepptau eines Salondampfers um 1895.

Quelle: Privatsammlung

Konstanzer Pläne am Willen der Zentralregierung in Karlsruhe zu scheitern. Doch 1883 gelang es, die Verhandlungen zwischen den österreichischen und badischen Behörden erfolgreich abzuschließen, so daß der Trajektverkehr am 1.2. 1883 aufgenommen werden konnte. Als im September 1884 die erweiterte Eisenbahnstrecke Bregenz-Bludenz-Innsbruck dem Verkehr übergeben wurde, schloß sich die über Konstanz laufende Transversale von Ost nach West. Angesichts dieser neuen Hoffnungen wurden die ablehnenden Stellungnahmen gegen die Bodenseegürtelbahn immer deutlicher und direkter. So erklärte der Konstanzer Oberbürgermeister Winterer 1884, daß man doch von Konstanz in der jetzigen Lage nicht verlangen könne, sich für die Bodenseegürtelbahn einzusetzen, denn diese würde nun einmal, man könne sagen, was man wolle, den Verkehr von Konstanz abziehen. Unterstützung fand er dabei von unerwarteter Seite. Vertreter der badischen Regierung gaben zu bedenken, daß schließlich mit der Trajektanstalt eine direkte Verbindung mit Österreich hergestellt worden sei, während im Falle der Bodenseegürtelbahn nicht sicher sei, ob nicht für Nordbaden bestimmte Güter von Friedrichshafen aus über die württembergischen Linien geleitet und damit den badischen entzogen würden.

Die Zielrichtung der Konstanzer Argumentation in den folgenden 90er Jahren war klar: Durch eine Herabstufung der Bahn zur Sekundärbahn sollte sie verhindert werden, und wenn sie schon nicht zu verhindern war, sollte sie wenigstens als bloße Lokalbahn gebaut werden. Als dann trotzdem 1893 mit dem Bau des Teilstücks Stahringen-Überlingen begonnen wurde, verwandte die Handelskammer in ihrer ablehnenden Stellungnahme diese Argumente wortwörtlich: Den Konstanzer Interessen wäre an sich am besten gedient, „wenn die jetzige im Bau begriffene Bahn Stahringen-Überlingen überhaupt nicht weiter gebaut würde. Ist es nicht zu verhindern, so haben wir alle Veranlassung, dahin zu streben, daß die Bahn keinen internationalen Charakter erhält".[9] Als man spürte, daß sich die Sache auf lange Sicht doch nicht ganz verhindern ließ, kam man in Konstanz auf eine überraschende, geradezu geniale Idee: Der Bau der Tallinie über Salem/ Markdorf würde der Strecke von vornherein jeden Durchgangscharakter nehmen. Würde man nun diese Trasse unterstützen, ließe sich auf elegante Weise und dauerhaft die Gefahr einer vom Nordufer drohenden Konkurrenz für die Konstanzer Verkehrsinteressen beseitigen. 1899 fiel die Entscheidung zugunsten dieser seefernen Trasse durch das Hinterland des nördlichen Bodenseeufers.

Das Festhalten an der mit der Trajektschiffahrt in den 80er und 90er Jahren des 19. Jahrhunderts noch einmal neubelebten Verbindung von Schiffahrt und Eisenbahn hat aber nicht nur das Entstehen internationaler Eisenbahnlinien im Bodenseeraum verhindert, sondern auch die Entwicklung vieler Städte am See nachhaltig beeinflußt. Die Verbindung von Schiff und Bahn hat vielerorts die Städte vom See getrennt. Das wurde vor allem in den 90er Jahren des 19. Jahrhunderts fühlbar, als der Fremdenverkehr einen steilen Aufstieg erlebte und die Seeufer, die für seine Weiterentwicklung von größter Bedeutung waren, von den Bahn- und Hafenanlagen blockiert waren. In Konstanz führte das beispielsweise zu einem Jahrzehnte dauernden Streit zwischen der Bahnverwaltung und dem Staat auf der einen und der Stadt auf der anderen Seite. Die Stadt wollte die Bahnanlagen zum Teil vom See entfernen, um Raum für eine dem Fremdenverkehr dienende bauliche Entwicklung zu schaffen.[10]

Die letztlich unglückliche Verkettung von Dampfschiff- und Eisenbahnverkehr war nur eine Ursache für die unzulängliche Verkehrsentwicklung der Region im 19. Jahrhundert. Daß sie ihre frühere Zentralität nicht wiedererlangt hat, hängt auch mit der inzwischen eingetretenen politischen Zersplitterung des Raumes zusammen. Jeder Anrainerstaat versuchte den Verkehr so lange wie möglich auf seinem Territorium zu halten bzw. auf seine Linien zu lenken. Diese Konkurrenz führte zum Teil zu unsinnigen Verkehrsführungen

---

9 Stadtarchiv Konstanz S II 5000, Schreiben der Handelsgenossenschaft an den Stadtrat vom 2.3.1894; Heiner Siefken, Verkehrspolitik und liberales Bürgertum in Konstanz im 19. Jahrhundert, Konstanz 1975 (MS), bes. S.193–208; Norbert Beuter, Die Bahnstrecke von Radolfzell nach Friedrichshafen mit ihren Nebenlinien auf badischem Gebiet. Einflußfaktoren auf den späten Zeitpunkt des Baus und auf die Wahl der Trassenführung, Stuttgart 1996 (MS).
10 Gert Zang, Aufschwung, S.159 und 160.

und -bauten. Das hat naturgemäß vorhandene Interessengegensätze innerhalb der Region verstärkt und ihnen ein über das Normalmaß hinausgehendes Gewicht verliehen. Verwiesen sei hier nur auf die Abschnürung von Konstanz im Süden durch die Schweizer Nordostbahn. Schließlich haben aber auch politische Ereignisse den Eisenbahnbau in der Region unmittelbar beeinflußt. So haben die Niederschlagung der Revolution 1848/49 und die anschließende wirtschaftliche Depression auf badischer Seite zu einer rund zehnjährigen Verzögerung des Bahnbaus geführt. Das vor 1848 fertige Bau- und Finanzierungskonzept für die Schwarzwaldbahn verschwand in den Schubladen. Schließlich hatten viele namhafte Initiatoren als Beteiligte der 48er Revolution das Land verlassen müssen. Ein zehn Jahre früher erfolgter Bau dieser Bahn hätte möglicherweise die Entscheidung über die Linienführung der Alpentransversale nachhaltiger beeinflussen können, als dies in den 70er Jahren noch möglich war. Inzwischen hatten sich die ökonomischen Gewichte eindeutig zugunsten Mannheims, des Rheintals und Zürichs verschoben. Die Alpentransversale über den Bodenseeraum und den Splügen nach Süden war zu diesem Zeitpunkt ökonomisch bereits ein Traum.[11]

---

11 Wolfgang von Hippel (Hg.), Schiffahrt und Verkehr im Bodenseeraum vornehmlich während des 19. Jahrhunderts, in: Zeitschrift für Württembergische Landesgeschichte 49 (1990), S. 225–294; Gert Zang (Hg.), Provinzialisierung einer Region. Regionale Unterentwicklung und liberale Politik in der Stadt und im Kreis Konstanz im 19. Jahrhundert. Untersuchungen zur Entstehung der bürgerlichen Gesellschaft in der Provinz, Frankfurt/M. 1978; Hans-Wolfgang Scharf/ Burkhard Wollny, Die Eisenbahn am Bodensee, Freiburg 1993.

*Hans-Liudger Dienel*

## Ins Grüne und ins Blaue: Freizeitverkehr im West-Ost-Vergleich. BRD und DDR 1949–1990

1. Einleitung

In den 1950er Jahren verschob sich in Westdeutschland der Schwerpunkt im Personenverkehr vom Wirtschafts- zum Berufsverkehr und dann zum Freizeitverkehr; die DDR folgte mit einer Phasenverschiebung von wenigen Jahren. Dieser Umschwung war 1970 bereits vollzogen.[1] Zusammen mit dem Urlaubsverkehr[2] entfielen seit 1970 konstant über 50% des Personenverkehrs auf den Freizeitverkehr. Der Aufstieg des Freizeitverkehrs ging einher mit einer Individualisierung des Verkehrs. Damit ist der Aufstieg des Freizeitverkehrs vermutlich eine der wichtigsten Ursachen für den relativen Niedergang der öffentlichen Verkehrssysteme, die sich auf den weniger berechenbaren und kanalisierbaren intrinsischen Freizeitverkehr schlechter einstellen konnten und/oder wollten als das System „motorisierter Individualverkehr". Wenn wir in diesem Tagungsband die Konjunkturen des öffentlichen Personenverkehrs in der Stadt analysieren und vor allem seinen relativen Niedergang erklären wollen, kommen wir daher fast zwangsläufig zum Freizeitverkehr. Der Aufstieg des Individualverkehrs nach 1945 kann nur durch Mitbetrachtung des Freizeitverkehrs verstanden werden. Das ist die Ausgangsthese des vorliegenden Beitrags.

Die verkehrswissenschaftliche und stärker noch die verkehrshistorische Analyse des Nahverkehrs muß sich deshalb auch dem Freizeitverkehr stellen. Sie hat bisher vorwiegend auf den öffentlichen Verkehr und damit den Berufsverkehr geblickt und dem Freizeitverkehr nur wenig Aufmerksamkeit geschenkt.[3] Dafür gibt es gute Gründe. Verkehrswissenschaftler verstanden ihre Aufgabe lange vorwiegend als Bereitstellung der Verkehrsinfrastruktur für einen wachsenden Verkehrsbedarf. Die Infrastruktur orientierte sich an

---

1   1960 war das erste Jahr mit leidlich genauen Befragungsdaten. Der Anteil des Freizeitverkehrs an der Gesamtpersonenverkehrsleistung lag bei 41,4%. Dieser Anteil blieb recht konstant bei 1970 42,0%, 1989: 43.5% und damit der mit Abstand wichtigste Verkehrsbereich, siehe dazu Südbeck, Thomas: Motorisierung, Verkehrsentwicklung und Verkehrspolitik in der Bundesrepublik Deutschland der 1950er Jahre, Stuttgart 1992 (Beihefte der VSWG 113).
2   Der relative Anteil des Urlaubsverkehrs stieg von knapp 5% (1960) auf knapp 10% (1989), ebd..
3   Erst in letzter Zeit nehmen sich in Berlin die Verkehrswissenschaftler G.W. Heinze und Heinrich Kill und der Technikhistoriker Wolfgang König dem Freizeitverkehr an. Von Heinze/Kill und von König sind in der nächsten Zeit Bücher zum Freizeitverkehr zu erwarten.

der Spitzenlast, und diese trat und tritt im Berufsverkehr auf.[4] Zukünftig aber wird der Freizeit- und Urlaubsverkehr von den Verkehrswissenschaften immer stärker beachtet werden müssen, denn er ist der einzige Bereich des Personenverkehrs mit erheblichen Wachstumsraten.[5]

Neben der Erweiterung der Perspektive auf den Freizeitverkehr plädiert der Beitrag für eine Mitbetrachtung des motorisierten Individualverkehrs. Zwar thematisieren Tagung und Tagungsband den öffentlichen Nahverkehr, doch der individuelle Verkehr, vor allem der motorisierte Individualverkehr, war und ist als konkurrierendes Verkehrssystem und Alternative zum öffentlichen Verkehr immer mit im Spiel. Die Konkurrenz der verschiedenen Verkehrssysteme ist aus diesem Grund der zentrale analytische Zugriff des Münchner verkehrshistorischen Forschungsschwerpunktes im Forschungsinstitut des Deutschen Museums. Im Berufsverkehr mit seinen meist eindeutigen und sich wiederholenden Fahrtzielen stellt sich diese Konkurrenz natürlich anders dar als im Freizeitverkehr. Das Auto ist heute das unbestritten beliebteste Verkehrsmittel für den Erholungs- und Freizeitverkehr.[6] So liegt nach den Verkehrsbefragungen im Westen der Anteil des Freizeitverkehrs am öffentlichen Verkehr – mit steigender Tendenz – bei über 30% (1960: 31,6%; 1989: 35,2%), sein Anteil am Individualverkehr dagegen bei über 45% (1960: 46,8%; 1989: 45,3%).[7]

An diesen Zahlen ist vor allem der relative Abstand zwischen öffentlichem und individuellem Freizeitverkehr interessant. Wie umfangreich der Anteil des Freizeitverkehrs am Gesamtverkehr wirklich ist, kann dagegen nur sehr schwer abgeschätzt werden. Die quantitativen Aussagen über den Freizeitverkehr in der Literatur sind widersprüchlich und schwanken durchaus zwischen 25 und 60% am Gesamtverkehr.[8] Für das Auto sind die Anteile des Freizeitverkehrs in jedem Fall größer als für den Gesamtbereich der Verkehrsmittel.[9]

---

4 Die Urlaubsspitzenlasten wurden nicht berücksichtigt, weil sonst die Verkehrssysteme hätten massiv ausgebaut werden müssen.
5 G. Wolfgang Heinze/Winfried Schreckenberg, Verkehrsplanung für eine erholungsfreundliche Umwelt. Ein Handbuch verkehrsberuhigender Maßnahmen für Kleinstädte und Landgemeinden, Hannover 1984, S. 1.
6 Ebd., XII.
7 Bundesminister für Verkehr (Hg.), Verkehr in Zahlen 1993, Bonn 1993, S. 205.
8 Wir wissen auch deshalb so wenig über den Umfang des Freizeitverkehrs in der Stadt, weil die west- und ostdeutschen Verkehrsbefragungen Kontiv (Kontinuierliche Verkehrsbefragungen) und SrV (System repräsentativer Verkehrsbefragung) erst seit den 1980er Jahren auch nach den Verkehrsmotiven gefragt haben. Ein methodisches Problem ist die Abgrenzung des Freizeitverkehrs. Viele Berufs- und Geschäftsreisen werden von den Verkehrsteilnehmern nicht nur billigend in Kauf genommen, sondern aus Freude am Reisen und auch in Verknüpfung mit der Freizeitgestaltung initiiert. Wenn man den freizeitinduzierten Verkehr dem Freizeitverkehr zurechnet, wäre auch die Bierzulieferung an eine Gaststätte Freizeitverkehr.
9 67% des Autoverkehrs von 1995 war nach einer Repräsentativbefragung von 1.646

Das Problem des Freizeitverkehrs stellt sich schon seit längerem nicht nur für die Großstädte, sondern auch den ländlichen Raum. Dort ist das Auto als Verkehrsmittel für Erholungs- und Freizeitaktivitäten noch wichtiger als in der (Groß-)Stadt. Der zunehmende Freizeitverkehr gefährdet den Erholungswert der Region.[10] Die meisten Kleinstädte und Landgemeinden im naturnahen ländlichen Raum sind aber inzwischen auf den Fremdenverkehr als Wirtschaftsfaktor angewiesen. Wegen der größeren Distanzen im ländlichen Raum stellt sich stärker als im Stadtverkehr die $CO_2$-Problematik.

Die Beiträge von Burghard Ciesla und Barbara Schmucki in diesem Band konzentrieren sich auf die deutsch-deutschen Unterschiede in der Verkehrsplanung und Verkehrspolitik. Mit dem Freizeitverkehr soll im folgenden der Blick auch auf das unterschiedliche Verkehrsverhalten in Ost und West gerichtet werden: die Reisemotive, Reiseziele, Reisedauer und präferierten Reisemittel, kurz, die „Verkehrskulturen" in beiden deutschen Staaten. In einem zweiten Schritt wird die Verkehrsmittelwahl der Verkehrsteilnehmer dann der Freizeitverkehrspolitik der staatlichen Behörden gegenübergestellt. Vor dem Hintergrund der insgesamt ähnlichen, wenn auch zeitverschobenen Tendenz der individuellen Massenmotorisierung in beiden deutschen Staaten stellt sich die Frage, ob es zu der individuellen Motorisierung für den Freizeitverkehr überhaupt ein alternatives Konzept gab und wenn, welche Mittel in dieses Konzept investiert wurden.[11] Lief der Freizeitverkehr in der BRD und der DDR an den staatlichen Planungen und öffentlich vorgehaltenen Kanälen vorbei? Um diese Fragen zu beantworten, können wir uns allerdings nicht auf den Freizeit-Nahverkehr beschränken, sondern müssen den gesamten Freizeit- und Urlaubsverkehr in den Blick nehmen. In einem Ausblick fragen wir nach der Konstanz der Unterschiede im Verkehrsverhalten über die Wiedervereinigung hinaus. Diesen beiden Schritten gehen einleitende Definitionen zum Freizeitverkehr voraus.

## 2. Was ist Freizeitverkehr?

In beiden deutschen Staaten verwendeten Verkehrswissenschaftler den Begriff Freizeitverkehr.[12] Im Westen trennten die Statistiker Berufsverkehr, Ausbildungsverkehr, Geschäftsreiseverkehr, Einkaufsverkehr, Urlaubsver-

---

Autofahrern Freizeitverkehr, siehe dazu Horst W. Opaschowski, Freizeit und Mobilität. Analyse einer Massenbewegung vom BAT Freizeitforschungsinstitut, Hamburg 1995, S. 24.
10  G. Wolfgang Heinze/Winfried Schreckenberg.
11  Thomas Weymar, Im Trabi zur Sonne zur Freiheit. Entwicklung, Folgen und Ursache des Automobilverkehrs im realen Sozialismus am Beispiel der DDR, Köln 1985.
12  Die statistischen Daten zur Reisemotivation (Freizeit- und Berufsverkehr) beruhen auf Umfragen und nicht auf direkten Zählungen. Zusätzlich wird aus den allgemeinen

kehr[13] und Freizeitverkehr; im Osten schied man begrifflich den „Verkehr aus objektiven Erfordernissen" von dem „Verkehr aus individuellen Wünschen".[14] Zu ersterem gehörte der Berufsverkehr, Schülerverkehr, Dienstreise- und Geschäftsverkehr und der Verkehr zur Wahrnehmung gesellschaftlicher Funktionen, zu letzterem gehörte der Ferien- und Erholungsverkehr, der Besuchsverkehr, der Einkaufsverkehr und der Verkehr aus übrigen Motiven. Der Unterschied zu den westdeutschen Begriffen scheint nicht groß. Auffällig ist allerdings die Gegenüberstellung der Begriffe objektiv und individuell im DDR-Vokabular. Der Verkehr aus objektiven Bedürfnissen wurde in der DDR immer dem Massenverkehr zugeordnet, während die individuellen Ver-

Angaben zu den Verkehrsausgaben der Bürger, ihrer Mobilität und ihrem Motorisierungsgrad auf den Freizeitverkehr rückgeschlossen. Die massenhafte Motorisierung in beiden Teilen Deutschlands führte in den 1970er Jahren in beiden Staaten zu einer neuen Art von Verkehrsursachenforschung: den Befragungen zum Personenverkehr, im Westen den Kontiv-Befragungen und im Osten dem „System repräsentativer Verkehrsbefragungen". Die meisten veröffentlichten Zahlen beruhen auf dieser Datenbasis. Zweck der Befragungen war die Verbesserung der Verkehrsprognosen, weniger die Verkehrserklärung. Die verwendeten Modelle interpretierten die Motorisierung als eine unabhängige Variable, eine Input-Größe für die Verkehrserzeugung. Erst in den letzten Jahren wird der Motorisierungsgrad, insbesondere die Zweitwagenausstattung, auch als beeinflußbare, abhängige Variable interpretiert. Wie eine Analyse von Hans-Jürgen Trauer zeigen konnte, haben die Befragungen schwer zu behebende, systematische Fehler. So ist die tatsächliche Wegezahl und vor allem der Anteil der kleineren nichtmotorisierten Fahrten höher als in den Fragebögen angegeben. Zusätzliche Fehler entstehen durch die Falschangabe von Freizeitverkehr als Dienstreise- und Geschäftsverkehr. Sowohl im Osten wie im Westen ist ein Teil des Dienstreiseverkehrs verkappter Freizeitverkehr. Parteiberichte aus dem ZK-Archiv klagten regelmäßig, daß die Zahl der Dienstreisenden und Instrukteure, die in die Ostseebadeorte kamen, stark anwüchse, sobald der Sommer begänne: „Es ist an der Zeit, daß die Badeorte einen strengeren Maßstab für Dienstreisen anlegen." Auch im Westen sind die Münchner Hotels im Sommer und zur Oktoberfestzeit mit Tagungen gut ausgebucht, siehe Hans-Jürgen Trauer, Zur Genauigkeit schriftlicher Haushaltsbefragungen, in: Hans-Christian Holz-Rau/Eckhard Kutter (Hg.), Verkehrsverhalten in der DDR und BRD. Erhebungsmethoden und Ergebnisse, Berlin 1991, S. 33–61; Eckhard Kutter, Verkehrsaufwendige Lebensweisen. Ein unabwendbares gesamtdeutsches Schicksal? Ebd., S. 5–17; Christoph Kleßmann/Georg Wagner (Hg.), Das gespaltene Land. Leben in Deutschland 1945–1990. Texte und Dokumente, München 1993, S. 514; Bundesminister für Verkehr (Hg.), Verkehr in Zahlen 1993, S. 205.

13 Für den westdeutschen Urlaubsverkehr gibt es seit 1961 die repräsentativen Befragungen des Starnberger Studienkreises für Tourismus, der vor zwei Jahren leider seine Tätigkeit einstellte. Seit 1971 veröffentlichte der Starnberger Studienkreis jährliche Reiseanalysen. Eine jährliche Literaturliste zum Tourismus wurde seit 1969 publiziert, der Arbeitsbericht bereits seit 1961. Studienkreis für Tourismus e.V. (Hg.), 25 Jahre Stiftung Studienkreis für Tourismus, Starnberg 1986; Ders. (Hg.), Urlaubsreisen 1954–1989. 35 Jahre Erfassung des statistischen Verhaltens der Deutschen durch soziologische Stichprobenuntersuchungen, Starnberg 1989.
14 Hans-Christian Holz-Rau/Eckhard Kutter (Hg).

kehrswünsche schon rein begrifflich auch in der Sicht der ostdeutschen Verkehrsplaner den individuellen Verkehrsmitteln näher standen.

In beiden Staaten war der Freizeitverkehr eine Residualkategorie.[15] Im Westen wurden in ihm alle Fahrten zusammengefaßt, „die nicht den anderen definierten fünf Fahrt- bzw. Wegezwecken zuzuordnen sind, also z.B. Wochenenderholungsfahrten, Verwandten- und Bekanntenbesuche, Besuch kultureller Veranstaltungen, Fahrten oder Wege in Ausübung eines Hobbys."[16] Freizeitverkehr war damit zwar eine Restgröße, enthält aber auch Verkehr, der durch (private) Arbeit erzwungen wird, etwa Wege zum Kindergarten, zur Bank, zum Steuerberater. Freizeitverkehr war damit zu einem gewissen Anteil nicht von den Individuen frei bestimmbar. Der Einkaufsverkehr wiederum diente zu einem erheblichen und wachsenden Anteil nicht der Versorgung des Haushaltes mit dem Lebensnotwendigen, sondern dem Kauf von Freizeitgütern: Pflanzen für den Ziergarten, Sportgeräten oder Schallplatten. Zudem induzierte Freizeitverkehr weiteren Berufs- und Güterverkehr etwa im Dienstleistungsbereich. Aber auch der Verkehr zum Bau von Eigenheimen im Grünen war und ist freizeitinduziert. Freizeitverkehr erzeugt Verkehrsketten und ist gleichzeitig selbst in Verkehrsketten einbezogen. Nach Wersig ist Freizeitverkehr eine „sehr komplexe Gemengelage, über deren Strukturen wenig bekannt ist."[17] Statistisch ist der Freizeitverkehr sehr schwer zu erfassen, und die Aussagen über seinen Anteil am Gesamtpersonenverkehr gehen deshalb auch weit auseinander. Abgrenzungskriterium für den Freizeitverkehr ist die Reisemotivation. Beim Freizeitverkehr ist der Grund für die Reise persönliches Vergnügen, wobei die Trennlinie zu anderen Verkehrsarten notwendigerweise unscharf blieb. Wegen der nicht ökonomisch begründbaren Motivation haben die Verkehrswissenschaftler mit dem Freizeitverkehr methodische Probleme gehabt. Weil er als intrinsischer Verkehr ökonomischen Berechnungen und Planungen weniger zugänglich war,[18] haben, so kann man vermuten, die Verkehrswissenschaftler diesen quantitativ wichtigsten Teil des Verkehrs weniger beachtet als den Berufsverkehr. Das gilt insbesondere in der planungseuphorischen DDR.

Dagegen ist die Frage nach Mentalitäten, Attitüden und Motiven, etwa Reisemotiven, für den Kulturhistoriker eine gewohnte und wichtige Fragestellung. Antworten auf die Frage, warum in beiden deutschen Staaten die Bürger in ihrer Freizeit immer mobiler sein wollten, sich Jahr für Jahr und

---

15 Einen methodischen Literaturüberblick zum Freizeitverkehr bieten Petra Schuck-Wersig/Gernot Wersig, Flexibilisierung des Handelns als Hintergrund der Prognose der Mobilitätsentwicklung, in: Forschungsverbund Lebensraum Stadt (Hg.), Faktoren des Verkehrshandelns. Berichte aus den Teilprojekten, Band III/1, Berlin 1994, S. 145–350, insbesondere S. 228–243.
16 Bundesminister für Verkehr (Hg.), Verkehr in Zahlen 1993, S. 209.
17 Petra Schuck-Wersig/Gernot Wersig, S. 145–350, 232.
18 Bernhard Mergen, Recreational vehicles and travel. A resource guide, Westport/Conn. 1985, S. 5.

Wochenende für Wochenende ohne Not und erkennbaren Zwang in die Autokolonnen einreihen oder sich in Bus-, Jumbo- und Eisenbahnladungen verfrachten ließen, sind deshalb wohl eher von Kulturwissenschaftlern als Verkehrswissenschaftlern zu erhalten.[19] Erfreulicherweise gibt es hier auch eine wachsende Zahl von Studien zum Freizeit- und Urlaubsverkehr[20] und zum Tourismus ganz allgemein.[21] Von dem Berner Tourismusexperten Jost Krippendorf etwa stammt die Unterscheidung zwischen einer „weg-von-" und einer „hin-zu-" Reisemotivation. Im ersten Fall soll die Reise Erholung und Regeneration durch Wiederherstellung der körperlichen Kräfte bieten, einen Ausgleich zur Beanspruchung durch die Arbeitswelt, oder stärker, eine Flucht aus ihr. Reisen haben in dieser Sicht Ventilfunktion und dienen dadurch der gesellschaftlichen Integration. Im zweiten Fall sind die Reisen Ausdruck der Suche nach Kommunikation, nach Horizonterweiterung, Freiheit, Selbstbestimmung, Selbsterfahrung und Glück.[22] Krippendorf will für die 1960er und 1970er Jahre überwiegend eine „weg-von-" Motivation erken-

---

19 U. Fuhrer, Wohnen mit dem Auto. Ursachen und Gestaltung automobiler Freizeit, Zürich 1993; K. Kuhm, Das eilige Jahrhundert. Einblicke in die automobile Gesellschaft, Hamburg 1995.

20 Beispiele: Jost Krippendorf, Die Ferienmenschen. Für ein neues Verständnis von Freizeit und Reisen, München 1986; Hermann Bausinger u.a. (Hg.), Reisekultur. Von der Pilgerfahrt zum modernen Tourismus, München 1991; Dietrich Krusche, Reisen, Verabredung mit der Fremde, München 1994; Winfried Loschburg, History of travel, Leipzig 1979. Für die DDR, Helmut Hanke, Freizeit in der DDR, Berlin-Ost 1979; Hans-Joachim Schröder, Interviewliteratur zum Leben in der DDR. Das narrative Interview als biographisch-soziales Zeugnis zwischen Wissenschaften und Literatur, Bremen 1993. Für Amerika, John Jakle, The tourist. Travel in Twentieth-Century North America, Lincoln 1985; Nelson Graburn, The Anthropology of Tourism, in: Annals of Tourism Research 10 (1983), S. 9–33; Erik Cohen, Who is a tourist? A conceptual clarification, in: Sociological Review 22 (1974), S. 527–555; Dean MacCannell, The tourist. A new theory of the leisure class, New York 1976.

21 Wichtige internationale Bibliographien zum Tourismus, Bernhard Mergen, Recreational vehicles and travel. A resource guide, Westport/Conn. 1985 (sehr wertvoll); C.R Goeldner u.a. (Hg.), Travel research bibliography. A bibliography of the holdings of the travel reference center, Boulder/Col. 1975; Jeanne Gay, Travel and tourism bibliography and resource handbook, 3 Bde, Santa Cruz/Ca. 1981; Jafar Jafari, Tourism and the social sciences. A bibliography, 1970–1978, in: Annals of Tourism Research 6 (1979), S. 149–194; Joyce A. Post/Jeremiah B. Post, Travel in the United States. A guide of information sources, Detroit 1981; Diana Bachus, Dissertations on travel, recreation and leisure, in: Journal of Travel Research 8 (1981).

22 Freizeitverkehr ist ein zeitlich befristeter Ausbruch aus der bekannten Wirklichkeit, wie das Lesen eines Buches oder das Anschauen eines Films, doch dabei viel wirklicher. Der Freizeitverkehr regt an zu einer kreativen Interpretation und Umgestaltung des eigenen Selbst, durch Besuch einer Diskothek, eine Urlaubsfreundschaft oder auch die Vorstellung, wie Goethe durch Italien zu reisen, während man etwas abseits der Busgruppe seiner Frau aus Jakob Burckhardts Cicerone vorliest. Wichtig ist der zeitlich befristete Wechsel. Man wird zurückkommen und kann den Zeitpunkt in Grenzen bestimmen.

nen können.²³ Bewohner von Hochhäusern unternähmen deshalb 30% mehr Ausflüge als Bewohner von Einfamilienhäusern.²⁴ Doch in jüngster Zeit gebe es einen Umschwung in Richtung einer „hin-zu-" Motivation. Der Freizeit- und Urlaubsverkehr zeige jedenfalls, was den Menschen wichtig und bedeutsam erscheint. Ein amerikanischer Freizeitforscher definiert den Touristen als einen zeitweilig freigestellten Menschen, der freiwillig Orte fern der Heimat aufsucht, um einen Wechsel zu erleben, entweder neue Orte kennenzulernen oder sich selbst neu zu erleben. Dieser Wunsch nach Wechsel und Ausbruch kann in den beiden deutschen Staaten durchaus verschiedene Motive und Wurzeln gehabt, Formen gefunden haben und von staatlicher Seite unterschiedlich kanalisiert worden sein. Diese Ansätze kann man als sozialpsychologisch charakterisieren.²⁵ Soziologische Erklärungsansätze konzentrieren sich demgegenüber auf den sozialen Status und die soziale Organisation von Urlaubsorten. Richard Calfen etwa untersucht Urlaubsfotografien in dieser Richtung.²⁶

Der Freizeitverkehr ist eine in jüngster Zeit zunehmende, aber keineswegs ausschließlich moderne Erscheinung. Man kann den Freizeitverkehr der Gegenwart auch als eine Fortsetzung mittelalterlicher Pilgerreisen und der Wallfahrten interpretieren. Auch heute noch machen diese Reisen einen nicht unerheblichen Anteil am Urlaubsverkehr aus. Das Mittelalter kannte den Gegensatz von Pilger- und Geschäftsreise auch in der Fahrtkostenberechnung. Der amerikanische Freizeitforscher Bernhard Mergen erkennt im modernen Freizeitverkehr drei wesentliche Unterschiede gegenüber den vormodernen Reisen: Zum einen neue Institutionen, wie Reisebüros,²⁷ Sport- und Yachtclubs²⁸, die ab 1840 in England entstehen, zweitens die Erfindung von Fahrrad und Automobil als spezielle individuelle Freizeitverkehrsmittel und der entscheidende Übergang des Freizeitverkehrs zur Massenerscheinung seit den 1960er Jahren mit allen Problemen und dem entsprechend nachwachsenden Problembewußtsein. Wir können festhalten, daß es mittelalterliche Traditionen und vielleicht sogar anthropologische Konstanten im Freizeitverkehr gibt (der Mensch als umherstreunendes Steppentier), aber daß die neuen Institutionen, die neuen Verkehrsmittel und die Vermassung dem Freizeitverkehr seine gegenwärtige Qualität gegeben haben. Ohne Frage hat sich das Freizeitverhalten und damit der Freizeitverkehr gerade in den letzten Jahren

---

23 Die „Menschen fahren weg, weil sie sich da nicht mehr wohl fühlen, wo sie sind: weder da, wo sie arbeiten, noch da, wo sie wohnen. Sie benötigen dringend ein zeitweiliges Wegtauchen von den Belastungen der täglichen Arbeits-, Wohn- und Freizeitsituation, um hinterher weitermachen zu können." Siehe Krippendorf, S. 14 u. 69.
24 Ebd., S. 137.
25 Rainer Schönhammer, In Bewegung. Psychologie der Fortbewegung, München 1991.
26 R. M. Chalfen, Photography's role in tourism. Some unexplored relationships, in: Annals of Tourism Research 6 (1979), S. 435–477.
27 Das Londoner Reisebüro Thomas Cook bietet erste Pauschalreisen an.
28 Gründungen in den USA seit 1844.

stark verändert. Konkrete Beschreibungen des Freizeitverkehrs aber sind schwierig, und die Literaturlage ist widersprüchlich. So kann man zum Beispiel lesen, daß außerhäusliche Aktivitäten zunehmen, gerade am Wochenende der Erlebnischarakter der Freizeit wichtiger wird, während nur noch der alltägliche Feierabend zum Abspannen zu Hause genutzt wird.[29] Der Arbeitskreis Freizeitwirtschaft hält dagegen, daß Wandern, Joggen und „alles, was mit Mühe oder Aktion verbunden ist, nicht mehr interessant" sei, so Matthias Branahl vom Institut der Deutschen Wirtschaft.[30]

Die Probleme in der Bestimmung des Freizeitverkehrs liegen in der Definition der Freizeit an sich. Freizeit ist die nicht durch die Arbeit und Wege zur Arbeit verbrauchte Zeit. Sie ist aber nicht gleichbedeutend mit Muße.[31] Welchen Sinn haben die Menschen in Ost und West ihrer Nichtarbeitszeit gegeben? Wie haben sie die Freizeit interpretiert, ausgefüllt, genutzt? Die wichtigsten deutschen Arbeiten zum Thema stammen aus dem Umkreis des von Horst W. Opaschowski geleiteten BAT-Freizeitforschungsinstituts.[32] Opaschowski nutzt seine breite Analyse der Freizeitgesellschaft insbesondere für die Formulierung von Trends und Perspektiven.[33] Die Freizeitmobilität ist dabei ein Schwerpunkt seiner Arbeiten.[34] Noch fehlen aber vergleichende Studien zwischen Ost- und Westdeutschland, die auch nach Alters- und Bildungsschichten differenzieren.[35]

Generell nahm die Bedeutung der Freizeit in und seit den 1950er Jahren nicht nur quantitativ zu, sondern auch ihr Stellenwert in der Lebensgestaltung. Sie wurde für viele Menschen der wichtigere Teil des Lebens, für den in der Arbeitszeit das notwendige Kapital herangeschafft wurde. Jedenfalls meint der Freizeitwissenschaftler Jost Krippendorf diesen Wertewandel erkennen zu können. Bis in die 1970er Jahre sei die Freizeit eine „Dienerin der Arbeit" und als Regenerationszeit, Konsumzeit und Bildungszeit auf die Arbeitszeit

---

29 Petra Schuck-Wersig/Gernot Wersig, S. 145–350, 257.
30 Muße bei Musik und Fernsehen, in: VDI-Nachrichten vom 22.12.1995, S. 1.
31 Petra Schuck-Wersig/Gernot Wersig, S. 145–350, insbesondere S. 228–243.
32 Horst. W. Opaschowski, Probleme im Umgang mit der Freizeit, Hamburg 1980 (Schriften zur Freizeitforschung, Bd. 1). Ders. /Gerhard Raddatz, Freizeit im Wertewandel, Hamburg 1982 (Schriften zur Freizeitforschung, Bd. 4).
33 BAT Freizeitforschungsinstitut (Hg.), Tourismus im neuen Europa. Wie und wohin Europäer reisen, Hamburg 1995; Ders., Tourismus mit Zukunft, Hamburg 1995.
34 Horst W. Opaschowski, Freizeit und Mobilität. Analyse einer Massenbewegung vom BAT Freizeit-Forschungsinstitut, Hamburg 1995 (Schriften zur Freizeitforschung, Bd. 12).
35 Nicht befriedigend ist: Brigitte Deja-Lölhöffel, Freizeit in der DDR, Berlin 1986. Für unsere Frage zu unspezifisch sind: Christoph Kleßmann/Georg Wagner (Hg.), Das gespaltene Land. Leben in Deutschland 1945–1990, Texte und Dokumente, München 1993; Wolfgang Hardtwig/Heinrich August Winkler (Hg.), Deutsche Entfremdung. Zum Befinden in Ost und West, München 1993; Hartmut Kaelble (Hg.), Sozialgeschichte der DDR, Stuttgart 1994.

bezogen gewesen.³⁶ Doch seither werde der berufliche Aufstieg, Sicherheit, Verdienst weniger wichtig, und die Freizeit rücke in die Lebensmitte. „Die Wirtschaft erfährt eine Abwertung" durch wachsende Orientierung auf Erlebnis, Freizeit, Gegenwart, Genuß, Natur und Umwelt.³⁷ Durch diese Entwicklung könne mittelfristig auch der Freizeitverkehr selbst sanfter und umweltbewußter werden.³⁸ Im Gegensatz zu dieser optimistischen Deutung wurde schon in den 1950er Jahren von Gesellschaftswissenschaftlern die zunehmende Passivität der konfektionierten Freizeitgestaltung kritisiert, so die schwindende Neigung, zu musizieren oder Sport zu treiben und die Erwartung der Touristen, „die sich reisen lassen und meinen, sie könnten sich dabei gleichzeitig erholen lassen" kritisiert.³⁹ Unbestritten ist die Bedeutung und Brisanz der Verschiebungen im Freizeitverhalten. Der Bereich der Freizeit- und der Freizeitverkehrsforschung muß und wird in den nächsten Jahren, das läßt sich unschwer prognostizieren, weiter wachsen.

### 3. West-Ost-Vergleiche

*3.1 Freizeitverkehr im Alltag und am Wochenende*

Wie aber stand es in der deutsch-deutschen Realität mit der Naherholung, dem Wochenendverkehr und dem alltäglichen Freizeitverkehr? Die Befragungen zeigen uns in beiden Staaten eine starke Zunahme der Mobilität, die zum großen Teil auf das Konto des Freizeitverkehrs geht. Die Zeitversetzung im Osten ist demgegenüber sekundär. In beiden Ländern nahm die Motorisierung stark zu: Auf 1.000 Einwohner gab es in der BRD 1950 elf PKW; in der DDR waren es 1960 17. Zur gleichen Zeit waren es in der BRD schon 81. Dieser Wert wurde in der DDR 1973 überholt (1972: 79,2), als in der BRD schon knapp 250 Autos rollten. 1987 waren es in der DDR 196,3. Aber auch die Zahl der Fahrten pro Person und Tag nahm in beiden Ländern zu: in der DDR von 1,27 (1972) auf 1,78 (1987). Knapp die Hälfte dieser Fahrten

---

36 Krippendorf, S. 130.
37 Ebd., S. 139.
38 Das gilt auf jeden Fall für die Literatur zum Freizeitverkehr, in der Umweltgesichtspunkte eine immer größere Rolle einnehmen. Beispiele: Dieter Seifrid, Gute Argumente Verkehr, München ⁴1993; G. W. Heinze/Winfried Schreckenberg, Verkehrsplanung für eine erholungsfreundliche Umwelt. Ein Handbuch verkehrsberuhigender Maßnahmen für Kleinstädte und Landgemeinden, Hannover 1984 (Veröffentlichungen der Akademie für Raumforschung und Landesplanung 85); Ludwig Klemens u.a. (Hg.), Der neue Tourismus. Rücksicht auf Land und Leute, München ²1990.
39 Albrecht Timm, Verlust der Muße. Zur Geschichte der Freizeitgesellschaft, Hamburg 1968, S. 135; Victor Graf Blücher, Freizeit in der Industriellen Gesellschaft. Dargestellt an der jüngeren Generation, Stuttgart 1956; H. Lüdke, Jugendliche in organisierter Freizeit, Weinheim, Basel 1972.

erfolgte 1972 noch mit dem ÖPNV (49,6%), 30,7% mit dem KFZ und 19,7% mit dem Rad. In der Bundesrepublik sind die Wegezahl und durchschnittliche Weglänge sogar noch schneller gewachsen, vermutlich wegen der zunehmenden räumlichen Trennung von Wohnen, Arbeiten und Freizeitkonsum. Darauf beruht auch eine feststellbare Zunahme des Fahrrads auf Kosten des Fußverkehrs, die von den Verkehrsforschern darauf zurückgeführt wird, daß die Kunden ihren weggezogenen (zentralisierten) Kaufläden hinterherfahren mußten und dafür aufs Rad stiegen. Doch insgesamt entwickelte sich das Mobilitätsverhalten der Deutschen in Ost und West recht ähnlich. Kurz vor der Wiedervereinigung betrug die Unterwegszeit in west- und ostdeutschen Städten ca. eine Stunde, die Zahl der Ausgänge aus dem Haus ca. 1,2, die der Wege knapp drei. Der Münchner Verkehrsforscher Werner Brög geht deshalb davon aus, daß auch die Nutzung des PKW 1990 in der BRD und der DDR in den späten 1980er Jahren recht ähnlich erfolgte: Die PKW-Besitzer legten im Westen 2,5, im Osten 2,2 Fahrten pro Tag zurück, 83% (West) bzw. 76% (Ost) der Fahrten begannen bzw. endeten am Wohnstandort.[40]

Doch die ähnliche Tendenz der individuellen Motorisierung darf nicht vorschnell zu dem Schluß führen, daß die Benutzung des Autos nach den Reisezwecken ebenfalls gleich war. Ein erster Hinweis auf Unterschiede sind bereits die Reisedistanzen. In der Bundesrepublik waren in den späten 1980er Jahren 9% aller PKW-Fahrten kürzer als 1,1 km, in der DDR dagegen nur 1% aller PKW-Fahrten.[41] Ein weiterer Hinweis ist der Benutzungsgrad der PKW an Werktagen und Wochenenden. In der BRD 1989 war der Benutzungsgrad von Autos an Werktagen und Wochenenden in etwa gleich, im Osten dagegen sehr verschieden. Bei Städten zwischen 200.000 und 500.000 Einwohnern fanden im Westen werktags und sonntags jeweils 44% aller Fahrten mit dem motorisierten Individualverkehr statt, im Osten dagegen werktags nur 35%, aber sonntags 62% aller Fahrten![42] In Großstädten über 1 Millionen Einwohner war im Westen jeder Einwohner an Werktagen durchschnittlich 29 km, am Sonntag 34 km unterwegs, im Osten dagegen betrug die Anzahl der zurückgelegten Kilometer an Werktagen pro Einwohner 22 km und sonntags 50 km![43] Dies zeigt, daß in der DDR das Auto viel deutlicher noch als im Westen ein Freizeitverkehrsmittel war. Für dieses Verkehrsverhalten gibt es gute Gründe: Die preiswerten öffentlichen Verkehrsmittel waren in der DDR auf den Berufsverkehr ausgerichtet. Die Naherholungsgebiete waren dagegen

---

40 Die Unterschiede in der Nutzung der Verkehrsmittel resultieren nach Brög in erster Linie aus dem geringeren PKW-Bestand im Osten. Während in der BRD 1989 410 PKW auf 1.000 Einwohner kamen, waren es im Osten nur 196, in: TU Dresden. Sektion Bauingenieurwesen (Hg.): Mobilität in beiden Teilen Deutschlands, Dresden 1990.
41 Ebd., S 11. Ich vermute, Brög kommt zu seinen Ergebnissen, weil er nicht zwischen Berufs- und Freizeitverkehr differenziert.
42 Nach Kontiv 1989 und SrV-Plus 1991. Zit. nach: Carsten Gertz u.a., Verkehrsvermeidung durch Raumstruktur, Berlin 1993, S. 36.
43 Nach Kontiv 1989 und SrV-Plus 1991. Zit. ebd., S. 38.

nicht besonders gut durch öffentliche Verkehrssysteme erschlossen. Die Wohnqualität der Großwohnsiedlungen in den DDR-Großstädten war bekanntermaßen gering und damit die Reiselust am Wochenende groß.

Das Auto war, so meine These, in der DDR ein ausgesprochenes Freizeitverkehrsmittel, etwa wie ein Boot im Westen, und zwar in erster Linie für das Wochenende. Unter der Woche wurde das Auto in vielen Familien nicht bewegt, sondern für besondere Anlässe – Fahrten zur Verwandtschaft etc. – extra geholt. Ein Indikator dafür ist die durchschnittliche Entfernung zwischen Wohnung und Garage, die in der DDR wesentlich größer war als in der BRD,[44] für viele Autobesitzer zu groß, um etwa mit dem Auto zur Arbeit zu fahren. Prohibitiv wirkten auch die hohen Benzinpreise. So haben wir in der DDR zwar einen starken Anstieg des Motorisierungsgrades,[45] der Einsatzkoeffizient und die durchschnittliche Jahresfahrleistung der PKW lag dagegen deutlich niedriger als in der BRD.[46] Doch auch in der DDR stieg die Jahresfahrleistung an. Hauptursache dürfte der erweiterte Freizeitverkehr sein, denn für den täglichen Weg zur Arbeit wurden Autos weiterhin nur selten genutzt.

Für weitergehende Analysen sind differenziertere Zahlen notwendig,[47] zum Beispiel eine Differenzierung der Verkehrsintensität nach der Gemeindegröße, die den Einfluß der unterschiedlichen Raumstruktur auf den Freizeitverkehr im Osten belegen könnte. Im Westen können Verkehrswissenschaftler belegen, daß kleine Gemeinden und sehr große Städte über 500.000 Einwohner besonders verkehrsaufwendig sind. Dies resultiert neben dem Berufsverkehr vor allem aus dem Freizeitverkehr und – bei Großstädten – wiederum aus dem der Bewohner von Mehrfamilienhäusern. Auch der Urlaubsverkehr weist diese Unterschiede auf: Während die Einwohner der westdeutschen Millionenstädte 1990 durchschnittlich 0,7 Flugreisen pro Jahr unternahmen, waren die Einwohner von Dörfern unter 5.000 Einwohnern dagegen nur 0,1 mal pro Jahr mit dem Flugzeug unterwegs.[48]

---

44 Die durchschnittliche Entfernung zwischen Garage und Wohnung lag noch 1987 in den 16 Untersuchungsstädten angeblich bei 1,9 km. Diese Zahl erscheint mir zwar viel zu hoch, doch ist die Aussage in der Tendenz aufschlußreich. Hier Hans-Christian Holz-Rau/Eckhard Kutter (Hg.), S. 17–33.
45 Neben den PKW muß man hier auch die Kräder und Mopeds berücksichtigen, deren Einsatzkoeffizient allerdings im Vergleich zum Auto zurückging. Der Anteil der Kräder blieb seit 1970 etwa konstant bei 90,2 (1972) und 94,1 (1987), doch die Einsatzkoeffizienten von Krädern und Mopeds sind in den letzten Jahrzehnten stark zurückgegangen. Die DDR Familie hat ein Auto und – für den Notfall – ein Motorrad; die BRD-Familie zwei Autos, siehe Ernst Schöppe, Das System repräsentativer Verkehrsbefragungen (SrV). Datenbasis zum Verkehrsverhalten in der DDR, in: Hans-Christian Holz-Rau/ Eckhard Kutter (Hg.), S. 17–33, 26.
46 Der Einsatzkoeffizient stieg von 1972 bis 1987 von 0,54 auf 0,61, die durchschnittliche Jahresfahrleistung von 8.900 auf 10.400 km.
47 Vielleicht finden sich noch weitere Befragungen in den Archiven etwa des Zentralen Forschungsinstituts für das Verkehrswesen der DDR.
48 Carsten Gertz u.a., S. 30.

Wenn wir nun die Verkehrsteilnehmer in Gruppen einteilen, wird schnell deutlich, daß Freizeitreisen besonders häufig bei einem unattraktiven Wohnumfeld sind, bei Bürgern, die „keine Zusatzräume, Garten oder Balkon besitzen".[49] Einfamilienhausbesitzer etwa betreiben eine weniger verkehrsaufwendige Freizeitgestaltung als Bewohner von Mietwohnungen. Der Berliner Verkehrswissenschaftler Christian Holz-Rau warnt allerdings davor, aus diesem Unterschied vorschnelle Schlüsse für die Steuerbarkeit des Freizeitverkehrsaufkommens zu ziehen. Es sei nicht gesagt, ob man durch den Bau von Eigenheimen den Freizeitverkehr reduzieren könne, denn das Eigenheim und der Freizeitverkehr seien Ausdruck einer gemeinsamen Lebensvorstellung bei den Betroffenen.[50] Ähnliches gilt für den Motorisierungsgrad. Hier liegt am Stadtrand der auf die Bevölkerung bezogene PKW-Anteil höher als in der Stadtmitte, doch ob die Bewohner der Stadtmitte keinen PKW haben, weil sie in der Stadtmitte wohnen, oder ob sie in die Stadtmitte zogen, weil sie keinen PKW haben (möchten), bleibt dunkel.[51] Weiter zeigen die Untersuchungen, daß im Freizeit- und Ausflugsverkehr die Verhaltensunterschiede in der Bevölkerung groß sind. Ein relativ kleiner Teil der Bevölkerung erzeuge den Löwenanteil des motorisierten individuellen Freizeitverkehrs.[52] Verhaltensänderungen in einem kleinen Bevölkerungssegment können daher zu einer erheblichen Reduzierung des Freizeitverkehrs beitragen.

Vergleichen wir die Freizeitverkehrsaktivitäten in West- und Ostdeutschland. Im Westen sind in den 1970er und 1980er Jahren die außerhäuslichen Aktivitäten stark angestiegen; Sportaktivitäten etwa, wie das Spazierengehen, Joggen und Radfahren. Nahm und nimmt also der Anteil des Freizeitverkehrs an der Freizeit im Westen ständig zu? Neueste Untersuchungen scheinen das Gegenteil zu belegen. So sinken seit einigen Jahren die Sportaktivitäten wieder, insbesondere das Wandern und Radfahren und auch die Freizeitbeschäftigung „Autofahren". 1985 gaben noch 24% der Westdeutschen in Umfragen an, als Freizeitbeschäftigung mit ihrem Auto durch die Gegend zu fahren, 1995 waren es gerade noch 20%, während etwa das Fernsehen im gleichen Zeitabschnitt beliebter geworden ist.[53] Gleichzeitig stieg die Bedeutung des Wohnens. Ein immer größerer Anteil auch des relativen Einkommens ging in Westdeutschland in die Wohnung. Dieser Rückzug in die häusliche Umgebung, in ein gemütliches, liebevoll ausgestattetes Heim, hat

---

49  U. Fuhrer u.a., Auto-Mobile Freizeit, Ursachen und Auswege aus der Sicht der Wohnpsychologie, in: Wenn Autos Wohnen erst möglich machen, Zürich 1993.
50  Grundsätzlich dazu: Christian Holz-Rau, Verkehr verstehen – Verkehr verändern. Zur Theorie einer integrierten Verkehrsplanung, Berlin 1995 (Habil.).
51  Bundesforschungsanstalt für Landeskunde und Raumordnung (Hg.), Verkehrsvermeidung. Siedlungsstrukturelle und organisatorische Konzepte, Bonn 1995, S. 42.
52  In Stuttgart sind nur 10% der Gebietsbevölkerung für etwa 50% des motorisierten, individuellen Freizeitverkehrs (in Personenkilometern) verantwortlich, siehe Bundesforschungsanstalt für Landeskunde und Raumordnung (Hg.), S. 42.
53  Muße bei Musik und Fernsehen, in: VDI-Nachrichten vom 22.12.1995, S. 1.

große Auswirkungen auf die Freizeitaktivitäten. Deutsche Freizeitgärtner gaben 1993 rund 10 Milliarden Mark für ihr Hobby aus.[54] Neben der Suche nach übergreifenden, eventuell sogar systemübergreifenden Trends, muß in beiden Staaten die zunehmende Differenzierung der Lebens- und Freizeitstile wahrgenommen werden, aus denen ganz unterschiedliche Freizeitverkehrsstile folgen.[55]

Auch in der DDR erfuhr die Freizeit einen ähnlichen Bedeutungszuwachs. Wo lagen die Unterschiede in der Freizeitgestaltung? Private Kontakte und Freundeskreise behielten, so die Beobachtung von Günter Gaus Anfang der 1980er Jahre, einen größeren Stellenwert als im Westen.[56] Dies ist im Westen als ein Versuch der Abschottung der DDR-Bürger, als Rückzug in eine „Nischengesellschaft" gedeutet worden und damit als Opposition gegen die allgegenwärtige Überwachungsbürokratie. Die Freizeit rücke als selbstbestimmte Nische in die Lebensmitte. Ostdeutsche Freizeitforscher bewerteten diese Freizeitgestaltung im Familien- und Freundeskreis natürlich anders: nicht als eine Gegenbewegung zur sozialistischen Gesellschaft, sondern als ein Ergebnis der solidarischen Gesellschaft. Der mitgliederstärkste Verein in der DDR war der Verband der Kleingärtner, Siedler und Kleintierzüchter mit 1985 1,3 Millionen Mitgliedern.[57] Solidarität mit den Kollegen am Arbeitsplatz und mit Freunden und Familie in der Freizeit seien vergleichbare Phänomene gewesen. In jedem Fall fand die größere Bedeutung von Familie und Freundeskreisen ein Echo im Freizeitverkehr. Die Ostberliner Bevölkerung besaß 1981 im Berliner Umland 44.000 Datschen. Öffentliche Einrichtungen, wie Gaststätten und Badeanstalten, waren in den Naherholungsgebieten um Berlin dagegen selten. Das System war individualistisch und auf Selbstversorgung hin konzipiert.[58] Den Jahresurlaub verbrachte man im Osten häufiger als im Westen weiterhin als Familienurlaub. Junge Menschen reisten seltener zu zweit mit ihrem Partner, sondern häufiger zu dritt und zu viert als in Westdeutschland.[59]

---

54 Petra Schuck-Wersig/Gernot Wersig, S. 145–359, hier S. 303.
55 Ob die Analyse und Prognose der Lebensstilentwicklung auch direkte Prognosen der Mobilitätsstile ermöglicht und damit für die Verkehrsplanung genutzt werden kann, ist zumindest umstritten. Siehe dazu Christian Holz-Rau, Verkehr verstehen – Verkehr verändern.
56 Günter Gaus, Wo Deutschland liegt. Eine Ortsbestimmung, Hamburg 1983, S. 156–234.
57 Brigitte Deja-Lölhöffel, S. 119.
58 West-Berliner Zahlen für die ostdeutsche Naherholung wiesen allerdings recht hohe Anteile des öffentlichen Naherholungsverkehrs aus. Im Jahr 1970 benutzen danach 37% der Ost-Berliner Naherholungssuchenden individuelle Kraftfahrzeuge, 1977 waren es rund 53%, in: Senatsverwaltung für Stadtentwicklung und Umweltschutz. Räumliche Entwicklung in der Region Berlin-Planungsgrundlagen, Berlin 1990, S. 277.
59 Eine Befragung von Ostdeutschen über die Qualität des Erhebungsbogens der jährlichen westdeutschen Reiseanalyse brachte zutage, daß der „Familienurlaub" als eigene Art von Urlaubsreise genannt werden müsse. Das war im Westen bisher nicht der Fall.

Blicken wir auf den Einkaufsverkehr. Wie unterschied und unterscheidet sich der Einkaufsverkehr in West und Ost? Im Westen ist er nach wie vor vom Freizeitverkehr ausgeschlossen, während im Osten der Einkaufsverkehr nicht dem „Verkehr aus objektiven Erfordernissen", sondern dem „Verkehr aus individuellen Wünschen" zugeschlagen wurde. Damit ist die Funktion des Einkaufens nach meiner Ansicht auch besser beschrieben. Unter allen freizeitverkehrsrelevanten Tätigkeiten, so eine westdeutsche Studie aus dem Jahr 1979, hat die zahlenmäßig größte Bedeutung der Schaufensterbummel.[60] Seit den 1970er Jahren kam es im Westen zu einer Wiederbelebung verödeter Innenstadtbereiche als Einkaufszonen. Im Osten hatte die Straße dagegen vor allem in den kleineren Städten bis zum Ende der DDR eine über das Kaufen hinausgehende Freizeitfunktion. Günter Gaus schreibt 1983, er habe den Eindruck, im Osten sei das Gespräch am Straßenrand, die kommunikative Funktion der Straße, in den mittleren und kleineren Städten des Ostens gegenüber der Verkehrsfunktion noch dominierend.

Stadtteiluntersuchungen belegen, daß in Ost und West das Einkaufsverhalten nicht nur von der Zahl der Geschäfte, sondern auch von der Bindung an den Stadtteil geprägt wird. Ausstattungsdefizite in der Anfangszeit eines neuen Stadtteils können deshalb das Einkaufsverhalten über einen langen Zeitraum hinweg prägen.[61] Die tristen Neubaugebiete in Ost-Berlin hatten hier einen bis heute dauerhaft höheren Einkaufsverkehr zur Folge. Untersuchungen in West-Berlin zeigen, daß große Geschäfte überwiegend von Autos angefahren, kleine Geschäfte dagegen überwiegend zu Fuß erreicht wurden.[62] Der kleine Einkauf trägt somit zum gesamten Verkehrsaufwand kaum bei.

Eine eigene Größe ist der Wochenend- und Ausflugsverkehr, der im Westen bereits in den 1950er Jahren anwuchs, begleitet von vielen Diskussionen in der Öffentlichkeit über die Weekend-Kultur. Verkehrswissenschaftliche Untersuchungen setzten aber erst in der zweiten Hälfte der 1960er Jahre ein.[63] Die Zahl der Ausflüge stabilisierte sich seit den frühen 1970er Jahren

Harald Schmidt u.a. (Hg.), Die Reisen der neuen Bundesbürger. Pilotuntersuchungen zum Reiseverhalten in der früheren DDR, Starnberg 1990, S. 80.
60 Walter Kuhn, Geschäftsstraßen als Freizeitraum. Synchrone und diachrone Überlagerung von Versorgungs- und Freizeitfunktion, dargestellt an Beispielen aus Nürnberg, Regensburg 1979, S. 209.
61 Bundesforschungsanstalt für Landeskunde und Raumordnung (Hg.), S. 40.
62 Geschäfte ab 2.000 qm: Durchschnittlicher Anfahrtsweg: 1,85 km, davon 1,45 mit dem Auto. Geschäfte bis 200 qm: 350 m Anfahrtsweg, davon 220 zu Fuß, siehe Christian Holz-Rau, Wechselwirkungen zwischen Siedlung und Verkehr. Verkehrsverhalten beim Einkauf, in: Internationales Verkehrswesen (1991), S. 377–386.
63 M.E. Feuchtinger, Untersuchungen über Gesetzmäßigkeiten im Verkehrsablauf auf den Straßen in der Bundesrepublik Deutschland, Bonn 1960; Heinz Mellmann, Der Einfluß des Erholungsverkehrs auf den Ausbau von Straßen, Bonn 1960 (Straßenbau und Straßenverkehrstechnik, Bd. 49).

auf hohem Niveau, wobei die Reiseentfernung weiter zunahm.[64] Die durchschnittlichen Fahrweiten für Halb- und Eintagesausflüge lagen dabei schon 1960 höher als im Osten.[65] Eine besondere Rolle spielt West-Berlin. Wegen seiner Insellage waren Kurzreisen (2–4 Tage) häufiger und länger als im Bundesgebiet. Neben dem individuellen Kraftfahrzeug (1986: 60%), der Bahn und dem Flugzeug (jeweils knapp 10%) spielt der Omnibus mit über 20% eine wichtige Rolle im Berliner Kurzreiseverkehr.[66]

Im Westen hat der Freizeit- und Ausflugsverkehr ganz neue eigene Transportmittel hervorgebracht: Campingwagen, Pickups, Off-Road-Autos, Segel- und Motorboote in vielen Variationen (Kanus, Kajaks, Surfbretter), Motorschlitten, Motorräder in vielen Varianten, etwa Enduros, Segel- und Motorsportflugzeuge und neuerdings Gleiter und Drachen und bestimmte Typen von Fahrrädern, etwa Mountainbikes, dienen fast ausschließlich dem Freizeitverkehr. Solche speziellen Freizeitverkehrsmittel waren im Osten weniger vorhanden. Bei Kleinflugzeugen und Hochseebooten lag der Grund auf der Hand. Eine Ausnahme machten „alte" Freizeitverkehrsmittel, etwa Faltboote, die im Osten weiter verbreitet waren als im Westen. Das wichtigste Freizeitverkehrsmittel in beiden deutschen Staaten aber wurde der Personenkraftwagen. Das sinnlose Herumfahren zum Vergnügen mag im Westen weiter verbreitet gewesen sein, aber auch im Osten zeigte der Anbau von zusätzlichen Accessoires an die Trabanten, etwa Spoilern oder nur Spritzwasserfängern, die Wichtigkeit des Autos und seine Bedeutung als Freizeitgerät. Eine größere Rolle als im Westen spielte im Osten die Pflege des Autos und zwar nicht nur aus objektiven Erfordernissen, sondern auch zum Lustgewinn. Autorennen gehörten auch in der DDR zu den meistbesuchten Sportveranstaltungen. Zu den Autorennen am Sachsenring und am Schleizer Dreieck – gefahren wurde mit aufgebohrten Trabis, Wartburgs, Shigulis und Ladas der Motorsportclubs – kamen 1985 über 160.000 Besucher.[67]

*3.2 Reif für die Insel: der Urlaubsverkehr*

Die Deutschen in Ost und West waren in ihren jeweiligen politischen Systemen seit den 1960er Jahren die fleißigsten Touristen. Was den Ostdeutschen die Insel Rügen war, wurde den Westdeutschen Mallorca. Über den gesamten

---

64 In Hamburg und Berlin sank die Zahl der Bürger, die einen Kurzurlaub unternehmen seit 1971, in: A. Steineke (Hg.), Freizeit in der räumlich isolierten Großstadt, in: Burkhard Hofmeister (Hg.), Berlin. Beiträge zur Geographie eines Großstadtraumes, Berlin 1985, S. 391–412, 393.
65 Heinz Mellmann, S. 2.
66 FU Berlin, Institut für Tourismus (Hg.), Das Reise- und Freizeitverhalten der Berliner 1986, Berlin 1987.
67 Brigitte Deja-Lölhöffel, S 85.

Zeitraum nahmen nicht nur die Urlauberzahlen mehr oder weniger kontinuierlich zu, sondern auch die Distanzen. Diese Zunahme der Distanzen gilt gleicherweise für den Naherholungsverkehr als auch den Urlaubsverkehr, den wir – über den Nahverkehr hinausgehend – ebenfalls in den Blick nehmen wollen.[68] Im internationalen Vergleich stand die DDR bei der relativen Zahl der Urlaubsreisen nach eigenen Angaben international sogar an erster Stelle. Bereits Mitte der 1970er Jahre unternahmen mehr als die Hälfte der DDR-Bürger eine jährliche Urlaubsreise von durchschnittlich 14 Tagen.[69] In der DDR stieg bis in die 1970er Jahre die Zahl der Fernreisen zwar langsamer als in der BRD, zog dann aber in den 1980er Jahren deutlich an. Wichtiger als die Phasenverschiebung ist für unsere Fragestellung aber die Ähnlichkeit des Urlaubsverhaltens in beiden deutschen Staaten.

Blicken wir zuerst auf die organisierten Reisen. In der DDR waren dafür der Feriendienst des FDGB, Reisedienste der Betriebe und Kombinate, das Komitee für Touristik und Wandern (bis zur Auflösung 1975, seither das Jugendreisebüro der DDR) und das Deutsche Reisebüro (später Reisebüro der DDR) sowie die Feriendienste der Betriebe und Kombinate zuständig. Daneben organisierten die DDR-Bürger Urlaub in eigener Regie. Wichtigster Organisator war der FDGB. Seine Reiseangebote waren konkurrenzlos billig. Etwa alle sechs Jahre hatte ein FDGB-Mitglied Anspruch auf eine längere Urlaubsreise. 1955 reisten rund eine Million Personen mit dem FDGB im Inland, 1985 waren es knapp 1,9 Millionen.[70] Nun braucht man sich unter den FDGB-Reisen aber kein fest organisiertes Programm vorzustellen. Ungefähr die Hälfte seiner Reisenden vermittelte der FDGB in Privatquartiere. Zweitwichtigster Organisator waren die Betriebe selbst, die aber nicht nur Ferienheime, sondern gerade auch Campingplätze vermittelten. Das Reisebüro der DDR vermittelte dagegen nur ein kleines und vergleichsweise teures Inlandsangebot.[71] Nur bei den Auslandsreisen war das DDR-Reisebüro führend und vermittelte 1970 rund 260.000 und in den 1980er Jahren rund 500.000 Rei-

---

68   Zahlen und einführende Literatur, Statistisches Bundesamt (Hg.), Tourismus in Zahlen, Wiesbaden 1993; W. Albrecht, Erholungswesen und Tourismus in der DDR, in: Geographische Rundschau 10 (1991), S. 606–613; H.W. Opaschowski, Urlaub 1991/92. Trendziele und Trendsetter im Tourismus der 90er Jahre. Projektstudie zur Tourismusforschung für das B.A.T.-Freizeitforschungsinstitut, Hamburg 1992; Hasso Spode, Zur Geschichte des Tourismus, Starnberg 1987; Brigitte Deja-Lölhöffel, S. 85. Gerade erschienen: Stiftung Haus der Geschichte der Bundesrepublik Deutschland (Hg): Endlich Urlaub! Die Deutschen reisen, Köln 1996.
69   Damit lag die DDR an der Spitze aller osteuropäischen Staaten und auch vor der Bundesrepublik. Vergleiche: UdSSR 1%, Polen 31%, CSSR 54%. Bundesministerium für innerdeutsche Beziehungen (Hg.), DDR-Handbuch, Köln ²1979.
70   1.049.846 (1955), 1.856.820 (1985). Statistisches Jahrbuch der Deutschen Demokratischen Republik 1990, Berlin 1990, S. 367–369.
71   Die Zahl der Inlandsurlaubsreisen des Reisebüros (ohne (Mehr-)Tagesfahrten) sank von 223.843 (1963) auf nur noch 90.521 (1989). Ebd.

sen.[72] Dazu kam noch einmal die gleiche Zahl von Kurzreisen zumeist in die CSSR.[73] In der Auslandstouristik war der FDGB der kleinere Partner und vermittelte nur rund 10.000 bis 15.000 Reisen.[74] Doch der eigentliche Anstieg der DDR-Freizeittouristik wird in diesen Zahlen nicht deutlich. Immer mehr DDR-Bürger reisten nämlich selbständig. So stieg die Zahl der Urlauber an der Ostsee von 24.000 (1946) über 1.061.000 (1960), 1.861.000 (1970) und 2.677.000 (1980) auf 3.488.000 (1989), wobei der amtlich erfaßte Höhepunkt bei 1983 lag. FDGB und Reisebüro deckten 1988 gerade noch 21,3% der Ostseereisen ab. Das häufigste Quartier war der öffentliche Campingplatz (26,7%), 23,4% übernachteten in Betriebsheimen und -zeltplätzen, sowie 18,8% in Hotels, privaten Haushalten oder Wochenendhäusern.[75] An der Ostseeküste stiegen bis 1989 die Urlauberzahlen kontinuierlich, ohne daß die Infrastruktur vergleichbar ausgebaut wurde. Die Urlaubsreise wurde also tendenziell immer improvisierter.

In der Auslandstouristik führte die Aufhebung des Paß- und Visumszwangs für den Reiseverkehr zwischen der DDR und der CSSR und Polen 1972 zu einem sprunghaften Anstieg der Reisen. Der Anteil der vom Reisebüro vermittelten Auslandsreisen für DDR-Bürger betrug 1977 weniger als 9%. Gleiches gilt auch für den aufnehmenden Tourismus. In den staatlichen Hotels übernachtete kaum einer der Einreisenden.[76] In beide Richtungen reiste die übergroße Mehrheit außerhalb der offiziellen Programme. Reisen in die Sowjetunion etwa wurden nur als Dienstreisen, als organisierte Urlaubsreisen oder mit konkreter Einladung angeboten. Ein nicht zu vernachlässigender Teil vor allem junger DDR-Bürger reiste in den 1980er Jahren mit einem Transitvisum nach Rumänien in die SU ein und fuhr dann selbständig in den Kaukasus, ans Schwarze Meer und andere Orte. Außerdem wuchs die Zahl der vermittelten Einladungen. Als die südrussischen Grenzübergänge diese Entwicklung begrenzen wollten, wichen die DDR-Bürger auf nordrussische Übergänge aus.[77] Ein großer Teil der Verwandtschaftsreisen nach Polen in den 1980er Jahren, eingeladen von angeblich entfernt verwandten Cousins, waren in Wirklichkeit reine Urlaubs- und Erlebnisreisen.

In der Bundesrepublik stieg die Urlaubsreiseintensität bereits in der zweiten Hälte der 1950er Jahre deutlich an. 24% aller Westdeutschen über 14 Jahre unternahmen 1954 eine oder mehrere mehrtägige Urlaubsreisen ins In-

---

72  261.144 Reisen (1970), 556.998 (1985), 499.263 (1989). Ebd.
73  564.495 (1985), Ebd.
74  11.979 (1955), 15.779 (1983). Ebd.
75  Statistisches Jahrbuch der Deutschen Demokratischen Republik 1984, Berlin 1984, S. 326; Martin Bütow, Abenteuerurlaub Marke DDR: Camping, in: Stiftung Haus der Geschichte der Bundesrepublik Deutschland (Hg.), S. 101–106.
76  In den 1960er Jahren wurde das Hotelbauprogramm für 1964–1970 radikal von 140 Millionen Mark auf weniger als 30 Millionen Mark zusammengestrichen. Nach 1970 stiegen die Investitionen aber wieder. Bundesarchiv, BASAPM IV A2/605, S. 151.
77  Ich danke Christof Kaliski für Hinweise und Berichte.

und Ausland, 1960 waren es 28%, 1970 42%. Im Westen blieben die Zahlen von 1976 bis 1986 in etwa konstant bei 55%, um dann auf den bis heute konstanten Sockel von 65% anzusteigen.[78] Gegenläufig zum Osten entwikkelte sich im Westen die Tendenz zur Pauschalreise. Während diese Urlaubsreiseform seit 1970 stark zunahm, von 17% (1969) auf 42,7% (1992),[79] ging ihr Anteil im Osten zurück. Der Anteil der individuellsten Urlaubsform, der Campingreise, hatte im Westen seinen Höchstwert 1978 mit 12%, 1992 waren es nur noch 4,3%. Die Westdeutschen reisten in den 1980er Jahren „kollektivierter" als die Ostdeutschen.[80] Die Tendenz weg vom selbstorganisierten hin zum Pauschalurlaub ging einher mit einem Wechsel bei den Verkehrsmitteln vom Auto zum Flugzeug und einer Verkürzung der einzelnen Urlaubsreise trotz Anstiegs des Gesamtjahresurlaubes.[81] Im Westen wurde der alte Haupturlaub (mit dem Auto nach Italien) oft von zwei oder drei organisierten Kurzurlauben (nach Tunesien und auf die Kanaren) abgelöst.[82] Diese Tendenz zum Mehrfachurlaub finden wir allerdings auch in der DDR. Mehr als ein Drittel der Befragten einer Umfrage unter DDR-Ostseetouristen gab 1988 an, mindestens zweimal im Jahr in Urlaub zu fahren.[83]

Blicken wir nun auf die Urlaubsziele. Im Westen sank der relative Anteil der Inlandsreisen konstant von 85% (1954) auf 30% (1988). Das attraktivste ausländische Urlaubsziel war bis Anfang der 1970er Jahre Österreich, doch sank der Anteil von 15% (1970) auf 7,6% (1992). Der gesamte Alpenraum allerdings zieht bis heute noch immer über 20% aller deutschen Urlaubsreisen an.[84]

In der DDR blieb der Anteil der Inlandstouristik höher. Er nahm in den 1980er Jahren aus politischen Gründen sogar noch zu. 1977 reisten noch 3,8 Millionen DDR-Bürger nach Polen (4,8 Millionen in die CSSR), doch mit der

78  57% (1980 ), 65% (1992).
79  Studienkreis für Tourismus e.V. (Hg.), Urlaubsreisen 1954–1988; Studienkreis für Tourismus (Hg.), Urlaubsreise 1992, Starnberg 1993, S. 28.
80  Zum Aufstieg der Pauschalreisen: Francoise Maurice, Die Pauschalreiseindustrie in der Bundesrepublik Deutschland, in: Interavia 29 (1974), S. 640–641, 726–727. Rolf Hochreiter/Ulrich Arndt, Pauschalreisen. Eine Markt- und Wettbewerbsanalyse, Berlin 1977.
81  Die durchschnittliche Länge des Jahreshaupturlaubes ist in den letzten 20 Jahren etwas gefallen. Sie liegt z.Z. bei knapp 17 Tagen. Studienkreis für Tourismus e.V. (Hg.), Urlaubsreisen 1954–1988.
82  Von daher kann ich der vorhin geschilderten Beobachtung von Jost Krippendorf, eine Rückwendung des Freizeitverkehrs zu einem „hin-zu"-Verkehr zu erkennen, nicht folgen. Vielmehr nimmt gerade durch die zunehmende Passivität bei der Organisation der eigenen Reise m.E. die „weg-von-Reise" in Westdeutschland weiter zu.
83  Andre Drockur, Durchführung und Auswertung der Urlauberbefragung an der Ostseeküste im Juli 1988, in: Wissenschaftliche Zeitschrift der Hochschule für Verkehrswesen „Friedrich List" (1989), S. 110–116.
84  Alle Westdeutschen zusammen unternahmen 1985 32,3 Millionen Urlaubsreisen von mind. 5 Tagen Dauer, davon 21,4% in den Alpenraum. Der Fremdenverkehr, August 1986, S. 12.

Solidarnosc-Bewegung ab 1981 endete der visafreie Reiseverkehr nach Osten. Weitere Begrenzungsfaktoren für die DDR-Auslandstouristik waren der Devisenmangel und die Angst des Systems vor der „Republikflucht". Die Fluchtgefahr verhinderte vor allem die Reisen ins kapitalistische Ausland. Doch auch an der bulgarisch-türkischen Grenze sorgte die DDR für große Warntafeln in deutscher Sprache. Bei den Kreuzfahrten im Mittelmeer und den Flügen nach Cuba war die Republikflucht ein großes Problem.[85] Die Flüge nach Cuba erforderten eine Zwischenlandung in Kanada, die regelmäßig von einigen Passagieren zur Flucht genutzt wurde. Das Schließen dieses Fluchtloches war ein Ziel der Airbuskäufe am Ende der 1980er Jahre. Vor diesem Hintergrund ist es erstaunlich, daß die BRD in den 1970er Jahren meist an dritter Stelle stand. Die BRD wurde 1977 von 1,4 Millionen Ostdeutschen, meist Rentnern, besucht. Der einreisende Tourismus war dagegen in der DDR, abgesehen von Westdeutschen, sehr gering.[86]

Welcher Verkehrsmittel bedienten sich die Touristen? Im Westen war das wichtigste Verkehrsmittel für die Urlaubsreise in den 1950er Jahren noch die Bahn. Sie überschritt ihren relativen Höhepunkt in den 1950er und ihren absoluten Höhepunkt in den 1960er Jahren und wurde abgelöst vom Auto. In den 1970er Jahren war die selbstorganisierte Urlaubsreise mit dem eigenen Auto nach Spanien, Italien oder Jugoslawien die dominante Urlaubsform. Seit den 1980er Jahren aber löste das Flugzeug das Auto als Urlaubsverkehrsmittel ab.[87] In der DDR unternahmen nach offiziellen Angaben noch 1985 knapp

---

85 Die Flucht erfolgte auf den Mittelmeerkreuzfahrten mit den beiden DDR-Schiffen „Völkerfreundschaft" und „Fritz Heckert" in den Meerengen „durch Absprung unter gewaltsamer Durchbrechung der Sicherheitseinrichtungen bei voller Fahrt des Schiffes vom 17m über der Wasserlinie liegenden Sonnendeck." Bericht an Günther Mittag, Bundesarchiv BASAPM IV A2/605.
86 1958 reisten 27.618 Touristen aus sozialistischen Staaten und 2.467 aus kapitalistischen Staaten in die DDR. 1961 waren es 89.597 und 28.107, 1962 106.416 und 17.489 (+ 81.677 Stadtführungen durch Ostberlin = 99.199 Bürger). Diese Zahlen sollten in der Planung 1964 bis 1970 auf insgesamt 650.000 gesteigert werden (380.000 in kapitalistischen und 270.000 in sozialistischen Ländern). Verglichen mit den schon 1961 weit über 5 Millionen Touristen in der BRD waren das winzige Zahlen. 1970 waren es dann in der DDR 5,9 Millionen und 1972 18,6 Millionen Personen (davon über 6 Millionen aus Westdeutschland, sowie 2 Millionen Tagestouristen in Ost-Berlin), Bundesarchiv BASAPM IV A2/605, 151.
87 Der Flugtourismus stieg in Westdeutschland kontinuierlich seit 1955, siehe dazu Hans M. Bongers, Flugtourismus, in: Flugwelt international 9 (1966), S. 684–689; Johannes B. Hallmann, Hat die Lufttouristik eine Zukunft?, in: Flug-Revue 7 (1959), S. 32–34; Internationaler Flugtourismus, in: Internationales Archiv für Verkehrswesen 19 (1967), S. 112–114; Wilhelm Pompl, Aspekte des modernen Tourismus. Aufsätze und Vorträge zu ausgewählten Themen der Touristik und des Luftverkehrs, Frankfurt a. M. 1988; Walter Vogel, Flugtouristik. Wege, Ziele, Forderungen, in: Internationales Archiv für Verkehrswesen 18 (1966), S. 52–57; S. Votteler, Mit dem Flugzeug zum Urlaubsort. Der Luftverkehr ebnet den Weg für Tourismus zu neuen Zielen, in: VDI-Nachrichten (1966), Nr. 25, S. 7.

die Hälfte aller DDR-Bürger ihre Urlaubsreise mit der Bahn.[88] Ganz andere Zahlen brachte eine Umfrage der Hochschule für Verkehrswesen „Friedrich List" an der Ostseeküste im Juli 1988 zutage: 75% der Urlauber waren mit dem PKW angereist, in dem Ort Boltenhagen sogar 88%, und nur 25% mit der Bahn. Von diesen 25% gaben drei Viertel an, nur deshalb mit der Bahn gefahren zu sein, weil sie kein Auto besitzen würden. Knapp die Hälfte der befragten Personen unternahmen während ihres Aufenthaltes mehr als drei Ausflüge mit dem Auto, wobei bei knapp 50% der insgesamt zurückgelegten Wege Entfernungen von über 50km erreicht wurden. In der Bundesrepublik nutzten allerdings schon 1970 weniger als 25% der Urlaubsreisenden die Bahn.

Große Unterschiede zwischen Ost und West gab es bei den durchschnittlichen Reiseausgaben, jedoch sind die Zahlen nur schwer vergleichbar. Der Anteil der Verkehrsausgaben an den Gesamtausgaben eines Durchschnittshaushaltes liegt im Westen seit 1970 bei ungefähr 8%.[89] In der DDR dagegen lag dieser Anteil 1968 bei 2,5%.[90] Dieser Vergleich zeigt allerdings in erster Linie, daß Reisen im Osten eben viel preiswerter war. Doch auch die DDR-Planung ging 1968 davon aus, daß dieser Anteil langfristig auf westdeutsche Werte steigen würde.[91] Die größten Zuwächse sah die Planung für die Naherholung vor und erwartete in den 1970er Jahren mittelfristige Steigerungen auf das Drei- bis Fünffache.

## 4. Die staatliche Steuerung des Freizeitverkehrs

Mit welchen Vorschlägen reagierte die Verkehrsplanung in beiden Staaten auf die Zunahme des Freizeitverkehrs und insbesondere auf die Präferenz des Autos als Freizeitverkehrsmittel? Im Westen reagierten die staatlichen Behörden und wissenschaftlichen Einrichtungen mit einer verzögerten Zurkenntnisnahme; nur langsam und bis heute nicht adäquat stieg die Aufmerksamkeit für den Freizeitverkehr. Jahrzehntelang ist der Freizeitverkehr behördlicherseits als Problem heruntergerechnet worden, mehrfach wurde ihm eine baldige Wachstumsgrenze prophezeit. Die Prognosen wurden jedoch in aller Regel überboten, der Freizeitverkehr wächst und wächst. Ulrich Schühle hat 1986 nach den Gründen für das Scheitern der Verkehrsprognostik nicht nur im Freizeitverkehr gefragt und überzeugend dargelegt, daß gerade der Freizeit-

---

88 48% im Jahr 1985. Brigitte Deja-Lölhöffel, S. 33–34.
89 Die Ausgaben für die Jahreshauptreise pro Person sind im Westen inflationsbereinigt seit 1970 nicht mehr wesentlich gestiegen. Sie lagen 1977 bei 707 DM und 1988 bei 1320 DM.
90 Bundesarchiv, Abteilungen Potsdam, DC 20, I/3–700. Prognose zur rationellsten Gestaltung der Transportprozesse im Verkehrswesen der DDR, September 1968, S. 18.
91 Bezeichnenderweise auf den westdeutschen Wert.

verkehr prinzipiell nicht vorhersehbar sei und sich staatlichen Steuerungsversuchen, etwa durch die Raumplanung für Arbeit, Ausbildung und Versorgung, weitgehend verschlösse.[92] Vielleicht ist staatlicherseits im Westen wegen der schwierigen Steuerbarkeit die Dynamik des Freizeitverkehrs unterschätzt worden.[93] Im Osten ist dagegen der Zuwachs des Freizeitverkehrs eher überschätzt worden, vor allem seit den späten 1960er Jahren. Wie ihre westdeutschen Gegenüber übernahmen dabei auch die ostdeutschen Verkehrsplaner die These von der Nichtsteuerbarkeit des Freizeitverkehrs und entwickelten für dieses Verkehrssegment, insbesondere seit 1970, keine wirkliche Alternative zum Ausbau der individuellen Motorisierung. Nur bei dem Verkehr aus „objektiven Bedürfnissen", also etwa dem Berufsverkehr, formulierten sie eine klare Perspektive für den Massenverkehr, während die individuellen Verkehrswünsche aus der Sicht der Verkehrsplaner auch mit individuellen Verkehrsmitteln befriedigt werden wollten und sollten. Die hohen Zuwachsraten, welche diesem Verkehr seit den späten 1960er Jahren vorhergesagt wurden, fallen zeitlich mit dem wirtschaftspolitischen Richtungswechsel in Richtung zu mehr Konsumgüterproduktion zusammen und mögen auch inhaltlich zusammenhängen. Freizeitverkehr war etwas Wünschenswertes, Vorzeigbares geworden. So ging die Langfristprognose von 1968 davon aus, daß die weitere Entwicklung des Umfangs und der Struktur der Mobilität und somit des langfristigen Beförderungsbedarfs entscheidend von den touristischen Reisen und der individuellen Motorisierung bestimmt sein werden.[94] Eine Studie aus dem Jahr 1977 rechnete bis 1995 einen Anteil des Individualverkehrs am Zuwachs von 70% aus, weil für ihn „touristisch motivierte Reisen entscheidend" seien. Studien über den Urlaubs- und Freizeitverkehr nahmen zu und erhielten allenthalben mehr Aufmerksamkeit bei den Planern.[95] Spätestens seit dem IX. Parteitag des SED galt die Förderung von

---

92 Ulrich Schühle, Verkehrprognosen im prospektiven Test. Grundlagen und Ergebnisse einer Untersuchung der Genauigkeit von Langfristprognosen verkehrswirtschaftlicher Leitvariablen, Berlin 1986.
93 Ganz anders sieht übrigens die Freizeitverkehrsprognostik der Verkehrsunternehmen aus. Die Freizeitverkehrsunternehmen haben sich längst die psychologischen Grundlagen der Lust am Reisen zu eigen gemacht und in ihre Verkaufsstrategien eingebaut, siehe Edward J. Mayo/Lance P. Jarvis, The psychology of leisure travel. Effective marketing and selling of travel services, Boston 1981.
94 Gutachten des ZFIV über die Zukunft des Verkehrswesens 1978, BMV-Außenstelle Berlin, Archiv, M1 8998.
95 Hochschule für Verkehrswesen, Sektion Verkehrs- und Betriebswirtschaft. WB Ökonomie des Fremdenverkehrs (Hg.), Möglichkeiten einer weitestgehenden Abdeckung des Urlaubsreisebedarfes der Bevölkerung der DDR bis zum Jahre 1980, Dresden 1974; Institut für Marktforschung (Hg.), Zur Bedarfsentwicklung im Freizeittourismus der DDR-Bevölkerung bis zum Jahre 1990 unter besonderer Berücksichtigung der Urlaubsreisen (Forschungsbericht), Leipzig 1976; W. Simpler, Dynamische Entwicklung des Freizeittourismus der DDR-Bevölkerung, Leipzig 1976 (Mitteilungen des Instituts für Marktforschung, H.4, 1976); Ralf Kuhnke, Schnellinformation zur Studie „Jugend und

Tourismus und Naherholung nicht mehr nur als eine unabwendbare Tatsache, sondern ein Planziel im Rahmen der weiteren „Verbesserung der Arbeits- und Lebensbedingungen der Werktätigen im Zeitraum 1976–1980." Der Freizeit- und Urlaubsverkehr wurde vom Gespenst zum Programm. Beschlossen wurde eine Erhöhung des Freizeitfonds der Bevölkerung, eine Erhöhung der jährlichen Urlaubsreisen auf über drei Millionen, eine Erhöhung des Motorisierungsgrades und damit eine Erhöhung des Freizeittourismus.[96] Die individuelle Motorisierung galt fortan in der DDR-Planung als eine unabwendbare Entwicklung. Seit 1970 forderte man nur noch für den Berufsverkehr und nur noch rhetorisch, den öffentlichen Personenverkehr vorrangig zu entwickeln. Die DDR-Verkehrsplanung erkannte also frühzeitig die Dynamik der Verkehrsentwicklung und die ihrem ideologischen Programm zuwiderlaufende Tendenz in Richtung Individualverkehr nicht nur im Freizeit-, sondern im gesamten Personenverkehr. Doch nur bis in die 1960er Jahre bemühte sich die Verkehrspolitik gezielt um die Stärkung des Massenverkehrs. Man blickte vielleicht zu gebannt nach Westen, um die Chancen der Verkehrsgestaltung zu nutzen.[97] Die Prognosen und auch die Planungen gingen in der Regel davon aus, daß der westliche Trend zum Individualverkehr auch im Osten unabwendbar war. Die Zunahme des Individualverkehrs wurde dabei überschätzt. So prognostizierte eine Studie aus dem Jahr 1963, daß der Individualverkehr bereits 1973 die Verkehrsleistung des Massenverkehrs überholen würde.[98] In einer Studie aus dem Jahr 1968 wurde dieser Zeitpunkt dann auf 1977 verschoben. Doch auch 1977 war dieser Zeitpunkt noch nicht ganz erreicht![99]

Touristik 1983". Zentralinstitut für Jugendforschung, Leipzig 1984. Dazu: Dorothea Hilgenberg, Bedarfs- und Marktforschung in der DDR. Anspruch und Wirklichkeit, Köln 1979; Heinz Niemann, Meinungsforschung in der DDR. Die geheimen Berichte des Instituts für Meinungsforschung an das Politbüro der SED, Köln 1993.

96 Zentrales Forschungsinstitut für Verkehrswesen (Hg.), Grundlinie zur langfristigen Entwicklung des öffentlichen Personenfern- und -regionalverkehrs, Jena 1978, BMV-Außenstelle Berlin, Archiv, M1 8995.
97 Das ist die These von Thomas Weymar.
98 Horst Uebel, Die Entwicklung der Personenbeförderung unter besonderer Berücksichtigung des individuellen Kraftverkehrs, Dresden 1963, BMV-Außenstelle Berlin, Archiv, M2 6243.
99 Eine Studie aus dem Jahr 1977 prognostizierte, daß bis 1995 der Anteil des Individualverkehrs auf 59–60% steigen werde. Diese Schätzung war aber wiederum zu vorsichtig. 59% wurden noch zu DDR-Zeiten überschritten, wie die folgende Tabelle zum Anteil des Individualverkehrs an der Gesamtverkehrsleistung zeigt:

|     | 1950 | 1955 | 1960 | 1965 | 1970 | 1975 | 1980 | 1985 | 1990 | 1992 |
|-----|------|------|------|------|------|------|------|------|------|------|
| DDR | 8    | 13   | 22   | 31   | 38   | 51,7 | 57,2 | 67,6 | 80,5 |      |
| BRD |      | 31,3 | 48,8 | 63,9 | 73,5 | 76,8 | 77,6 | 78,6 | 79,9 | 81,6 |

Für den Westen: Verkehr in Zahlen 1993, Bonn 1994. Für den Osten: Gutachten des Zentralen Forschungsinstituts für Verkehrswesen über die Zukunft des Verkehrswesens 1978, BMV-Außenstelle Berlin, Archiv, M1 8998. Bei der Planung der Zahl der Autos

Eine Ausnahme für den Freizeitnahverkehr machte nur die Ende der 1960er Jahre einsetzende, ambitionierte Planung von großstädtischen Nahverkehrsnetzen. Für Berlin, Leipzig, Dresden, Karl-Marx-Stadt, Halle, Magdeburg und Rostock wurden Generalverkehrspläne entworfen, welche die Vorherrschaft der öffentlichen Massenverkehrsmittel, die rund 80% des Gesamtverkehrs abwickelten, erhalten sollten. In diesen Generalverkehrsplänen ging es zunehmend auch um den Freizeitverkehr, etwa um Naherholung und Touristen in Berlin.[100] Doch die tatsächlichen Planungen und Maßnahmen, auch im großstädtischen Bereich, orientierten sich eher an den westdeutschen Verkehrsverbünden, etwa an Hamburg.[101] Die Förderung des öffentlichen Freizeitnahverkehrs blieb gegenüber dem Ausbau der Infrastruktur für den motorisierten Freizeitverkehr zurück.

Ein gutes Beispiel für die Diskrepanz zwischen ideologischer Verkehrspolitik und technischer Verkehrsplanung bereits in den 1950er und 1960er Jahren in der DDR ist die Förderung des Autoverleihs, also der öffentlichen PKW. Zwar galt es „gemäß den Prinzipien der sozialistischen Gesellschaftsordnung (als) notwendig, durch die Schaffung entsprechender Vorraussetzungen und ideologischer Umerziehung, unsere Bevölkerung darauf zu orientieren, vom Streben nach Besitz eines eigenen PKW abzugehen und sich im Bedarfsfalle für die Befriedigung der persönlichen Bedürfnisse PKW von entsprechenden Einrichtungen auszuleihen."[102] Doch 1961 waren in der gesamten DDR erst 296 Leihwagen vorhanden. Zwar sollte ihre Zahl bis 1963 auf über 3.000 und bis 1990 auf über 70.000 PKW steigen.[103] Mangels Autos sollten auch Taxen, wenn nicht im Einsatz, ausleihbar sein. Doch wurde diese Idee nie konsequent durchgesetzt, die Zahl der Leihwagen kümmerte bei wenigen hundert Exemplaren dahin. Eine weitere, immer wieder genannte Maßnahme war die Förderung des Taxiverkehrs selbst. Taxis sollten eine preiswerte Alternative zum Autobesitz werden. Vorbild war die Stadt Moskau, in der es 1968 16 Taxen auf 10.000 Einwohner gab. Nikita Chrustschow hatte Anfang der 1960er Jahre öffentlichkeitswirksam behauptet, daß PKW in der Sowjetunion rationeller ausgenutzt würden als bei den Amerikanern: „Wir werden unsere öffentlichen Taxigaragen, wo die Menschen sich einen Wagen ausleihen können, immer mehr ausbauen. Wozu muß man sich mit

---

allerdings verschätzten sich die Genossen nach unten, 1963 prognostizierte eine Studie der HfV für das MfV, die Zahl der PKW werde sich bis 1990 asymptotisch einem Grenzwert von 2,1 Millionen nähern. Diese Zahl wurde aber schon 1977 überschritten; 1989 waren es bereits knapp 4 Million, und die Zahl stieg weiterhin stark an, siehe Uebel.

100 BMV-Außenstelle Berlin, Archiv, M1 6112.
101 Bundesarchiv Potsdam, DC 20, I/3–700. Prognose zur rationellsten Gestaltung der Transportprozesse im Verkehrswesen der DDR, September 1968.
102 MfV. Vorlage für die Erweiterung und Entwicklung der Selbstfahrvermietungen in der DDR, BMV-Außenstelle Berlin, Archiv, M2 9864.
103 siehe Uebel.

einem eigenen Wagen abplagen?"[104] Walter Ulbricht griff diese Losung auf und prognostizierte 1962: „In Zukunft wird der Taxiverkehr (in der DDR, L.D.) immer mehr an Bedeutung gewinnen, da der Prozentsatz der Werktätigen wächst, welche auf ein eigenes Auto verzichten und dafür mehr und mehr die Möglichkeit des Taxiverkehrs in Anspruch nehmen."[105] Doch sechs Jahre später gab es in Berlin noch immer nur magere 4,5 Taxen auf 10.000 Einwohner.[106] Entgegen den angekündigten Ausbauplänen für Taxis und Autovermietungen blieben die tatsächlich investierten Mittel sehr gering. Ulrich Kubisch vermutet, daß Taxis als das individuellste aller öffentlichen Verkehrsmittel in der DDR ideologisch einen schweren Stand hatten. Das mag stimmen, erfuhr doch zum Beispiel auch der Fahrradverkehr als individueller Freizeitverkehr im Gegensatz zum Taxiverkehr nicht einmal eine ideologische Förderung, geschweige denn eine praktische, etwa durch den Ausbau von Fahrradwegen. Eine zweite Erklärung für die fehlende Förderung von Taxis und Autovermietungen ist die Unterscheidung von Verkehrspolitik und Verkehrsplanung. Die Grundhaltung der Techniker im Verkehrsministerium unterschied sich von den verkehrspolitischen Vorgaben der Verkehrsabteilungen des Zentralkomitees und der staatlichen Plankommission und orientierte sich mehr an den westdeutschen Vorgaben.

Wenig praktische Auswirkungen hatte die steigende Bereitschaft zur Förderung des Freizeitverkehrs auch auf die Planung des ostdeutschen Luftverkehrs. Der 1955 in der DDR eingeführte zivile Flugverkehr konnte gegenüber den anderen Verkehrssystemen drei wichtige Vorzüge ins Feld führen: er war das modernste Verkehrsmittel – sein Ausbau belegte damit eindrucksvoll die Modernität des hinter ihm stehenden Systems. Zweitens war er ein öffentliches Massenverkehrssystem und bot drittens einen Markt für die Produkte der massiv geförderten staatlichen Flugzeugindustrie. Aus diesen Gründen hatte auch der Inlandsflugverkehr bis 1961 hohe Priorität.[107] In den 1950er Jahren argumentierte die Luftplanung dabei in erster Linie mit dem Ge-

---

104 Winfried Wolf, Neues Denken oder neues Tanken. DDR-Verkehr 2000, Frankfurt 1990, S. 23.
105 Ulrich Kubisch (Hg.), Taxi. Das mobilste Gewerbe der Welt, Berlin 1993 (Berliner Beiträge zu Technikgeschichte und Industriekultur 12), S. 190.
106 Bundesarchiv, Abteilungen Potsdam, DC 20, I/3–700. Prognose zur rationellsten Gestaltung der Transportprozesse im Verkehrswesen der DDR, September 1968; Allerdings fuhren gerade in Berlin viele „schwarze" Taxen. Wer nachts in Ostberlin ein Taxi suchte, fand meist einen Privatwagen. Der Mitfahrer bestimmte den Preis, das der Fahrer als „Trinkgeld" nahm. Brigitte Deja-Lölhöffel, S. 113.
107 Zum innerost- und westdeutschen Flugverkehr erscheint demnächst: Hans-Liudger Dienel, Das wahre Wirtschaftswunder. Flugzeugproduktion und innerdeutscher Flugverkehr im West-Ost-Vergleich, 1955–80, in: Johannes Bähr/Dietmar Petzina (Hg.), Innovationsverhalten und Entscheidungsstrukturen. Vergleichende Studien zur wirtschaftlichen Entwicklung im geteilten Deutschland, 1945–1990. Berlin 1996, S. 341–372.

schäftsverkehr. Ausdrücklich verwahrte sich die Deutsche Lufthansa Ost und die Hauptabteilung Zivile Luftfahrt des Ministeriums für Verkehrswesen 1958 gegen eine zu starke Inanspruchnahme der Deutschen Lufthansa für den Touristenverkehr.[108] Eine Ausnahme machte nur die im September 1958 gegründete Interflug, die für den Ausbau der touristischen Beziehungen nach Nord- und Westeuropa vorgesehen war. Ganz im Gegenteil zu den Planungen war aber der ostdeutsche Luftverkehr überwiegend Erlebnisverkehr, also Freizeitverkehr, wie eine Studie aus dem Jahr 1964 belegt.[109] Besonders eklatant war diese Disparität von Geschäftsreiseanspruch und Erlebnisrealität im innerostdeutschen Luftverkehr. Hier baute die Lufthansa Ost in den fünfziger und frühen 1960er Jahren ein recht enges Netz auf. Der innerostdeutsche Luftverkehr kam 1965 auf ca. 40% des gesamten DDR-Luftverkehrs. Doch in der kleinen DDR war mit Propellerflugzeugen, Sandpisten und einer ungünstigen Flugstreckenführung (weil die alliierten Luftstraßen nach Berlin von den DDR-Flugzeugen nicht durchflogen werden durften) kaum eine Zeitersparnis gegenüber anderen Verkehrsmitteln herauszufliegen. Die meisten Passagiere flogen, um einmal geflogen zu sein! Gut ausgelastet waren daher vor allem die Flüge zu den Ostseebädern. Diese Freizeitnutzung schadete dem innerdeutschen Flugverkehr, verhinderte seinen Ausbau und ließ ihn schnell veralten, so daß er 1980 komplett eingestellt werden mußte. Zu spät wurde seit 1970 der Tourismus als wichtige Aufgabe der DDR-Luftfahrt akzeptiert.[110] Im internationalen Verkehr durfte der Beförderungsbedarf durch die Interflug zwar nun als „maßgeblich durch die Anforderungen des Auslandstourismus geprägt" definiert werden. Doch die im Rahmen des RGW ausgehandelten nicht kostendeckenden Flugpreise minderten das Interesse an einem Ausbau der Interflug. Der Anteil der Flugreisen an den Urlaubsreisen blieb im Osten wesentlich niedriger als im Westen. Der innerwestdeutsche Luftverkehr war dagegen von Anfang an und blieb bis heute überwiegend Geschäftsverkehr.[111] Wenn man allerdings fragt, aus welchen Gründen Geschäftsleute das Flugzeug benutzten und benutzen und dafür in einigen Fällen sogar längere Reisezeiten als mit der Bahn in Kauf nehmen, ist der höhere Erlebniswert zumindest eine mögliche Erklärung. Der internationale Flugverkehr ist dagegen seit 1970 im Westen wie im Osten überwiegend Freizeitverkehr.

---

108 BMV-Außenstelle Berlin, Archiv, M1 2643.
109 Bundesminister für Verkehr (Hg.), Verkehr in Zahlen 1993, S. 205 und Information Grenzdörfer.
110 DDR-Flugtourismus: Gerhard Auswitz, Die Auswirkungen des passiven Auslandstourismus der DDR auf den Luftverkehr, in: Technisch-ökonomische Informationen der zivilen Luftfahrt 4 (1967), S. 3–9.
111 1960: 63,8%, 1989: 50,5%.

## 5. Konstanz der Unterschiede? Zur Langlebigkeit des Verkehrsverhaltens

Unsere abschließende Frage richtet sich auf die Kontinuität der Eigenarten des west- und ostdeutschen Freizeitverkehrs bis hin zur Vereinigung und über sie hinaus.

Die bis zur Vereinigung nur tendenziell, aber noch nicht absolut ähnliche Motorisierungsquote ist inzwischen fast gleichgezogen. Bereits 1993 hatten 66,2% der Haushalte in den neuen Bundesländern einen PKW und 73,9% im Westen. Nur noch bei den über 65jährigen sind die Unterschiede groß. In der Altersklasse der 25–30jährigen war die Motorisierungsquote 1993 im Osten mit 78,6% der Haushalte sogar höher als im Westen (75,8%).[112] Alle Prognosen gehen von einer weiteren Angleichung der Werte für Ost- und Westdeutschland aus und schwanken nur in der Vorhersage der Länge der Übergangsperiode.

Die Urlaubsreiseintensität war kurz vor dem Ende der DDR im Osten kaum niedriger als im Westen. Diese Ähnlichkeit ist das eigentlich auffällige Phänomen. Allerdings lagen die relativen Reiseausgaben deutlich unter dem Westniveau. Dies hängt nicht nur mit den staatlichen Subventionen, sondern auch mit unterschiedlichen Urlaubsformen zusammen: Die Bürger der DDR (bzw. der neuen Bundesländer) reisten noch sparsamer, häufiger im eigenen Land bzw. nach der Vereinigung in wenig entfernte Urlaubsgebiete, wie Österreich. Noch im Jahr 1990, als die Schranken bereits gefallen waren, blieb die DDR das beliebteste Reiseland der DDR-Bürger; an zweiter Stelle gefolgt von der BRD. Doch dieses Reiseverhalten hat sich schnell verändert. Schon 1992 lagen die anteilsmäßigen Verkehrsausgaben pro Einwohner im Osten höher als im Westen.[113] Seit 1990 reisen die Ostdeutschen mehr als die Westdeutschen: 1991 haben 69,7% der Ostdeutschen und 66% der Westdeutschen eine Urlaubsreise unternommen, 1992 waren es 72,2 und 70,8%. Vor allem die über 50jährigen sind im Osten reiselustiger als im Westen.[114] Unterschiedlich war 1990 noch die Reisemotivation. Seltener als die Bundesdeutschen gaben DDR-Bürger in Umfragen aus dem Jahr 1990 an, einen ausgesprochenen „Faulenzerurlaub" anzustreben, sondern wollten häufiger als die Westdeutschen „den Horizont erweitern" und „neue Eindrücke" gewinnen.[115] Werden sich diese Unterschiede abschleifen? Vielleicht. Pau-

---

112 Statistisches Jahrbuch der BRD 1994, Wiesbaden 1994, S. 587.
113 Das Statistische Bundesamt unterscheidet in seinen Konsumstatistiken (aufgrund von Haushaltsbefragungen) drei verschiedene Haushaltstypen, den 2-Personen-Rentnerhaushalt (Typ 1), den mittelständischen 4-Personenhaushalt (Typ 2) und den gutverdienenden 4-Personenhaushalt (Typ 3). Die relativen Verkehrsausgaben liegen in den West-Haushalten zwischen 9,9% und 12,2%, in den Ost-Haushalten dagegen zwischen 11,4% und 15,2%, siehe Statistisches Jahrbuch der Bundesrepublik Deutschland 1994, Wiesbaden 1994, S. 573–577.
114 Studienkreis für Tourismus (Hg.), Urlaubsreise 1992, S. 16.
115 H. Schmidt u.a. (Hg.), S. 64.

schalreisen sind bereits seit 1992 bei Ostdeutschen beliebter als im Westen. Die Ostdeutschen reisen heute zu über 40% mit einer Pauschalreise.[116] Doch noch kann diese Angleichung eine befristete Kompensation sein, mit einer Tendenz zur Rückkehr in alte eingeübte Muster der Freizeit- und Urlaubsgestaltung.

Im Ausflugs- und Naherholungsverkehr stabilisieren sich dagegen vor allem bei den Reisezielen die Unterschiede. Besonders signifikant ist das Ausflugsverhalten der Berliner. Die Berliner haben insgesamt über 30 Millionen Tagesausflüge in das Umland unternommen, aber die Ausflugsintensität der Westberliner in das Umland ist seit 1991 wieder gesunken.[117] West-Berliner unternehmen nach wie vor weniger Ausflüge in die ihnen immer noch fremde Region als Ost-Berliner.[118] 1993 gab es bei der Wahl der Verkehrsmittel für den Ausflugsverkehr in die Region nur noch kleine Unterschiede zwischen West- und Ostberlin: Der PKW war in beiden Stadtteilen das dominante Ausflugsverkehrsmittel (West: 73%, Ost: 71,5%). Deutliche Unterschiede gab es nur im Motorrad- und beim Fahrradverkehr, die im Westen stärker waren, und bei der S-Bahn, die von den Ost-Berlinern stärker genutzt wurde.[119]

Rückblickend auf die Wiedervereinigung stellt sich aus der Perspektive des Jahres 1997 im öffentlichen Verkehr die Frage, ob nicht in der Auf- und Umbruchsituation der Verkehrsbetriebe neben den beiden Optionen „Beibehaltung des alten Systems" und „Übernahme des BRD-Modells" auch die Entwicklung ganz neuer Verkehrssysteme möglich gewesen wäre. Dazu ist es jedenfalls nicht oder kaum gekommen. Im öffentlichen Verkehr hätten sich angebotsseitig die krassen Unterschiede zwischen den alten und neuen Bundesländern heute weitgehend ausgeglichen, erklärte kürzlich der Verband deutscher Verkehrsunternehmen.[120] Der Berliner Verkehrswissenschaftler Wolfgang Heinze hält diese Orientierung auf die westlichen Modelle in Teilbereichen für eine verpaßte Chance. Die Umstrukturierung des öffentlichen Personenverkehrs in den neuen Bundesländern hat Chancen für einen modernen Neubeginn eröffnet, die nicht genutzt worden seien. Zwar wurde der ÖPNV in den neuen Bundesländern entsprechend den im Westen nicht immer durchgesetzten verkehrspolitischen Forderungen regionalisiert, doch wiederum als Linienverkehr großer Betriebe und großer Fahrzeuge etabliert

---

116 Studienkreis für Tourismus (Hg.), Urlaubsreise 1992, S. 28.
117 FU Berlin, Institut für Tourismus und Messe Berlin GmbH (Hg.), Das Ausflugsverhalten der Berliner 1993, Berlin 1994.
118 1991 unternahmen Ostberliner im Jahr durchschnittlich 16,2 und Westberliner 10,2 Ausflüge; 1993 waren es 13,5 und 10,1. Siehe Anm. 39.
119 FU Berlin, Institut für Tourismus und Messe Berlin GmbH (Hg.), Das Ausflugsverhalten der Berliner 1993.
120 VDI-Nachrichten vom 22.12.1995, S. 1.

und damit die Chance eines wirklichen strukturellen Neubeginns durch flexible Flächenbedienungssysteme vertan.[121]

## 6. Resümee

In beiden deutschen Staaten gab es einen vergleichbaren, allerdings phasenverschobenen Trend zu mehr Freizeit und noch mehr Freizeitverkehr. Das heißt nicht, daß es einen Automatismus zwischen Wirtschaftswachstum und Freizeitverkehr gibt. Die DDR und die BRD waren sich im Freizeitverkehr aber ähnlicher als in anderen Fragen. Vermutlich hat sich die Bevölkerung der DDR insbesondere seit 1970 dem westdeutschen Trend zu mehr Freizeitverkehr angepaßt. Die Deutschen waren in ihren beiden politischen Systemen jeweils Freizeit- und Urlaubsweltmeister.

Wenn wir nach den Verkehrsmitteln für den Freizeitverkehr fragen, ergibt sich ähnliches. Der Trend zum Individualverkehr ist in beiden deutschen Staaten gerade im Freizeitverkehr besonders hoch gewesen. Ideologisch hat diese Entwicklung der DDR-Regierung nicht behagt, aber sie hat nicht konsequent auf eine Stärkung des Massenverkehrs hingearbeitet. Ansätze blieben im Ansatz stecken. So wurde das Auto zum wichtigsten Freizeitverkehrsmittel im Osten. Ich denke, das Vorbild Westdeutschland war für Verkehrsplaner und Verkehrsteilnehmer auch im Freizeitverkehr zu übermächtig, um große Investitionssummen für öffentliche Freizeitverkehrsszenarien loszueisen bzw. andere Wege im Freizeitverkehr überhaupt anzudenken. Eine zweite Erklärung für den Aufstieg des Autos im Osten ist die politische Ventilfunktion des individuellen Freizeitverkehrs als Teil der Nischengesellschaft. Ich halte sie aber gegenüber dem ersten Erklärungsansatz für sekundär.

Das Auto wurde im Osten weniger bewegt. Es diente nicht vorzugsweise für den alltäglichen Berufsverkehr sondern für den Wochenend-Freizeitverkehr. Im Berufsverkehr und überhaupt in der Mobilität blieben die Unterschiede zwischen West- und Ostdeutschland größer als bei der Motorisierung.

Ein zweites, überraschendes Ergebnis ist die Zunahme des individuellen Urlaubsverkehrs im Osten. Ab 1980 gab es im Westen anteilig mehr Pauschalreisen als im Osten. Urlaub hatte im Osten offensichtlich eine andere Funktion als im Westen, hatte mehr mit Entdeckung, weniger mit Faulenzen, mehr mit Eigenständigkeit zu tun als im Westen. Vieles davon, etwa das

---

121 Heinze und Kill erklären diese Unterlassungssünde politisch als „Stillhalteabkommen" zwischen Politik, ÖPNV, Automobilindustrie und Gewerkschaft, siehe G. Wolfgang Heinze/Heinrich Kill, Sektorale Transformationsprobleme, Verkehrspolitik. Vortrag auf der Tagung „Sektorale Transformationsprozesse" des Max-Planck-Instituts für Gesellschaftsforschung in Köln, 11.11.1994, Umdruck, S. 10.

Kochen und Zelten, war freilich nur halb freiwillig, sondern auch durch Devisenmangel bestimmt.

Diese Unterschiede lassen sich nicht in eine direkte Beziehung zum Sozialprodukt stellen. So fahren die reichen Schweizer wesentlich mehr Bahn als die Deutschen.[122] Mobilität und die Verkehrsmittelwahl sind kulturelle und politische Größen. Die DDR und die Bundesrepublik waren sich nicht nur im Freizeitverkehrsverhalten, sondern auch in der Verkehrsplanung relativ ähnlicher als die unterschiedlichen ideologischen Positionen hätten vermuten lassen.

---

122 1985 fuhren die Schweizer 1.445 km, die Westdeutschen 804 km und die Ostdeutschen 1.370 km pro Jahr, siehe W. Wolf, S. 36.

# Gesamtbibliographie

1945. Krieg – Zerstörung – Aufbau. Architektur und Stadtplanung 1940–1960, Berlin 1995 (Schriftenreihe der Akademie der Künste, Bd. 23).

70 Jahre elektrisch. Zur Entwicklung der Berliner S-Bahn, SIGNAL-Sonderausgabe, Berlin 1994.

Adler, Pat, Watts. A Legacy of Lines, in: Westways 58 (1966), S. 22–24.

Adler, Sy, The Transformation of the Pacific Electric Railway. Bradford Snell, Roger Rabbit, and the Politics of Transportation in Los Angeles, in: Urban Affairs Quaterly 27 (1991), S. 51–86.

Albers, Gerd, Stadtplanung. Eine praxisorientierte Einführung, Darmstadt 1992.

Ders., Stadtentwicklungsplanung, in: Roland Roth / Hellmut Wollmann (Hg.), Kommunalpolitik. Politisches Handeln in den Gemeinden, Bonn 1993, S. 398–411.

Ders. / Alexander Papageorgiou-Venetas, Stadtplanung. Entwicklungslinien 1945–1980, Tübingen 1984.

Altshuler, Alan, The Urban Transportation System, Cambridge (Mass.) 1979.

Ambrosius, Gerold, Die öffentliche Wirtschaft in der Weimarer Republik. Kommunale Versorgungsunternehmen als Instrumente der Wirtschaftspolitik, Baden-Baden 1984 (Schriften zur öffentlichen Verwaltung und öffentlichen Wirtschaft, Bd. 78).

Ders., Kommunalisierung im Spannungsfeld von Automatisierung/Privatisierung und Bindung/Regulierung, in: Ders. u.a., Kommunalisierung im Spannungsfeld von Regulierung und Deregulierung im 19. und 20. Jahrhundert, Berlin 1995 (Schriften des Vereins für Socialpolitik, Gesellschaft für Wirtschafts- und Sozialwissenschaften, N.F., 240), S. 141–163.

Armanski, Gerhard, Wir Geisterfahrer. Die Lust und Last am Automobil, Stuttgart 1986.

Arns, Harry, Der Straßenverkehr in den Städten, in: Der Städtetag 6 (1953), Heft 8, S. 391–393.

Automobile Club of Southern California, 1965 Los Angeles Metropolitan Travel Time Study, Western Section, Institute of Traffic Engineers, Los Angeles 1966.

Bacharach, Jacki, Das neue Verkehrskonzept von Los Angeles, in: 2. Berliner Verkehrswerkstatt. Innenstadt-Konzept: Quote oder Management?, Veranstalter: Prof. Dr. Herwig Haase, Senator für Verkehr und Betriebe, Berlin 1991, S. 7–20.

Bahrdt, Hans Paul, Über die Notwendigkeit der Zähmung des Automobils, in: Archiv für Kommunalwissenschaften II/1986, S. 185–199.

Baker, Theo / Michael Robbins, Moving Millions. A History of London Transport, London 1993.

Baldassare, Mark, Transportation in Suburbia. Trends in Attitudes, Behavior and Policy Preferences in Orange County (California), in: Transportation 19 (1991), S. 207–222.

Barret, Paul, The Automobile and Urban Transit. The Formation of Public Policy in Chicago 1900–1930, Philadelphia 1983 (Technology and Urban Growth).

Bärtschi, Hans-Peter, Industrialisierung, Eisenbahnschlachten und Städtebau, Basel 1983.

Bauer, Gerhard u. a., Stuttgarter Straßenbahnen, Villigen (CH) 1976.

Dies., Straßenbahn Archiv DDR, Lizenzausgabe Gifhorn o. J. (Originalausgabe Berlin (Ost) 1983).

Dies., Straßenbahnen um Stuttgart, Villigen (CH) 1984.

Bauer, Richard / Eva Graf, Stadtvergleich. Münchener Ansichten, München 1988.

Baumeister, Reinhard, Grundzüge für Stadterweiterungen nach technischen, wirtschaftlichen und polizeilichen Beziehungen, in: Deutsche Bauzeitung 8 (1874), S. 337–339 und 345–346.

Ders., Stadt-Erweiterungen in technischer, baupolizeilicher und wirtschaftlicher Beziehung, Berlin 1876.
Bausinger, Hermann, u.a. (Hg.), Reisekultur. Von der Pilgerfahrt zum modernen Tourismus, München 1991.
Bayerl, Günter u.a., Arbeitswege – Facetten und Perspektiven eines vernachlässigten Themas, in: Andreas Kuntz (Hg.), Lokale und biographische Erfahrungen. Studien zur Volkskunde, Münster 1995, S. 59–76.
Beckerath, Erwin V., Die Verkehrsmittel als Objekte der Gemeinwirtschaft, Berlin 1921.
Bericht über den Stand der Gemeindeangelegenheiten der k. Haupt- und Residenzstadt München, München 1890/1896.
Berlin Handbuch, Das Lexikon der Bundeshauptstadt, Berlin 1992.
Beuter, Norbert, Die Bahnstrecke von Radolfzell nach Friedrichshafen mit ihren Nebenlinien auf badischem Gebiet. Einflußfaktoren auf den späten Zeitpunkt des Baus und auf die Wahl der Trassenführung, Stuttgart 1996 (MS).
Birkefeld, Richard / Martina Jung, Die Stadt, der Lärm und das Licht. Die Veränderung des öffentlichen Raumes durch Motorisierung und Elektrifizierung, Seelze 1994.
Blanc, Jean-Daniel, Die Stadt – ein Verkehrshindernis? Leitbilder städtischer Verkehrsplanung und Verkehrspolitik in Zürich 1945–1975, Zürich 1993.
Bley, Peter, Berliner S-Bahn, 6. Aufl., Düsseldorf 1993.
Blotevogel, Hans Heinrich (Hg.), Kommunale Leistungsverwaltung und Stadtentwicklung vom Vormärz bis zur Weimarer Republik, Köln, Wien 1990.
Blum, Otto / Hans Baumann (Hg.), Verkehrsbetriebe und ihre Organisation, Berlin 1924.
Ders. u.a., Straßenbahn und Omnibus im Stadtinnern, Jena 1942 (Verkehrswissenschaftliche Abhandlungen, Schriftenreihe des Verkehrswissenschaftlichen Forschungsrates beim Reichsverkehrsministerium, H. 13).
Bodenstedt, Friedrich, Volkswirtschaftliche Bedeutung der Überland- und Städtebahnen unter besonderer Berücksichtigung der Entwicklung und Betriebsergebnisse der deutschen Kleinbahnen, Giessen 1907.
Boelcke, Willi A., Rechtsformen und Organisationsstrukturen kommunaler Unternehmen (ab 1850 bis zur Gegenwart), in: Hans Pohl (Hg.), Kommunale Unternehmen. Geschichte und Gegenwart, Stuttgart 1987 (Zeitschrift für Unternehmensgeschichte, Beiheft 42), S. 63–80.
Bonnier, Louis, La population de Paris en mouvement, 1800–1916, in: La vie urbaine 1–2 (1919), S. 7–76.
Bornhaupt, [Reinhold] von, Kraftfahrwesen und Beteiligung der Landkreise an Kraftverkehrsgesellschaften, in: (o. Vorname) Constantin / Erwin Stein (Hg.), Die deutschen Landkreise, Bd. 1, Berlin-Friedenau 1926, S. 655–659.
Borst, Otto, Stuttgart – Die Geschichte der Stadt, 3. Aufl., Aalen 1980.
Bottles, Scott, Los Angeles and the Automobile. The Making of the Modern City, Berkeley 1987.
Bousset, Johannes, Die Berliner Untergrund-Bahn, Berlin 1935.
Brandt, Willy, Erinnerungen, Zürich 1990.
Bratzel, Stefan, Extreme der Mobilität. Entwicklung und Folgen der Verkehrspolitik in Los Angeles, Basel, Boston, Berlin 1995.
Braun, Ingo / Bernward Joerges (Hg.), Technik ohne Grenzen, Frankfurt (Main) 1994.
Brodsly, David, L.A. Freeway. An Appreciative Essay, Berkeley 1981.
Brownell, Blaine, A Symbol of Modernity. Attitudes Toward the Automobile in Southern Cities in the 1920s, in: American Quaterly 24 (1972), S. 20–44.
Brunold, Andreas, Verkehrsplanung und Stadtentwicklung. Die städtebauliche Entwicklung des Stuttgarter Bahnhofgeländes. Eine Fallstudie, Stuttgart 1992.

Burchardt, Lothar, Zwischen Kriegsgewinnen und Kriegskosten. Krupp im Ersten Weltkrieg, in: ZUG 2 (1987), S. 71–122.
Bureau of the Census, Census of Population and Housing. Summary Population and Housing Characteristics, Washington (versch. Jahrgänge).
Burns, Leland S. / Alvin J. Harman, The Complex Metropolis, Los Angeles 1968.
Cadoux, Gaston, Les finances de la Ville de Paris de 1798 à 1900, Paris 1900.
Ders., La vie des grandes capitales. Etudes comparatives Londres, Paris, Berlin, Vienne, Rome, 2. Aufl., Paris 1913.
Cars, Jean des / Pierre Pinon (Hg.), Paris – Haussmann. „Le pari d'Haussmann", Paris 1991.
Chevalier, Louis, La formation de la population parisienne au XIXe siècle, Paris 1950.
Ciesla, Burghard, U-Bahn oder Straßenbahn? Die hauptstädtische Verkehrsplanung der 60er und 70er Jahre und die Realisierung des Tatra-Programms bis 1985, in: Berliner Geschichte 11 (1990), S. 10–23.
Ders. / Barbara Schmucki, Stadttechnik und Nahverkehrspolitik. Entscheidungen um die Straßenbahn in Berlin (West/Ost), Dresden und München, in: Johannes Bähr/Dietmar Petzina (Hg.), Innovationsverhalten und Entscheidungsstrukturen. Vergleichende Studien zur wirtschaftlichen Entwicklung im geteilten Deutschland, Berlin 1996 (Schriften zur Wirtschafts- und Sozialgeschichte 48), S. 373–405.
Cohen, Arthur / Edmund Simon, Geschichte der Handelskammer München seit ihrer Gründung 1869. Beiträge zur Wirtschaftsgeschichte der letzten Jahrzehnte, München 1926.
Collin, Hans-Jürgen, Freizeitverkehr. Forschungsstand und planerische Umsetzung, Braunschweig 1980 (Schriftenreihe des Lehrstuhls für Straßenwesen und Erdbau, Bd. 5).
Commuter Transportation Services, State of the Commute Report, Los Angeles 1992.
Conert, Herbert, Die sächsischen Terraingesellschaften und ihr Einfluß auf die Stadtentwicklung, Leipzig 1911.
Cudahy, Brian J., Cash, Tokens, and Transfers. A History of Urban Mass Transit in North America, New York 1990.
Curdes, Gerhard / Renate Oehmichen (Hg.), Künstlerischer Städtebau um die Jahrhundertwende. Der Beitrag von Karl Henrici, Köln 1981.
Damaschke, Adolf, Aufgaben der Gemeindepolitik („Vom Gemeinde-Sozialismus"), 4. Aufl., Jena 1901.
Daumas, Maurice u.a., Evolution de la géographie industrielle de Paris et sa proche banlieue au XIXe siècle, Bd.1, Paris 1976.
Dear, Michael, Understanding the NIMBY Syndrome, in: American Journal of the American Planning Association 58 (1992), S. 288–300.
Deja-Lölhöffel, Brigitte, Freizeit in der DDR, Berlin 1986.
Descars, Jean, Haussmann. La gloire de Second Empire, Paris 1978.
Deutsches Institut für Wirtschaftsforschung, Wochenbericht 5 (1981).
Die deutschen elektrischen Straßenbahnen, Klein- und Pferdebahnen, sowie die elektrotechnischen Fabriken, Elektrizitätswerke samt Hilfsgeschäften im Besitze von Aktiengesellschaften, Leipzig 1901/1902.
Dienel, Hans-Liudger, Das wahre Wirtschaftswunder. Flugzeugproduktion und innerdeutscher Flugverkehr im West-Ost-Vergleich 1955–80, in: Johannes Bähr / Dietmar Petzina (Hg.), Innovationsverhalten und Entscheidungsstrukturen. Vergleichende Studien zur wirtschaftlichen Entwicklung im geteilten Deutschland 1945–1990, Berlin 1996 (Schriften zur Wirtschafts- und Sozialgeschichte 48), S. 341–372.
Direktion der Städtischen Straßenbahnen München (Hg.), 50 Jahre Münchner Straßenbahn 1876–1926, München 1926.
Dolmetsch, Eugen, Aus eigener Kraft. Ein Lebensbild aus dem alten Stuttgart, in: Stuttgarter Merkur v. 14.07.1928, o. S.

Durth, Werner / Niels Gutschow, Träume in Trümmern. Stadtplanung 1940–1950, München 1993.
Eisenbahn-Metropole Berlin, Bahn-Special 1 (1995).
Escher, Felix, Berlin und sein Umland, Berlin 1985.
Exter, August, Villencolonie Pasing-München, München 1894.
Facius, Friedrich, Badische Häfen am Oberrhein und Bodensee in der Frühzeit der Dampfschiffahrt. Grundlagen und Entwicklungstendenzen 1800–1840, in: Aus Stadt- und Wirtschaftsgeschichte Südwestdeutschlands, Festschrift für Erich Maschke, Stuttgart 1975, S. 207–236.
Félix, Maurice, Le régime administratif et financier de la Ville de Paris et du Département de la Seine, Paris 1946.
Ferry, Jules, Comptes fantastiques d'Haussmann, Paris 1968.
Fisch, Stefan, Stadtplanung im 19. Jahrhundert. Das Beispiel München bis zur Ära Theodor Fischer, München 1988.
Ders., Kontinuität und Brüche in Architektur, Städtebau und Verwaltungspraxis zwischen deutscher und französischer Zeit. Der Straßburger „Große Durchbruch" von 1907 bis 1957, in: Christoph Cornelißen u.a., Grenzstadt Straßburg. Stadtplanung, kommunale Wohnungspolitik und Öffentlichkeit 1870–1940, St. Ingbert 1997 (im Druck).
Fischer, Frank, Bürger, Experten und Politik nach dem „Nimby"-Prinzip. Ein Plädoyer für die partizipatorische Policy-Analyse, in: Adrienne Héritier (Hg.), Policy-Analyse. Kritik und Neuorientierung, Opladen 1993, S. 451–470.
Flink, James J., The Car Culture, Cambridge (Mass.) 1975.
Ders., The Automobile Age, Cambridge (Mass.) 1992.
Fogelson, Robert M., The Fragmented Metropolis. Los Angeles 1850–1930, Cambridge (Mass.) 1967.
Ders., Violence as Protest. A Study of Riots and Ghettos, New York 1971.
Foster, Mark, The Model-T, the Hard Sell, and Los Angeles' Urban Growth. The Decentralization of Los Angeles During the 1920s, in: Pacific Historical Review 44 (1976), S. 459–484.
Fritsch, Theodor, Die Stadt der Zukunft, Leipzig 1896.
Fritzsche, Bruno, Eisenbahnbau und Stadtentwicklung in der Schweiz, in: Hans-Jürgen Teuteberg (Hg.), Stadtwachstum, Industrialisierung, Sozialer Wandel. Beiträge zur Erforschung der Urbanisierung im 19. und 20. Jahrhundert, Berlin 1986 (Schriften des Vereins für Socialpolitik, N.F. 156), S. 175–194.
Fromm, Günter, Deregulierung im ÖPNV?, in: Zeitschrift für Verkehrswissenschaft (1992), S. 251–261.
Fuhrer, Urs, Wohnen mit dem Auto. Ursachen und Gestaltung automobiler Freizeit, Zürich 1993.
Ders., Multilokales Wohnen, Freizeitmobilität als räumlich „verteiltes" Wohnen, Zürich 1994.
Gammrath, Dieter / Heinz Jung, Berliner Omnibusse, Düsseldorf 1988.
General Motors, The Truth About „American Ground Transport" – A Reply by General Motors. Submitted to the Subcommittee on Antitrust and Monopoly of the United States Senate, Washington 1974.
Giese, Erich, Schnellstraßenbahnen. Eine Untersuchung über Anlage, Haltestellenabstände, Haltestellenaufenthalte, Höchst- und Reisegeschwindigkeiten, Berlin 1917.
Ders., Das zukünftige Schnellbahnnetz für Groß-Berlin, Berlin 1919.
Ders., Betrachtungen über die Wirtschaftlichkeit und die Fahrpreise großstädtischer Verkehrsunternehmungen, Berlin 1928.
Girard, Louis, La politique des travaux publics du second Empire, Paris 1952.
Glaser, Hermann (Hg.), Urbanistik. Neue Aspekte der Stadtentwicklung, München 1974.

Gordon, Peter / Harry W. Richardson, Congestion. Changing Metropolitan Structure and City Size in the U.S. Some New Evidence, Los Angeles 1992 (MS).
Grossmann, Hermann, Die kommunale Bedeutung des Strassenbahnwesens beleuchtet am Werdegange der Dresdner Strassenbahnen, Dresden 1903.
Gröttrup, Hendrik, Die kommunale Leistungsverwaltung, Stuttgart u.a. 1973.
Grüber, Arnulf, The Rise and Fall of Infrastructure. Dynamics of Evolution and Technological Change in Transport, Heidelberg 1990.
Guerrand, Roger-Henri, L'aventure de métropolitain, Paris 1986.
Guiliano, Genevieve / Kenneth Small, Subcenters in the Los Angeles Region, in: The University of California Transportation Center, Working Paper No. 39, Berkeley 1990.
Günther, Artur, Die kommunalen Straßenbahnen Deutschlands, Jena 1913.
Hain, Simone, Die andere „Charta". Städtebau auf dem Prüfstand der Politik, in: Städte bauen, Kursbuch, Heft 112 (1993), S. 47–62.
Hall, G.E. / C.M. Slater, 1992 County an City Extra, Annual Metro, City and County Data Book, Lanham 1992.
Handbuch der deutschen Straßenbahnen, Kleinbahnen und Privateisenbahnen sowie der angeschlossenen Kraftfahrbetriebe, Berlin 1928.
Handbuch der öffentlichen Wirtschaft, Berlin 1930.
Hanke, Helmut, Freizeit in der DDR, Berlin (Ost) 1979.
Hardtwig, Wolfgang / Klaus Tenfelde (Hg.), Soziale Räume in der Urbanisierung. Studien zur Geschichte Münchens im Vergleich 1850 bis 1933, München 1990.
Hassinger, Hugo, Beiträge zur Siedlungs- und Verkehrsgeographie von Wien, in: Mitteilungen der K.K. Geographischen Gesellschaft in Wien 53 (1910), S. 5–88.
Heinze, Wolfgang G., Verkehr schafft Verkehr. Ansätze zu einer Theorie des Verkehrswachstums als Selbstinduktion, in: Berichte zur Raumforschung und Raumplanung (Wien) 23 (1979), Heft 4/5, S. 9–32.
Ders. / Heinrich Kill, Evolutionsgerechter Stadtverkehr. Grundüberlegungen zu neuen Konzepten für Berlin, Frankfurt (Main) 1991.
Heiss, Clemens, Wohnungsreform und Lokalverkehr, Göttingen 1903 (Die Wohnungsfrage und das Reich 7).
Hendlmeier, Wolfgang, Handbuch der deutschen Straßenbahngeschichte, München 1979.
Hengsbach, Arne, Das Berliner Pferdeomnibuswesen, in: Jahrbuch für brandenburgische Landesgeschichte 14 (1963), S. 87–108.
Hermes, Friedrich, Finanzierung und Rentabilität deutscher Straßenbahnen, Jena 1909.
Heuer, Hans / Rudolf Schäfer, Stadtflucht. Instrumente zur Erhaltung der städtischen Wohnfunktion und zur Steuerung von Stadt-Umland-Wanderungen, Stuttgart 1978.
Hilkenbach, Sigurd / Wolfgang Kramer, Die Straßenbahnen in Berlin, 3. Aufl., Düsseldorf 1994.
Hilkenbach, Silke u.a., Die Berliner Straßenbahnen, Bd.1, Gut Vorrhard 1973.
Hilse, Karl, Verstadtlichung der Straßenbahnen. Eine eisenbahnpolitische Untersuchung, Wiesbaden 1889.
Ders., Handbuch der Straßenbahnkunde zugleich als Unterlage für seine Vorlesungen an der königlichen Technischen Hochschule zu Berlin, 2 Bde., München, Leipzig 1893.
Hippel, Wolfgang von (Hg.), Schiffahrt und Verkehr im Bodenseeraum vornehmlich während des 19. Jahrhunderts, in: Zeitschrift für Württembergische Landesgeschichte 49 (1990), S. 225–294.
Hofmann, Wolfgang, Oberbürgermeister und Stadterweiterungen, in: Helmuth Croon u.a. (Hg.), Kommunale Selbstverwaltung im Zeitalter der Industrialisierung, Stuttgart u.a. 1971, S. 59–85.
Ders., Preußische Stadtverordnetenversammlung als Repräsentativ-Organe, in: Jürgen Reulecke (Hg.), Die deutsche Stadt im Industriezeitalter, Wuppertal 1975.

Hollatz, J.W., Die Verbesserung des Straßenverkehrs in den Städten, in: Der Städtetag 7 (1954), S. 421–426.
Holt, Glen E., Urban Mass Transit History: Where We Have Been and Where We Are Going, in: Jerome Finster (Hg.), The National Archives and Urban Research, Athens 1974, S. 81–105.
Ders., The Main Line and Side Tracks. Urban Transportation History, in: Journal of Urban History 5 (1979), S. 397–400.
Holz-Rau, Hans-Christian / Eckhard Kutter (Hg.), Verkehrsverhalten in der DDR und BRD. Erhebungsmethoden und Ergebnisse, Berlin 1991.
Howell, D.W. / C.D. Cutler, Freeway Fatal Accidents 1987, Sacramento 1990.
Hughes, Thomas P., Networks of Power. Electrification in Western Society, 1880–1930, Baltimore, London 1983, S. 183–188.
Hüsler, Willi, Verkehr in positiven siedlungsstrukturellen Beispielfällen – Zusammenhänge sowie Maßnahmen und Instrumente mit Wirkung auf den Personenverkehr. Studie B im Studienprogramm Verkehr der Enquete-Kommission „Schutz der Erdatmosphäre des 12. Deutschen Bundestages", Zürich 1993.
Huss, Wolfgang / Wolf Schenk, Omnibus-Geschichte, 2 Bde., München 1982.
Hyldtoft, Ole, From Fortified Town to Modern Metropolis. Copenhagen 1840–1914, in: Staffan Helmfrid u.a. (Hg.), Growth and Transformation of the Modern City, Stockholm 1979, S. 49–58.
Jann, Werner, „Policy", in: Dieter Nohlen (Hg.), Pipers Wörterbuch zur Politik, Bd. 1: Politikwissenschaft. Theorien – Methoden – Begriffe, 2. Halbbd., München 1985, S. 702.
Ders., „Policy Analysis", ebd., S. 703–704.
Ders., „Politics", ebd., S. 704–705.
Johnson, Uwe, Berliner Sachen. Aufsätze, Frankfurt (Main) 1975.
Jung, Gerhard / Joachim Lenz, Grundzüge und Zielkriterien des Generalverkehrsplans der Hauptstadt der DDR, Berlin, in: Deutsche Eisenbahntechnik 7 (1969), S. 333–337.
Dies., Der Generalverkehrsplan der Hauptstadt der DDR, Berlin (II), in: Deutsche Eisenbahntechnik 8 (1969), S. 380–386.
Kaeber, Ernst, Die Epochen der Finanzpolitik Berlins 1808–1914, in: Ders., Beiträge zur Berliner Geschichte, Ausgewählte Aufsätze, Berlin 1964, S. 190–203.
Kandler, Jakob, Wechselbeziehungen zwischen Verkehrsplanung und Stadtentwicklung, in: Archiv für Kommunalwissenschaften II/1987, S. 190–205.
Ders., Die wirtschaftliche Entwicklung von Verkehrsunternehmen (ab ca. 1850 bis zur Gegenwart), in: Hans Pohl (Hg.), Kommunale Unternehmen. Geschichte und Gegenwart, Stuttgart 1987 (Zeitschrift für Unternehmensgeschichte, Beiheft 42), S. 154–167.
Kaufhold, Karl Heinrich, Straßenbahnen im deutschen Reich vor 1914. Wachstum, Verkehrsleistungen, wirtschaftliche Verhältnisse, in: Dietrich Petzina / Jürgen Reulecke (Hg.), Bevölkerung, Wirtschaft, Gesellschaft seit der Industrialisierung, Festschrift für Wolfgang Köllmann zum 65. Geburtstag, Dortmund 1990, S. 219–223.
Kemmann, Gustav, Zur Schnellverkehrspolitik der Großstädte, in: Der Städtebau 8 (1911), Heft 3, S. 25–29.
Kinnair, Clark D., Die Straßenbahnen, deren Anlage und Betrieb. Einschließlich einer faßlichen Geschichte der bedeutendsten Systeme mit spezieller Bezugnahme auf die Straßenbahnen in Großbritannien, dt. Ausgabe durch Beifügung der neuesten Verbesserungen sowie der wichtigsten Straßenbahn-Anlagen Deutschlands, erweitert und herausgegeben von W. H. Uhland, Leipzig 1879.
Kläsener, Robert, Stadtstraßen und Stadtstraßen – Planung in Dortmund, in: Der Städtetag 13 (1960), Heft 10, S. 505–508.

Kleinewefers, Gerd, Pioniere des Verkehrs. Deutsche Eisenbahn-Straßenbahn-AG 1835–1985, Ausstellungskatalog, 2 Bde., Frankfurt (Main) o. J.

Klenke, Dietmar, Bundesdeutsche Verkehrspolitik und Motorisierung. Konflikträchtige Weichenstellungen in den Jahren des Wiederaufstiegs, Stuttgart 1993 (Zeitschrift für Unternehmensgeschichte, Beiheft 79).

Ders., Bundesdeutsche Verkehrspolitik und Umwelt. Von der Motorisierungseuphorie zur ökologischen Katerstimmung, in: Werner Abelshauser (Hg.), Umweltgeschichte. Umweltverträgliches Wirtschaften in historischer Perspektive, Göttingen 1994, S. 163–190.

Ders., Die deutsche Katastrophe und das Automobil. Zur „Heils"geschichte eines nationalen Kultobjekts in den Jahren des Wiederaufstiegs, in: Michael Salewski / Ilona Stölken-Fitschen (Hg.), Moderne Zeiten. Technik und Zeitgeist im 19. und 20. Jahrhundert, Stuttgart 1994, S. 157–173.

Ders., Pathologie des Straßenverkehrs, in: Universitas 49 (1994), Heft 6, S. 521–532.

Ders., „Freier Stau für freie Bürger". Die Geschichte der bundesdeutschen Verkehrspolitik 1949–1994, Darmstadt 1995.

Ders., Das automobile Zeitalter. Die umwelthistorische Problematik des Individualverkehrs im deutsch-amerikanischen Vergleich, in: Günter Bayerl (Hg.), Umweltgeschichte. Methoden – Themen – Potentiale, Münster 1996.

Knittel, Hartmut H., Zur Entwicklung konkurrierender Antriebssysteme schienengebundener Fahrzeuge in Deutschland, in: Ferrum 62 (1990), S. 78–88.

Koberg, Gerda, Von der Schiffahrt zu Ludwigshafen, in: Hegau 29/30 (1972/73), S. 165–178.

Koenigs, Tom / Roland Schaeffer (Hg.), Fortschritt vom Auto? Umwelt und Verkehr in den 90er Jahren, München 1991.

König, Wolfgang, Die technische und wirtschaftliche Stellung der deutschen und britischen Elektroindustrie zwischen 1880 und 1900, in: Technikgeschichte 53 (1987), S. 224.

Ders., Massenproduktion und Technikkonsum, in: Ders. / Wolfhard Weber, Netzwerke Stahl und Strom 1840–1914, Berlin 1990 (Propyläen Technikgeschichte 4), S. 141–201.

Köstlin, Reinhart / Hellmut Wollmann (Hg.), Renaissance der Strassenbahn, Basel 1987 (Stadtforschung aktuell, Bd. 12).

Krabbe, Wolfgang R., Munizipalsozialismus und Interventionsstaat. Die Ausbreitung der städtischen Leistungsverwaltung im Kaiserreich, in: Geschichte in Wissenschaft und Unterricht 30 (1979), S. 265–283.

Ders., Kommunalpolitik und Industrialisierung. Die Entfaltung der städtischen Leistungsverwaltung im 19. und frühen 20. Jahrhundert. Fallstudien zu Dortmund und Münster, Stuttgart u.a. 1985 (Schriften des Deutschen Instituts für Urbanistik 74).

Ders., Die Lenkungsverwaltung. Eine Sonderform der Leistungsverwaltung, in: Hans Heinrich Blotevogel (Hg.), Kommunale Leistungsverwaltung und Stadtentwicklung vom Vormärz bis zur Weimarer Republik, Köln, Wien 1990, S. 159–167.

Ders., Städtische Wirtschaftsbetriebe im Zeichen des „Munizipalsozialismus". Die Anfänge der Gas- und Elektrowerke im 19. und frühen 20. Jahrhundert, ebd. S. 117–138.

Krause, Rudolf, Die Berliner City, Berlin 1958.

Krippendorf, Jost, Die Ferienmenschen. Für ein neues Verständnis von Freizeit und Reisen, München 1986.

Kruk, Max / Gerold Lingnau, 100 Jahre Daimler Benz. Das Unternehmen, Mainz 1986.

Krusche, Dietrich, Reisen. Verabredung mit der Fremde, München 1994.

Kubisch, Ulrich (Hg.), Taxi, das mobilste Gewerbe der Welt, Berlin 1993 (Berliner Beiträge zu Technikgeschichte und Industriekultur 12).

Kuhm, Klaus, Das eilige Jahrhundert. Einblicke in die automobile Gesellschaft, Hamburg 1995.

Kühne, Thomas, Dreiklassenwahlrecht und Wahlkultur in Preußen 1867–1914, Düsseldorf 1994.

Kuntzemüller, Albert, Die badischen Eisenbahnen 1840–1940, Freiburg, Heidelberg 1940.
Kwak, Tae-Yel, Die Entwicklung von Kommunalunternehmen in Deutschland im 19. und frühen 20. Jahrhundert – unter besonderer Berücksichtigung finanz- und sozialpolitischer Aspekte, Münster 1990.
Lademann, Friederich / Lehner, Friedrich, Der öffentliche Nahverkehr der Gemeinden, Leipzig u.a. 1937 (Die Praxis der gemeindlichen Wirtschaft und Verwaltung, Heft 15).
Lagarrigue, Louis, Cent ans de transports en commun dans la région parisienne, 4 Bde., Paris 1952.
Lahrkamp, Helmut (Hg.), Beiträge zur Stadtgeschichte, Münster 1984 (Quellen und Forschungen zur Geschichte der Stadt Münster, N.F., Bd. 11).
Lamalle, Ulysse, Histoire des chemins de fer belges, 3. Aufl., Bruxelles 1953.
Lange, Hans-Georg, Zur Diskussion um die „nachökonomische" Stadt, in: Der Städtetag 26 (1973), Heft 4, S. 192–194.
Larroque, Dominique, Enjeux politiques et financiers autour d'une technique urbaine: Paris et ses transports, in: Les Annales de la recherche urbaine 14 (1982), S. 70–97.
Ders., Economie et politique des transports urbains 1855–1939, in: Les Annales de la recherche urbaine 23/24 (1984), S. 127–141.
Ders., L'expansion des tramways urbains en France avant la Première Guerre Mondiale, in: Histoire, économie et société 9 (1990), Heft 1, S. 135–168.
Laurent, René, Paris sa vie municipale. Vers le plus Grand Paris, Paris 1933.
Lavedan, Pierre, L'oeuvre du baron Haussmann, Paris 1954.
Leiner, Wolfgang, Geschichte der Elektrizitätswirtschaft in Württemberg, 3 Bde., Stuttgart 1982/1985.
Lemke, Ulrich / Uwe Poppel, Berliner Untergrund-Bahn, Düsseldorf 1989.
Liefmann, Robert, Beteiligungs- und Finanzierungsgesellschaften. Eine Studie über den modernen Effektenkapitalismus in Deutschland, den Vereinigten Staaten, der Schweiz, England, Frankreich und Belgien, 4. Aufl., Jena 1923.
Lindemann, Hugo, Arbeiterpolitik und Wirtschaftspflege in der deutschen Stadtverwaltung, Bd. 2: Wirtschaftspflege, Stuttgart 1904.
Linder, Wolf u.a., Erzwungene Mobilität. Alternativen zur Raumordnung, Stadtentwicklung und Verkehrspolitik, Köln 1975.
Loercher, Paul, 60 Jahre Stuttgarter Straßenbahnen 1868–1928, Stuttgart 1928.
Logan, John R. / Harvey L. Molotch, Urban Fortunes. The Political Economy of Place, Los Angeles 1987.
Lohr, Karlheinz u.a., Der Stadtverkehr in Berlin. Probleme und Lösungsvorschläge. Eine Studie des ressortübergreifenden Planungsteams „Nahverkehr", in: Berliner Forum 6 (1975).
Los Angeles County Transportation Commission, 30 Year Integrated Transportation Plan, Los Angeles 1992.
Luckin, Bill, Sites, Cities, and Technologies, in: Journal of Urban History 17 (1991), S. 426–433.
Machel, Wolf-Dieter, Zwischen Notwendigkeit und Tradition. Zur Entwicklung der Straßenbahnen in der DDR, in: Straßenbahn-Magazin 94 (1994), S. 323–334.
Maier, Jörg / Heinz D. Atzkern, Verkehrsgeographie, Verkehrsstrukturen, Verkehrspolitik, Verkehrsplanung, Stuttgart 1992.
Marschner, Heinz, Öffentliche Hand und Nahverkehr, Leipzig 1933.
Maurer, Albert, Konstanz im Mittelalter. Von den Anfängen bis zum Konzil, Konstanz 1989.
McCone, John A., Violence in the City – An End or a Beginning?, in: Spencer Crump, Black Riots in Los Angeles. The Story of the Watts Tragedy, Appendix: The Text of the McCone Commission Report, Los Angeles 1966, S. 125–154.

McDaniels, Wayne, Re-evaluating Freeway Performance in Los Angeles, Los Angeles 1971 (Diss. MS, UCLA).

McKay, John P., Tramways and Trolleys. The Rise of Urban Mass Transport in Europe, Princeton 1976.

Ders., Comparative Perspectives on Transit in Europe and the United States 1850–1914, in: Joel Tarr / Gabriel Dupuy (Hg.), Technology and the Rise of the Networked City in Europe and America, Philadelphia 1988, S. 3–21.

Mergen, Bernhard, Recreational Vehicles and Travel. A Resource Guide, Westport (Conn.) 1985.

Moeschlin, Felix, Wir durchboren den Gotthard, 3. Aufl., Zürich, Stuttgart 1964.

Mombert, Paul, Die Gemeindebetriebe in Deutschland, in: Carl Fuchs (Hg.), Gemeindebetriebe, Leipzig 1908 (Schriften des Vereins für Socialpolitik 128), S. 1–77.

Monheim, Heiner / Rita Monheim-Dandorfer, Straßen für alle. Analysen und Konzepte zum Stadtverkehr der Zukunft, Hamburg 1990.

Müller, Ewald, Bericht über die 16. ordentliche Hauptversammlung des Deutschen Städtetages, in: Der Städtetag 24 (1971), Heft 7, S. 366–372.

Müßener, Eva, Stadtverkehr im Wertewandel. Perspektiven der Forschung und Entwicklung für Verkehrstechnologie in der Stadt von morgen – erste Ergebnisse einer Einstellungsuntersuchung, in: Verkehr und Technik (1991), Heft 11, S. 443–447.

Napp-Zinn, A.F., Verkehrswissenschaft und Verkehrspolitik, in: Zeitschrift für Verkehrswissenschaft 7 (1929), S. 1–16.

OECD (Hg.), Cities and Transport. Athens, Gothenburg, Hong Kong, London, Los Angeles, Munich, New York, Osaka, Paris, Singapore. Paris 1988.

Opaschowski, Horst W., Freizeit und Mobilität. Analyse einer Massenbewegung vom BAT Freizeitforschungsinstitut, Hamburg 1995.

Owen, Wilfred, The Metropolitan Transportation Problem, Revised Edition, Washington 1966.

Pampel, Werner, Die städtebauliche Entwicklung Dresdens von 1830 bis zur Ortsbauordnung von 1905. Ein Beitrag zur Geschichte der Stadtgestaltung des 19. Jahrhunderts in Deutschland, Dresden 1964 (Diss. MS, TU Dresden).

Passow, Richard, Die gemischt privaten und öffentlichen Unternehmungen auf dem Gebiete der Elektrizitäts- und Gasversorgung und des Straßenbahnwesens, Jena 1923.

Pegrum, Dudley F., Transportation. Economics and Public Policy, Homewood (USA) 1968.

Petze, Walter, Öffentlicher Personennahverkehr, Köln 1988.

Pierson, Kurt, Als die „S-Bahn" noch dampfte. Erinnerungen an ihren 100. Geburtstag, in: Der Bär von Berlin 20 (1971), S. 64–72.

Pietschmann, Manfred, Eine Stadt macht mobil, in: GEO-Wissen 2 (1991), S. 30–41.

Pikarski, Alan E., Commuting in America. A National Report on Commuting Patterns and Trends, Westport (Conn.) 1987.

Pitz, Helge u.a., Berlin-West. Geschichte und Schicksal einer Stadtmitte, Bd.1, Berlin 1984.

Pohl, Manfred, Einführung in die Deutsche Bankgeschichte, Frankfurt (Main) 1976.

Pohl, Hans / Beate Brüninghaus (Hg.), Die Einflüsse der Motorisierung auf das Verkehrswesen von 1886–1986, Stuttgart 1988 (Zeitschrift für Unternehmensgeschichte, Beiheft 52).

Prahl, Hans-Werner (Hg.), Der Millionen-Urlaub. Von der Bildungsreise zur totalen Freizeit, Bielefeld 1989.

Preuß, Hugo, Sozialpolitik im Berliner Verkehr, Jena 1911 (Fragen zur kommunalen Sozialpolitik in Groß-Berlin 1).

Radicke, Dieter, Öffentlicher Nahverkehr und Stadterweiterung, in: Gerhard Fehl / Juan Rodríquez-Lores (Hg.), Stadterweiterungen 1800–1875. Von den Anfängen des modernen Städtebaues in Deutschland, Hamburg 1983 (Stadt-Planung-Geschichte 2), S. 343–357.

Radkau, Joachim, Technik in Deutschland. Vom 18. Jahrhundert bis zur Gegenwart, Frankfurt (Main) 1989.

Rathenau, Walther, Die schönste Stadt der Welt, Berlin 1928 (Nachgelassene Schriften, Bd. 2).

Rehbein, Elfriede, Zu Wasser und zu Land. Die Geschichte des Verkehrswesens von den Anfängen bis Ende des 19. Jahrhunderts, München 1984.

Reichardt, Hans D., Berliner Omnibusse, Düsseldorf 1975.

Renauld, Joseph Ritter von, Beiträge zur Entwicklung der Grundrente und Wohnungsfrage in München, Leipzig 1904.

Richmond, Jonathan, Transport of Delight – The Mythical Conception of Rail Transit in Los Angeles, Department of Civil Engineering, Massachusetts Institute of Technology, Boston 1991, S. 24.

Ring, Alexander, Öffentlicher Personenverkehr in städtischen Regionen – eine theoretische und empirische Analyse alternativer Finanzierungsformen, Nürnberg 1993 (Forum für Finanzwissenschaft 3).

Rönnebeck, Thomas, Stadterweiterung und Verkehr im 19. Jahrhundert, Stuttgart, Bern 1971.

Rowe, Leo S., Die Gemeindefinanzen von Berlin und Paris, Halle 1983.

Sachs, Wolfgang, Die Liebe zum Automobil. Ein Rückblick in die Geschichte unserer Wünsche, Reinbek 1984.

Sauer, Paul, Das Werden einer Großstadt. Stuttgart zwischen Reichsgründung und Erstem Weltkrieg 1871 bis 1914, Stuttgart 1988.

Scharf, Hans-Wolfgang / Burkhard Wollny, Die Eisenbahn am Bodensee, Freiburg 1993.

Schätzke, Andreas, Zwischen Bauhaus und Stalinallee. Architekturdiskussion im östlichen Deutschland 1945–1955, Braunschweig 1991(Bauwelt-Fundamente, Bd. 95).

Scheffler, Klaus, Berlin. Ein Stadtschicksal, Berlin 1910.

Schildt, Axel / Arnold Sywottek (Hg.), Modernisierung im Wiederaufbau. Die westdeutsche Gesellschaft der 50er Jahre, Bonn 1993 (Schriftenreihe des Forschungsinstituts der Friedrich-Ebert-Stiftung 33).

Schlögel, Karl, Eine andere Stadt, in: Frankfurter Allgemeine Zeitung 281 (1994) (Beilage „Bilder und Zeiten").

Schmid, Georg u.a., Bewegung und Beharrung. Eisenbahn, Automobil, Tramway 1918–1938, Wien u.a. 1994.

Schmidt, Robert, Siedlungsverband Ruhrkohlenbezirk, in: Gerhard Albrecht u.a. (Hg.), Handwörterbuch des Wohnungswesens, Jena 1930, S. 640–642.

Schmoller, Gustav, Der moderne Verkehr im Verhältnis zum wirtschaftlichen, sozialen und sittlichen Fortschritt, in: Ders., Zur Social- und Gewerbepolitik der Gegenwart, Leipzig 1890, S. 31–52.

Schmucki, Barbara, „,Verkehrsnot in unseren Städten!' Leitbilder in der Verkehrsplanung Ost- und Westdeutschlands (1945–1990)", in: Technikgeschichte 63 (1996), H. 4, S. 321–341.

Schollmeier, Axel, Gartenstädte in Deutschland. Ihre Geschichte, städtebauliche Entwicklung und Architektur zu Beginn des 20. Jahrhunderts, Münster 1990 (Kunstgeschichte. Form und Interesse 28).

Schöningh, Ferdinand, Die Geschichte und wirtschaftliche Bedeutung der Kleinbahnen im rheinisch-westfälischen Kohlerevier, Paderborn 1911.

Schott, Dieter / Hanni Skroblies, Die ursprüngliche Vernetzung. Die Industrialisierung der Städte durch Infrastrukturtechnologien und ihre Auswirkungen auf Stadtentwicklung und Städtebau. Eine Forschungsskizze, in: Die alte Stadt 1 (1987), S. 72–99.

Schroiff, Franz, „Verkehrspolitik", in: Handwörterbuch der Raumforschung und Raumordnung, Bd. 3, 2. Aufl., Hannover 1970, Sp. 3566–3582.
Schuck-Wersig, Petra / Gernot Wersig, Flexibilisierung des Handelns als Hintergrund der Prognose der Mobilitätsentwicklung, in: Forschungsverbund Lebensraum Stadt (Hg.), Faktoren des Verkehrshandelns. Berichte aus den Teilprojekten, Bd. III/1, Berlin 1994, S. 145–350.
Schühle, Ulrich, Verkehrsprognosen im prospektiven Test. Grundlagen und Ergebnisse einer Untersuchung der Genauigkeit von Langfristprognosen verkehrswirtschaftlicher Leitvariablen, Berlin 1986.
Schülerwettbewerb Deutsche Geschichte um den Preis des Bundespräsidenten (Hg.), „Tempo, Tempo ... Mensch und Verkehr in der Geschichte", Katalog der preisgekrönten Arbeiten, Bd. 9, Wettbewerb 1990/91, Körber-Stiftung, Hamburg 1994.
Seelye, Howard, Few Will Pay For New Roads, in: California Journal (1984), S. 428–431.
Siefken, Heiner, Verkehrspolitik und liberales Bürgertum in Konstanz im 19. Jahrhundert, Konstanz 1975 (MS).
Simmons, Michael, Deutschland und Berlin. Geschichte einer Hauptstadt 1871–1990, Berlin 1990.
Sitte, Camillo, Der Städtebau nach seinen künstlerischen Grundsätzen. Ein Beitrag zur Lösung moderner Fragen der Architektur und monumentalen Plastik unter besonderer Beziehung auf Wien, 1. Aufl., Wien 1889; 4. Aufl., Wien 1909.
Smerk, George M., The Federal Role in Urban Mass Transportation, Bloomington (Indianapolis) 1991.
Snell, Bradford, Statement of Bradford Snell Before the United States Senate Subcommittee on Antitrust and Monopoly. Presented on Hearings on the Ground Transportation Industries, February 26th, Washington 1974.
South Coast Air Quality Management District, Summary of Air Quality in California's South Coast and Southeast Desert Air Basins, Los Angeles 1991.
Southern California Association of Governments, Regional Growth Management Plan, Los Angeles 1989.
Dies., Regional Mobility Plan, Los Angeles 1989.
St.Clair, David, The Motorization and Decline of Urban Public Transit 1935–1950, in: Journal of Economic History 16 (1981), S. 579–600.
Ders., The Motorization of American Cities, New York 1986.
Steinhauer, Gerhard, Robert Schmidt. Lebensbild eines großen Ordners, Köln 1967.
Stiftung Haus der Geschichte der Bundesrepublik Deutschland (Hg.), Endlich Urlaub! Die Deutschen reisen, Köln 1996.
Strecke ohne Ende. Die Berliner Ringbahn, SIGNAL-Sonderausgabe, Berlin 1993.
Strommenger, Die Geschichte des Verbandes Deutscher Kraftverkehrsgesellschaften. Dortmund 1926–1936, in: Ders. (Hg.), Der öffentliche Kraftomnibusverkehr, Dortmund 1936, S. 11–38.
Stübben, Joseph, Der Städtebau, 1. Aufl., Darmstadt 1890 (Handbuch der Architektur, IV. Teil: Entwerfen, Anlage und Einrichtung der Gebäude, 9. Halbbd.), 2. Aufl., Stuttgart 1907.
Studienkreis für Tourismus e.V. (Hg.), Urlaubsreisen 1954–1988. 35 Jahre Erfassung des statistischen Verhaltens der Deutschen durch soziologische Stichprobenuntersuchungen, Starnberg 1989.
Sturm, Peter / Georg Willmes, Das ungelöste Problem einer freien Geschwindigkeitswahl. Überlegungen aus verkehrstechnischer und soziologischer Sicht, in: Erhöhung der Sicherheit im Straßenverkehr durch Geschwindigkeitsdämpfung, Bergisch-Gladbach 1989 (Schriftenreihe der Deutschen Verkehrswissenschaftlichen Gesellschaft, Reihe B, 114), S. 10–44.

Stuttgarter Straßenbahnen AG (SSB) (Hg.), 100 Jahre Stuttgarter Straßenbahnen, Sonderausgabe der Betriebszeitschrift „Über Berg und Tal" zum 28. Juli 1968, Stuttgart o. J. [1968].

Südbeck, Thomas, Motorisierung, Verkehrsentwicklung und Verkehrspolitik in der Bundesrepublik Deutschland der 1950er Jahre. Zwei Beispiele: Hamburg und das Emsland, Stuttgart 1994 (Vierteljahreshefte für Sozial- und Wirtschaftsgeschichte, Beiheft 113).

Sutcliffe, Anthony, Towards the Planned City, Oxford 1981.

Takáts, Elek, Der Verband Groß-Berlin vom 19. Juli 1911 bis 1. Oktober 1920. Seine wirtschaftlichen Aufgaben und Leistungen insbesondere im Verkehrs- und Siedlungswesen, Köln 1933.

Tarr, Joel / Gabriel Dupuy, Technology and the Rise of Networked City in Europe and America, Philadelphia 1988.

Texier, Edmond, Tableau de Paris, 2 Bde., Paris 1853.

Thomson, Michael J., Great Cities and Their Traffic, London 1977.

Trautvetter, Karl, Die Notlage der deutschen Kleinbahnen und Privatbahnen und Mittel zu ihrer Behebung, Berlin 1921.

Tretau, Emil, Übrige Verkehrsstatistik, in: Friedrich Zahn (Hg.): Die Statistik in Deutschland nach ihrem heutigen Stande, Ehrengabe für Georg von Mayr, 2. Bde., München 1911, S. 350–400.

Trischler, Helmuth/Hans-Liudger Dienel (Hg.), Geschichte der Zukunft des Verkehrs, Frankfurt (Main) 1997 (im Druck).

Troske, Ludwig, Die Pariser Stadtbahn, Düsseldorf 1986 (Repr.).

Verkehr und Wissen. Eine Sammlung zeitgenössischer Schriften, o. O. 1930.

Ville, Simon P., Transport and the Development of the European Economy 1750–1918, Houndmills 1990.

Voigt, Franz, Verkehr, 2 Bde., Berlin 1973.

Von Lindheim, Wilhelm, Straßenbahnen in Belgien, Deutschland, Großbritannien und Irland, Frankreich, Italien, Oesterreich-Ungarn, den Niederlanden, Niederländisch-Indien, der Schweiz und den verschiedenen Staaten von Amerika. Statistisches und Finanzielles unter besonderer Berücksichtigung der Wiener Verhältnisse, Wien 1888.

Wachs, Martin, Consumer Attitudes Towards Transit Service. An Interpretative Review, in: Journal of the American Institute of Planners 42 (1976), S. 96–104.

Ders., Autos, Transit, and the Sprawl of Los Angeles. The 1920s, in: Journal of the American Planning Association 50 (1984), S. 297–310.

Ders., Learning from Los Angeles. Transport, Urban Form, and Air Quality, in: Transportation 20 (1993), S. 329–354.

Ders. / Genevieve Guiliano, Transportation Policy Options For Southern California. Paper Prepared for Presentation at the Symposium: Policy Options For Southern California, November 19, 1992 (MS).

Walker, Peter, One Hundred Years of the Berlin Tramways, Croydon 1968.

Wangemann, Volker, Nahverkehrsentwicklung und Nahverkehrsplanung in Berlin (West) seit 1945, Berlin 1984.

Warndorf, Thomas, „Drum fürchtet meinen Zorn, verborgene Mächte". Dampfschiffahrt, Straßenbau und Eisenbahn als Indikatoren des Fort- und Rückschritts in Ludwigshafen am Bodensee, in: Oswald Burger / Elmar L. Kuhn (Hg.), Geschichtstreff. Beiträge zur Geschichte der Bodenseeregion, Friedrichshafen 1986, S. 469–500.

Weinberger, Bruno, Der Aufschrei der Städte, in: Der Städtetag 24 (1971), Heft 7, S. 365.

Weiner, Edward, Urban Transportation Planning in the United States. An Historical Overview, New York 1987.

Weiß, Lothar, Die Tarife der deutschen Straßenbahnen, ihre Technik und wirtschaftliche Bedeutung, Karlsruhe 1904.

Weizsäcker, Ernst U. von, Erdpolitik. Ökologische Realpolitik an der Schwelle zum Jahrhundert der Umwelt, Darmstadt 1990.
Weymar, Thomas, Im Trabi zur Sonne zur Freiheit. Entwicklung, Folgen und Ursache des Automobilverkehrs im realen Sozialismus am Beispiel der DDR, Köln 1985.
Wiedfeldt, Städtische Betriebe, in: Robert Wuttke (Hg.), Die deutschen Städte, 1. Bd., Leipzig 1904, S. 181–197.
Willeke, Rainer / Reinhardt W. Heinemann, Die Stadt und das Auto – Entwicklung und Lösung eines Problems, Frankfurt (Main) 1989.
Wölbling, Paul, Berliner Stadtrecht, Berlin 1911.
Wolf, Winfried, Eisenbahn und Autowahn. Personen- und Gütertransport auf Schiene und Straße. Geschichte, Bilanz, Perspektiven, Hamburg 1987.
Ders., Berlin ohne Auto? Eine Verkehrsgeschichte 1848–2015, Köln 1994.
Wolters, Rudolf, Stadtmitte Berlins, Tübingen 1978.
Wright, Charles L., Fast Wheels Slow Traffic. Urban Transport Choices, Philadelphia 1992.
Yago, Glenn, The Decline of Transit. Urban Transportation in German and US Cities 1900–1970, Cambridge (Mass.) u.a. 1984.
Zang, Gert (Hg.), Provinzialisierung einer Region. Regionale Unterentwicklung und liberale Politik in der Stadt und im Kreis Konstanz im 19. Jahrhundert. Untersuchungen zur Entstehung der Bürgerlichen Gesellschaft in der Provinz, Frankfurt (Main) 1978.
Ders., Konstanz in der Großherzoglichen Zeit. Aufschwung im Kaiserreich, Konstanz 1993.
Ders., Konstanz in der Großherzoglichen Zeit. Restauration – Revolution – Liberale Ära, Konstanz 1994.
Ders., Der Griff nach dem Weltverkehr, in: Horst Matzerath (Hg.), Stadt und Verkehr im Industriezeitalter, Köln u.a. 1996 (Städteforschung A 41), S. 79–108.

# Sachregister

AEG 87, 95, 174
Akzeptanz/Nutzung siehe dagegen Widerstand/Protest 10f., 14f., 16, 19, 29, 35, 44, 59, 73f., 188, 197, 208f., 225ff.
Allgemeine Berliner Omnibus AG (ABOAG) 166, 173ff.
Alpentransversale siehe auch Gotthardbahn 214ff.
Arlbergbahn 216
Auto(mobil) 12f., 42ff., 196, 231
Autobahn 195, 197ff.
Autobus 10, 12ff., 67, 72, 117ff., 159f., 201

Baurecht 31, 53
Berlin 137ff., 152f., 165ff., 235, 247
Berliner Verkehrsgesellschaft (BVG) 141ff.
Bodensee 211ff.
Bodenseegürtelbahn 214
Bundesförderung 15, 32ff.

Cannstatter Straßenbahnen GmbH 87
Cheep Trains Act (1883) 57
Compaigne du Chemin de Fer du Métropolitain 161ff.
Compaigne Générale des Omnibus (CGO) 153ff.

Daimler Motoren Gesellschaft (DMG) 103
Defizit (finanziell) 15, 58, 122, 143, 157, 162, 216ff.
Deutscher Städtetag 33f.
Dortmund 40
Dresden 69ff., 99

Einkaufsverkehr 234
Eisenbahn 8, 187, 212ff.
Elektrifizierung 10ff., 17, 87, 98, 158, 167, 170ff.
Elektrizitätsgesellschaft 11, 18
Elektroantrieb 16f.
Erfurt 207

Fahrplan 56, 60
Fahrrad 45f., 121, 244
Fernverkehr siehe auch Eisenbahn; Flugzeug; Tourismus 211ff.

Flugzeug 244f.
Fotografie (als Quelle) 75ff.
Freizeit 216, 221ff.
Freizeitverkehr 167

Gartenstadt(bewegung) 54f.
Gesellschaft für elektrische Hoch- und Untergrundbahnen (Hochbahngesellschaft) 174f.
Gesellschaft für elektrische Unternehmungen (Gesfürel) 94ff., 102
Gotthardbahn 214
Große Berliner Pferde-Eisenbahn AG/ Große Berliner Straßenbahngesellschaft (GBS) 166ff.
Güterverkehr 58

Hamburg 41
Hollywood 188ff.

Kommunalisierung siehe auch Straßenbahn: Kommunalisierung 12, 18, 160ff.
Konkurrenz 16, 64f.
Konstanz 212ff.
Konzessionierung 10, 153ff.
Kosten 29ff., 46ff.

Linienplanung 52ff.
Lisbon Tramway Ltd. 18
Lobby 57
Los Angeles 183ff.
Los Angeles County Transportation Commission (LACTC) 201
Los Angeles Railway (LARY) 192
Ludwigshafen (Bodensee) 211

Massenverkehrsmittel 9, 12, 54, 163, 243
Mietwagen (DDR) 243
Motorisierung 7, 15, 32, 35, 38, 41, 46, 68, 184, 195ff., 241
München 52, 57f., 65ff.
Karlsplatz (Stachus) 75ff.
Münchener Trambahn-AG 53, 57
Munizipalsozialismus 83, 96, 150
Münster 109ff.

# Sachregister

Nationalsozialismus 139
Neue Stuttgarter Straßenbahn Lipken & Cie. (NSS) 85, 91ff.
Nordostbahn (NOB) (Schweiz) 216

O-Bus 66f., 69, 117f.
Organisation 7, 18ff.
   Mischform siehe auch Konzessionierung 14, 16, 53f., 100, 162
   Öffentlich siehe auch Kommunalisierung; Munizipalsozialismus; Straßenbahn: Kommunalisierung 11ff., 18, 30, 84, 96, 149ff.
   privat siehe auch Verkehrsunternehmen 9ff., 14, 16, 18, 37f., 84

Pacific Electric Railway (PE) 187
Paris 151ff., 177
Pendler siehe auch Stadt: Zersiedelung 32, 41, 60, 204
Pferdebahn 8ff., 17, 85, 154, 166
Pferdebus 9, 17, 85, 113, 153, 165, 173

Raum 19, 64, 74ff., 194
Robert Bosch AG 103

S-Bahn siehe auch Schnellbahnsystem 68, 143ff., 166
Schiffsverkehr (Dampf) 211ff.
Schnellbahnsystem 15f., 17, 202
Schwarzwaldbahn 220
Siedlungsverband Ruhrkohlenbezirk 59
Sowjetunion 140f.
Sozialpolitik siehe auch Tarife 11ff.
Stadt
   Ausdehnung 7, 14, 51ff., 111ff., 158, 168f., 185
   Autogerechte 33f., 40, 68, 140, 144
   Phänomen 7
   Planung 11, 19, 51ff., 72, 139ff., 219
   Zersiedelung (Funktionsentmischung) 30f., 35f., 41f., 188ff.
Steuerpolitik 32, 163, 167, 176ff.
Straßburg 55
Straßenbahn 145
   Abbau/Niedergang 13, 15, 66, 68, 114f., 144, 159, 192
   eigene Gleiskörper siehe auch Verkehrstrennung 34, 192
   Entwicklung und Durchsetzung 10ff., 58, 113, 186ff.
   Kommunalisierung 95ff.
   Modernisierung/Ausbau 66, 71f., 122ff., 145f
   Sicherheit 13
   Wiederaufbau 66, 70
   Wiederaufstieg („Renaissance") 15f., 39, 69, 115ff., 146, 200ff.
Straßenbau 32
Stuttgart 85ff.
Stuttgarter Pferde-Eisenbahngesellschaft (SPE) 85ff.
Stuttgarter Straßenbahnen AG (SSB) 85ff.
Süddeutsche Eisenbahngesellschaft (SEG) 93

Tarife 57f., 99, 118ff., 158, 171
Tatraprogramm 71, 146
Taxiverkehr (DDR) 143f.
Technik 8, 13f., 17f.
   Dampfbetrieb 17
   Innovation 16
   Schiene 17
   Verbrennungsmotor 17
Terraingesellschaft 9, 53
Tourismus (Fern) 235ff.

U-Bahn siehe auch Paris: Metro; Schnellbahnsystem 12, 15, 35, 67f., 143, 161ff.
Umweltbelastung 15, 47, 185
Umweltschutz 15, 49
Union-Elektrizitäts Gesellschaft (UEG) 94ff.
Urbanisierung 7, 8, 11, 149, 187ff.
USA 43

Verband öffentlicher Verkehrsbetriebe (VÖV) 14
Verkehrsbeschränkung 37f., 209
Verkehrskultur 45
Verkehrsleistung 17, 64ff., 206
Verkehrsplanung 13, 30, 32f., 68, 140ff., 160f., 200ff., 240ff.
Verkehrspolitik 37, 45, 67, 85, 95ff., 110ff., 123ff., 117, 160ff., 185ff., 216ff.
   Bürgerbeteiligung 130ff.
   kommunaler Finanzausgleich 31

Verkehrsstatistik 55f.
Verkehrssystem 38f., 63, 190ff., 247f.
Verkehrstrennung 67f., 72
Verkehrsunternehmen 87ff., 103, 153ff., 187f., 205
Verkehrsverbund 15
Verkehrswahrnehmung 48, 60
Verkehrswissenschaft 12f., 45, 223ff.

Widerstand/Protest 12, 69, 101, 123, 143, 172, 200f.
Wirtschaftswunder 44
Wismar 207

Zeit 61

# Autoren

Elfi Bendikat
1988 Promotion, 1996 Habilitation, Thema: Öffentliche Nahverkehrspolitik in Berlin und Paris 1890–1914. Privatdozentin für Neuere und Neueste Geschichte an der Humboldt-Universität zu Berlin. Veröffentlichungen zu komparativer historischer Wahlforschung, Nahverkehrsgeschichte, Imperialismus und Liberalismus.

Stefan Bratzel
geb. 1967, Studium der Politologie, 1993 Abschluß der Diplomarbeit. Seit 1994 Wissenschaftlicher Mitarbeiter der Forschungsstelle für Umweltpolitik der FU Berlin, seit 1995 Lehrbeauftragter an der FU Berlin. Forschungsschwerpunkte: Politisch-soziale Erfolgsbedingungen von Verkehrspolitik, verkehrspolitischem Lernen, Mobilitätsmanagement.

Burghard Ciesla
geb. 1958, Studium der Geschichte, 1990 Promotion, Dissertation zur DDR-Fischindustrie 1945–1985. Seit 1992 Wissenschaftlicher Mitarbeiter am Zentrum für Zeithistorische Forschung e.V. in Potsdam. Bearbeiter des Teilprojekts „Öffentlicher Nahverkehr in Ost-West-Berlin" im Rahmen des DFG-Projekts „Konkurrierende Systeme im deutschen Personenverkehr 1945–1990. Strukturveränderungen im Ost-West-Vergleich".

Hans-Liudger Dienel
geb. 1961, Studium der Geschichte, Philosophie und des Maschineningenieurwesens. 1990–1992 Wissenschaftlicher Mitarbeiter am Zentralinstitut für Geschichte der Technik der TU München, 1992 Abschluß der Promotion, Dissertation zur Wechselwirkung zwischen Hochschule und Industrie in den Vereinigten Staaten und Deutschland 1870–1930. 1993–1995 Wissenschaftlicher Assistent am Forschungsinstitut des Deutschen Museums. Seit 1995 wissenschaftlicher Geschäftsführer des Zentrums Technik und Gesellschaft der TU Berlin.

Stefan Fisch
geb. 1952, Studium der Geschichte, Germanistik, Soziologie und Politikwissenschaft, 1978 Staatsexamen, 1986 Promotion, Dissertation zur Stadtplanungsgeschichte. 1994 Habilitation zur Geschichte des Elsaß nach 1918. Seit 1996 ord. Professor für Neuere und Neueste Geschichte, insbesondere Verfassungs- und Verwaltungsgeschichte an der Hochschule für Verwaltungswissenschaften in Speyer.

Uwe Grandke
geb. 1964, Studium der Mittleren und Neueren Geschichte, 1994 Dissertation zur Kommunalen Verkehrspolitik in Münster. Seit Mai 1995 Archivreferendar am Sächsischen Hauptstaatsarchiv Dresden, z.Zt. Archivschule Marburg.

Dietmar Klenke
geb. 1954, Historiker. 1982 Promotion, Thema der Dissertation: Die SPD-Linke in der Weimarer Republik. 1992 Habilitation zur Geschichte der bundesdeutschen Verkehrspolitik; zahlreiche Veröffentlichungen zur Verkehrs- und Umweltgeschichte. Zur Zeit Projektmitarbeiter an der Universität Göttingen und Privatdozent an der Universität Bielefeld.

Nikolaus Niederich
geb. 1962, Studium der Geschichte, Volkswirtschaftslehre, Jura und Politikwissenschaft. Magisterarbeit zur Sozialgeschichte der Stuttgarter Straßenbahnen zwischen 1918 und 1939. Seit 1992 externer Doktorand der Universität Konstanz. 1995 Abschluß der Promotion. Titel der Dissertation: Stadtentwicklung und Nahverkehr - Stuttgart und seine Straßenbahnen. 1868–1918. Seit 1994 Planungsreferent bei der Planungsgesellschaft Bahnbau Deutsche Einheit mbH.

Barbara Schmucki
geb. 1965; Studium der allgemeinen Geschichte mit Schwerpunkt Sozial- und Wirtschaftsgeschichte, Osteuropäischer Geschichte und Russistik in Zürich. Abschlußarbeit (Lizentiat) zum Thema Fotografie als historische Quelle mit dem Titel „FBB. Fotogeschichte der Frauenbefreiungsbewegung Zürich" (publ. 1995). Seit 1994 wissenschaftliche Mitarbeiterin am Forschungsinstitut für Technik- und Wissenschaftsgeschichte des Deutschen Museums im Bereich Verkehrsgeschichte. Z. Zt. Promotion über „Konkurrierende Verkehrssysteme in der Stadt. Der öffentliche Verkehr in München und Dresden 1945–1990" innerhalb des DFG-Forschungsprojekts „Konkurrierende Systeme im deutschen Personenverkehr 1945–1990. Strukturveränderungen im Ost-West-Vergleich".

Gert Zang
geb. 1941, Studium der Soziologie, Geschichte, Philosophie und Kriminologie, 1972 Promotion, Thema der Dissertation: Sozialstruktur und Sozialisierung des Adels im 18. Jahrhundert - exemplarisch dargestellt an Kur-Bayern. Leiter der Forschungsprojekte „Politische und gesellschaftliche Verhältnisse in der Provinz" und „Regionale Sozialgeschichte/Mündliche Geschichte". Sein Forschungsschwerpunkt ist die Regionalgeschichte des Industriezeitalters.

# VIERTELJAHRSCHRIFT FÜR SOZIAL- UND WIRTSCHAFTSGESCHICHTE (VSWG)
## BEIHEFTE
Herausgegeben von Hans Pohl, Rainer Gömmel, Friedrich-Wilhelm Henning, Karl Heinrich Kaufhold, Frauke Schönert-Röhlk, Wolfgang Zorn

63. **Hans Pohl: Die Portugiesen in Antwerpen (1567–1648).** Zur Geschichte einer Minderheit. 1977. X, 439 S., 2 Faltktn., kt., **2380-1**; Ln. **2381-X**
64. **Hannah Rabe: Das Problem Leibeigenschaft.** Eine Untersuchung über die Anfänge einer Ideologisierung und des verfassungsrechtlichen Wandels von Freiheit und Eigentum im deutschen Bauernkrieg. 1977. XII, 128 S., kt. **2678-9**
65. **Franz Irsigler: Die wirtschaftliche Stellung der Stadt Köln im 14. und 15. Jahrhundert.** Strukturanalyse einer spätmittelalterlichen Exportgewerbe- und Fernhandelsstadt. 1979. VIII, 413 S. m. 7 Ktn. u. 15 Graphiken, kt. **2743-2**
66. **Ludolf Kuchenbuch: Bäuerliche Gesellschaft und Klosterherrschaft im 9. Jahrhundert.** 1978. XVI, 443 S., 20 Ktn., 1 Abb., 4 Tab., kt. **2829-3**
67. **Jörg Jarnut: Bergamo 568–1098.** Verfassungs-, Sozial- und Wirtschaftsgeschichte einer lombardischen Stadt im Mittelalter. 1979. X,330 S., 6 Ktn., kt. **2789-0**
68. **Erich Maschke: Städte und Menschen.** Beiträge zur Geschichte der Stadt, der Wirtschaft und Gesellschaft 1959–1977. 1980. XX, 532 S., kt. **3329-7**
69. **Helmut Grieser: Die ausgebliebene Radikalisierung.** Zur Sozialgeschichte der Kieler Flüchtlingslager im Spannungsfeld von sozialdemokratischer Landespolitik und Stadtverwaltung 1945–1950. 1980. XII, 185 S. m. 1 Taf., kt. **3110-3**
70. **Reinhard Liehr: Sozialgeschichte spanischer Adelskorporationen.** Die Maestranzas de Caballería (1670–1808). 1981. X, 380 S. m. 4 Abb., 4 Ktn. u. 3 Schaubilder, kt. **2923-0**
71. **Wilfried Reininghaus: Die Entstehung der Gesellengilden im Spätmittelalter.** 1981. X, 361 S., kt. **3428-5**
72. **Wolfgang Hartung: Die Spielleute.** Eine Randgruppe in der Gesellschaft des Mittelalters. 1982. VIII, 112 S. m. 5 Abb., kt. **3690-3**
73. **–: Süddeutschland in der frühen Merowingerzeit.** Studien zu Gesellschaft, Herrschaft, Stammesbildung bei Alamannen und Bajuwaren. 1983. X, 227 S., kt. **3418-8**
74. **Marian Biskup / Klaus Zernack, Hrsg.: Schichtung und Entwicklung der Gesellschaft in Polen und Deutschland im 16. und 17. Jahrhundert.** Parallelen, Verknüpfungen, Vergleiche. 1983. VIII, 310 S., kt. **3805-1**
75. **Rudolf A. Helling †: Socio-Economic History of German-Canadians.** They, too, founded Canada. A research report by Rudolf A. Helling, Jack Thiessen, Fritz Wieden, Elizabeth and Kurt Wangenheim, Karl Heeb. Edited and with a preface by Bernd Hamm. 1984. 156 S. m. 1 Abb. u. 2 Tab., kt. **4014-5**
76. **Reinhard R. Doerries: Iren und Deutsche in der Neuen Welt.** Akkulturationsprozesse in der amerik. Gesellschaft im späten 19. Jh.. 1986. 363 S., kt. **4102-8**
77. **Josef Rosen: Verwaltung und Ungeld in Basel 1360–1535.** Zwei Studien zu Stadtfinanzen im Mittelalter. 1986. 231 S. m. 12 Tab., kt. **3348-3**
78. **Hans Pohl, Hrsg.: Gewerbe- und Industrielandschaften vom Spätmittelalter bis ins 20. Jahrhundert.** Referate der 10. Arbeitstagung der Gesellschaft für Sozial- und Wirtschaftsgeschichte vom 5.–9. April 1983 in Graz. 1986. 497 S. m. 73 Ktn., 7 Graph., 2 Diagr. u. zahlr. Tab., u. 6 Faltktn, kt. **4392-6**
79. **Anselm Faust: Arbeitsmarktpolitik im Deutschen Kaiserreich.** Arbeitsvermittlung, Arbeitsbeschaffung und Arbeitslosenunterstützung 1890–1918. 1986. VIII, 338 S., kt. **4422-1**
80. **Hans Pohl Hrsg.: Die Auswirkungen von Zöllen und anderen Handelshemmnissen auf Wirtschaft und Gesellschaft vom Mittelalter bis zur Gegenwart.** Referate der 11. Arbeitstagung der Gesellschaft für Sozial- und Wirtschaftsgeschichte vom 9. – 13. April. 1985 in Hohenheim. 1987. 397 S. m. 21 Abb. u. 14 Ktn., kt. **4739-5**
81. **Werner Abelshauser, Hrsg.: Die Weimarer Republik als Wohlfahrtsstaat.** Zum Verhältnis von Wirtschafts- und Sozialpolitik in der Industriegesellschaft. 1987. 337 S., kt. **4738-7**
82. **Toni Pierenkemper: Arbeitsmarkt und Angestellte im Deutschen Kaiserreich 1880–1913.** Interessen und Strategien als Elemente der Integration eines segmentierten Arbeitsmarktes. 1987. 391 S. m. 53 Tab. u. Schaubildern, kt. **4747-6**
83. **Uta Lindgren, Hrsg.: Alpenübergänge vor 1850.** Landkarten – Straßen – Verkehr. Symposium am 14. und 15. Februar 1986 in München. 1987. 188 S., 26 Abb., kt. **4847-2**
84. **Hermann Kellenbenz / Hans Pohl, Hrsg.: Historia socialis et oeconomica.** Festschrift für Wolfgang Zorn zum 65. Geburtstag. 1987. 369 S., kt. **4959-2**
85. **Renate Pieper: Die spanischen Kronfinanzen in der zweiten Hälfte des 18. Jahrhunderts.** Ökonomische und soziale Auswirkungen. 1988. 333 S., 27 Tab., 17 Abb., 144 Tab. i. Anh., kt. **5086-8**
86. **Ulrich Kluge: Bauern, Agrarkrise und**

Volksernährung in der europäischen Zwischenkriegszeit. Studien zur Agrargesellschaft und -wirtschaft der Republik Österreich 1918 bis 1938. 1988. 515 S., kt. **4802-2**
87. **Hans Pohl**, Hrsg.: **Die Bedeutung der Kommunikation für Wirtschaft und Gesellschaft.** Referate der 12. Arbeitstagung der Gesellschaft für Sozial- und Wirtschaftsgeschichte vom 22.–25.April 1987 in Siegen. 1989. 485 S., kt. **5320-4**
88. **Rüdiger vom Bruch / Rainer A. Müller**, Hrsg.: **Formen außerstaatlicher Wissenschaftsförderung im 19. und 20. Jahrhundert.** Deutschland im europäischen Vergleich. 1990. 304 S., kt. **5337-9**
89. **Hans Pohl**, Hrsg.: **The European Discovery of the World and its Economic Effects on Pre-Industrial Society, 1500–1800.** Papers of the Tenth International Economic History Congress. Edited on Behalf of the International Economic History Association. 1990. X, 330 S., kt. **5546-0**
90. **Peer Schmidt: Die Privatisierung des Besitzes der Toten Hand in Spanien.** Die Säkularisation unter König Karl IV. in Andalusien (1798–1808). 1990. 356 S. m. 22 Abbildungen, zahlreichen Tabellen und Karten., 1 Faltplan. **5585-1**
91. **Brigitte Maria Wübbeke: Das Militärwesen der Stadt Köln im 15. Jahrhundert.** 1991. 308 S., kt. **5702-1**
92-94. **Hermann Kellenbenz †: Kleine Schriften**
92. I. **Europa, Raum wirtschaftlicher Begegnung.** 1991. 441 S., kt. **5805-2**
93. II. **Dynamik in einer quasi-statischen Welt.** 1991. 300 S., kt. **5854-0**
94. III. **Wirtschaftliche Leistung und gesellschaftlicher Wandel.** Aus dem Nachlaß hrsg. sowie mit einem Nachwort, einem Schriftenverzeichnis des Verfassers und einem Register für alle 3 Bände versehen von **Rolf Walter.** 1991. VI, 534 S., kt. **5896-6**
95. **Hans Pohl**, Hrsg.: **Staatliche, städtische, betriebliche und kirchliche Sozialpolitik vom Mittelalter bis zur Gegenwart.** Referate der 13. Arbeitstagung der Gesellschaft für Sozial- und Wirtschaftsgeschichte vom 28.3.–1.4.1989 in Heidelberg. 1991. 395 S., kt. **5824-9**
96. **Ursula Beyenburg-Weidenfeld: Wettbewerbstheorie, Wirtschaftspolitik und Mittelstandsförderung 1948–1963.** Die Mittelstandspolitik im Spannungsfeld zwischen wettbewerbstheoretischem Anspruch und wirtschaftspolitischem Pragmatismus. 1992. 413 S. m. 25 Tab., kt. **5799-4**
97. **Wolfram Pyta: Landwirtschaftliche Interessenpolitik im Deutschen Kaiserreich.** Der Einfluß agrarischer Interessen auf die Neuordnung der Finanz- und Wirtschaftspolitik am Ende der 1870er Jahre am Beispiel von Rheinland und Westfalen. 1991. 157 S., kt. **5883-4**
98. **Ian Blanchard / Anthony Goodman / Jennifer Newman**, Ed.: **Industry and Finance in Early Modern History.** Essays presented to George Hammersley on the occasion of his 74th birthday. 1992. 272 S. m. 10 Abb., 18 Tab., 5 Ktn., kt. **5806-0**
99. **Markus Bittmann: Kreditwirtschaft und Finanzierungsmethoden.** Studien zu den wirtschaftlichen Verhältnissen des Adels im westlichen Bodenseeraum 1300-1500. 1991. 303 S., kt. **5914-8**
100. **Wolfgang Zorn: Wirtschaftlich-soziale Bewegung und Verflechtung.** Ausgewählte Aufsätze. 1992. 530 S. m. 2 Faltktn. u. 29 Abb., geb. **6135-5**
101. **Dietrich Ebeling: Der Holländerholzhandel in den Rheinlanden.** Zu den Handelsbeziehungen zwischen den Niederlanden und dem westlichen Deutschland im 17. und 18. Jahrhundert. 1992. 241 S. m. 33 Abb., 3 Ktn., 2 Tab., kt. **5972-5**
102. **Ruth M. Vornefeld: Spanische Geldpolitik in Hispanoamerika 1750-1808.** Konzepte und Maßnahmen im Rahmen der bourbonischen Reformpolitik. 1992. 300 S. m. 5 Abb., 14 Tab., kt. **6015-4**
103. **Manfred Pix / Hans Pohl**, Hrsg.: **Invention – Innovation – Diffusion.** Die Entwicklung des Spar- und Sparkassengedankens in Europa. Zweites Europäisches Kolloquium für Sparkassengeschichte am 28./29. Mai 1990 in München. 1992. 236 S., kt. **6104-5**
104. **Peter Lewek: Arbeitslosigkeit und Arbeitslosenversicherung in der Weimarer Republik 1918-1927.** 1992. 483 S. m. 23 Tab., kt. **6008-1**
105. **Christian Windler: Lokale Eliten, seigneurialer Adel und Reformabsolutismus in Spanien (1760–1808).** Das Beispiel Niederandalusien. 1992. 577 S., kt. **6212-2**
106. **Eckart Schremmer**, Hrsg.: **Geld und Währung in der Neuzeit vom 16. Jahrhundert bis zur Gegenwart.** Referate der 14. Arbeitstagung der Gesellschaft für Sozial- und Wirtschaftsgeschichte vom 9. bis 13. April 1991 in Dortmund. 1993. 343 S., kt. **6220-3**
107. **Karlheinz Wiegmann: Textilindustrie und Staat in Westfalen 1914-1933.** 1993. 289 S., kt. **6194-0**
108. **Hartmut Benz: Finanzen und Finanzpolitik des Heiligen Stuhls.** Römische Kurie und Vatikanstaat seit Papst Paul VI. 1993. 183 S., kt. **6204–1**
109. **Siegfried Epperlein: Waldnutzung, Waldstreitigkeiten und Waldschutz in Deutschland im hohen Mittelalter.** 2. Hälfte 11. Jahrhundert bis ausgehendes 14. Jahrhundert.1993. 108 S., kt. **6305–6**

110. **Rudolf Holbach: Frühformen von Verlag und Großbetrieb in der gewerblichen Produktion (13.–16. Jahrhundert).** 1994. 764 S., geb. **5820-6**
111. **Karl-Heinz Spieß: Familie und Verwandtschaft im deutschen Hochadel des Spätmittelalters** 13. bis Anfang des 16. Jahrhunderts. 1993. XIV, 627 S., kt. **6418-4**
112. **Lambert F. Peters: Der Handel Nürnbergs am Anfang des Dreißigjährigen Krieges.** Strukturkomponenten, Unternehmen und Unternehmer. Eine quantitative Analyse. 1994. 694 S., geb. **6288-2**
113. **Thomas Südbeck: Motorisierung, Verkehrsentwicklung und Verkehrspolitik in der Bundesrepublik Deutschland der 1950er Jahre.** Umrisse der allgemeinen Entwicklung und zwei Beispiele: Hamburg und das Emsland. 1994. 379 S. m. 14 Abb., 62 Tab, kt. **6488-5**
114. **Eckart Schremmer, Hrsg.: Steuern, Abgaben und Dienste vom Mittelalter bis zur Gegenwart.** Referate der 15. Arbeitstagung der Gesellschaft für Sozial- und Wirtschaftsgeschichte vom 14. bis 17. April 1993 in Bamberg. 1994. 247 S. m. 8 Abb., kt. **6518-0**
115. **Ekkehard Westermann, Hrsg.: Vom Bergbau- zum Industrierevier.** Montandistrikte des 17./18. Jahrhunderts auf dem Wege zur industriellen Produktionsweise des 19. Jahrhunderts. III. Ettlinger Tagung zur europäischen Bergbaugeschichte, 19.-25. September 1993. 1995. 492 S., zahlr. Abb., kt., **6469-9**
116. **Ian Blanchard, Ed.: Labour and Leisure in Historical Perspective, Thirteenth to Twentieth Centuries.** Papers presented at Session B-3a of the Eleventh International Economic History Congress, Milan 12th-17th September 1994. 1994. 198 S., kt. **6595-4**
117. **Markus Schreiber: Marranen in Madrid 1600–1670.** 1994. 455 S. m. 2 Ktn., kt. **6559-8**
118. **Paul Thomes: Kommunale Wirtschaft und Verwaltung zwischen Mittelalter und Moderne.** Bestandsaufnahme - Strukturen - Konjunkturen. Die Städte Saarbrücken und St. Johann im Rahmen der allgemeinen Entwicklung (1321-1768). 1995. 446 S., Kartenmappe m. 3 Faltktn., 17 Tab., kt. **6555-5**
119. **Karl Christian Führer: Mieter, Hausbesitzer, Staat und Wohnungsmarkt.** Wohnungsmangel und Wohnungszwangswirtschaft in Deutschland 1914–1960. 1995. 463 S., kt. **6673-X**
120a.**Wilfried Feldenkirchen, Frauke Schönert-Röhlk und Günther Schulz (Hg.): Wirtschaft – Gesellschaft – Unternehmen.** Festschrift für **Hans Pohl** zum 60. Geburtstag. 1. Teilband: Wirtschaft.
120b.**Wilfried Feldenkirchen, Frauke Schönert-Röhlk und Günther Schulz (Hg.): Wirtschaft – Gesellschaft – Unternehmen.** Festschrift für **Hans Pohl** zum 60. Geburtstag. 2. Teilband: Gesellschaft, Unternehmen. 1995. Zus. XIV, X, 1249 S., geb. **6646-2**
121. **Albrecht Jockenhövel, (Hrsg.): Die Arbeiten der Montani und Silvani – Auswirkungen auf Mensch und Umwelt.** Internationaler Workshop (Dillenburg, 11.–15. Mai 1994. Wirtschaftshistorisches Museum „Villa Grün"). 1996. 298 S., kt. **6644-6**
122. **Rolf Straubel: Kaufleute und Manufakturunternehmer.** Eine empirische Untersuchung über die sozialen Träger von Handel und Großgewerbe in den mittleren preußischen Provinzen (1763 bis 1815). 1995. 588 S., kt. **6714-0**
123. **Mark Spoerer: Von Scheingewinnen zum Rüstungsboom. Die Eigenkapitalrentabilität der deutschen Industrieaktiengesellschaften 1925–1942.** 1996. 236 S., kt. **6756-6**
124. **Achim Knips: Deutsche Arbeitgeberverbände der Eisen- und Metallindustrie, 1888–1914.** 1996. 319 S., kt. **6748-5**
125. **Natalie Fryde: Ein mittelalterlicher deutscher Großunternehmer.** Terricus Teutonicus de Colonia in England, 1217–1247. 1996. 246 S., kt. **6817-1**
126. **Hildegard Adam: Das Zollwesen im fränkischen Reich und das spätkarolingische Wirtschaftsleben.** 1996. 270 S. m. 1 Kte., kt. **6806-6**
127. **Dieter Ziegler: Eisenbahnen und Staat im Zeitalter der Industrialisierung.** 1996. 604 S. m. 21 Abb., kt. **6749-3**
128. **Eckart Schremmer, (Hrsg.): Wirtschaftliche und soziale Integration in historischer Sicht.** Arbeitstagung der Gesellschaft für Sozial- und Wirtschaftsgeschichte in Marburg 1995. 1996. 364 S., kt. **6924-0**
129. **Hans-Liudger Dienel/Barbara Schmucki, Hrsg.: Mobilität für alle.** Geschichte des öffentlichen Nahverkehrs in der Stadt zwischen technischem Fortschritt und sozialer Pflicht. 1997. 267 S., kt. **6892-9**
130. **Ekkehard Westermann, Hrsg.: Bergbaureviere als Verbrauchszentren.** Fallstudien zu Beschaffung und Verbrauch von Lebensmitteln sowie Roh- und Hilfsstoffen in Montandistrikten des vorindustriellen Europa (13. bis 18. Jahrhundert). 1997. 494 S., kt. **7005-2**
131. **Angela Verse-Herrmann: Die „Arisierung" des land- und forstwirtschaftlichen Besitzes von deutschen Juden 1938–1942.** 1997. Ca. 200 S., kt. **6895-3**